L'abbé Ad. VACHET
Missionnaire de Lyon de la Maison des Chartreux.

126435

A Travers Les Rues de Lyon

LYON
BERNOUX, CUMIN & MASSON

1902

A TRAVERS
LES RUES DE LYON

Il a été tiré de cet ouvrage trois cents exemplaires.

L'abbé Ad. VACHET

Missionnaire de Lyon de la Maison des Chartreux.

A Travers Les Rues de Lyon

LYON
BERNOUX, CUMIN & MASSON

1902

PRÉFACE

Qui de nous, dans ses promenades à Lyon ou ailleurs, n'a pas rencontré sur son chemin quelque nom de rue qui l'a étonné, fait chercher, fait réfléchir peut être. « Qu'est-ce que ce nom peut bien signifier », s'est-on demandé ? Et l'on a compris qu'une réponse n'était facile qu'à ceux qui connaissaient l'histoire de la localité. Il y a beaucoup de ces noms sans doute qui appartiennent à l'histoire générale et qui sont familiers à ceux qui sont un peu instruits, mais il en est beaucoup d'autres aussi qui appartiennent à l'histoire locale et qui ne disent rien, même à des esprits cultivés. Pourquoi dès lors ne pas chercher à faire connaître, à vulgariser même, la raison de ces appellations ? On ne s'imagine pas tout ce qu'on peut apprendre dans ce livre des rues.

Ce travail, on l'a tenté plusieurs fois déjà, mais il n'a jamais été poussé à bout ; même les plus récents ouvrages sont incomplets. Les anciens travaux de Cochard et de Bréghot du Lut, très utiles pour la partie qu'ils traitent, ne peuvent cependant plus guère être cités. Un très grand nombre de rues, citées par eux, ou ont disparu, ou ont changé de nom ; de plus, ils ne disent rien ou presque rien des trois grands faubourgs de Vaise, de la Croix-Rousse et de la Guillotière. M. Steyert, il y a quelque vingt ans, en 1879, a publié, dans le *Nouvelliste*, le commencement d'un travail semblable ; procédant par ordre alphabétique, il s'est arrêté au mot Bichat ou Blanchet ; il a fait aussi, sur le *Changement des noms de rues*, un autre travail plus facile à consulter, mais qui, on le comprend, n'est que partiel. A une époque plus récente, M. Aug. Bleton, dans le Supplément littéraire du *Lyon Républicain*, et M. Félix Desvernay, dans le Supplément illustré du *Progrès*, ont recommencé ce même travail ; ces travaux sont pleins de mérites, mais outre qu'ils ne sont pas complets, il est très difficile de se les procurer ou même de les consulter.

Un ouvrage nouveau, actuel, complet, facile à consulter, était donc nécessaire. Je dis *nouveau*, parce que sous la forme de livre, nous n'avons que nos vénérables anciens auteurs, qui parlent d'une époque où Lyon avait une toute autre physionomie ; *actuel*, parce qu'on ne s'imagine pas quelle mobilité il y a dans cette question des noms de rues ; aujourd'hui ne ressemble pas à hier, et c'est d'aujourd'hui que j'ai voulu parler, mais cependant je me garderai bien de négliger les anciens souvenirs que je trouverai sur mon chemin ; *complet*, ici je dois donner une simple explication : j'ai dû m'imposer des limites, sous peine de tomber dans l'arbitraire ; je me suis borné à parler des rues qui sont à l'intérieur de l'octroi, je n'en franchis pas les barrières ; si je l'avais fait, je ne vois ni où ni pourquoi je me serais arrêté, et j'aurais dû parler de Montchat, de Monplaisir, de Villeurbanne, de la Mulatière, etc. ; il me semble bien que c'est sortir de Lyon ; mais à l'intérieur des barrières, je crois bien n'avoir oublié aucune rue ; enfin *facile à consulter*, c'est pourquoi j'ai choisi l'ordre alphabétique, moins logique peut-être que certains autres goupements, mais assurément plus pratique.

Depuis un demi-siècle, cette question des noms de rues a pris de l'importance ; chaque municipalité a apporté son système, chaque système a causé un bouleversement.

Pour ces changements d'appellation, nous sommes en face de trois systèmes : le système politique, qui est le plus détestable de tous, le système conservateur à tout prix, qui n'est qu'un paradoxe, et le système historique et local, qui est, je crois, la vérité.

Le système politique consiste à donner aux rues des noms qui sont en rapport avec les institutions actuelles du pays, et à effacer ceux qui rappellent un autre régime.

La conséquence, c'est le changement fréquent des noms de rues et des mêmes rues, ce qui dépayse l'histoire et bouleverse les habitudes de toute une population. L'histoire n'est pas aux ordres de l'esprit de parti.

Quelle que soit la forme du gouvernement, république, empire ou royauté, jamais un nom à signification politique ne devrait être donné à une rue. La rue demeure, le régime politique passe. Il n'est pas douteux qu'un blâmable esprit de courtisanerie a trop souvent présidé au choix de ces appellations.

Il était convaincu de la sagesse de cette réserve, le Conseil municipal de Lyon demandant, en 1851, qu'il ne fût dorénavant donné aucun nom politique aux rues, places, quais et ponts de la cité. Malheureusement on n'a pas été longtemps fidèle à cette règle.

Le système conservateur à tout prix, ai-je dit, est un paradoxe. Mais le paradoxe n'est qu'une vérité exagérée : il y a donc dans ce système une part de vérité, sachons la dégager.

Ce système se dit conservateur, conservateur du passé, conservateur des appellations anciennes, bien qu'elles puissent être incompréhensibles. Voici comment Jean Richepin, dans un article humoristique, défend ce système, qui a des côtés vrais, et qui a des partisans à Lyon.

« Je vais me faire honnir par les utilitaires qui veulent que tout serve à quelque chose, et qui, entr'autres prétentions biscornues, ont celle de transformer les noms de rues en un cours d'histoire de France, que ce cours d'histoire de France soit réactionnaire ou républicain, j'ai l'audace de trouver l'idée stupide, et je suis pour les noms qui ne signifient rien, les vieux noms au sens aboli, charmants précisément à cause de cela, pittoresques, bizarres parfois, auxquels chacun rattache ses souvenirs propres. Il en est qui vous reste dans l'oreille uniquement par la musique de leurs syllabes et par le vide délicieux de leur signification. »

Et ici M. Richepin donne toute une bande folle de vocables parisiens disparus, comme nous le pourrions faire pour Lyon. Et voici comment il conclut sa thèse, qu'il qualifie lui-même de paradoxe :

« Les noms propres sont imposés aux rues par quelqu'un, par un gouvernement, par un conseil. Tantôt c'est la flatterie qui propose, tantôt c'est la passion politique qui dispose. Mettons que la flatterie soit quelquefois bien placée, que la passion politique soit équitable. Mais que ce soit l'une ou l'autre qui propose et dispose, c'est toujours un monsieur qui compose.

« Les vieux noms, au contraire, les souvenirs, les sobriquets, les images pittoresques ont été donnés et consacrés par celui que Voltaire, qui s'y connaissait, trouvait plus spirituel que lui-même, je veux dire par tout le monde.

« Et voilà pourquoi, en dépit des utilitaires, je préfère aux noms historiques les vieux mots qui ne signifient plus rien, mais où chante un écho, souvent baroque, toujours musical, de la grande voix populaire. »

La vérité, dans ce système, c'est le respect du passé ; l'exagération, c'est le respect du passé, même baroque, même incompréhensible.

Le système historique et local est, selon nous, la vérité.

En 1841, un propriétaire de la rue de l'Attache-aux-Bœufs écrivit à M. le maire pour lui demander le changement du nom de cette rue, qui n'indiquait plus sa destination actuelle et ne méritait pas d'être conservé, « car, disait-il, il est inutile de rappeler que nos pères avaient eu la malheureuse idée de placer un abattoir dans l'intérieur d'un hôpital. »

Cette lettre donna l'occasion à M. Terme de faire une proposition importante au Conseil municipal. Cette proposition fut acceptée et patronnée chaleureusement par un journal de cette époque. « Il s'agit, disait-il, de substituer à des noms ridicules et sans valeur des noms qui disent quelque chose à la mémoire du peuple et lui rappelle ses bienfaiteurs. Ainsi nous verrions disparaître des dénominations aussi inconvenantes que celles de la montée de Tire-cul, des rues de l'Enfant-qui-pisse, Ecorche-Bœuf et Pisse-truie. Qui donc regretterait les noms de rues aussi niais que ceux-ci : Rues Neuve, Longue, Pas-Etroit, Pareille, Trois-Passages, Deux-Maisons, Treize-Pas, Six-Grillets, Trois-Carreaux, Trois-Marie, Treize-Cantons, Soleil, Lune, Sphère, Petit-Soulier, Vide-Bourse, Arbre-Sec, Charbon-Blanc, Epine, Bouteille, Buisson, Cage, Lanterne,

Plume, Forces, Gerbe, Bât-d'Argent, Plat-d'Argent, Bourdy, Bourgchanin, Boucherie, Blancherie, des Prêtres, des Fouettés, des Auges, Musique-des-Anges, Sirène, Ours, Mulet, Limace, Grenouille, Bœuf et Ane?

« Nous jetons, continue-t-il, cette absurde et fastidieuse nomenclature de rues, dont les noms ne rappellent que des enseignes, des bas-reliefs, qui avaient leur raison d'être autrefois, mais qui ont disparu depuis que les numéros ont été substitués aux emblèmes sur chacune de nos maisons. »

Et maintenant voici comment M. Terme formule sa proposition :

« Pour vous proposer un nouveau nom à donner à la rue de l'Attache-aux-Bœufs, j'ai cherché parmi ceux des bienfaiteurs des hôpitaux, et j'ai remarqué avec surprise que, si l'on avait érigé des statues aux deux fondateurs de l'Hôtel-Dieu, rien ne faisait connaître leurs noms au peuple. Je propose donc d'appeler désormais la rue de l'Attache-aux-Bœufs, rue Childebert.

« A cette proposition qui, je pense, ne peut pas souffrir une longue discussion, j'enjoindrai une autre qui me paraît plus importante, et qui peut-être vous semblera digne d'une sérieuse attention.

« En attachant à une rue ou à une place le nom des hommes qui ont servi leur pays, nous voulons éterniser leur mémoire et porter à la postérité le souvenir de leurs belles actions. C'est là une intention noble et utile à la fois, c'est là un témoignage de reconnaissance accordé au passé et un encouragement offert à l'avenir. Mais le but est-il atteint? Je ne le pense pas, et lorsqu'on parcourt la plupart de nos rues, lorsqu'on prononce leurs noms, la pensée se reporte-t-elle jamais à l'homme célèbre qui leur a donné le sien?

« Qui sait que Pouteau fut un des plus grands chirurgiens de son siècle? Que Ravat fut un prévôt des marchands aussi distingué par son habileté que par son courage? Que Jarente fut un abbé bienfaisant d'Ainay, et qu'il fit cession à la ville de la rue qui porte son nom? Que Mazard fut un bienfaiteur des pauvres? Je pourrais multiplier les exemples. Comment faire cesser cet inconvénient? Comment graver dans le cœur du peuple le nom du bon citoyen qu'il n'a encore que sur les lèvres ? Cela me paraît facile. Pour commencer, je vous propose de placer au-dessous du nom de la rue Childebert, et sur une pierre polie, ces mots : Childebert, roi de Paris, et son épouse Ultrogothe, fondateurs de l'Hôtel-Dieu de Lyon (549).

« Je ne sais si je me trompe, mais cette idée me paraît à la fois morale et philosophique. Cet enseignement en plein air du passé apprendra au peuple l'histoire de son pays ; il lui fera connaître les bienfaiteurs de ses pères et dira à ceux qui se dévouent à servir leur patrie avec zèle et désintéressement qu'ils ne seront pas toujours condamnés à n'être payés de leurs efforts que par l'ingratitude et l'oubli. Peut-être cette idée, développée par tous, et plus tard adoptée, fera-t-elle le tour de la France, et la plupart des villes reconnaîtront-elles l'utilité de cette histoire lapidaire, mise à la portée du plus grand nombre, et qui n'est, après tout, qu'un acte de reconnaissance et d'intérêt bien entendu.

« Je vous propose, messieurs, de renvoyer l'examen de mon rapport à une commission spéciale composée de trois membres. »

Le Conseil, en effet, renvoya le rapport du maire à une Commission, mais, comme nous le pouvons constater aujourd'hui, les vœux de M. Terme n'ont été réalisés qu'en partie.

Ce qui ressort de cette allocution du maire de Lyon, c'est que la biographie lyonnaise devrait être mise à contribution pour imposer des noms aux rues, c'est que donner à une rue le nom d'un Lyonnais d'élite qui a bien mérité de sa ville natale, est une sorte de récompense nationale, la plus propre à proclamer la reconnaissance de la cité, c'est que cette sorte de Panthéon populaire peut donner de fortes leçons aux générations qui suivent.

C'est plein de ces pensées que j'ai entrepris le présent travail, parfois difficile, toujours intéressant. Nous ne sommes pas assez fiers de nos gloires lyonnaises, nous ne proclamons pas assez haut qu'honorer le génie, le talent, la science, la bienfaisance, la vertu, c'est s'honorer soi-même et bien mériter du pays.

Ai-je besoin, en finissant, d'indiquer mes sources. Sans parler de Colonia, Ménestrier, Pernetti, Rubys, Spon, je veux rendre hommage aux anciens travaux de Mazade d'Avèze, de Cochard, de Bréghot du Lut, de Péricaud, de Boitel, de Paul Saint-Olive, et aux travaux plus récents et déjà cités de MM. Steyert, Aug. Bleton et Félix Desvernay. Mais en première ligne, je dois citer la *Revue du Lyonnais*, dont les savants travaux ne sont pas assez connus ; la collection précieuse de nos anciens almanachs et de nos anciens annuaires, qui précisent bien des points discutés ; enfin nos vieux plans, qui se suivent avec la succession des âges, constatent les vicissitudes et souvent résolvent des difficultés.

Aurai-je fait, malgré tous mes soins, un travail sans erreur? je n'en ai pas la présomption. Ceux-là seuls qui ont travaillé cette matière en connaîtront les difficultés. Mais mon but sera atteint si j'ai fait mieux connaître et mieux aimer la petite patrie qui est Lyon ; cet amour de la patrie locale n'est-il pas le germe d'un plus généreux amour pour la grande patrie qui est la France ?

Ad. Vachet.

A TRAVERS LES RUES DE LYON

EN 1902

Avenue et chemin de l'Abattoir

L'avenue : du chemin des Grenouilles à celui de l'Abattoir.
Le chemin : du chemin de Vaise à Champvert à l'avenue de l'Abattoir.

L'abattoir, ou plutôt les abattoirs ont été substitués aux Boucheries de l'ancien Lyon. Elles étaient au nombre de quatre : celle des Terreaux, celle de l'Hôpital, celle de Saint-Georges et celle de Saint-Paul. Non seulement on y abattait les bestiaux, mais on y vendait les viandes, et il était expressément défendu aux bouchers de tuer et de vendre ailleurs que dans ces établissements. La plus ancienne défense de ce genre date de 1541, et de nombreux arrêtés consulaires furent pris pour en assurer l'exécution.

Aujourd'hui, les boucheries générales ont disparu, et avec elles certains noms de rues qui s'expliquaient tout naturellement par un tel voisinage, comme la rue des Bouchers, la rue de l'Attache-aux-Bœufs, etc. Tout ce passé n'est plus qu'un souvenir. A mesure que la population devenait plus nombreuse, il y avait convenance et nécessité à rejeter ces établissements vers les parties les plus reculées de la ville. Mais cet éloignement amenait avec lui cette autre nécessité de scinder la vieille institution des Boucheries ; il fallut abattre ici et vendre ailleurs. De là les abattoirs.

L'abattoir de Perrache, dont le voisinage n'a donné lieu à aucune dénomination, a été construit en 1838-1839, par M. Louis Dupasquier. Si ce n'est pas un monument, c'est du moins un établissement fort digne d'attention par l'aménagement de l'ensemble. Il suffit d'entrer dans une des quarante cases de ce vaste édifice pour s'en rendre compte. Chaque case est pourvue d'un robinet fournissant l'eau pour le lavage ; d'un engrenage disposé contre le mur pour suspendre l'animal abattu, enfin d'une *pente*, qui se compose de deux pièces de bois horizontales, où l'on suspend les bœufs, les veaux et les moutons, quand ils sont prêts à partir pour la boucherie. La partie supérieure du mur de refend de chaque case est un simple grillage en fil de fer pour faciliter la ventilation.

Les bouveries, les bergeries, les écuries, la triperie, le fondoir, le séchoir, les canaux, la machine à vapeur destinée à fournir l'eau nécessaire : tout laisse entrevoir quel soin a présidé à toute cette installation.

Quoique occupant un carré long de dix mille mètres carrés (125 mètres de développement sur 80 de profondeur), l'abattoir de Perrache devint insuffisant. Il fallut en construire un second à Vaise.

Ce fut M. Desjardins qui en fut l'architecte. Cet abattoir de Vaise a à peu près les mêmes aménagements que celui de Perrache, et c'est lui qui a fait donner son nom aux chemins qui y conduisent [1].

Rue de l'Abbaye d'Ainay
De la rue de Jarente à la rue Bourgelat.

Ainay! ce nom seul suscite des polémiques. Longtemps, en effet, on a cru que l'autel d'Auguste s'élevait dans cette presqu'île, qu'un amphithéâtre l'avoisinait, et que là nos pères dans la foi avaient subi le martyre; aujourd'hui, au moins en ce qui touche l'autel d'Auguste et l'amphithéâtre, cette opinion est ébranlée par les découvertes faites sur la colline de Saint-Sébastien. Mais, pour ce qui regarde nos martyrs, la question n'est pas tranchée, car on se trouve en face d'un texte formel et embarrassant de saint Grégoire de Tours, qui les appelle *martyres athanacenses*, les martyrs d'Ainay. — Cette intéressante discussion, nous la retrouverons plus loin. — Voir *Amphithéâtre* et *Tables Claudiennes*. — Il ne s'agit ici que de l'Abbaye d'Ainay.

La tradition rapporte qu'il y eut à Ainay une crypte des Martyrs, dédiée à sainte Blandine. Cette crypte de sainte Blandine, dans l'opinion qui place l'Amphithéâtre dans l'ancien jardin des Plantes, aurait été sur la colline de Saint-Sébastien; mais d'autres auteurs croient qu'elle fut

---

[1] Au moment où j'écris ces lignes, il est question d'établir un troisième abattoir à la Vitriolerie.

à Ainay et que vers la fin du règne de Constantin, veillait et priait, dans cette crypte, un pieux solitaire, saint Badulphe. Sa sainteté lui attira des disciples, et un monastère s'éleva pour les recevoir. Tels furent les commencements de l'abbaye d'Ainay.

Toutefois il faut ajouter que cette version touche à la légende et que les origines de l'abbaye d'Ainay sont très problématiques. Le bréviaire lyonnais célèbre un saint Badulphe le 19 août et s'exprime ainsi : « *Tum Badulphus, sibi devinctis pluribus discipulis, quos ipsius virtutis fama undequâque adduxerat, cœnobii Athanacensis fundamenta jecit, ubi, mediante, ut aiunt, sœculo quarto, extremum vita diem sanctissime clausit.* » Si les leçons du bréviaire avaient une valeur critique, la cause serait jugée, mais il n'en est pas ainsi. On remarquera, du reste, l'expression *ut aiunt*, qui implique une certaine hésitation. Et voici que des auteurs affirment que l'abbaye d'Ainay n'a pas existé avant le commencement du VIIe siècle, qu'elle fut fondée par Brunehaut et que saint Badulphe est un personnage apocryphe inventé au commencement du XVIe siècle.

Quoiqu'il en soit, un monastère exista à Ainay avant saint Martin. Dans ces temps reculés, les monastères n'étaient pas, comme aujourd'hui, liés par une règle commune; chaque couvent vivait dans son autonomie, sous la conduite et la règle de son supérieur. Mais, sur la fin du IVe siècle, le bruit des merveilles opérées par saint Martin ayant rempli la France, un grand nombre de monastères embrassèrent à l'envi la règle de saint Martin.

L'abbaye d'Ainay, ravagée par les Huns, fut de ce nombre, mais un demi-siècle après la mort du grand évêque de Tours, car ce ne fut que vers 450 qu'elle fut restaurée et mise sous le vocable de saint Martin par saint Salone, évêque de Gênes, et Lyonnais de naissance.

Cinquante ans plus tard, les Vandales dévastent à leur tour l'abbaye d'Ainay ; sous le règne de Gontran, elle est ruinée de fond en comble. Enfin, nous voici au temps de Sigebert. La reine Brunehaut, son épouse, cette énigme indéchiffrable de l'histoire, qui fut, selon Grégoire de Tours, un monstre de cruauté, et suivant saint Grégoire le Grand, un prodige de piété et de savoir, va être la bienfaitrice de l'abbaye d'Ainay. Mais cent vingt ans plus tard, les Sarrazins se précipitent sur les Gaules, remontent le Rhône, arrivent à Lyon, et détruisent l'abbaye. Elle ne fut relevée qu'en 954, par Amblard, archevêque de Lyon.

Ce ne fut que vers la fin du xii° siècle, selon le P. Colonia, mais bien avant, selon d'autres auteurs, que l'ancienne discipline s'y étant tout à fait relâchée, la règle de Saint-Benoît fut introduite dans le monastère. Elle y fut en vigueur jusqu'à la sécularisation, qui arriva en 1685. Enfin, quand nous aurons dit que les Calvinistes démolirent les cloîtres, lorsqu'ils furent maîtres de Lyon (1562-1563), et que la Révolution acheva cette œuvre de destruction, nous aurons signalé, de son aurore

Fig. 1. — Abside de l'ancienne église d'Ainay.

à sa fin, les phases les plus marquées de la vie historique de l'abbaye d'Ainay.

L'abbaye d'Ainay devint très riche. Sa juridiction s'étendait sur Vaise, la Croix-Rousse et toute la partie méridionale de la presqu'île, de la place Bellecour au confluent. Elle possédait, en Lyonnais, Chazay, Grigny, Lissieux, Orliénas, Vernaison, Sivrieux, etc., et, en Forez, Saint Thomas-la-Garde, sans parler d'autres localités en France et à l'étranger. Chacune de ses possessions était administrée par un prieur délégué par l'abbaye.

A l'abbaye d'Ainay, il y eut une imprimerie : un missel de 1532, sorti des presses du monastère, est une preuve éloquente que l'art de la typographie et de la gravure y était cultivé d'une manière remarquable.

Il y eut à la tête de ce monastère des abbés réguliers, des abbés commendataires, et des abbés séculiers. Théodore du Terrail, oncle de Bayart, a été le dernier abbé régulier, et l'archevêque Camille de Neuville de Villeroy, le dernier abbé commendataire et le premier abbé séculier, en 1625.

Fig. 2. — Ancienne église d'Ainay.

En cette année 1625, lors de la sécularisation, les moines furent remplacés par des chanoines, parmi lesquels on ne prenait rang qu'après avoir fait des preuves de noblesse, du reste peu rigoureuses. Le titre d'abbé fut conservé à celui qui dans les autres chapitres s'appelle le doyen.

L'abbaye d'Ainay faisait autrefois clôture de la ville du côté du Rhône. C'est ce qui explique les fortunes diverses et les dévastations multipliées qu'elle eut à subir. Plus tard, on y fit des fortifications.

Jusqu'au XVIIIe siècle, la place d'Ainay n'avait d'autre issue que la rue

Vaubecour, et toutes les maisons qui l'entourent appartenaient au Chapitre. Un peu avant la Révolution, les terrains commencèrent à être aliénés et percés de rues.

Cette rue de l'abbaye d'Ainay fut ouverte en 1789. Son nom lui vient du palais abbatial qui y avait une issue. Ce palais abbatial existe encore, c'est le vaste bâtiment qui, dans cette rue, porte le n° 4, et dont l'allée traverse dans la rue Vaubecour. Dans la cour, on voit l'écusson de Camille de Neuville, qui fut abbé d'Ainay, et qui fit faire des réparations à l'abbatiale. Pour faire cette rue, on prolongea jusqu'à la rue Jarente un chemin qui, partant de l'église, desservait l'intérieur du monastère.

L'église d'Ainay appartient par son architecture à l'époque qui a précédé celle de l'ogive ; la rareté des édifices complets des xe et xie siècles doit nous la rendre plus précieuse encore. La coupole de l'église est supportée par quatre colonnes de granit que l'on dit être celles de l'ancien temple d'Auguste ; en tout cas, elles sont bien de l'époque romaine. Longtemps on a cru qu'elles avaient été sciées en deux. M. Leymarie donne la preuve qu'il n'en est rien.

Quant à l'étymologie de ce nom d'Ainay, les interprétations sont nombreuses, mais le nombre n'a pas produit la clarté, et l'on peut dire qu'ici règne la plus étrange anarchie. Le latin, le grec, le celtique y ont passé et ne sont pas parvenus à faire la lumière.

Le nom latin d'Ainay ne varie pas, c'est *Athanacus : insula quœ Athanacus dicitur*, est-il dit dans le Cartulaire d'Ainay. Mais *Athanacus* d'où vient-il ? Suivant les uns, il dérive de ἀθάνατος, immortel, par allusion aux martyrs immolés en cet endroit ; suivant les autres, il vient de ἀθήναιον, *athœnœum*, siège de l'antique Athénée, qui y aurait existé. D'autres prétendent qu'il vient de ces deux mots grecs ἐς νέος ou νάος, vers le temple ; d'autres encore de ἐσνάω, je nage dans, à cause de la situation topographique, au confluent du Rhône et de la Saône. M. Péan lui attribue une origine celtique : la rivière d'Ain, dit-il, et l'abbaye d'Ainay ont la même racine : « *Athan* se dit des cours d'eau et des localités baignées par les eaux. D'Athan à Athanacus, d'Athanacus à Ainay, la dérivation est régulière. » L'Almanach de 1755, parlant de l'abbaye d'Ainay, l'appelle la célèbre abbaye des deux rivières, en latin *amnis et amnis*, et par abréviation gauloise *Ais n ais*, et dans la suite Aisnai, Ainay.

M. Steyert, dans son histoire de Lyon, prétend qu'au temps des Burgondes, un notable de ce quartier, Athan, a donné son nom à ce territoire, *Athanac*, qui est devenu Ainay. M. l'abbé Devaux, après M. d'Arbois de Jubainville, s'élève contre l'existence hypothétique de cet Athan, et fait dériver *Athanacus* de Athanas, Ἀθάνας, nom d'un propriétaire de l'époque gallo-romaine. M. Bleton croit que le vocable du premier sanctuaire élevé à Ainay était saint Athanase.

On voit par cet ensemble qu'il n'est pas facile de faire de la lumière dans ces ténèbres étymologiques.

Quoique l'on puisse penser de l'existence, à Ainay, du temple d'Auguste et d'un amphithéâtre, je crois que l'on peut aujourd'hui considérer comme certain que la moitié des martyrs de la première persécution lyonnaise confessèrent leur foi dans l'amphithéâtre de Fourvière, découvert en 1886 par M. Lafont, et que l'autre moitié eurent, en qualité de citoyens romains, la tête tranchée, en dehors de la ville, sur le territoire d'Ainay, *martyres Athanacenses*. Plus tard, un monastère s'éleva sur ce territoire, et ce monastère devint l'Abbaye d'Ainay.

Place et rue de l'Abondance

La Place : sur le cours Gambetta, vers la rue Duguesclin.
La Rue : de la place de l'Abondance à la Buire.

Avant que les chemins de fer aient facilité les communications, le roulage était une grande industrie. Tous les rouliers et leurs voitures, arrivant du Dauphiné et du Midi, avaient établi leur quartier général à la Guillotière ; Vaise recevait ceux du Bourbonnais, du Forez, du Beaujolais et de la Bourgogne ; la Croix-Rousse, ceux de la Bresse et du Bugey ; aussi ces faubourgs étaient-ils peuplés d'hôtelleries. A la Guillotière, l'une d'elles avait pour enseigne : *A l'Abondance* ; c'était une des plus célèbres et des plus achalandées. Derrière cette maison s'étendait un grand pré, qui s'appela le *Pré de l'Abondance* ; plus tard une rue prit ce nom.

La rue actuelle n'est pas sur l'emplacement du terrain qui lui a donné son nom. Le logis de l'Abondance fut en partie démoli par le percement de la rue Vendôme. Ce qu'il en reste aujourd'hui forme l'angle sud-ouest, vers la Grande-rue de la Guillotière.

Rue des Actionnaires.
De la rue de Dijon à la rue Mascrany.

Il n'est pas rare de voir se former des sociétés d'actionnaires pour l'exécution de grands travaux. Au siècle dernier, les travaux Perrache furent accomplis sous le patronage d'une compagnie d'actionnaires. Les rues, appelées autrefois Impériale et Impératrice, aujourd'hui de la République et de l'Hôtel-de-Ville, furent ouvertes et construites de la même façon. Sous la Restauration, ce fut aussi une compagnie d'actionnaires qui se forma pour la création du quartier de St-Eucher. Le nom de cette rue rappelle ce souvenir.

Rue Adamoli
De la rue Bodin à la rue des Fantasques.

Pierre Adamoli naquit le 5 août 1707. Il était issu, à ce qu'il paraît, d'une de ces nombreuses familles italiennes qui vinrent à Lyon, au XVIe siècle, chassées de leur pays par les compétitions politiques des partis. Il demeurait dans la rue Du Garet. Il fut garde des ports, ponts et passages de la ville de Lyon. Possesseur d'une fortune honnête, et aimant les sciences qu'il cultivait avec beaucoup de zèle, il put et sut se former une bibliothèque d'amateur qui avait du renom. Il possédait cinq à six mille volumes, exactement cinq mille six cents, relatifs en grande partie à l'histoire naturelle, choisis avec goût et tenus en bon état. Mais selon Monfalcon, qui devait s'y connaître, la renommée de cette bibliothèque, qui s'est prolongée pendant plus d'un siècle, n'était que médiocrement méritée. A sa mort, arrivée le 5 juin 1769, Adamoli céda sa bibliothèque à l'Académie de Lyon, à condition qu'elle serait ouverte au public une fois par semaine.

Cette bibliothèque a déjà son histoire, l'histoire de ses déménagements :

1° Elle fut déposée provisoirement dans l'entresol des bâtiments du Concert ;

2° Elle émigra à l'Hôtel-de-Ville. Mais cinq ans après la mort d'Adamoli, la bibliothèque n'était pas encore publique. De là procès ;

3° Elle fut installée, en 1777, dans l'Hôtel-de-Ville, au premier étage, sur la rue Puits-Gaillot ; alors elle devint publique et l'Académie de Lyon l'enrichit d'un grand nombre d'ouvrages ;

4° Une décision de 1792 ordonna son transfert au collége, dans le vaisseau appelé la bibliothèque de Villeroy, mais cette décision resta sans effet. Elle dut cependant quitter l'Hôtel-de-Ville et fut reléguée dans les combles de St-Pierre ;

5° L'an IV de la République (1796), Poulain-Grandpré la fit transférer dans la salle Villeroy, au collége ;

6° En 1800, l'Académie réclama sa bibliothèque ; elle obtint justice en 1825, et l'établit dans les salles où elle est encore aujourd'hui, grâce à M. Rambaud, maire de Lyon.

M. Prunelle, plus tard, fit de cette bibliothèque, avec le concours de présidents de diverses sociétés, une institution de premier ordre, et M. Terme hérita de ce zèle.

Rue Adélaïde Perrin

De la rue Jarente à la rue Bourgelat.

Cette rue s'appelait antérieurement rue du Puits-d'Ainay, à cause d'un puits qui s'y trouvait jadis et que plus tard on remplaça par une pompe adossée au mur de clôture de l'hospice des Incurables. Vers 1793, on construisit en cet endroit un boulevard qui porta le même nom, on l'ouvrit sur un ancien cimetière de l'abbaye qui était au chevet de l'église. Ce n'est que depuis 1855 qu'elle porte le nom actuel.

La ville de Lyon, qui a le droit de ne pas s'étonner des bonnes œuvres dont elle est le théâtre, puisqu'elle est la capitale de la charité, a voulu, en donnant le nom de Louise-Adélaïde Perrin à une de nos rues, consacrer la mémoire d'un des types les plus touchants de la bienfaisance chrétienne.

Cette héroïne du dévouement naquit à Lyon, le 11 avril 1789, d'une famille où la vertu semble un héritage naturel. Elle grandit en manifestant les belles qualités de son âme ; à trente ans, c'était une femme d'une tendre piété et d'une énergique persévérance. C'est alors, en 1819, qu'elle fonda l'admirable institution des Jeunes Filles Incurables. Voici quelle en fut l'origine :

Mlle Adélaïde Perrin avait la chrétienne habitude d'aller, sinon tous les jours, au moins très souvent, à l'Hôtel-Dieu, visiter les malades, leur portant des secours et des consolations. Un jour en traversant une salle, elle fut appelée par une jeune fille qui, après un long traitement pour une maladie des articulations, était restée infirme et venait d'être prévenue de son renvoi. La médecine se déclarait impuissante, cette jeune fille était incurable. Mais elle avait deviné sa future bienfaitrice. Elle la supplia, en des termes si émus, de lui trouver un asile, qu'elle ébranla l'âme, du reste si facile au dévouement, de Mlle Perrin. Deux mois après, deux autres jeunes filles, atteintes d'infirmités incurables, sollicitèrent leur charitable visiteuse. Mlle Perrin, qui avait déjà placé la première jeune fille chez une pauvre femme, accueillit cette nouvelle demande et réunit les trois jeunes filles dans un appartement de la rue Saint-Georges. L'œuvre était fondée, elle ne fera que grandir.

Mlle Adélaïde Perrin, en se multipliant pour pourvoir aux besoins naissants, en se faisant garde-malade et quêteuse, en subissant, sans se décourager cependant, de nombreuses contrariétés, usa vite sa vie, elle mourut le 15 mars 1838 ; elle avait quarante-neuf ans.

On peut lire, dans *Lyon et ses Œuvres*, les diverses phases par où passa cette Institution des Jeunes filles Incurables. De la rue Saint-Georges, elle passa en rue Vaubecour, de la rue Vaubecour dans la rue de l'Abbaye d'Ainay, maison Capelin, qu'on acheta dans la suite. En 1852, le 10 mars, S. E. le cardinal de Bonald posa et bénit la première pierre d'un nouvel hospice. Aujourd'hui l'Hospice des Jeunes Incurables, vaste, aéré, propre, presque gai, dirigé par les sœurs de Saint-Joseph, donne asile à près de deux cents jeunes filles, qui souffrent sans doute, mais qui sont étonnantes de douceur et de résignation. Il faut aller visiter ces infortunes et voir tout le bien qui se fait là pour comprendre Louise-Adélaïde Perrin.

Place et rue d'Aguesseau

La place, entre les rues d'Aguesseau, Béchevelin et des Trois Rois.
La rue : du square Raspail à la rue Béchevelin.

Je mets ici, en cet ordre alphabétique, le nom de cette place et de cette rue, bien que le véritable nom soit Daguesseau, sans la particule nobiliaire, l'usage contraire ayant prévalu.

Ce nom appartient à la France, et Lyon lui a donné droit de cité. Nous en retrouverons plusieurs de cette sorte, il ne faut s'en plaindre que dans la mesure où ils prennent la place de Lyonnais dignes de mémoire.

Henri-François Daguesseau naquit à Limoges, le 27 novembre 1668. A vingt-deux ans, il était avocat général au Parlement de Paris, et fit à cette époque, une révolution dans l'éloquence du barreau par une suite de discours où la raison et la science s'expriment généralement dans une langue noble et pure. Procureur général en 1700, il a laissé des Mercuriales célèbres où les principes de Caton et de Lycurgue semblaient exposés par Cicéron et Démosthène. En 1717, il fut nommé chancelier par le Régent ; on l'appelait le vertueux chancelier. Il est beau de voir au sommet de la hiérarchie judiciaire, à cette époque de légèretés et de débauches, un homme qui commande à tous le respect et l'estime.

A cette époque, l'Etat était à la veille d'une banqueroute affreuse. Le système de Law avait fait et défait d'immenses fortunes. Pour sauver l'Etat, on eut recours à une fraude adroite, mais à une fraude insigne ; on inventa l'agiotage. On vint rapporter cet expédient à Daguesseau ; le vertueux chancelier s'indigna. « Mais, lui disait-on, le salut de l'Etat, c'est la loi suprême, *salus populi, suprema lex*. — Le droit avant tout, répondit Daguesseau, et périsse le monde ! *Fiat jus, et pereat mundus !* » Tout Daguesseau est dans ce mot-là.

Mais cette opposition lui attira une disgrâce, on lui retira les sceaux et on l'exila. Après la fuite de Law, il rentra en faveur. En 1722, il fut exilé une seconde fois et remplacé. Le cardinal de Fleury le rappela à la cour en 1727, mais on ne lui rendit les sceaux que dix ans plus tard. Il fit alors d'importantes réformes législatives, fit cesser les diversités de la jurisprudence, réglementa les donations, les testaments, les substitutions. Il résigna ses fonctions en 1751 ; cette année fut aussi celle de sa mort.

La statue de Daguesseau est une de celles qui, depuis 1810, ornent, à Paris, la façade du portail du Corps Législatif, sur le quai d'Orsay.

Place d'Albon

Entre la rue des Bouquetiers et le pont Nemours.

La famille d'Albon est une des plus illustres du Lyonnais. Son origine, dit Pernetti, se perd dans la nuit des temps. C'est peut être remonter

Fig. 3. — L'ancien pont de pierre. — Dessin de Leymarie.

bien haut ; ce qu'il y a de certain, c'est que, dès le XIII° siècle, en 1250, il y avait un André d'Albon, seigneur de Curis, et, parmi les plus considérables citoyens de Lyon, se distinguait un Pons d'Albon, en 1269. Cette famille prétend même, et non sans fondement, descendre des Dauphins de Viennois, comtes d'Albon.

Comme il nous est impossible de signaler et les personnages et les hauts faits de tous les membres de cette illustre famille, qu'il nous suffise de dire qu'elle a donné à Lyon plusieurs gouverneurs, et parmi eux, le fameux Jacques d'Albon, maréchal de St-André, qui fut fait prisonnier à la bataille de Saint-Quentin, en 1557, et qui fut tué à la bataille de Dreux, en 1562. On y compte aussi un archevêque de Lyon, vingt-six chanoines-comtes de Lyon, dont deux furent doyens du Chapitre, six abbés de l'abbaye royale de Savigny, trois de celle de l'Ile-Barbe, trois abbesses de Saint-Pierre. Or, on sait qu'il fallait être de première noblesse pour entrer dans ces divers colléges. On disait en proverbe à Lyon : « Noble comme d'Albon. »

Mais pourquoi cette place porte-t-elle ce nom ?

Ceux qui sont parmi les anciens du peuple — ils deviennent rares — peuvent se souvenir que sur le pont de pierre ou pont Saint-Nizier, on avait jadis construit des maisons. Cette concession remonte jusqu'à Philippe-le-Bel, époque à laquelle nous voyons un André d'Albon construire des ouvroirs sur le pont Saint-Nizier, et un Henri d'Albon posséder plusieurs maisons et boutiques sur le pont. Voici la décision consulaire qui concerne ce dernier :

« Le Consulat accorde à Henri d'Albon, chevalier, la permission de construire une maison sur l'arc merveilleux du pont de la Saône, du côté de Saint-Nizier. »

Cette concession, la plus ancienne que l'on connaisse, ne fut faite que sous la condition de maintenir la pile et l'arc, et de les relever en cas qu'ils vinssent à dépérir.

En ce qui touche l'arc merveilleux, voir plus loin le mot *Port du Temple*.

A côté de ces détails d'origine, il faut en placer d'autres. Avant 1813, la place d'Albon actuelle était occupée par une grande maison, entourée de trois ruelles, dont l'une portait le nom de place. On la démolit, et comme elle appartenait à M. André Suzanne, comte d'Albon, qui était alors maire de la ville de Lyon, il n'est pas étonnant qu'on ait donné à cette place sa dénomination actuelle, pour conserver le souvenir d'une des premières propriétés que l'on connaisse pour avoir appartenu, en cette ville, à la famille d'Albon.

Rue d'Alger

Du cours du Midi à la rue Bichat.

La conquête d'Alger a fait donner à cette rue encore naissante le nom qu'elle porte. Elle traverse les bâtiments fermés de l'Arsenal.

Rue d'Algérie

Du quai de la Pêcherie à la place des Terreaux.

Cette rue d'Algérie fut faite en deux fois. Elle ne comprit d'abord que la partie qui est limitée par le quai et la place de la Miséricorde ; sous le second Empire, on lui ajouta ce qu'on appelait la place des Carmes ; ainsi la percée s'étendit jusqu'aux Terreaux.

Que l'on veuille bien se rappeler ce que nous avons dit au mot « Abattoir ». La boucherie des Terreaux comprenait un espace irrégulier de terrain, situé entre l'ancien quai d'Orléans, aujourd'hui quai de la Pêcherie, et la place de La Feuillée au couchant, la rue de la Boucherie et la rue Lanterne au levant, et une rue tortueuse, aujourd'hui disparue, la rue du Bessard, au midi. Lorsque, vers 1840, après la construction de l'abattoir de Perrache, on démolit la boucherie des Terreaux, on chercha à faire un tout régulier, en rectifiant les rues et les terrains de construction. On élargit la rue de la Boucherie, on la rendit droite, et on lui donna le nom de rue d'Algérie, en même temps qu'on donnait le nom de Constantine à la rue parallèle, et celui d'Oran, à celle qui les reliait l'une et l'autre. Ces noms, comme nous aurons souvent à le signaler, sont une date ; ils consacrent les exploits de cette époque, accomplis par la France sur la terre africaine.

Rue de l'Alma

De la rue Vauzelles à la rue Saint-François-d'Assise.

Sur ces pentes de la Croix-Rousse, il y avait autrefois d'assez vastes propriétés, connues sous le nom de clos, le clos Riondel, le clos Flandrin. En 1823, une société d'actionnaires entreprit de créer un nouveau quartier dans le clos Riondel. Elle traça des rues, et au nombre de celles-ci, la rue qui nous occupe. Elle fut longtemps innommée, bien qu'un moment elle ait été appelée *Délices de Beauregard*, mais ce nom n'eut jamais rien d'officiel, et il tomba. Elle porta plus tard le nom de rue du Midi du clos Riondel; un nom pareil n'était guère pratique. En 1857, l'administration municipale crut devoir lui donner le nom du combat qui inaugura si glorieusement la campagne de Crimée.

Rue d'Alsace
De la place des Pénitents-de-la-Croix à la place Croix-Pâquet.

Cette rue s'est appelée successivement rue des Deux-Angles, rue Victor-Arnaud et rue d'Alsace.

Le nom des Deux-Angles lui fut donné à cause de sa conformation topographique.

Elle prit plus tard le nom de Victor-Arnaud, qui demeurait dans cette rue. Victor Arnaud fut un négociant de Lyon, qui devint conseiller municipal et général, adjoint au maire, administrateur des hôpitaux, président du cercle du commerce. La voirie lyonnaise lui doit une part de ses progrès. En 1840, il fut le promoteur des trottoirs de la ville. Sans cesse préoccupé des moyens de rendre la cité salubre, et le parcours de la voie publique commode et sûr, M. Arnaud lutta avec persévérance contre les nombreux obstacles qu'il rencontra. Il compta parmi les personnages les plus importants de la cité, et vit sa popularité s'augmenter, grâce à la part active qu'il prit dans les journées de juillet.

Un décret, en date du 18 juillet 1879, a approuvé l'arrêté du préfet du Rhône, qui convertit le nom de la rue Victor-Arnaud en celui de rue d'Alsace.

L'Alsace, on le sait, est une des deux provinces que nous avons perdues après la malheureuse guerre de 1870. Elle a tant souffert alors et elle est restée si française qu'il est bien juste de l'aimer et d'en garder un éternel souvenir. Mais la Lorraine a les mêmes droits à cette consécration populaire, et nulle part à Lyon on ne trouve ce nom-là; elle aurait le droit d'être jalouse, si elle pouvait l'être. En tout cas, pourquoi avoir chassé Victor Arnaud, qui fut un bon citoyen, du patronage de cette rue ? Il y avait tant d'autres noms insignifiants qui se prêtaient mieux à un changement.

Rue d'Amboise

Du quai des Célestins à la rue Saint-Louis.

Georges d'Amboise, né en 1460, était évêque de Montauban à quatorze ans. Il devint aumônier de Louis XI, et, à la mort de ce prince, s'attacha au duc d'Orléans. Archevêque de Narbonne en 1493, puis de Rouen, il retrouva le duc d'Orléans, qui était alors gouverneur de Normandie. Celui-ci, devenu roi sous le nom de Louis XII, prit Georges d'Amboise pour son premier ministre et en fit son ami. Vertueux, prudent, économe, il fut un grand ministre. Légat du Pape en France, il aspira au Souverain Pontificat, sur le conseil du cardinal Julien de la Rovère, qui fut lui-même nommé et devint le fameux Jules II. Mais, malgré cette sorte d'échec, la place du cardinal d'Amboise était si large en France, et son crédit était tel que les Italiens l'appelaient le Pape d'au-delà les Monts; aussi rapporte-t-on que Jules II, apprenant la mort du Cardinal-ministre, s'écria : « Loué soit Dieu ! parce que maintenant je suis le seul Pape ».

Telle est, en quelques mots, l'histoire générale de sa vie, mais pour notre histoire locale, il faut ajouter d'autres détails.

Ce Cardinal, au rapport du P. Colonia, fit par intervalles un assez long séjour à Lyon ; il y mourut le 20 mai 1510, dans le couvent des religieux Célestins, qu'il avait comblés de faveurs pendant toute sa vie. Son corps fut transporté à Rouen, mais son cœur resta déposé dans l'église du Couvent où il était décédé.

La rue d'Amboise fut ouverte en 1791, à travers l'ancien cloître des Célestins, supprimé en 1778, et on lui donna le nom du Cardinal pour rappeler que son tombeau était dans la chapelle du couvent, où il était mort.

Nous retrouverons le cardinal d'Amboise, quand nous parlerons de la Quarantaine.

Rue Amédée Bonnet
De la rue Boileau à la rue Garibaldi.

Cette rue s'appelait autrefois Passage Boileau, de la rue Boileau, où elle s'amorçait. Depuis 1884, elle a reçu le nom d'Amédée Bonnet.

Nous sommes ici sur le terrain des Hospices. Pour comprendre la raison d'un grand nombre des noms donnés aux rues de ces quartiers, il faut se rappeler que les Hospices sont ici chez eux, et que tout naturellement l'administration a voulu consacrer le souvenir de ses grands médecins, de ses illustres chirurgiens et de ses généreux bienfaiteurs.

Amédée Bonnet naquit à Ambérieu, en Bugey, le 19 mars 1809 et mourut à Lyon le 1er décembre 1858. Il fut écrivain, et surtout chirurgien en chef de l'Hôtel-Dieu; il acquit en cette qualité une grande célébrité. Sa statue en bronze, placée dans une des cours de l'Hôpital, est l'œuvre de Guillaume Bonnet; elle a été inaugurée le 2 juillet 1862, elle redit aux générations qui lui survivent l'immense, l'européenne réputation du grand chirurgien.

Fig. 4. — Amédée Bonnet. — Phot. Victoire, Lyon.

Amédée Bonnet a fondé un prix qui porte son nom : celui des étudiants en médecine qui est reçu premier aux examens-concours de l'internat, reçoit une trousse d'honneur.

Rue Amédée Lambert

De la rue de Marseille à la rue Béchevelin.

Ce nom est très probablement celui d'un propriétaire de ce terrain, car l'on ne trouve nulle part un Amédée Lambert digne de passer à la postérité. *C'est un numismate réputé*
Nous verrons souvent dans ce travail ce même fait se reproduire. Soit parce qu'ils ont donné à la ville les terrains sur lesquels des rues ont été ouvertes, soit parce qu'ils furent quelquefois, pendant un certain temps, les seuls ou les principaux habitants de ces rues, ces propriétaires ont laissé leurs noms à ces percées nouvelles. D'aucuns trouvent que c'est très raisonnable, je me permets d'en douter. Ces propriétaires ont fait une spéculation, le plus souvent une spéculation heureuse qui a donné de la plus-value à leurs propriétés ; cette récompense est bien suffisante, l'autre est de trop.

Place & rue Ampère

La place : rue Victor-Hugo, vers la rue des Remparts-d'Ainay.
La rue : de la rue Terrasson au quai Perrache.

Comme nous aurons souvent l'occasion d'en faire la remarque, la rue et la place sont éloignées l'une de l'autre, ce qui est fréquemment la cause de regrettables erreurs.

Avant 1884, cette place portait le nom d'Henri IV, mais elle était désignée, dès le 22 avril 1880, pour recevoir la statue d'Ampère, qui fut enfin placée le 8 octobre 1888. Le grand mathématicien méritait bien cet honneur, car c'est certainement le génie le plus puissant qui ait illustré Lyon.

André-Marie Ampère, né à Lyon en 1775, fut élevé à Poleymieux, où son père, négociant estimé, qui devait porter sa tête sur l'échafaud révolutionnaire, se retira peu après la naissance de son fils. Nouveau Pascal, il eut de bonne heure l'attrait des chiffres et comprit les mathématiques avant de les avoir apprises. Dès qu'il sut lire, il dévora les vingt volumes de l'Encyclopédie, ce qui donnera à son esprit un caractère d'universalité qu'il gardera toujours. En quelques semaines, il apprit le latin, afin de pouvoir lire Euler, et il essaya même de bâtir de toute pièce une langue universelle avec grammaire et dictionnaire ; il n'avait que dix-huit ans.

La mort terrible de son père le rendit comme idiot pendant un an ;

Fig. 5. — Statue d'Ampère. — Phot. Victoire, Lyon.

la botanique réveilla son esprit engourdi. A vingt-quatre ans, il se maria avec Mlle Julie Carron ; c'est l'époque poétique d'Ampère. Ce jeune homme qui, à dix-huit ans, avait lu la *Mécanique analytique* de Lagrange, se mit à aimer passionnément les poètes latins, grecs et toscans. Puis quand son cœur s'éveilla auprès de sa Julie qu'il aima tant, il traduisit les chants de son âme dans des vers, dans des notes de journal, dans des lettres d'une exquise sensibilité.

Les parents de sa femme, les barbares ! faillirent faire d'Ampère un commis-négociant. Heureusement l'attrait qu'il avait pour les sciences sauva son avenir. Il fut successivement, à Bourg-en-Bresse et à Lyon, professeur de mathématiques et de physique. En 1805, il fut nommé répétiteur d'analyse à l'Ecole Polytechnique, puis professeur de physique au Collége de France, enfin inspecteur général de l'Université. Il mourut à Marseille en 1836.

Ampère travailla toute sa vie, et nombreux sont les ouvrages scientifiques qu'il a laissés. Qu'il nous suffise d'en connaître deux : le premier est son *Essai sur la philosophie des sciences ou Exposition analytique d'une classification naturelle de toutes les connaissances humaines* ; il se plaçait ainsi à côté d'Aristote, de Leibniz, de Saint-Bonaventure et de Bacon ; — le second est l'*Exposé des nouvelles découvertes sur le magnétisme et l'électricité*, ouvrage publié en 1822. Il venait de découvrir l'électro-magnétisme, et il en rendait compte. Dans cet exposé, parmi les conséquences nombreuses de sa découverte, il signalait la possibilité de se servir de l'action de la pile sur l'aiguille aimantée pour transmettre les indications au loin ; c'était annoncer le télégraphe électrique.

Ampère était religieux et croyant sincère, comme les savants de premier ordre : les Kepler, les Newton, les Euler, les Linné, les Jussieu. Ses lettres et son journal ont des accents profondément chrétiens.

Ame franche, naïve, loyale, il avait l'esprit distrait d'un mathématicien. Ses distractions et ses bizarreries, conséquences toutes naturelles de son esprit méditatif, sont restées proverbiales. Tout le monde sait l'histoire de la double chatière qu'il voulut faire faire à sa porte, après que sa chatte fut devenue mère ; il y avait deux animaux, il fallait bien deux passages, il ne réfléchit pas du premier jet « qu'où la *mère* a passé passerait bien l'enfant ». — Un jour, impatienté des réponses peu intelligentes d'un élève, il prit la craie et opéra lui-même au tableau : Trois fois sept, dit-il, font dix-neuf.... non, je me trompe, ça fait vingt-deux. — Mais une de ses jolies aventures est celle qui lui arriva chez M. de Fontanes. Le Grand-Maître de l'Université ayant invité tout le corps universitaire, Ampère, qui était de l'Institut depuis 1814, se rendit à ce repas d'apparat en costume d'académicien, l'épée au côté. Arrivé chez le Grand-Maître, il s'aperçut qu'il était seul à porter l'épée ; il la cacha mystérieusement sous les coussins d'un canapé du salon.

Après le dîner, l'on se rendit au salon et l'on causa. Mme de Fontanes s'asseya sur le malencontreux canapé, on l'entoura. MM. les invités, après quelques instants, se retirèrent peu à peu, Ampère demeura ; M. de Fontanes lui-même laissa sa femme seule, Ampère demeura encore, il voulait rentrer en possession de son épée, et n'osait simplement faire l'aveu de son embarras. L'on causa encore, mais la conversation ne tarda pas à languir, si bien qu'après avoir épuisé bien des sujets de conversation, Mᵐᵉ de Fontanes s'endormit enfin. Ampère jugea le moment favorable, il s'approcha sur la pointe des pieds jusqu'auprès de la dormeuse, il glissa une main timide sous les coussins, il sentit la garde qu'il saisit ; il éprouvait bien quelque résistance, mais, n'importe ! il tira à lui. Hélas ! la lame seule était dans ses mains, le fourreau était resté enseveli dans sa cachette. Mais qu'on veuille bien se représenter ce tableau : Mᵐᵉ de Fontanes réveillée en sursaut, et devant elle un homme l'épée nue à la main. Elle crie, on accourt. Ampère raconte simplement l'aventure et l'on rit aux larmes.

Montée de l'Amphithéâtre

De la place Sathonay à la rue Burdeau.

Cette percée, conquise sur l'ancien Jardin des Plantes, fut très improprement appelée montée de Sathonay ; depuis 1866, elle s'appelle montée de l'Amphithéâtre. Elle est divisée en deux parties par la rue du Jardin-des-Plantes ; la première est un large escalier, la seconde disparaît sous la verdure et les fleurs ; on en a fait un square que côtoient deux rampes d'escaliers très douces.

Vers 1828, M. Artaud dirigea des fouilles au Jardin des Plantes : il y trouva des ruines qui ont sollicité l'attention et les études des savants. — En 1853, la Compagnie des Eaux fit, elle aussi, des fouilles en cet endroit ; elles mirent au jour, du côté nord, des voûtes et des murs romains, destinés, selon toute vraisemblance, à soutenir les gradins d'un vaste monument.

Mais ce monument, quel était-il ? Longtemps on le prit pour une naumachie, c'est-à-dire pour un vaste réservoir qu'on emplissait d'eau afin de donner là des simulacres de combat naval. Depuis M. Auguste

Bernard, les conjectures archéologiques ont pris un autre cours : on examina si ce fut un théâtre ou un amphithéâtre. Des découvertes archéologiques, telles que des inscriptions indiquant les places réservées aux représentants de plusieurs nations des Gaules, des restes annonçant des monuments considérables, des tablettes mentionnant des prêtres augustaux, font considérer comme certaine l'existence sur la colline, autrefois appelée de Saint-Sébastien, non d'un théâtre, mais d'un amphithéâtre véritable. Depuis quelques années, cette idée, grâce à de savants travaux, a fait de considérables progrès.

On a pu, à la suite de recherches heureuses, calculer la superficie de ce monument ; dans son ensemble, il avait 140 mètres de longueur et 117 de largeur ; l'arène devait avoir 64 mètres de long sur 41 de large.

M. Steyert prétend que c'est ici le lieu où subirent le martyre nos premiers pères spirituels. Je ne pense pas que, depuis les découvertes de M. Lafont, on puisse raisonnablement le soutenir. Que si l'on veut parler de ceux qui subirent le martyre en dehors de la ville romaine, je demande comment ils auraient pu être appelés *Martyres Athanacences?*

Nous verrons plus loin, en parlant des Tables Claudiennes, que le temple d'Auguste était dans ce voisinage. Il n'y a plus que l'autel d'Auguste dont l'emplacement soit encore un problème.

On pourrait se demander comment les Romains ont pensé à construire un amphithéâtre sur la colline de Saint-Sébastien. C'est que ce quartier n'était pas, à l'époque gallo-romaine, aussi désert qu'on se l'imagine ; il était peuplé, c'était une ville, la ville de Condat, et l'existence de plusieurs édifices est attestée par des antiquités diverses.

Place de l'Ancienne-Douane

Sur le quai de Bondy.

Cette place s'est appelée successivement place Saint-Eloi, place de la Douane et place de l'Ancienne-Douane : place Saint-Eloi, parce qu'autrefois sur cette place et parallèlement au quai, s'élevait une chapelle de ce nom ; place de la Douane, parce que vers la fin du xvie siècle, la Douane y fut établie ; place de l'Ancienne-Douane, quand, à la fin du xviiie siècle, cet établissement fut transféré sur le quai du Rhône, là où est aujourd'hui l'Hôpital militaire ; la Révolution qui était proche en fit une caserne. Après la Révolution, la douane occupa d'abord une maison particulière, plus tard la partie septentrionale de l'Arsenal, entre les rues Peyrat et du Plat et le quai Tilsitt ; le Grenier à sel occupait la partie méridionale. En 1857, la Douane fut transférée à Perrache, à la place de l'Entrepôt des liquides, où elle est encore.

Fig. 6. — Place de l'Ancienne-Douane. — Dessin de Girrane.

Ces indications seraient peut-être suffisantes, si nous ne nous trouvions ici dans un coin intéressant à plus d'un titre, et qui mérite d'arrêter notre attention. Cette chapelle Saint-Eloi, dont il est question plus haut, était l'ancienne chapelle de Notre-Dame de la Saônerie, et c'est là que fut fondé le premier hôpital par Childebert et Ultrogothe. — V. *Childebert*. — Un cimetière entourait cette chapelle et ce cimetière servait d'asile aux criminels. En 1448, le Consulat fit une place de ce cimetière, et la fit paver pour servir de voie publique. Ceux qui auparavant s'y réfugiaient, criaient : « Franchise, » et ceux qui les poursuivaient n'osaient passer outre. Cependant un nommé Peillison en fut un jour arraché par des sergents de la Cour séculière. Le Chapitre de Saint-Paul intervint et, sur sa plainte, le prisonnier fut ramené au lieu de l'immunité. — Une ordonnance d'Orléans fit cesser ces franchises.

C'est ce cimetière de Notre-Dame de la Saônerie qui devint une place, laquelle fut plus tard agrandie par la démolition de la chapelle de Saint-Eloi.

La douane de Lyon était une institution qui nous était propre et qu'il ne faut pas confondre avec les droits ordinaires qui ont toujours existé. Elle naquit dans notre ville de la centralisation du transit de certaines marchandises.

En ce qui touche le mot douane, je crois qu'il fut importé chez nous par les Italiens, qui vinrent s'établir à Lyon au treizième siècle. Les guerres éternelles des Guelfes et des Gibelins furent la cause de cette émigration si favorable au commerce lyonnais. Quelques-uns de ces émigrants étaient nobles, d'autres négociants ; tous se trouvaient forcés, pour se soustraire à la misère ou pour employer leurs capitaux, de faire la banque et le commerce. Nous aurons plusieurs fois occasion de revenir à ce fait important de notre histoire, parce que des conséquences immenses en découlèrent ; je n'en cite que deux : *la dogana*, la douane et la lettre de change.

Les premières familles italiennes qui s'établirent à Lyon étaient originaires de la Lombardie, puis vinrent les Florentins, les Lucquois, les Génois, les Piémontais. Nous trouverons sur notre chemin plusieurs de ces familles. Dès maintenant, nous pouvons signaler quelques noms : de Florence vinrent les Gadagne, les Gondi, les Capponi, les Salviati, les Bartholi ; de Gênes, les Ferrari, les Benedetti, les Vignoles, les Marineri, les Spinola ; du Piémont, les Scarron, les Gabiani, les Pierrevive, les Porte, les Robio.

C'est de cette époque que date la prospérité commerciale de Lyon.

La place de l'Ancienne-Douane vient de disparaître, nous avons cru devoir en garder le souvenir par le dessin que M. Girrane a bien voulu mettre à notre disposition.

Rue de l'Ancienne-Préfecture

De la rue de la Monnaie à la place des Jacobins.

On vient tout récemment, à propos du nom de cette rue, de faire cesser un non-sens, qui se perpétuait depuis quarante-cinq ans. Un étranger qui, avant 1899, aurait passé dans cette rue et se serait demandé la raison de cette appellation, n'aurait guère pu se donner une réponse satisfaisante, car rien aujourd'hui dans le voisinage ne rappelle l'hôtel du préfet ; elle s'appela, en effet, jusqu'alors rue de la Préfecture. La raison en était assez plausible ; nous verrons plus loin — Cf. *Gasparin, Jacobins, Saint-Dominique* — que la Préfecture occupa longtemps (1818-1855), l'ancien claustral des Dominicains, c'est-à-dire cette étendue de terrain occupée aujourd'hui par les maisons comprises entre les rues Saint-Dominique et de l'Hôtel-de-Ville, et la place des Jacobins et la rue des Archers. La place des Jacobins s'appela place de la Préfecture, et la rue qui nous occupe rue de la Préfecture.

Cette rue fut ouverte en 1830 par MM. Vingtrinier et Cie, dans le tènement de l'ancien Hôtel des Monnaies. La première pierre en fut solennellement placée par le préfet, M. de Chabrol, dans les derniers jours de son administration.

En 1855, lors de la grande transformation de la ville de Lyon, la Préfecture fut transférée à l'Hôtel-de-Ville, et le nom de la rue de la Préfecture devint un non-sens, qui a duré près d'un demi-siècle. Enfin, il a cessé en 1899 ; par décision du 11 janvier, M. le Préfet du Rhône a approuvé la délibération du 13 décembre précédent, par laquelle le Conseil municipal a décidé que la rue de la Préfecture porterait désormais le nom de rue de l'Ancienne-Préfecture.

Montée des Anges

De la montée des Carmes à la place de Fourvière.

En haut de la montée des Carmes-Déchaussés et à gauche, se dirigeant vers le plateau de Fourvière, se trouve cette pente rapide, qui était autrefois un vrai casse-cou, et qui est aujourd'hui un interminable escalier de cinq cent cinquante-cinq marches. Elle s'est appelée jadis montée de Gratte-cul, elle s'appelle actuellement montée des Anges. Mais ce n'est pas là son vrai nom, c'est de Langes qu'on devrait dire, de Nicolas de Langes, premier président et lieutenant-général au présidial de Lyon, en 1570, dont les propriétés s'étendaient dans toute cette partie de l'ancienne ville. Par corruption peut-être, ou bien encore par une allusion triviale à la raideur de cette pente, que le peuple compare assez volontiers à celle de la montée du paradis, on l'a appelée montée des Anges.

Le président de Langes a laissé une grande réputation. Il était parent de Pomponne de Bellièvre, et, comme magistrat catholique, il mérita les éloges des Calvinistes, qui cependant n'étaient pas tendres pour tout ce qui n'était pas de la Réforme. Il se maria deux fois, sa seconde femme était une Grollier. Nous verrons plus loin quelle place considérable la famille Grollier tenait à Lyon.

Mais surtout ce qui consacre la mémoire du premier président de Langes, c'est qu'il donna son nom à une jolie maison, près de l'église de Fourvière, dans la propriété actuelle des Religieuses de Jésus-Marie. Cette maison, c'était l'Angélique, et là se réunissait une société d'élite, c'était le cénacle du goût; l'Académie de Lyon s'honore de descendre d'elle. Pernetti résume la biographie du président Nicolas de Langes en disant qu'il était le père des pauvres, le Mécène des gens de lettres, et la ressource de tous ceux qui avaient besoin de son secours.

Au sommet de la montée, on trouve la maison Caille, que je signale à cause d'un fait historique. Cette maison appartenait autrefois à la famille d'Albon. Elle devint la propriété des frères Caille ; aujourd'hui, c'est une Providence d'orphelins, dirigée par les Frères Maristes — V. *Lyon et ses Œuvres*. — De la terrasse de cette maison, on jouit d'une vue magnifique et étendue. Après le sacre de Napoléon Ier, Pie VII, passant à Lyon, monta à Fourvière, le 19 avril 1805. C'est de la maison Caille qu'il vit Lyon dans son gracieux et pittoresque ensemble, c'est de là qu'il bénit la ville de Lyon, c'est en souvenir de cette bénédiction pontificale que chaque année, le 8 septembre, fête de la Nativité de la sainte Vierge, on bénit la ville du haut de la terrasse de Fourvière.

Rue des Anges
De la rue de Trion à la rue des Chevaucheurs.

Cette appellation est déjà ancienne, car elle existe déjà en 1746, dans l'atlas des pennonages, et cependant l'on n'en connait pas la raison. Je ne sais trop quelle confiance il faut accorder à l'explication que me donna jadis un vieillard de ce quartier. Autrefois, disait-il, on voyait dans des niches, sur la façade de trois maisons de cette rue, des anges qui de la main semblaient indiquer le chemin de l'église de Saint-Irénée.

En tous cas, aujourd'hui niches et anges ont disparu, et l'on ignore de plus en plus pourquoi cette rue s'appelle ainsi.

Rue de l'Angile
De la rue Octavio-Mey à la rue de l'Arbalète.

Sur le plan de 1550, cette rue porte le nom de l'Angelle. On a cherché longtemps l'origine de ce nom. Parmi les explications données, en voici deux qui paraissent plus probables que les autres :

Ce quartier était, à une certaine époque, très fréquenté par les négociants, qui, en grand nombre, étaient Italiens. Une maison de la rue qui nous occupe aurait porté de l'Ange, *del Angelo*, de là par corruption, l'Angelle, puis l'Angile.

D'autres disent : ce nom d'Angelle, qui figure sur le plan de 1550, viendrait du président de Langes. — V. plus haut, *montée des Anges*. — C'était le plus important propriétaire de ce quartier, il n'y aurait donc rien de surprenant qu'on ait donné le nom d'Angelle à cette rue, comme on donna le nom d'Angélique à la maison que le Président acheta à Fourvière, et où il installa l'Académie, mère de l'Académie de Lyon.

Rue de l'Annonciade
De la place Rouville à la montée des Carmélites.

Ce nom rappelle un ancien monastère de religieuses aujourd'hui disparu. On les appelait vulgairement les Bleues-Célestes, comme on appelle encore aujourd'hui les filles de la Charité les sœurs grises. Mais leur vrai nom était Religeuses de l'Annonciade. Elles vinrent de Pontarlier à Lyon en 1624 ; elles logèrent d'abord à Bellecour, dans la maison de La Chassaigne, et l'année suivante, Gabrielle de Gadagne les établit dans la vaste propriété de la montée des Carmélites, qu'elles occupèrent jusqu'à la Révolution. On trouvera, sur cette communauté, de plus amples détails dans « *Les Anciens Couvents de Lyon* ».

A la Révolution, ce couvent fut supprimé et devint d'abord une caserne de Vétérans, ensuite un théâtre. Ce ne fut que sous l'administration de Mgr Fesch, oncle de Napoléon Ier, que le couvent de l'Annonciade revint à un usage plus conforme à sa destination première. Il devint la maison-mère des dames de St Charles, qui vinrent s'y installer le 3 février 1808.

Ces religieuses sont, pour l'éducation des filles, ce que sont, pour l'éducation des garçons, les frères des Ecoles chrétiennes. Elles ne datent pas d'hier : instituées par un prêtre lyonnais, Charles Démia, elles furent établies dans notre ville en 1670, sous Mgr Camille de Neuville, et confirmées par lettres patentes du mois de mai 1680. Les premières, du moins à Lyon, elles se consacrèrent à ce ministère si ingrat et si dévoué de l'éducation populaire.

La rue de l'Annonciade a été percée, vers la fin de la Restauration, à travers le clos de l'ancien monastère. Mais l'entrée de la maison-mère de Saint-Charles n'est pas dans cette rue, elle est dans la montée des Carmélites ; au-dessus de la porte est une pierre où on lit cette inscription :

LE PREMIER MONASTÈRE DE L'ANNONCIADE CÉLESTE, 1624.

Ce mot « premier » indique qu'il y en eut un second, comme il sera dit plus loin. — V. *Bon Pasteur*.

Rue et place de l'Antiquaille

La rue : de la place de l'Antiquaille à la place des Minimes.
La place : au sommet de la montée St-Barthélemy.

Nous sommes ici, comme à Ainay, comme à l'Amphithéâtre, sur un terrain fertile en discussions. Jusqu'à nos temps, voici ce qui était admis :

L'hospice de l'Antiquaille actuel, disait-on, avait été bâti sur l'emplacement du palais des préfets du prétoire. Auguste, Drusus, Tibère l'habitèrent plusieurs fois ; Caligula y passa plusieurs années dans les fêtes et les débauches ; Claude, dont nous parlerons plus tard, — V. *Tables Claudiennes*. — Caracalla et Germanicus, l'espoir de l'empire, y vinrent au monde.

A ces souvenirs de l'histoire romaine s'ajoutaient les souvenirs précieux de nos origines chrétiennes. Là, saint Pothin, le premier évêque de Lyon, avait subi le martyre à l'âge de quatre-vingt-dix ans ; on y voyait son cachot et son tombeau. Là sainte Blandine, avant d'aller à l'amphithéâtre, aurait été pendue par les cheveux et flagellée ; on y voyait l'anneau auquel elle fut suspendue et la colonne où elle fut attachée. Là furent emprisonnés nos premiers martyrs, Attale de Pergame, Alexandre, Alcibiade, Vettius Epagathus, etc.

Aujourd'hui tout cet ensemble est mis en doute ; il n'est plus hors de conteste que là se soit élevée la maison des Empereurs ; il n'est pas non plus certain que la chapelle souterraine de l'Antiquaille ait jamais été le cachot de saint Pothin.

Cette double tradition, quoique ancienne, n'est cependant pas certaine, voici pourquoi :

Nous verrons plus bas que Pierre Sala avait réuni, dans sa maison de l'Antiquaille, tout ce qu'il avait pu trouver d'ancien à Lyon. Louis XIV vint un jour visiter cette curieuse collection ; il était accompagné par l'abbé Le Camus, qui se piquait d'être épigraphiste et qui donna, au cours de cette visite, la traduction de quelques inscriptions lapidaires ; ces inscriptions étaient des épitaphes de particuliers s'appelant Justin, Trajan, etc., il en fit des épitaphes d'empereurs ; de là naquit l'idée que la maison de l'Antiquaille avait été le palais des Empereurs. Le P. Ménestrier et le président Brossette donnèrent du crédit à cette interprétation. Mais quand on s'aperçut que celle-ci était arbitraire, tout le système fut ébranlé.

Pour la prison de saint Pothin, les mêmes doutes se sont élevés. Nous savons que les forums romains étaient tous construits sur le même plan : palais, prétoire de justice, prisons avaient une place à peu près invariable. Donc si le *Forum Vetus* était sur le sommet de la colline, ce qui n'est pas douteux, la prison de Saint-Pothin devait être un peu plus haut que celle de l'Antiquaille, mais on n'en sait pas exactement l'emplacement. Les Religieuses Visitandines, qui vinrent s'installer à l'Antiquaille au XVIIe siècle, virent dans un caveau de cette maison une prison romaine, elles crurent que c'était la prison de saint Pothin, elles donnèrent vogue à cette idée, et pendant longtemps, aujourd'hui encore, on n'eut aucun doute à cet égard, parce qu'on n'a pas trouvé le lieu exact de l'antique prison, à moins que ce soit la *crypta rotunda*, la crypte ronde, dont il est question dans un acte de 1192. — Donc, à ce sujet, il n'y a pas de certitude, et il faut le dire, cet aveu n'infirme en rien la valeur de l'oratoire qu'on y a établi. Il n'y a rien de dangereux pour la foi catholique, quoiqu'on en ait dit, d'aller honorer et vénérer la mémoire du premier évêque de Lyon dans un endroit conformé de telle façon qu'il fait penser au vrai cachot de saint Pothin, dans un endroit qui est certainement peu éloigné de la véritable prison. En Terre Sainte, ces à-peu-près sont fréquents.

La question ainsi exposée, nous disons qu'en ce lieu, s'il n'y eut pas le palais des Empereurs, il y eut à l'époque romaine une riche villa appartenant à un opulent personnage, du nom de Julien, si l'on s'en rapporte à une inscription trouvée de nos jours. Dans la suite des temps, il y eut toujours là une belle et vaste habitation ; jusqu'au xvi⁰ siècle, il est difficile d'en suivre l'histoire. Au milieu des troubles politiques, elle changea de maître assez souvent. Mais vers l'an 1500, Pierre Sala, que nous retrouverons plus loin, fit élever en cet endroit, qu'on appelait la Masse des Arcs, une maison somptueuse, dans laquelle il réunit les monuments de l'antiquité que les fouilles faites dans ce quartier faisaient trouver en abondance. Cette destination lui fit donner le nom de *Domus Antiquaria*; c'est Symphorien Champier qui l'appelle ainsi, et Rubys dit de même : « On n'en saurait si peu remuer la terre, dit-il, qu'on n'en trouve quelque marque de l'antiquité, qui a esté l'occasion pour laquelle le lieu a esté nomé l'Antiquaille ». En effet on ne trouve pas ce nom avant cette époque.

Au xvii⁰ siècle, cette maison changea de destination. En 1622, la cour de Louis XIII se trouvait à Lyon ; une jeune orpheline de l'entourage du roi et qui avait été confiée à la maréchale de Souvray, gouvernante des enfants de France, demanda à être religieuse dans le monastère de la Visitation, à Sainte-Marie de Bellecour. Elle s'appelait Mlle de Quérard. Cinq ans plus tard, en 1627, elle était appelée à fonder à Lyon un second monastère de son ordre ; elle alla s'installer au Gourguillon. L'année suivante, la peste sévit avec vigueur, et les sœurs du Gourguillon vinrent à Bellecour, où la peste ne faisait point de victimes ; quand le fléau eut cessé ses ravages, les sœurs revinrent au Gourguillon. En 1629, Mathieu de Sève, père de deux religieuses de ce second monastère, se rendit acquéreur pour les sœurs de la maison et du clos de l'Antiquaille. Elles en prirent possession en 1630, et l'occupèrent jusqu'à la grande

Fig. 7. — Ancien monastère de l'Antiquaille.

Révolution. Pendant cette période de cent soixante années, il faut signaler la supériorité de Suzanne de Riants, septième supérieure du monastère et morte en 1724. C'est à elles que sont dus ces trois pavillons carrés de l'Antiquaille, liés entr'eux par des constructions inégales, et dont l'ensemble, quoique dépourvu de symétrie, couronne assez bien la colline. Depuis une dizaine d'années, l'administration des Hospices a fait ajouter au nord un quatrième pavillon.

A l'époque de la Révolution, l'Antiquaille devint propriété nationale, puis appartint à divers particuliers. En 1802, M. Najac, préfet, voulant faire cesser les désordres qui s'étaient introduits dans le dépôt de Bicêtre, à la Quarantaine, confia ce dépôt à une administration de citoyens recommandables et le transféra à l'Antiquaille, qui ne fut achetée qu'en 1807.

Primitivement, le Dépôt de mendicité et l'Asile des aliénés faisaient partie des services de l'Antiquaille. La création de la maison d'Albigny et de l'asile de Bron a permis l'établissement à l'Antiquaille de l'hôpital Saint-Pothin et l'extension des autres services.

Comme antiquités, ce quartier n'a propablement pas dit son dernier mot. On y a déjà trouvé des autels, des colonnes, des salles de bains, des mosaïques. La déesse Copia, qui est au palais des Arts, a été recueillie en cet endroit. La plupart des inscriptions qu'on lit sous le portique du Musée viennent de là. Aujourd'hui les vestiges antiques sont encore abondants ; il y a sept ou huit ans, M. Lafont a fait des fouilles dans sa propriété (rue du Juge de paix) et a découvert les ruines de l'amphithéâtre ; certainement de nouvelles recherches amèneront de nouvelles découvertes.

Il ne faut pas quitter l'Antiquaille sans parler d'un souterrain qui a été longtemps considéré comme une conserve de vin, mais qui très probablement n'a été qu'un réservoir d'eau. C'est maintenant le jardin d'hiver de l'hospice.

La rue de l'Antiquaille est relativement récente, mais la place est ancienne. Elle se nommait jadis place de la Croix-de-la-Buéry, ou place de la Buéry ou la Buérie, avant qu'on y eut planté les trois croix que l'on voit sur le plan de 1540, et qui en faisaient un calvaire. Ce mot de Buérie signifiait abreuvoir.

Rue des Antonins

De la rue de la Bombarde à la place St-Jean.

Cette rue s'appelait autrefois rue Talaru, elle tenait ce nom de l'hôtel des Chanoines-comtes de Talaru qui s'y trouvait. Je regrette la disparition de ce nom, qui était celui d'une des plus anciennes familles du Lyonnais.

Ce n'est qu'en 1868, que des archéologues ont proposé d'appeler cette rue des Antonins. Voici les raisons qu'ils faisaient valoir :

Vers l'an 138, les Lyonnais élevèrent un temple à l'empereur Antonin, en reconnaissance des bienfaits qu'ils en avaient reçus ; le temple fut appelé *Ara Cœsarum*, parce qu'il fut dans la suite dédié à Marc-Aurèle et à Lucius Verus, enfants adoptifs d'Antonin.

Presque tous les auteurs déterminent l'emplacement de ce temple dans ce qui est aujourd'hui le quartier de Saint-Jean. Les uns ont prétendu que l'enceinte actuelle de la place Saint-Jean était occupée par le temple des Antonins, les autres soutiennent que l'Eglise a été bâtie sur les ruines mêmes de ce temple. Quoiqu'il en soit, il n'est pas invraisemblable que plus tard, des débris qui en provenaient, on ait construit l'église Saint-Jean, dans les murs de laquelle on trouve encore quelques restes d'inscription qui justifient cette conjecture.

Chemins des Aqueducs

Du chemin du Pont-d'Alaï au chemin de Boyer.

Je me suis proposé dans ce travail de ne pas franchir les portes de l'octroi, pour ne pas faire l'école buissonnière ; je demande cependant la permission de faire pour les Aqueducs une exception méritée.

Quel est le Lyonnais qui n'a pas vu et admiré ces magnifiques restes de la grandeur et de la puissance romaines ? Si, pour aller au cimetière de Loyasse, vous passez par Fourvière, vous voyez ces gigantesques débris de la civilisation d'un autre âge ; vous les retrouverez à Saint-Irénée, et si vous voulez jouir vraiment des singulières émotions que causent les belles ruines, vous pousserez votre promenade jusqu'aux villages de Beaunant et de Chaponost, et là vous verrez une belle suite d'arcades, restes majestueux des anciens aqueducs romains.

Il va sans dire que les savants n'ont pas manqué l'occasion qui leur était offerte de s'occuper des vieux temps, mais il faut avouer aussi que bien des inexactitudes ont été dites, et une fois dites, copiées par les écrivains suivants. Généralement on croit que les aqueducs des environs de Lyon appartiennent à un seul et même système, dont on attribue la construction, à Marc-Antoine, le fameux triumvir. Voici ce qu'en disent les Archives du Rhône, écho de cette supposition :

« Marc-Antoine, le triumvir qui séjourna dans les Gaules, semble, dit
« le P. Colonia contre le témoignage de M. Cochard, avoir été le cons-
« tructeur de ces aqueducs. Leur étendue était de treize lieues de poste,
« à compter de leur naissance au-delà de Saint-Chamond. Ils étaient
« destinés à conduire les eaux du Furens sur la colline de Fourvière,
« pour servir aux besoins soit des citoyens, soit du palais impérial, soit
« du camp qui siégeait dans la plaine, entre Ecully et Saint-Just. »

Fig. 8. — Aqueducs de Beaunant. — Dessin de Leymarie.

Les recherches de M. Delorme et les études de M. Flachéron ont apporté de la lumière dans cette question obscure.

Marc-Antoine se trouvait à Lyon dix ans après la fondation de cette ville ; est-il bien raisonnable d'admettre qu'elle avait déjà ce degré de civilisation qu'accusent ces immenses travaux ? S'il faut, déjà du temps de Marc-Antoine, ce considérable volume d'eau pour alimenter la ville, que faudra-t-il plus tard, quand les Césars auront apporté à la Rome des Gaules la civilisation avancée de la capitale du monde, quand il y aura des palais impériaux, des villas nombreuses, des bains, etc. ?

Les données suivantes nous paraissent bien plus raisonnables :

Au lieu d'appartenir à un seul système, les aqueducs qui environnent Lyon, appartiennent à trois époques différentes, voisines l'une de l'autre, mais diverses cependant. Et c'est logique : la construction des aqueducs a dû suivre le progrès de la ville.

Quand la colonie romaine s'installa sur la colline de Fourvière, elle dut chercher, dans le voisinage le plus rapproché, des sources saines et abondantes. Mais alors la colonie n'était pas tellement peuplée que les sources recueillies sur les flancs est, sud et ouest du Mont-d'Or n'aient pu satisfaire à ses besoins. De là le premier aqueduc. Il était à deux

Fig. 9. — Aqueducs des Massues. — Dessin de Leymarie.

branches : la première commençait à Poleymieux, passait par Curis, Albigny, Couzon, Saint-Romain, Collonges, Saint-Cyr et Saint-Didier ; la seconde descendait de Limonest à Saint-Didier. A Saint-Didier, les deux tiges d'aqueducs se soudaient pour n'en faire qu'une seule et passaient par Ecully, le Massut et Saint-Irénée. Avant 1827, on voyait encore de beaux restes de cet aqueduc sur le territoire d'Ecully.

Mais Lyon grandissant et son importance devenant tous les jours plus considérable, les besoins d'eau devinrent aussi plus impérieux. La situation topographique de Lyon, au milieu des Gaules conquises, avait fait décider la création d'un camp. Ce camp, centre des opérations militaires, pouvait contenir plusieurs légions, il s'étendait dans une grande plaine où se trouvent les villages d'Ecully, de Tassin, de Grézieu-la-

Varenne, de Craponne et de Saint-Genis-les-Ollières. C'était une ville près d'une ville, mais elle manquait d'eau. On ne pouvait pas songer aux sources du Mont-d'Or puisqu'elles étaient déjà employées, mais il y avait des montagnes assez rapprochées, à l'ouest, sur les flancs desquelles serpentaient une multitude de sources, dont les unes se jetaient dans la Brevenne, et les autres dans l'Izeron. On recueillit ces eaux et on les amena au camp romain, par un aqueduc qui commença dans l'étroite vallée de l'Orgeole, sur la commune de Duerne. Toujours souterrain et

Fig. 10. — Aqueducs de Beaunant. — Dessin de Leymarie.

contournant les collines, il traversait les communes de St-Genis-l'Argentière, Montroman, Courzieux, Chevinay, Saint-Pierre-la-Palud, Sourcieu, Lentilly, La Tour-de-Salvagny, Sainte-Consorce, Pollionay, Vaugneray, Grézieux, Craponne et Tassin, après un développement de 40 kilomètres.

Cet aqueduc, dont il existe des restes importants qu'on a eu un moment la pensée d'utiliser, peut bien remonter à Marc-Antoine ; on n'en a pas cependant des preuves bien solides.

Le troisième aqueduc, qui fut le principal, indique, par sa majesté, par ses vastes proportions, par son incroyable étendue, qu'il fut construit à une époque de calme et de prospérité.

Le Lugdunum de Munatius Plancus était devenu une véritable capitale : des palais s'étaient élevés, des villas patriciennes et des jardins somptueux s'étageaient sur les coteaux ; il y avait des jets d'eau, des bassins, des nappes jaillissantes, des bains, etc. Il fallut un volume d'eau énorme pour suffire à ces besoins multipliés. Les sources voisines avaient été utilisées, il fallut jeter les yeux plus loin, mais il fallut aussi les jeter plus haut ; en allant chercher l'eau à des distances plus considérables, il était nécessaire, pour que la pente fut conservée, que le point de départ fut plus élevé. C'est ce qui explique ce troisième travail, appelé l'aqueduc du Mont-Pilat. Des rives du Rhône, souvent on peut voir une montagne gigantesque, aux robustes épaules, qui borne l'horizon au Midi. C'est là qu'on alla chercher l'eau désirée, sans se soucier des dépenses à faire et des obstacles à rencontrer. En peu de temps, on eut couvert vingt coteaux d'une chaîne de canaux qui s'étendirent sur l'étonnant espace de quatre-vingt-quatre kilomètres. Il fallut en outre, pour amener cette eau jusqu'à Lyon, quatorze ponts aqueducs, percés d'arcades magnifiques. Je me contente, pour faire connaître la topographie de cet ouvrage cyclopéen, de signaler les endroits où étaient bâtis ces ponts.

Avant d'arriver à Saint-Chamond, l'eau passait sur deux ponts aqueducs ; il y en avait un troisième au vallon du Fay, sur la paroisse de Cellieu, un quatrième à Saint-Genis-Terrenoire, un cinquième à Saint-Maurice-sur-Dargoire, un sixième à Mornant, un septième et un huitième sur le ruisseau d'Armenville entre Orliénas et Soucieu, un neuvième sur la hauteur de Soucieu, un dizième à Chaponost au midi, un onzième à Chaponost au nord, c'était le plus beau de tous, il avait quatre-vingt-dix arcades, un douzième à Beaunant. Les restes d'aqueduc que l'on voit engagés dans la construction du fort de Saint-Irénée formaient le treizième pont, et le quatorzième était à Fourvière ; tout le monde en connaît les restes importants.

Rue de l'Arbalète

De la rue Lainerie à la rue Treize-Cantons.

En parlant de la rue de l'Angile, nous avons dit que les négociants en grand nombre se trouvaient sur la rive droite de la Saône. Le commerce se tenait là, et c'est la raison pour laquelle nous verrons plus tard Soufflot construire dans ce quartier la loge des Changeurs. Outre les négociants italiens, dont nous avons parlé, il y avait des négociants suisses, qui jouissaient de privilèges particuliers et qui habitaient cette partie de la ville. Le nom de la rue Treize-Cantons et celui de l'Arbalète conservent ce souvenir.

En effet, dès 1603, on voyait, dans la rue qui nous occupe, une enseigne représentant un homme tirant de l'arbalète. Il est probable que cette image était celle de Guillaume Tell. Qui s'étonnera que les Suisses, si jaloux et si fiers de leur liberté nationale, n'aient pas résisté au désir de reproduire la scène de leur délivrance? Qui s'étonnera que le nom de l'Arbalète soit resté à cette rue ?

Des auteurs croient que cette enseigne de Guillaume Tell armé de son arbalète n'est qu'une légende, mais que le nom de cette rue provient d'un bois sculpté au-dessus de la porte d'allée n° 9, représentant plusieurs arbalétriers. Ce bois aurait été enlevé récemment.

Je dois dire aussi que certains auteurs ont pensé que cette rue tenait son nom de sa forme demi-circulaire.

Avant de s'appeler de l'Arbalète, cette rue anciennement s'est appelée rue de la Chèvrerie, à cause, a-t-on dit, d'un marché de chèvres qui s'y tenait, et aussi rue Pisseuse — sans commentaires.

La Chivrerie ou Chèvrerie était peut-être un jeu, aujourd'hui disparu, le jeu de la Chevray ; en ce cas le marché de chèvres n'est qu'une imagination.

Rue de l'Arbre-sec

De la rue de l'Hôtel-de-Ville au quai de Retz.

Il est, à Lyon, bien des noms de rue qu'une administration soucieuse des vieux souvenirs historiques devrait faire disparaître. Celui de l'Arbre-sec en est un ; la raison de cette dénomination, qui n'a guère que le mérite de l'antiquité, car elle date au moins du xiv° siècle, est vraiment puérile. Un arbre desséché par le temps et qui avait subsisté en cet état pendant un assez grand nombre d'années à l'une des issues de cette rue, et plus tard, une enseigne qu'on y avait placée, représentant ce même arbre sec, ont donné l'un et l'autre ce nom à cette rue.

Avant 1855, toute l'étendue de cette rue ne portait pas le nom de l'Arbre-sec ; la partie la plus rapprochée du quai portait le nom de Basseville.

C'est dans cette rue de l'Arbre-sec qu'était située la maison des Labé, dits Charly, riches cordiers, qui l'ont conservée pendant les XIV°, XV° et XVI° siècles. Nous retrouverons cette famille quand nous parlerons de la Belle-Cordière. Mais s'il nous était permis d'exprimer un vœu, ce serait que le nom de l'Arbre-sec disparût pour faire place à celui de Louise Labé.

Rue des Archers

De la place des Célestins à la rue de la République.

Dans la rue qui porte aujourd'hui ce nom, et qui n'est pas ancienne, puisqu'elle ne date que de 1856, on voit au n° 15, l'hôtel des Archers, sur la façade duquel sont sculptés trois guerriers quelconques qui ont la prétention de représenter trois archers du moyen-âge. On est tenté de croire que ce sont ces statues qui ont donné le nom à la rue, il n'en est rien ; c'est au contraire le nom de la rue qui a inspiré l'idée de ces sculptures, car, sans être déjà un vieillard, l'homme qui a dépassé la cinquantaine peut se souvenir encore de l'ancienne cour des Archers.

Cette ancienne cour date de 1714. A l'angle oriental de la place des Jacobins et de l'hôtel de la Préfecture aujourd'hui détruit, entre cet hôtel et la rue Confort existait une longue cour tortueuse, toujours sale et obstruée de chevaux et de voitures, rendez-vous nombreux d'une multitude de rouliers. C'était la cour des Archers, lesquels avaient occupé cet endroit longtemps et qui, après leur départ, furent remplacés par les voituriers de la campagne.

Quels étaient ces archers ? Il y en avait de divers ordres ; il y avait les archers de la ville, les archers de la maréchaussée, ainsi appelés parce qu'ils étaient sous les ordres des maréchaux de France, les archers au service particulier des seigneurs, les archers de la garde du roi qui devaient être nobles ; enfin il y avait la milice des francs-archers, dont chaque membre était le représentant d'un village de France, qui, pour cette raison, l'affranchissait de toute taille et susbide. Excepté ces derniers, tous les archers étaient des employés chargés d'exécuter des ordres de police.

Quels étaient ceux qui résidaient dans l'endroit dont nous parlons? Beaucoup ont prétendu que c'étaient les archers de la ville, nos gardiens de la paix d'aujourd'hui ; je crois au contraire que c'étaient les cavaliers de la maréchaussée, la gendarmerie actuelle. En 1716, les religieux dominicains y firent bâtir une écurie, la louèrent à la maréchaussée qui l'occupa pendant tout le xviiie siècle, du moins pour les chevaux, car le casernement des cavaliers était, dans la seconde moitié de ce siècle, situé au Petit Versailles, dans la rue Tramassac.

Avant la transformation de ce quartier, on voyait encore au-dessus de la porte cochère du passage des Archers, deux figures de cavaliers de la maréchaussée naïvement peintes sur le mur ; elles ont disparu sous le badigeon.

La cour des Archers n'a pas complètement disparu ; au n° 10 de la rue Confort un passage voûté conduit à un reste de cette cour, aujourd'hui bien réduite.

La partie de la rue des Archers comprise entre la rue Saint-Dominique et la place des Célestins était un passage qui portait le nom de Couderc, un propriétaire ; elle est devenue la continuation de la rue des Archers environ une dizaine d'années après le percement de la première partie.

Quai et avenue de l'Archevêché

Le quai : du pont Tilsitt au pont Nemours, sur la rive droite de la Saône
(Il a absorbé les anciens quais Humbert et de la Baleine.)
L'avenue : du quai de l'Archevêché à l'avenue du Doyenné
(Elle a absorbé la place Montazet.)

On appelle ainsi ce quai et cette avenue, à cause du voisinage de la résidence épiscopale.

Si les bornes restreintes du travail que nous avons entrepris ne nous limitaient assez étroitement, nous aurions à faire sur l'archevêché de

Lyon une monographie importante et qui ne manquerait pas d'intérêt. Mais il faut nous en tenir à quelques faits.

L'église de Lyon est de toutes les églises de France celle dont l'origine est la plus certaine. Par saint Irénée et saint Pothin, ses premiers évêques, elle remonte à saint Polycarpe, et par saint Polycarpe à l'apôtre saint Jean.

Cent vingt évêques ou archevêques environ se sont succédés sur le siège des Pontifes de Lyon. Ce n'est qu'à compter d'Aurélien, le quarante-

Fig. 11. — Ancien pont de l'Archevêché. — Dessin de Leymarie.

sixième d'entr'eux, et vers la fin du IX° siècle, qu'ils ont pris le titre d'archevêque. En raison de cette ancienneté, ils ont eu jadis un droit de primatie, *prima sedes Galliarum*, sur les autres évêchés de France ; ce droit n'est plus qu'un titre. Bien des hommes illustres ont occupé le siège de Lyon : saint Pothin, saint Irénée, saint Eucher, saint Nizier, Leydrade, saint Agobard, saint Jubin, les cardinaux de Bourbon, de Richelieu, de Tournon, sans parler, pour notre XIX° siècle, du cardinal Fesch, oncle de l'empereur Napoléon Ier, du cardinal de Bonald, fils du grand écrivain, de Mgr Ginoulhac, théologien des plus érudits. Aujourd'hui le siège archiépiscopal est occupé par le cardinal Coullié.

Mais il est un détail qu'il faut absolument connaître pour comprendre quelque chose à l'histoire de Lyon : du onzième au quatorzième siècles, l'autorité temporelle était entre les mains de l'archevêque, et cette autorité temporelle, les Chanoines-comtes de Lyon la partageaient avec lui. L'archevêque avait donc à la fois juridiction temporelle et spirituelle ; il avait des soldats, levait des impôts, avait une prison et des juges, exerçait le droit de haute et basse justice. Le Chapitre était arrivé à

Fig. 12. — Pont Tilsitt, l'Archevêché, la Cathédrale, Fourvière au sommet. — Phot. de Neurdein, frères, Paris.

avoir aussi son autonomie et à exercer les mêmes droits que l'archevêque. De là des conflits fréquents, de là aussi des rébellions contre cette puissance temporelle, de la part des bourgeois de Lyon, qui voulaient s'y soustraire.

En 1312, sous Philippe-le-Bel, dans un de ces conflits qui s'éleva entre les bourgeois, l'Archevêque et surtout le Chapitre, les bourgeois en appelèrent au roi, qui lui-même s'entendit avec Clément V, et la juridiction temporelle fut enlevée aux archevêques.

Le palais archiépiscopal actuel date, dans ses parties les plus anciennes, du xvᵉ siècle ; il fut, dit-on, bâti sur les ruines d'un autre palais qui remontait au temps de Charlemagne. Deux portails dûs à Soufflot, décorent la cour intérieure. Quant au palais lui-même, rien à l'extérieur n'indique une demeure bien somptueuse.

A l'époque de la Révolution, le palais archiépiscopal fut vendu comme propriété du clergé. Depuis il a été racheté au prix de 320.000 francs.

Des rois, des papes, ont logé à l'Archevêché de Lyon : Grégoire X, Clément V, Louis XII, Louis XIII, Louis XIV, Pie VII, Napoléon Iᵉʳ sont les plus considérables personnages parmi les plus illustres.

Le quai a été créé en 1810 et presque complètement refait en 1836 ; l'avenue date de 1865 seulement.

Passage de l'Argue
De la rue Centrale à la rue Palais-Grillet.

On peut connaître très bien la langue française sans savoir cependant ce que signifie ce mot d'argue, qui est aussi français que les autres mots, mais à coup sûr d'un usage moins fréquent. Une argue est un atelier pour le tirage des matières d'or et d'argent. Je me souviens d'avoir eu entre les mains une liste des revenus de la Couronne, on lisait : Revenus des argues royales...

Pourquoi ce nom pour désigner ce travail ? Le mot viendrait-il d'*argutus*, mince, délié, ce qui exprimerait les transformations des lingots en fils d'or ou d'argent : on les étend et on les réduit en traits, en les faisant passer successivement par diverses filières ? Viendrait-il de ἔργον, pour dire que c'est l'œuvre, le travail par excellence ? ou bien ἄργυρος, argent, qui détermine la matière de ce même travail ? Non, argue est un mot technique, c'est la partie du banc qui retient la filière ; on a pris la partie pour le tout.

Quoiqu'il en soit, le passage de l'Argue doit son nom à un atelier pour le filage des matières d'or et d'argent qui y a existé autrefois. Il figure sur le plan de 1740, mais il était alors composé d'une suite d'allées étroites et tortueuses, où habitaient des fondeurs, des serruriers, des charrons. Le passage de l'Argue que nous avons connu a été construit par l'architecte Farge en 1825, et fut livré au public en 1828 ; ce fut alors la merveille de Lyon. Il fut coupé en deux tronçons en 1856 par le percement de la rue de l'Impératrice, aujourd'hui de l'Hôtel-de-Ville. Le Mercure qu'on y voit encore était autrefois au milieu du passage. Dans le sous-sol, et précisément sous cette statue de Mercure, se trouvait le Café-Caveau, ou plus simplement le Caveau, où le Guignol Lyonnais attirait jadis nos pères désireux de rire d'un rire sincère et franc.

Rue de l'Arquebuse

De la rue Chaponay à la rue Neuve-Villardière.

Ce nom d'Arquebuse a déjà été donné à plusieurs rues qui ont disparu : quand les Frères des Ecoles chrétiennes de la Guillotière étaient dans la rue Vaudrey, l'étroite rue qui, à l'orient, confinait à leur demeure s'appelait la rue de l'Arquebuse ; plus tard, quand cette ruelle disparut, on donna le nom d'Arquebuse à la rue qui nous occupe ; d'où il est visible qu'on a tenu à conserver ce nom. Et l'on a bien fait.

En 1431, Charles VII érigea en compagnie royale une très ancienne confrérie dont les membres s'appelaient chevaliers de l'arc. Nous la retrouverons quand nous parlerons des Remparts d'Ainay. C'était une institution militaire ; mais après l'invention des armes à feu, ce ne fut plus qu'un divertissement.

Plus tard, dans ces compagnies, l'arquebuse remplaça l'arc. Il y avait trois compagnies d'Arquebusiers, celle de Serin, celle de Vaise ([1]), celle de Villeneuve qui faisait ses exercices à la Guillotière. C'est de cette dernière qu'il s'agit ici ; son établissement date de 1738.

L'emplacement qui servait aux exercices des chevaliers de Villeneuve formait un vaste triangle, dont un sommet était vers le cirque Rancy actuel. De ce sommet, ce triangle se développait d'un côté par l'ancien chemin des Charpennes et de l'autre par la rue Vaudrey ; la base de ce triangle était la rue de l'Arquebuse, derrière le groupe scolaire actuel de

---

[1] Les chevaliers de l'Arquebuse de Luxembourg, installés d'abord aux Etroits, se transporta, en 1757, à Vaise. La maison du quai de Vaise, qui porte le n° 34, en conserve le souvenir par le sujet qui orne le balcon, et la devise qu'on y peut lire : *lux in burgo*.

la rue Vendôme : le clos portait le nom d'Arquebuse. Il n'en reste rien, car cet emplacement a été percé par la rue Vendôme, l'avenue de Saxe et la rue Mazenod.

Je dois signaler ici une variante à laquelle je ne souscris pas : des chercheurs croient être sûrs que ce champ d'exercices des arquebusiers de Villeneuve était ailleurs, c'est-à-dire à la jonction de la Grande-Rue de la Guillotière et de la ruelle du fort Lamothe, en face de la rue de la Vierge-Blanche.

Les chevaliers de l'Arquebuse de Villeneuve existèrent jusqu'à la Révolution. Un fait intéressant à signaler se passa en 1771 : la compagnie était commandée par la marquise de Rochebaron qui prenait le titre de Colonnelle.

Rue Artaud
De la rue Chaumais à la rue Sainte-Anne.

Cette rue a porté le nom de Saint-Joseph, puis celui d'Octavio-Mey. Lorsqu'en 1863, on donna le nom d'Octavio Mey à une rue du quartier Saint-Paul, celle-ci prit le nom d'Artaud.

Artaud méritait que son nom fût conservé. Il fut conservateur de nos musées et le créateur de notre musée épigraphique ; il s'occupa beaucoup des antiquités de notre ville. Il fit faire des fouilles au Jardin des Plantes, et réunit au musée toutes les richesses d'antiquités éparses autrefois dans la ville ou les environs. On peut cependant lui faire ce reproche que ce fut sous son administration que fut vendue la belle collection des machines-modèles, comprenant le métier de Jacquard et celui de M. de La Salle.

Rue des Asperges
De l'avenue de Saxe à la rue Bancel.

Voilà sans conteste un nom à changer, et personne ne réclamera. Il doit très probablement indiquer que la culture de ce légume était spéciale à ce quartier, alors qu'il y avait une campagne à la place des maisons.

Rue Audran

Du boulevard de la Croix-Rousse à la montée Saint-Sébastien.

Les Audran ont formé une nombreuse famille d'artistes qui, pendant près de cent quatre-vingts ans, a rendu ce nom célèbre dans l'histoire de la peinture et de la gravure en France.

Les premiers graveurs de cette famille sont Charles, né en 1594, et Claude, né en 1597; le premier était bien supérieur au second, il fut élève de Cornélius Blomaert et de Greuter; il grava, en quatre planches, une composition importante de Le Brun, représentant *Les quatre saisons*. Je ne vois nulle part qu'il se soit marié.

Son frère Claude mit quelques estampes au jour. Né à Paris, il vint s'établir à Lyon en 1626. Sa grande gloire fut d'être le père de trois fils, qui se firent une grande et belle place dans la gravure : Germain (1631), Claude (1639) et Gérard (1640), le plus illustre de toute cette famille. — Germain fut professeur-adjoint à l'école de dessin et de peinture fondée à Lyon par Thomas Blanchet; il eut cinq fils, tous graveurs : Claude, qu'on appellera Claude III, pour le distinguer de son oncle et de son grand-père; Gabriel, Benoît, Jean et Louis. — Claude II fut reçu académicien sur la présentation d'un tableau de la *Cène*, puis nommé professeur titulaire à Paris. Il était peintre, a laissé plusieurs bons tableaux et fut souvent employé par Lebrun, dont il était l'élève le plus capable.

Gérard Audran, le diamant de cette couronne, vint au monde dans la rue des Forces, et fut baptisé à Saint-Nizier. A vingt-six ans, il partit en Italie pour étudier les maîtres et se pénétrer de l'art du dessin. A son retour, il se lia avec Lebrun qui, par Colbert, le fit nommer graveur ordinaire du Roi. Il fut logé aux Gobelins et, en six années, il reproduisit les *Batailles d'Alexandre*, ces quatre pages célèbres qui, à elles seules, suffiraient à l'immortaliser. Membre et conseiller de l'Académie de peinture, il continua ses travaux ; son œuvre comprend trois cent douze numéros. Outre les *Batailles d'Alexandre*, on lui doit : *Recueil des proportions du corps humain*, ouvrage inspiré de l'antique et composé dans le but de faciliter les études de dessin ; le *Martyre de saint Laurent*, d'après Lesueur ; la *Femme adultère*, l'*Enlèvement de la Vérité*, les *Sept Sacrements*, d'après Le Poussin ; la *Coupole du Val-de-Grâce*, d'après Mignard, exécutée en six feuilles ; l'*Assemblée des Généraux de l'Ordre des Chartreux*, pièce de *primo cartello*, etc... Il mourut à l'âge de soixante-trois ans. Il eut des enfants qui n'obtinrent aucune notoriété. Mais il laissa pour lui succéder deux neveux, Benoît et Jean Audran. Benoît, moins ferme, moins savant que son oncle, excella par la légèreté et les agréments de son burin. Jean grava les douze mois de l'année qu'avait composés Claude Audran, son oncle.

Cette rue date de la fin de la Restauration, mais pourquoi est-elle là-haut, dans le quartier Saint-Bernard ? La rue des Forces, qui, nous le verrons plus loin, ne doit son nom qu'à une puérilité, a été le berceau de presque toute cette famille. Pourquoi ne s'appellerait-elle pas rue Audran ou mieux rue des Audran ?

La fontaine de la place des Jacobins est ornée de la statue de Gérard Audran.

Rue des Auges
De la rue du Sergent-Blandan à la place de la Miséricorde.

Cette rue est fort ancienne, elle existe sur le plan de 1540, mais ce n'est que depuis le commencement de ce siècle qu'elle a l'étendue actuelle. Antérieurement elle aboutissait d'un côté à la rue St-Marcel (aujourd'hui du Sergent-Blandan) et de l'autre à la rue actuelle de la Martinière, qui s'appelait alors Petite rue de la Martinière.

Ce nom n'indique pas une origine bien brillante, si l'on s'en tient à la signification des mots. D'après certains auteurs, il n'existait là jadis que des écuries pour les pourceaux. Aujourd'hui encore, elle est étroite, sombre et dans un état de propreté peu satisfaisant.

M. Vermorel fait remonter ce nom à une haute antiquité : « Les vieux bourgs de Seyne et des Auges, dit-il, ont succédé au Condat de la colonie viennoise ».

Je n'accepte pas du tout l'explication du mot Auges, donnée ci-dessus, par la présence d'étables à pourceaux. Avant de l'avoir trouvée, j'avais soupçonné la défiguration de ce mot, et j'avais une faiblesse pour le mot *Oches*. Je ne me trompais pas ; dans un acte consulaire du 22 mars 1497, cette rue est désignée sous le nom de rue des Oches. Que signifie ce mot ? Il veut dire ou de vastes abris pour les chevaux, ou bien étymologiquement il viendrait de *Algia*, de *Algiis*, de *Augiis*, qui signifie lieu aqueux plus ou moins propre aux prairies.

Rue Auguste Comte
De la place Bellecour à la place Carnot.

Au moment où l'on imprime ces lignes, le Conseil municipal de Lyon, dans sa séance du 10 juin 1902, a décidé, sur la proposition de M. V. Augagneur, maire, de donner le nom d'Auguste Comte, le pontife du positivisme, à la rue Saint-Joseph. — V. ce dernier nom.

Rue des Augustins
Du quai Saint-Vincent à la place de la Miséricorde.

L'école de la Martinière actuelle est un ancien couvent d'Augustins qui vinrent s'établir à Lyon, au commencement du xiv° siècle, sous l'archevêque Pierre de Savoie, sur le territoire de Chenevières, au bourg de Saint-Vincent ; ce couvent fut élevé sur l'emplacement du palais des sires de Beaujeu qui leur fut donné par ces seigneurs. Cette rue fut percée en 1657.

Aux Augustins se rattachent deux grands faits historiques : l'inauguration de l'imprimerie et du théâtre en notre ville. Ces religieux furent les auteurs des premiers livres que les presses lyonnaises mirent au jour. Plus de cinquante ans avant Luther, Julien Macho, religieux augustin de Lyon, fit paraître une *Exposition de la Bible* en langue vulgaire. Il donna ensuite le *Miroir de la Vie humaine*, les *Fables d'Esope*, la *Légende des saints nouveaux*.

Les Augustins eurent aussi leurs confrères de la Passion, qui jouaient « les beaux mystères ». En 1493, Charles VIII et Anne de Bretagne, son épouse, passèrent à Lyon ; les confrères jouèrent, devant le roi et la reine, la *Vie de sainte Madeleine*. En 1506, ils jouèrent, sur la place des Terreaux, le *Jeu de saint Nicolas de Tolentin*.

Ce genre de spectacle ayant du succès, Jean Neyron, citoyen lyonnais, éleva, une quarantaine d'années après, un grand théâtre entre l'église des Augustins et celle de la Déserte, on continua à y jouer des mystères et des vies de saints. — La *Crèche*, ce divertissement si exclusivement lyonnais, la joie de nos jours d'enfant, presque inconnu aujourd'hui, la crèche, où l'on voyait la naissance de l'Enfant-Dieu, agrémentée du père et de la mère Coquart, avec leur rhume et leur lanterne, n'est-elle pas un reste des « beaux mystères ? »

L'église des Augustins fut d'abord une chapelle de Saint-Michel, cédée par la ville, puis, en 1454, une première église, en 1506, une seconde, en 1759, une troisième furent construites. Cette dernière fut consacrée en 1789, à la veille de la Révolution.

En 1793, le 9 mars, le jardin du couvent devint le théâtre d'une scène qui faillit devenir sanglante. Exaspérés par les vexations du tyrannique Chalier, huit cents citoyens se réunirent pour signer une pétition adressée aux deux commissaires envoyés par la Convention, Bazire et Legendre, avec la mission apparente de calmer les Lyonnais, mais avec la mission secrète de soutenir les sans-culottes. Les huit cents Lyonnais faillirent être massacrés.

Pendant le siège de Lyon, le couvent des Augustins devint une succursale de l'hôpital-général pour les blessés. Plus tard, il devint une caserne de gendarmerie ; aujourd'hui, c'est une école professionnelle, que nous retrouverons, quand nous parlerons de la Martinière.

Rue d'Austerlitz

De la rue du Mail à la rue Célu.

Cette rue s'appelait autrefois rue des Fossés ; elle reçut, en 1855, le nom d'Austerlitz, qui rappelle un des plus brillants exploits de Napoléon Ier ; le second Empire avait à cœur de rappeler le souvenir du premier ; tous les régimes ont agi de même. Certains noms de rues sont de véritables dates.

A Austerlitz, l'armée française était en présence des armées russe et autrichienne coalisées contre nous ; les trois empereurs des trois pays étaient à la tête des forces de leur nation. Napoléon attira ses ennemis dans une situation qui lui était favorable, et ses ennemis furent mis en déroute. C'est après Austerlitz que le grand capitaine adressa à ses troupes cette fameuse proclamation, qui est restée comme un chef-d'œuvre de l'éloquence militaire. Elle disait : « Soldats, je suis content de vous, vous avez justifié tout ce que j'attendais de votre intrépidité. Vous avez décoré vos aigles d'une immortelle gloire... Désormais, vous n'avez plus de rivaux à redouter... Mon peuple vous reverra avec joie, et il vous suffira de dire : « J'étais à la bataille d'Austerlitz », pour que l'on vous réponde : « Voilà un brave. »

Rue d'Auvergne
De la rue Sainte-Hélène à la place Ampère.

Nous avons vu, lorsque nous avons parlé de l'abbaye d'Ainay, que la rue Vaubecour était la seule issue à ce vaste ensemble qui formait le cloître, le chapitre et les dépendances d'Ainay. En septembre 1738, un abbé bienfaisant d'Ainay, le cardinal de la Tour d'Auvergne, archevêque de Vienne, céda des terrains de l'abbaye et fit ouvrir cette rue qui porta son nom, et ainsi fut établie une communication de la rue Sainte-Hélène aux anciens remparts.

C'est à peu près dans ces termes que ce fait est toujours rapporté, mais, ainsi formulé, il n'est pas tout à fait exact, car, en 1738, la ville acheta du cardinal Oswald de la Tour d'Auvergne un terrain dans les jardins de l'abbaye pour ouvrir une rue qui s'appellera rue d'Auvergne.

Il y a donc eu vente, et non cession pure et simple, mais la vente a dû être faite en de telles conditions que le cardinal de la Tour d'Auvergne peut être considéré comme un bienfaiteur.

Rue d'Avignon
De la rue Montesquieu à l'avenue de Saxe.

Il y a eu un moment, à Vaise, la gare de Paris, et, à la Mouche, la gare de Marseille ; ces deux gares ont donné naissance aux appellations rue de Paris, rue de Marseille ; c'est facile à comprendre, c'est logique. Mais rue d'Avignon ? N'est-ce pas un problème ? Si, sur la route du Midi, on veut désigner les points intermédiaires, nous n'avons pas fini ; nous aurons la rue de Valence, la rue de Montélimar, la rue d'Arles, etc. C'est manifestement un système défectueux.

Voici l'explication : Lors de l'établissement du chemin de fer de Paris à Lyon et à la Méditerranée, on fit d'abord le tronçon de Paris à Lyon, mais on ne continua pas immédiatement de Lyon à Marseille ; on se contenta de faire la partie d'Avignon à Marseille. Plus tard, on construisit ce qui manquait, la portion de Lyon à Avignon. Avignon devint alors une sorte de point *terminus*, qui explique l'appellation de cette rue.

Mais, malgré cette explication, je suis bien de l'avis que c'est un nom à changer.

Rue des Bains
De la rue du Chapeau-Rouge à la place Dumas-de-Loire.

L'existence d'un établissement de bains, au numéro 8 de cette rue, lui a fait donner ce nom. C'est, à Vaise, l'unique établissement de ce genre, cette rareté a contribué à la faire appeler ainsi.

Place et rue de la Baleine
La place : sur le côté oriental de la rue Saint-Jean.
La rue : du quai de l'Archevêché à la place de la Baleine.

Autrefois, la place de la Baleine s'appelait du *Grand-Palais*, parce qu'elle était voisine du palais de Roanne, qui fut, dans les xie et xiie siècles, celui des comtes de Forez, et plus anciennement peut-être celui des rois de Bourgogne.

Ce palais de Roanne avait une prison, la prison de Roanne. Bien des Lyonnais encore aujourd'hui emploient cette locution sans la comprendre. Après la construction du Palais de Justice, le local fut déplacé, mais la locution resta. Elle reste même encore, bien que la prison du Palais de Justice ait été transférée à Perrache.

Quant à cette dénomination de Baleine, il est à peu près constant qu'elle provient d'une vieille enseigne, suspendue au-devant d'une maison du fond de la place, près de la Saône.

Le quai de la Baleine a été absorbé, il n'y a pas longtemps, par le quai de l'Archevêché ; il s'étendait de la rue de la Baleine à la place de Roanne ; il avait été projeté dès 1573, pour décharger la circulation de la rue Saint-Jean ; on y a travaillé en différents temps ; après une longue suspension des travaux, M. Verninac de Saint-Maur, préfet du Rhône, en posa solennellement la première pierre, le 23 septembre 1800 ; ce quai ne fut achevé qu'en 1803.

Rue Ballanche
De la rue Moncey à la rue Paul-Bert.

Avant 1855, cette rue s'appelait rue du Plâtre, mais comme il y avait déjà, dans l'intérieur de la ville, une rue de ce nom, on lui donna celui de Ballanche. — V. au mot *Plâtre* la signification de ce mot.

Pierre-Simon Ballanche naquit à Lyon, le 4 août 1776. Il fut, selon l'expression de Châteaubriand, dont il fut l'ami, un génie théosophe, qui ne nous laissa rien envier à l'Allemagne et à l'Italie. Il vit bientôt la vie s'assombrir autour de lui, à cause des dangers que courut son père à l'époque du siège de Lyon. Il dirigea pendant quelque temps un vaste établissement de librairie et d'imprimerie, héritage de famille, qu'il laissa, en 1813, pour aller à Paris. Là, il aima, avec tous les emportements de la passion, la belle Mme Récamier ; cet amour malheureux lui inspira huit fragments littéraires d'un grand mérite. Il eut heureusement pour consolateurs et pour amis Châteaubriand, Ampère et Mme Récamier elle-même. On compte aussi parmi ses amis Dugas-Montbel, Camille Jordan, Bredin, Dumas, de l'Académie de Lyon ; c'était une société de Lyonnais.

Ballanche était un grand esprit ; ses œuvres montrent un érudit et un métaphysicien de premier ordre. Mais à côté de ces qualités, il est juste de signaler aussi des défauts considérables. Il y a dans cet esprit une tournure d'hiérophante, d'utopiste et de rêveur qui compromet ses œuvres. Le mysticisme symbolique qui les enveloppe a toujours nui à leur popularité. Son rêve était de faire une vaste épopée cyclique qui devait embrasser les destinées progressives de l'humanité, se réhabilitant de sa déchéance primitive à travers des épreuves et des expiations providentielles, alternatives de ruine et de régénération, *Orphée, la Ville des*

Expiations, la Vision d'Hébal, ne sont que des épisodes de ce vaste poème qu'il ne put achever.

Il chercha à glorifier le Christianisme en prouvant qu'il répondait à toutes les exigences de l'esprit humain, comme à toutes les nécessités de la Société. Dans l'*Homme sans nom*, il va jusqu'au fatalisme ; ailleurs il n'admet pas la damnation éternelle, s'élève contre la guerre et proscrit la peine de mort.

Il s'éteignit le 12 juin 1847. Un lyonnais, Victor de Laprade, fit son éloge en 1848. Ballanche appartenait à l'Académie française, où il fut remplacé par M. de Saint-Priest.

Montée de Balmont
De la rue de Bourgogne au fort de Villepatour.

Je ne pense pas qu'on puisse admettre, comme certains l'ont prétendu, que Balmont soit un augmentatif de Balme. Balmont et Belmont sont voisins dans la langue, et la philologie autorise cette substitution de voyelles. Donc Balmont veut dire belle montée, belle montagne, beau mont. Et, en effet, d'un côté, les magnifiques côteaux qui bordent la Saône, de l'autre, une plaine aux aspects variés et une vue fuyante sur les montagnes du couchant, font de cet endroit un des plus gracieux de Lyon ; l'on comprend qu'un tel nom ait été donné à un tel paysage.

Et cependant il y a eu là une des deux léproseries de la ville ; la seconde était à la Madeleine. Comme les hôtes de ces léproseries se répandaient par la ville pour mendier, le Consulat, pour des raisons d'hygiène, prit une décision dans sa séance du 11 juin 1457. Nous allons surprendre ainsi une ancienne coutume lyonnaise.

« Pour que les ladres de la Madelaine et de Balmont n'entrent pas en la ville, on fera donner à chacun *maladier* trente sous pour lui aider à acheter un âne ou un petit cheval. Ils seront obligés à chercher quelqu'un chargé de *quérir* pour eux. On donnera chaque année à celui qui quêtera pour ceux de la Madelaine un manteau ou *tabart* à l'image de la Madelaine et cent sous tournois ; autant à celui de Balmont, et son manteau aura l'image de saint Pierre, comme a déjà esté faict esdites maladières. »

Rue Bancel

De la rue de Gerland à la rue de la Méditerranée.

Cette rue est l'ancien chemin des Culattes ; elle est devenue, depuis le peuplement de ce quartier, la rue Bancel.

Le nom de Culattes est très ancien, mais la signification n'en est pas bien précise ; il veut dire endroit sans issue et en contre-bas.

Désiré Bancel est une des célébrités du parti républicain. Né à Valence (Drôme), en 1823, il fut membre du parti de la Montagne en 1849 ; il combattit la coalition des partis royalistes et la politique du Prince-président. Au 2 décembre, il fut arrêté et expulsé du territoire français. Il se retira à Bruxelles, où il fit, à l'Université libre, des cours qui eurent du succès.

Il rentra en France sur la fin de l'Empire, en 1869, se présenta à la députation et fut élu par le III° arrondissement de Lyon. Il mourut en 1871.

La ville de Valence lui a élevé une statue dans la cour de la gare. Sur le piédestal sont gravés ces mots :

« J'ai été proscrit le 9 janvier 1852 pour avoir défendu la loi.

« Citoyens, je suis l'élu de Paris et de Lyon, mais mon cœur est à Valence. »

Le troisième arrondissement de Lyon conserve par cette rue son politique souvenir.

Rue de la Bannière

De la rue Desaix à l'avenue Félix-Faure.

Nous aurons plusieurs fois l'occasion de constater que les quartiers de la Guillotière ou des Brotteaux, avant qu'ils fussent percés de rues comme ils le sont aujourd'hui, possédaient de grands clos ou de vastes domaines, dont chacun avait un nom. Il n'est pas toujours facile de trouver la raison de cette appellation. Le nom de la Bannière en est un exemple. Il y avait un clos de la Bannière, on y perça une rue qui prit naturellement ce nom, mais il m'est impossible d'en donner la raison.

Rue de la Barre

De la place Le Viste au quai de l'Hôpital.

Cette rue existait au xiiie siècle, mais le droit de *barrage*, qui lui a donné son nom, ne date que du xve. Le barrage était un droit d'entrée, établi par lettres-patentes du roi, en 1409, qui se payait en cet endroit, au commencement du pont et pour son entretien, par ceux qui voulaient le traverser. La perception était indiquée par une barre qu'on ne levait, pour laisser le passage libre, qu'après que le droit avait été acquitté.

Du côté de la ville, l'entrée du pont de la Guillotière était flanquée jadis de deux énormes tours ; elles formaient une sorte de couloir sombre, fermé du côté de Lyon par une barrière.

Rue Barrême

De l'avenue de Noailles à la rue Boileau.

La présence dans cette rue de fabriques de tuiles, alors que ces quartiers étaient peu peuplés, lui avait valu le nom de rue des Tuileries. En 1855, on lui donna le nom de Barrême.

Barrême fut un des plus grands arithméticiens du xviie siècle. Il publia plusieurs ouvrages d'arithmétique pratique, et entr'autres les *Comptes faits du Grand Commerce*, qui parurent à Paris en 1670, et qui devinrent bientôt si populaires que le nom de leur auteur fut dès lors technique et proverbial : il compte comme Barrême, disait-on.

Il naquit en 1640, à Lyon, selon la plupart, à Genève, selon quelques-uns. A notre humble avis, ces deux opinions peuvent se concilier en ce sens que Barrême, étant protestant et d'origine genevoise, a pu se dire genevois, quoiqu'en réalité il fut né à Lyon. — Il y a des auteurs qui le font naître en Provence.

Qu'il soit né à Lyon, c'est l'opinion la plus commune, et voici à ce sujet ce qu'on lit dans Pernetti (II, 226), qui invoque un témoignage respectable : « J'ai trouvé dans les notes de M. Le Clerc, du séminaire de Saint-Sulpice de Lyon, qui a beaucoup écrit et fort peu imprimé, que Maulo et Barrême, ces deux fameux arithméticiens, étaient de Lyon. Il est surprenant que Moreri et tous ses suppléments n'aient jamais parlé de ces deux hommes que leurs travaux ont rendus si utiles au public, et qui méritent qu'on transmette leurs noms à la postérité, par reconnaissance des services qu'ils ont rendus. »

Quoiqu'il en soit, il est sûr que pendant le xviie siècle, il exerça à Lyon la profession de maitre-écrivain. Il mourut en 1703.

Rue Barrier

De la rue Cuvier à la rue Robert.

L'administration des Hospices, ayant à nommer cette nouvelle rue, lui a donné le nom d'un ancien chirurgien en chef de l'Hôtel-Dieu, qui fut aussi un ancien administrateur.

François Barrier naquit en 1815; il devint docteur en médecine et professeur à notre école de Médecine. En 1862, il était président de l'Académie de Lyon. Il mourut à Montfort-l'Amaury le 9 juillet 1870. Son éloge a été publié par le docteur Garin, ancien rédacteur en chef de la *Gazette Médicale* dont Barrier avait été le fondateur, et qui se fusionna, en 1868, avec le *Journal de Médecine*. On a dit de François Barrier : « Dans les illusions de sa vie, il a cru les hommes bons comme lui.... Il a produit de grandes et belles choses..... »

Rue du Bas de Loyasse

De la montée de l'Observance au chemin de Vaise à Saint-Just.

Cette appellation se comprend d'elle-même. La situation topographique de ce chemin, en dessous du cimetière de Loyasse, l'a fait appeler de ce nom.

Rue du Bas-Port
De la rue de la Part-Dieu à la rue du Port-au-Bois.

Avant la construction du quai de la Guillotière et l'exhaussement des rues de ce quartier, l'emplacement de cette rue était réellement le bas-port du Rhône. Ce bas-port devint une rue lorsqu'on endigua le Rhône, après les inondations.

Rue Basse-Combalot
De la place Raspail à la place du Pont.

Cette rue s'appela d'abord rue Basse simplement, ce n'est que plus tard qu'on y ajouta le nom de Combalot.

Ce nom de Combalot est celui d'un des hommes les plus intelligents et les plus courageux de la Guillotière. Autrefois ce quartier n'était pas ce que nous le voyons aujourd'hui, bordé de magnifiques quais, percé de cours majestueux, orné de squares verdoyants. Le pont de la Guillotière, aujourd'hui réduit de moitié, se prolongeait jusqu'à la place du Pont, passant par-dessus des îlots et des bancs de gravier aujourd'hui disparus. A droite du pont, sur cet emplacement qui nous occupe, existait l'île de Plantigny. Un homme influent acheta cet emplacement, et là, tantôt d'accord avec l'administration de la commune, tantôt en guerre avec elle, pour la défense de ses droits et de ses intérêts, il transforma tout à coup — c'était en 1826 — sa propriété en un beau quartier, éleva des bâtiments, et devint le bienfaiteur de son pays. Cet homme, c'était Combalot. Plus tard, il ouvrit une grande brasserie, établissement d'un genre nouveau et inconnu jusque-là, qui accrut encore sa fortune.

Comme la rue ouverte par Combalot était en contre-bas du cours de Brosses, aujourd'hui cours Gambetta, qui était l'artère principale, elle prit le nom de Basse-Combalot.

Le puissant orateur, le Père Combalot, était neveu du brasseur de la Guillotière. Il préludait, dit-on, à sa carrière de prédicateur par des discours que tout jeune homme il prononçait dans la brasserie de son oncle.

Rue Basse du Port-au-bois

Du quai de la Guillotière au cours de la Liberté.

Il n'est pas nécessaire d'être bien âgé pour pouvoir se souvenir du double escalier qui, à gauche et à droite, existait à l'extrémité du pont de la Guillotière, et qui permettait d'accéder au Rhône. Celui de gauche conduisait au Port aux bois ; c'est là qu'on déchargeait les bois qui descendaient de Suisse ou du Haut-Rhône. De là l'existence de nombreux entrepositaires de bois en ce quartier, de là aussi le nom de cette rue.

Le Port aux bois, qui n'est plus aujourd'hui qu'un souvenir, avait déjà de l'ancienneté. Le bois avait toujours été une des principales branches de commerce de la Guillotière. Mais comme, avant 1784, il était reçu à Lyon comme marchandise étrangère et qu'en cette qualité il était grevé d'impôts particuliers, il n'est pas étonnant qu'on ait mis le Port aux bois à la Guillotière, qui n'était pas de la ville.

Rue Basses-Verchères

De la rue Saint-Alexandre à la rue des Anges.

Verchère est un mot du vieux langage, conservé dans nos contrées, par lequel on désigne un verger, une terre, placés au-devant d'une maison, et qui en forme une sorte de dépendance. La situation des terres, en dessous du quartier de Saint-Irénée, justifie cette dénomination. — L'ouverture du chemin de Choulan a supprimé la moitié de cette rue.

Rue Bât-d'Argent

De la rue de l'Hôtel-de-Ville au quai de Retz.

Autrefois, a-t-on écrit, la plupart des bourreliers ou bâtiers (fabricants de bâts pour mulets et bêtes de somme) habitaient dans cette rue; le voisinage de la rue Mulet donne à cette assertion une certaine vraisemblance. En tout cas, en 1830, on voyait encore, au n° 17, sur la porte d'allée, un bât argenté. De là le nom de cette rue.

Il n'y a guère qu'une quarantaine d'années que le nom de Bât-d'Argent a été donné à la rue tout entière, jusqu'au quai de Retz ; antérieurement l'étroite rue comprise entre la rue de la Bourse actuelle et le quai, s'appelait rue Pas-Etroit, lequel nom succédait à celui de Pet-Estroit, Estra, Estreit.

Au bout de cette rue Pas-Etroit, et vers le quai, il y avait, comme au-dessus de la rue Ménestrier, une voûte de communication entre le collége et la maison qui est à l'angle septentrional du quai et de la rue. On communiquait par là avec la salle des jeux du collége. Cette salle des jeux devint, en 1793, le Club central, dont il est fait souvent mention à cette époque. La voûte a dû être démolie peu après cette date, car la ville, qui avait aliéné ce corps de bâtiment, avait imposé cette condition.

Cours Bayart

Du quai Rambaud au quai Perrache.

Le Chevalier sans peur et sans reproche appartient à la France. Ses hauts faits d'armes seraient une raison suffisante pour que toutes les villes eussent consacré son nom par un souvenir. Né en 1476, originaire du Dauphiné, il fut, à treize ans, page du duc de Savoie, Charles Ier. Il suivit Charles VIII dans son expédition contre Naples, participa à la conquête du Milanais sous Louis XII, sauva l'armée française en défendant un pont sur le Garigliano, fut fait prisonnier des Anglais à Guinegate, arma chevalier François Ier sur le champ de bataille de Marignan, subit un échec à Rebec et fut tué à Romagno en couvrant la retraite (1524).

Mais pour nous, Lyonnais, il est des souvenirs d'un autre intérêt et qui font de ce nom comme un nom de famille. Le dernier abbé régulier d'Ainay, Théodore de Terrail, était l'oncle de Bayart. Lorsque Charles VIII revint en France, après la conquête du royaume de Naples, il séjourna à Lyon, Bayart faisait partie de la suite du duc de Savoie. Pendant les fêtes magnifiques qui furent célébrées à cette occasion, le jeune Bayart, âgé de dix-huit ans, se signala brillamment. N'ayant pas les moyens de se former l'équipage que la cérémonie exigeait, il confia son inquiétude à son camarade Bellarbre. « Mon compagnon, lui répondit celui-ci, n'avez-vous pas votre oncle, l'abbé d'Ainay ? » — Et avec la bouillante impétuosité d'un jeune homme, il ajouta : « Je fais vœu à Dieu que nous irons à lui, et s'il ne veut fournir deniers, nous prendrons crosses et mitres ».

Bayart enhardi va prendre son engagement d'assister à la cérémonie et de prendre part au tournoi, sans même auparavant en parler à son oncle. Le lendemain de bon matin, nos deux étourdis arrivent à l'Abbaye d'Ainay et y trouvent, dans le pré, l'Abbé qui disait ses heures, et qui, déjà instruit du motif de leur visite, ne leur fit pas un accueil bien gracieux. « Vous êtes bien hardi, dit-il à son neveu, de vous engager dans le « tournoi projeté. Il n'y que trois jours qu'esliez pasge, et vous n'avez « dix-sept à dix-huit ans, et vous dust encores donner des verges..... « Vous irez chercher ailleurs quelqu'un qui vous prêtera argent ». Bellarbre répondit à ce discours de fort mauvaises raisons qui finirent par décider l'Abbé. Il donna à Bayart cent écus pour acheter deux chevaux, et il écrivit à Laurencin, son drapier, qui est qualifié de bon compagnon, et qui avait alors sa boutique sur la place du Petit-Change, une lettre dans laquelle il lui disait de fournir au jeune Bayart tout ce qui lui serait nécessaire pour s'équiper.

Les termes de la lettre étaient plutôt vagues et ne limitaient rien ; les deux jeunes gens en profitèrent. « Allons vistement, dit Bellarbre, avant que votre Abbé ait pensé à ce qu'il a fait ». Ils se rendirent promptement chez Laurencin, qui, sur la lettre de l'Abbé, leur délivra toutes les étoffes d'or et de soie qu'ils demandèrent. L'Abbé, qui ne s'attendait à payer qu'une centaine de francs d'étoffes, fut bientôt inquiet, en pensant à l'abus que son neveu pourrait faire des expressions indéterminées de sa lettre. Il envoya sur le champ son domestique chez le drapier, mais il fut bien surpris d'apprendre que son neveu avait pris pour huit cents livres de fournitures. Il envoya chez Bayart, avec ordre de reporter immédiatement les étoffes chez Laurencin, mais le neveu avait consigné sa porte pour tous ceux qui viendraient de la part de son oncle.

Bayart figura dans le tournoi avec une magnificence et une distinction de gentilhomme achevé. Il y déploya tant d'adresse et de courage que les dames de Lyon, émerveillées de voir un si jeune champion triompher des plus forts et des plus expérimentés chevaliers, dirent en leur langage, qui étonnerait bien nos dames d'aujourd'hui : « *Vey-vo cestou malôtru! Il a mieux fay que tous los autres* ».

Ce tournoi se donna dans la rue Grenette, disent les uns, dans le voisinage de l'Abbaye d'Ainay, disent les autres. Ce ne fut ni ici ni là, mais dans le *Pré d'Ainay*, c'est-à-dire de l'autre côté du Rhône, à la Guillotière. C'est pourquoi nous retrouverons Bayart, quand nous parlerons de la rue Vaudrey.

Qu'il nous soit permis en finissant de signaler, comme un abus dont on devrait se défaire, l'habitude assez générale d'écrire Bayart par un *d* final.

Rue de Béarn
Du cours Gambetta à l'avenue des Ponts.

Avant l'agglomération lyonnaise (1852), c'est-à-dire avant que les villes de la Guillotière et de la Croix-Rousse fissent partie intégrante de la ville de Lyon, il y avait à Lyon, à la Croix-Rousse — V. *Ivry* — et à la Guillotière, des rues qui portaient le nom d'Henri IV. Pour éviter toute confusion, on substitua, en 1855, au nom d'Henri IV porté par celle de la Guillotière, celui de la patrie du roi de Navarre.

Place Beauregard
En haut de la montée du Gourguillon.

Beauregard est le plus ancien nom de la montée du Gourguillon, car autrefois ce nom de Gourguillon ne s'appliquait qu'à la partie basse, au devant de la place de la Trinité. — Cette place fut ainsi appelée à cause de la vue magnifique dont on y jouissait.

Impasse Beauregard

Dans la rue du Bon-Pasteur.

Quand nous parlerons de la rue Neyret, nous verrons que les Neyret étaient seigneurs de Beauregard ; leur château, qui devint plus tard et successivement le couvent des Annonciades de Saint-Amour et celui du Bon-Pasteur, était le château de Beauregard ; tout ce tènement faisait la propriété de Beauregard. Il n'est donc pas étonnant que ce nom soit resté à une modeste impasse de ce quartier. Cette impasse n'est pas une voie publique municipale.

Rue Béchevelin

De la place du Pont à la rue Parmentier.

Une portion de cette rue s'appelait antérieurement rue Neuve-Sainte-Jeanne ; en 1855, on donna le nom de Béchevelin à toute l'étendue de la rue.

Cette partie de territoire, à la Guillotière, formait autrefois le mandement de Béchevelin, qui faisait partie du Dauphiné, mais qui était trop voisin de Lyon pour ne pas susciter des envies et des querelles de juridiction. Des procès, des pétitions, des arrêts en font foi.

L'archevêque Jean de Bellesme (1181 à environ 1200) construisit, sur la rive gauche du Rhône, un château connu sous le nom de Béchevelin, et qui devint le chef-lieu de ce mandement.

Ce château défendait un pont de bois, tendant de la rue Sainte-Hélène sur la rive droite, à la rue Chevreul, sur la rive gauche. Il se dressait sur un monticule factice, supportant une tour ronde ou donjon, entouré de deux murailles circulaires, l'une au sommet, l'autre au pied. En 1550, on voyait encore la tour, le mur d'enceinte et une partie du mur intérieur.

En 1210, une église fut construite près du château, ce fut Notre-Dame de Béchevelin, qui fut délaissée deux siècles plus tard par suite de la construction du pont de la Guillotière, mais qui exista cependant jusqu'en 1562, l'année de l'occupation de Lyon par les protestants qui la détruisirent.

La dévotion des mariniers du Rhône à N.-D. de Béchevelin est un souvenir historique. Elle ne disparut pas avec l'église, car on installa plus tard, à l'angle des rues de la Vierge et Béchevelin, un oratoire et une niche, contenant une image de la Sainte Vierge. Cet oratoire en planches fut incendié, en 1834, par les obus de la garnison. Il fut remplacé par une espèce de triptyque ou armoire, qu'on ouvrait à certains jours.

Quant à l'étymologie de ce nom, elle est des plus incertaines. Voici ce qu'en pense M. Paul Saint-Olive : Les quartiers des Brotteaux et de la Guillotière formaient le territoire de Velin, qui a conservé un souvenir de cette ancienne dénomination dans Vaux-en-Velin et dans Béchevelin. On peut supposer que Velin, qui signifie peau de veau, et *vellus*, peau de brebis avec la laine, sont les origines de cette appellation, qui indiquerait que ce terrain servait de pâturage aux animaux de boucherie. Ce qui viendrait encore à l'appui de cette opinion, c'est qu'à la limite méridionale du mandement de Béchevelin, il existait jadis une voie bouveresse, chemin des bœufs, allant de la croix de Saint-Fond jusqu'en face de Pierre-Bénite.

Et il ajoute : Quant au territoire de Béchevelin, situé en aval du pont de la Guillotière, ne pourrait-on pas supposer qu'il servait de station à des bateaux, à des bèches, petits bateaux de transport pour les personnes, recouverts d'une toile. On allait donc prendre la bèche de Velin, d'où l'on aura fait Béchevelin.

M. Saint-Olive fait suivre cette explication de trois points d'interrogation pour insinuer qu'il ne considère pas lui-même sa manière de voir comme indiscutable. Nous sommes de l'avis des trois points d'interrogation.

Ce qu'il y avait de plus remarquable dans ce mandement de Béchevelin, c'était, à une cinquantaine de pas du pont, une petite baraque, au coin de laquelle était adossée une espèce de niche contenant un autel. C'était l'oratoire de Notre-Dame de Béchevelin, en laquelle tous les mariniers du Rhône avaient la plus grande confiance, à cause de la puissante protection qu'ils lui reconnaissaient. Le principal ornement de cette chapelle consistait en un bas-relief en pierre, représentant le sainte Mère du Christ assise et tenant sur ses genoux le corps inanimé de son Fils. Ce bas-relief fut mutilé sous la grande Révolution, puis restauré et transporté à l'Hôtel-Dieu. Aujourd'hui il est à l'église Saint-André, et placé dans la chapelle de la Sainte Vierge, dédié à Notre-Dame de Béchevelin.

Rue du Béguin

De la rue de la Madeleine à la Grand'Rue de la Guillotière.

Cette rue est une des rares qui soient anciennes à la Guillotière. Elle existait dès la fin du xviie siècle, mais n'allait pas autrefois au-delà de la rue de la Vierge-Blanche. Quant à son nom, il n'y a jamais eu, comme on a voulu le prétendre, de béguinage à Lyon, ce n'est donc pas de ce côté qu'il faut chercher l'étymologie. Mais il est à remarquer qu'autrefois cette rue s'appelait simplement rue Béguin, ce qui ferait raisonnablement supposer que ce fut le nom d'un propriétaire de cette rue.

Rue et place de Belfort

La rue : de la rue d'Austerlitz à la rue Janin.
La place : dans la rue de Belfort.

Avant 1871, la place s'appelait de Saint-Vincent-de-Paul, et avant 1856, place de la Visitation ; le monastère de la Visitation était en effet sur cette place, avant son transfert à la montée du Télégraphe, en 1856 ; la rue, avant 1871, s'appela aussi de Saint-Vincent-de-Paul, et, avant 1855, rue du Chapeau-Rouge, à cause d'une auberge ancienne et très fréquentée qui était dans cette rue.

En 1871, le nom de Belfort fut imposé à la rue et à la place de Saint-Vincent-de-Paul. Belfort est un nom populaire chez nous. L'héroïque défense de cette place, où se trouvaient des Lyonnais en très grand nombre, a immortalisé cette ville et ses défenseurs. Metz-la-Pucelle qui n'avait jamais été souillée du pied de l'ennemi et qui était défendue par un maréchal de France, tomba aux mains des vainqueurs ; Belfort, défendue par les Lyonnais, résista jusqu'au bout, et le Teuton ne la foula pas de son pied conquérant. Belfort, ce fut l'espoir dans le malheur, une éclaircie dans l'orage, un sourire dans les larmes ; oui, ce mot dit tout cela, et ce sont les Lyonnais qui l'ont écrit avec vaillance à la pointe de l'épée.

Rue du Bélier
Du cours du Midi au quai Perrache.

Quoique cette rue ne soit pas très ancienne, l'étymologie de son nom n'est pas connue d'une manière bien précise, mais on a conjecturé avec vraisemblance qu'il provenait de l'existence de quelque pièce hydraulique, construite par Perrache, pour les travaux de ce quartier, et ensuite abandonnée par les actionnaires.

Rue de la Belle-Allemande
Du quai de Serin à la rue Saint-Pothin.

Selon toute probabilité, car on a beaucoup cherché et beaucoup écrit au sujet de la Belle-Allemande, celle qui était ainsi appelée était Pelonne de Bouzin, native de Tonnay, en Flandre, dame de Challiouvre, du pays de Dombes, veuve de noble Jean de la Forge. Vers 1535, elle épousa Jean Cléberg, celui qu'on prétend être l'Homme de la Roche. Elle était douée des grâces les plus séduisantes ; elle fit bâtir une maison près des murs de Lyon, en remontant la Saône ; on dit que la tour appelée de la Belle-Allemande a été construite par ses ordres ; il n'en est rien, car elle existait avant elle et s'appelait la Tour-des-Champs. Il est facile de comprendre que mariée à cet homme bienfaisant que fut Jean Cléberg, elle bénéficia de la popularité de son mari.

Mais on lit dans les *Promenades* de Mazade d'Avèze une autre légende romanesque qui sent son Amadis des Gaules, et que je signale ici, parce qu'on la répète fréquemment, malgré son invraisemblance :

« Un Français, originaire de Lyon, avait fait fortune en Allemagne et obtenu de grandes faveurs à la Cour ; il y vivait depuis longtemps comblé de biens et d'honneurs, lorsque le hasard lui procura la connaissance d'une jeune personne, de basse extraction à la vérité, mais d'une beauté parfaite et d'une grâce accomplie. Il en devint éperdûment épris et l'épousa. Cette union, fort bien assortie en d'autres temps, parut très déplacée dans les circonstances et la position où se trouvait le nouvel époux. Il fut disgracié, perdit sa considération, son crédit, et se vit obligé de quitter l'Allemagne. Il revint s'établir à Lyon, près des murs de la ville, en remontant la Saône.

« Sa jeune épouse aimait le plaisir et le recherchait sans pouvoir le trouver. Elle sembla le rencontrer dans la conversation d'un aimable commensal de son mari.

« Celui-ci jaloux parvint, à l'aide de l'autorité et sous des prétextes supposés, à faire enfermer le jeune homme au château de Pierre-Scize ; de son côté, il enferma lui-même sa femme dans la haute tour qu'on aperçoit encore aujourd'hui et qui a conservé le nom de la Tour de la Belle-Allemande. »

La chronique ajoute que ce malheureux jeune homme, comme un autre Léandre, s'étant précipité du rocher de Pierre-Scize dans la Saône, afin de se sauver à la nage à l'autre bord, et parvenir à escalader la tour de la belle recluse, fut aperçu par les gardes du château. Ils tirèrent sur le nageur plusieurs coups de fusil, dont un l'atteignit mortellement, sous les yeux de son amante infortunée, qui, montée au sommet de la tour, l'encourageait du geste et de la voix à traverser le fleuve et à venir la rejoindre...

Manifestement la chronique en prend à son aise, mais ce récit flatte l'imagination populaire, et cette légende n'est pas près de périr.

Rue de la Belle-Cordière

De la place de l'Hôpital à la rue de la Barre.

Louise Labé, la Sapho lyonnaise, naquit à Lyon en 1526, et mourut en 1566. Son nom de famille était Charly, son père avait un emploi dans l'armée. A l'âge de seize ans, ont écrit les auteurs, et sous des habits d'homme, elle suivit son père au siège de Perpignan, et sa bravoure lui valut le nom de capitaine Loys, qu'on continua à lui donner quelquefois par manière de plaisanterie. Elle avait toutes les grâces et tous les attraits ; aussi, revenue à Lyon, ne tarda-t-elle pas à épouser Ennemond Perrin, marchand cordier, fort riche, qui possédait plusieurs maisons, une entr'autres située à l'angle de la rue Confort, allant des Jacobins à l'Hôpital, et d'une petite rue tendant à la porte de Bellecour. Cette rue fut ouverte plus tard et prit successivement les noms de rue Neuve-de-Confort, ruelle Régnier, rue de la Cordière, puis vers la fin du xvie siècle, rue Belle-Cordière, surnom de Louise Labé. C'est dans cette maison qu'elle demeura, c'est là qu'elle réunissait des gens d'esprit et de talent, c'est là qu'elle-même fit des poésies. Entr'autres ouvrages, il faut citer *Le Débat d'Amour et de Folie*, que tant d'auteurs ont copié depuis.

La maison de Louise Labé et l'ancienne rue de la Belle-Cordière ont disparu par le percement de la rue de la République. Cependant on a été soucieux de conserver ce nom historique; on a effacé de la rue voisine, celle qui longe l'Hôtel-Dieu, le nom de Bourgchanin, et on lui a donné celui de Belle-Cordière. Cette substitution pourrait amener à croire que Louise Labé a habité cette rue, si elle n'était signalée. — V. aussi *rue de l'Arbre-Sec*.

Le Bourgchanin, nom disparu, était un nom assez pittoresque, il signifie un bourg de chiens, *burgus caninus*. Dans nos campagnes on dit encore un temps *chanin*, pour dire un vilain temps, un temps désagréable ; le bourg chanin devait mériter probablement ce nom par sa malpropreté. — C'est au Bourgchanin que commençait la fête du Chevalfol, que nous retrouverons aux Remparts d'Ainay.

On pourrait se contenter de cette simple notice, si des écrivains, qui ne l'ont pas connue, n'avaient cherché à salir la mémoire de Louise Labé et à prouver que nous conservons un nom indigne de la postérité. Sans doute il faut se tenir en garde contre une admiration exagérée, mais il faut se garder aussi de la juger comme une Laïs. Sans doute Paradin est trop éperdûment épris, et son témoignage est trop outré pour qu'il ne soit pas suspect. « Elle avait, dit-il, la face la plus angélique, mais ce n'était rien à la comparaison de son esprit, tant chaste, tant vertueux, tant poétique, tant rare en savoir, qu'il semblait qu'elle fût créée de Dieu pour être admirée comme un grand prodige entre les humains. » Mais il faut encore moins croire à de Rubys et au P. Colonia, qui l'ont accusée trop légèrement de libertinage. Ce dernier, dans sa préface, s'exprime ainsi : « La célèbre Louise Labé mériterait un des premiers rangs, si elle n'avait gâté ses talents par un libertinage de mœurs, plus raffiné que celui des Laïs et des Phrynées, mais qui n'était pas pour cela moins condamnable ». Le P. Colonia s'appuie sur l'autorité de Du Verdier de Vauprivas, et cette autorité ne paraît pas suffisante, car Du Verdier ne fut guère qu'un compilateur sans critique. — Bayle, esprit judicieux, qui a souvent le mérite de l'exactitude, a, lui aussi, corroboré l'opinion de ceux qui ont flétri la réputation de Louise Labé. — Calvin, dans un pamphlet écrit en latin, contre Gabriel de Saconay, chanoine-comte et précenteur de l'Eglise de Lyon, la désigne par ces mots injurieux : *Plebeia meretrix, quam partim à propriâ venustate, partim ab opificio mariti Bellam Corderiam vocabant*. — Or, on le sait, quand une opinion a été lancée une fois, les commentateurs à la suite s'en emparent et la grossissent.

Pour nous, voici ce qui nous fait croire à la dignité morale de Louise Labé :

1° Ses œuvres, où l'on sent vibrer une âme sensible, mais honnête et religieuse. Je n'en cite que deux courts passages :

> Onq ne suis noise ou discord entre amis
> A faire gain jamais ne me soumis.

Et ailleurs, elle a prié pour son ami :

> Celui qui tient au haut Ciel son Empire,
> . . . .
> J'ai de tout temps vécu en son servire.

Une femme légère parlerait-elle ainsi ?

2° Le testament d'Ennemond Perrin, son mari, qui institue Louise Labé son héritière universelle. Est-il vraisemblable qu'il eût agi de la sorte si elle avait été coupable des excès qu'on lui reproche ?

3° Enfin, ses relations qui étaient des plus recommandables et des plus distinguées. Les personnages les plus considérables de Lyon tenaient à honneur le commerce aimable de Louise Labé. C'étaient un président, Nicolas de Langes ; un des grands dignitaires de notre église, le doyen du Chapitre de Saint-Jean, Gabriel de Saconay ; Clémence de Bourges, cette belle et chaste personne qu'on avait surnommée la *Perle des demoi-*

selles, et dont Pernetti dit : « C'était aimer la vertu que d'aimer cette fille illustre » ; c'étaient enfin Maurice de Sève et du Peyrat, et les premiers de la cité.

La veuve d'Ennemond Perrin légua aux pauvres sa maison de la rue Confort.

Place Bellecour
A l'extrémité des rues de la République, de l'Hôtel-de-Ville, Gasparin, Saint-Dominique.

Cette place a porté successivement les noms de Louis-le-Grand, de la Fédération, Bonaparte, Napoléon, Louis-le-Grand de nouveau, enfin Bellecour depuis 1871. Il faut cependant remarquer que les noms politiques ci-dessus mentionnés ne furent guère que des noms officiels, le peuple disait toujours place Bellecour.

La seule étymologie que l'on trouve de ce nom est celle qu'a donnée Lamure, dans un manuscrit précieux, intitulé : *La chronique de l'abbaye d'Ainay*. Il prétend que Bellecour vient de *Bella Curia*, que cet endroit s'appelle ainsi depuis le second siècle de l'ère chrétienne, parce qu'il y avait là un tribunal célèbre, *Curia*, et que la beauté du local et la splendeur de l'édifice avaient valu à cette Cour la qualification de Belle. Presque tous les auteurs trouvent bien un peu invraisemblable cette étymologie, mais comme elle est la seule que l'on donne, on est bien obligé de s'en contenter. Il ne serait cependant pas nécessaire de faire une aussi lointaine diversion, *curia* ne veut pas seulement dire cour ou tribunal, il a aussi le sens de prairie, jardin ; de la sorte le mot Bellecour s'expliquerait facilement. — V. *Ducange*. — M. Desvernay a trouvé le mot Bellecourt écrit avec un *t* ; cette orthographe simplifie la question ; Bellecour en ce cas veut bien dire beau jardin. Quoiqu'il en soit, Bellecour est une belle cour, une belle place, une des plus belles de l'Europe.

Mais à propos du tènement de Bellecour, il y a quelque chose de plus intéressant, c'est l'histoire des nombreuses revendications dont il a été l'objet. En voici un rapide aperçu :

Le titre le plus ancien relatif au tènement de Bellecour, remonte à l'an 1247. A cette époque, les Chapitres de Saint-Jean, de Saint-Just et de Saint-Paul en étaient seigneurs. En 1314, c'était un jardin appartenant à un bourgeois de Lyon, Henri de Varey. En 1370, il est la possession de Jean Le Viste, bourgeois de Lyon, qui reconnut ledit tènement au profit de l'archevêque, sous le servis de douze livres fortes. En 1561, le cardinal de Tournon l'érigea en fief en faveur de Florimond Robertet. Sa fille en hérita et en fit donation entre vifs à Claude Mutin, son fils, lequel eut un fils Etienne, qui fit renouveler le terrier en son nom.

Mais voici qu'Henri IV et Louis XIII jugèrent cette place utile aux habitants et à l'Etat, et ils ordonnèrent au Consulat d'en faire l'acquisition ; elle eut lieu en 1635. Dès lors on trouve des séries d'arrêtés où le Consulat fait acte de propriétaire. Exemples :

Février 1642. — Le Consulat, pour obvier à l'incommodité qu'il y a de passer sur la place de Bellecour quand il fait pluie, à cause des boues dont cette place est remplie, arrête qu'il sera fait un pavé en croix par où l'on puisse aller et venir.

1653. — Le Consulat achète divers emplacements pour donner à la place Bellecour une forme régulière ; il cède à différents particuliers des parties de terrain pour y construire des maisons ayant des façades uniformes.

Mais dès lors aussi ce fut une série de contestations entre le Consulat et Etienne Mutin, et les religieux Célestins qui se disaient héritiers de Jean Le Viste, et d'autres propriétaires adjudicataires. Enfin ces derniers consentirent à ce que l'adjudication fut expédiée au nom du Consulat. En 1658, Louis XIV confirma le Consulat dans la propriété et jouissance de Bellecour.

Dans ce conflit fort embrouillé, on cite un Perrachon de Saint-Maurice : ce fut lui qui fit construire l'hôtel de l'Europe, qui passa ensuite aux Olivier de Sénozan.

Il semblerait que le Consulat, après l'adjudication expédiée en son nom, n'avait plus rien à craindre. Cependant de nouvelles requêtes furent faites d'abord par un Paul de Gaillard, descendant de Marie Robertet, et plus tard par les héritiers d'un adjudicataire. Le Consulat transigea avec eux en 1697 et en 1708.

Comme nous le disions plus haut, les façades furent bâties sur un plan uniforme, elles dureront jusqu'à la Révolution. De plus, des jardins et des jets d'eau l'embellirent ; une magnifique allée de tilleuls, aujourd'hui disparue, est restée légendaire. Dès 1686, le Consulat détermina de faire poser dans ladite place la statue équestre de Louis XIV. Aujourd'hui elle est une des plus belles places du monde, c'est un emplacement très propice et tout trouvé pour les fêtes et concours publics et pour les parades militaires. En 1792, la statue de Louis XIV fut renversée et les deux fontaines qui l'avoisinaient furent détruites. Les façades furent démolies après le siège.

La place Bellecour, à peu près telle que nous la voyons de nos jours,

Fig. 13. — La place Bellecour. — Phot. Neurdein, frères, Paris.

remonte aux années du Consulat. Le fait est consigné dans l'histoire du Consulat et de l'Empire, par M. Thiers : « Il (Bonaparte) entra dans Lyon (c'était après Marengo, à la fin de juin 1800) sous des arcs de triomphe, au milieu de la population émerveillée des prodiges qui venaient de s'accomplir. Les Lyonnais qui étaient épris au même degré de sa gloire et de sa politique, envahirent l'hôtel des Célestins où il était descendu, et voulurent absolument le voir. Il fut obligé de se présenter à eux. Des acclamations unanimes éclatèrent à son aspect. On lui demanda si instamment de poser la première pierre de la place de Bellecour, dont la reconstruction allait être commencée, qu'il fut obligé d'y consentir. »

Une inscription placée à l'angle des rues Bellecour et du Plat rappelle cet événement.

On prétend que plus tard, alors qu'il était devenu empereur et qu'il passait une revue sur cette même place de Bellecour alors achevée, il murmura d'un air mécontent et dans le langage pittoresque d'un soldat : « Quelles casernes m'a-t-on f..... là ! »

Cette place est ornée au centre de la statue de Louis XIV dont nous reparlerons — V. *Lemot* et *Desjardins* — de promenades ombragées d'arbres magnifiques, de bassins bien dessinés, et de deux charmantes maisonnettes, dont l'une est un poste de police et l'autre la Maison dorée, café renommé.

Place Bellevue

Entre la rue Célu et la rue Mottet-de-Gérando.

Il y a eu autrefois, avant 1855, une rue Bellevue, à l'intérieur des remparts de la Croix-Rousse, — V. *Citadelle* — elle n'existe plus, mais on a donné ce nom à l'extrémité orientale du boulevard de la Croix-Rousse. C'était auparavant la place de Brosses.

De cette place, la plaine immense du Dauphiné s'étend sous le regard jusqu'aux Alpes ; au-dessous, la grande ville s'agite, et l'œil suit la nappe du Rhône au nord et au midi. C'est réellement une belle vue.

Rue Bellièvre

De la rue des Prêtres à la rue Tramassac.

Ce nom devrait être écrit en lettres d'or, car c'est celui d'une des plus illustres familles que Lyon ait vu naître.

Le berceau de la famille Bellièvre était à Saint-Jean-de-Chaussan. Les Bellièvre étaient de simples paysans qui vinrent s'établir à Lyon, au commencement du xve siècle ; ils commencèrent à s'élever par le notariat. Puis, dans l'espace d'un siècle, ils ont donné deux archevêques de

Lyon, un chancelier de France, un premier-président au Parlement de Paris, et deux à celui du Dauphiné.

Dix membres de cette famille ont illustré le nom de Bellièvre ; les proportions restreintes de ces notices nous empêchent de parler de tous, nous signalons les plus remarquables.

Barthélemy Bellièvre fut intendant du cardinal de Bourbon. C'est à son crédit que les Lyonnais durent l'édit de 1494, par lequel ils avaient le privilège d'acquérir la noblesse par l'exercice des fonctions d'échevin.

Claude de Bellièvre, son fils, naquit à Lyon en mars 1487, et fut successivement procureur général et premier-président au Parlement de Grenoble. Il avait la passion des antiquités, aussi nous a-t-il laissé, sous le titre de *Lugdunum priscum*, des matériaux bruts, mais intéressants, pour l'histoire de Lyon. Cet ouvrage, resté inédit, est conservé dans la bibliothèque de l'Ecole de médecine de Montpellier. Le P. Colonia, dans la préface de son histoire de Lyon, fait le plus grand éloge de ce personnage. « Il aurait pu, dit-il, se passer de son travail par la force de son génie, et il aurait pu se passer de son génie par son assiduité au travail... On ne sortait jamais d'auprès de lui que plus ami de la vertu et de la vérité, que plus honnête homme, plus instruit et plus content. » Il mourut en 1557 et fut enterré dans l'église de Saint-Pierre-le-Vieux, aujourd'hui disparue. Enfin une de ses gloires, et ce n'est pas la moindre, fut d'avoir été le père de Pomponne de Bellièvre.

Pomponne de Bellièvre, né à Lyon en 1529, et mort à Paris en 1607, fut surnommé le Nestor de son siècle. Il épousa Marie Prunier, d'une des plus anciennes familles de la ville, et en eut quatorze enfants, dont onze filles. En 1559, il fut président du Parlement de Paris, Charles IX l'envoya deux fois en Suisse comme ambassadeur ; Henri III l'envoya en Angleterre auprès d'Elisabeth pour demander la liberté de Marie Stuart ; il fut, sous Henri IV, le négociateur, avec Sillery, de la paix de Vervins ; enfin en 1599, Henri IV le fit chancelier de France ; il donna sa démission à cause de son grand âge, et mourut deux ans après (1607). C'était de lui qu'Henri IV disait : « Je ne connais pas de plus homme de bien. » Cette famille s'éteignit en 1657. Ses armes étaient d'azur à la face d'argent accompagnée de trois trèfles d'or, deux et un.

La rue de Bellièvre fut ouverte vers 1830, sur le sol du monastère de la Trinité ; la maison, qui fut plus tard celle des Trinitaires, avait été le berceau de plusieurs des Bellièvre. M Steyert donne aussi ce détail que le n° 19 de la rue des Macchabées, construction du xv° siècle, fut la maison paternelle des Bellièvre.

Passage Benoît

De la rue de l'Enfance à la rue Saint-Pothin.

Presque tous les passages portant un nom de propriétaire, nous les avons réunis sous la même rubrique. — V. *Passages.* — Quand il y aura des exceptions, nous les signalerons.

Place Benoît-Crépu

Sur le quai Fulchiron.

M. Benoît Crépu est mort vers 1892. Il avait acquis une certaine fortune comme corroyeur. Il légua son immeuble de la rue de la Quarantaine, 24, à la ville de Lyon, pour être vendu au bénéfice des écoles laïques. Il fit d'autres legs, parmi lesquels nous tenons à signaler celui de 30.000 fr. aux Petites Sœurs des Pauvres, 10.000 fr. à la Société de secours mutuels des corroyeurs, 1.000 fr. à la musique de Francheville, etc... Mais il n'est pas douteux que le premier don signalé ci-dessus est le seul qui a inspiré la reconnaissance du Conseil municipal.

Impasse Berger

Sur le boulevard de la Croix-Rousse.

Ce nom est celui d'un propriétaire ; cette impasse est presque inconnue.

Rue Berjon
De la rue de la Duchère à la rue de la Pyramide.

Antoine Berjon était fils d'un boucher de Vaise, Simon Berjon. Il naquit le 17 mai 1754, se destina à la peinture et surtout à la peinture des fleurs. Il fut élève de Perrache et devint professeur à notre école des Beaux-Arts, sur laquelle il eut une grande influence. Il mourut en 1843. Son œuvre est considérable et variée. Une exécution large, un sentiment extraordinaire de la forme, voilà la manière de Berjon. Le laisser-aller de ses manières et sa brusque franchise lui avaient fait un bon nombre d'ennemis, mais ceux-là même étaient forcés d'admirer en lui un jugement sûr et prompt, un sentiment exquis du beau et du bon, et surtout l'extrême indépendance de son caractère.

Rue Bichat
Du quai Rambaud à la rue Gilibert.

Si Bichat n'est pas lyonnais d'origine, il l'est au moins par adoption. Né en 1771, à Thoirette, en Bresse, il mourut à Paris à l'âge de trente-deux ans ; il avait déjà une réputation européenne. Ce célèbre physiologiste étudia à Lyon sous Marc-Antoine Petit, puis à Paris sous Desault, dont il publia les œuvres. Il entra à vingt-six ans dans la carrière du professorat et se vit entouré de nombreux auditeurs, auxquels il exposa une doctrine aussi nouvelle que solide. A vingt-huit ans, il était médecin de l'Hôtel-Dieu de Paris, et périssait quatre ans après, d'une fièvre typhoïde, disent les uns, d'une chute violente, dans les escaliers de l'Hôtel-Dieu, disent les autres. Sa vie si courte fut remplie par deux travaux qui ont rendu son nom immortel. On a de lui : *Recherches physiologiques sur la vie et la mort* (1800), et surtout l'*Anatomie générale appliquée à la physiologie;* c'est celui qui a eu le plus d'influence sur son époque. Le quartier Perrache, tout neuf encore à l'époque de la mort de Bichat, reçut le nom de l'ancien élève lyonnais, qui avait porté la science physiologique à un degré de gloire inconnu jusque-là. Maintenant que nous avons une Faculté de médecine, ce nom serait mieux placé dans le quartier des Ecoles, tandis que l'Arsenal militaire, qui est sur la rue Bichat, fournirait facilement un nom pour remplacer celui-ci.

Rue Bodin

De la montée Saint-Sébastien à la place Bellevue.

Rien de politique dans cette appellation ; n'allons pas en chercher le parrain à l'Assemblée Constituante ni au Corps Législatif. Il s'agit simplement ici d'un des acquéreurs d'une des parties de l'enclos des Colinettes. Une rue fut ouverte sur sa propriété ; de là le nom de Bodin. J'ai déjà dit mon sentiment sur cette manière de passer à la postérité, je n'y reviendrai pas.

Rue du Bœuf

De la place du Petit-Collége à la montée du Chemin-Neuf.

Si, par la rue Saint-Jean, vous franchissez la place Neuve, vous arriverez à la rue du Bœuf. Là, levez les yeux à gauche, et sur l'angle de la maison, vous verrez une pièce de sculpture qui représente un bœuf et qui est appréciée des connaisseurs ; on l'attribue à Jean de Bologne, mais sans raison. M. Félix Dṳvernay croit pouvoir l'attribuer plus vraisemblablement à Martin Hendricy, sculpteur liégeois, établi à Lyon vers 1643, naturalisé en 1659, mort à Lyon en 1662. Cette figure a donné son nom à cette rue.

Aujourd'hui cette rue est la capitale des marchands de bric-à-brac ; autrefois c'était une des rues les plus aristocratiques de la cité. Plusieurs grandes familles y avaient leur hôtel. Au n° 34 de cette rue on peut voir encore la maison des Villars ; la maison portant le n° 16 est des plus remarquables. Que diraient ces vieux seigneurs, ces majestueuses douairières, s'ils ressuscitaient et se voyaient dans un tel entourage et dans une rue si abandonnée ? Que diraient-ils ? Je l'ignore, mais je sais bien ce qu'ils feraient : ils déménageraient.

Avant 1654, cette rue était la continuation de la rue Tramassac. —
V. *Neuve-Saint-Jean.*

Rue Boileau
Du boulevard du Nord au cours Gambetta.

Cette rue rencontre en son parcours la place Kléber ; avant 1878, la portion de cette rue qui tendait du boulevard du Nord à cette place Kléber portait le nom de Charlemagne, la rue Boileau ne commençait qu'au-delà de la place ; aujourd'hui ces deux portions ont été réunies sous le même nom.

Pour la première fois, j'ai l'occasion de donner ici une explication importante qui fera comprendre la dénomination d'un grand nombre d'autres rues de ces quartiers. Avant la Révolution, M. Perrache et M. Morand présentèrent à l'autorité municipale deux projets d'agrandissement de la ville ; le premier, comme nous le verrons en son lieu, rattachait l'île Moignat à la presqu'île et prolongeait ainsi la ville jusqu'à la Mulatière ; le second transformait les Brotteaux, qui n'étaient à cette époque qu'une vaste campagne où quelques Lyonnais avaient leur maison de plaisance et où, à travers des terrains vagues, s'élevaient çà et là un petit nombre de constructions légères, dont la plupart étaient occupées par des traiteurs et des cabaretiers. Ce fut le projet de Perrache qui fut alors adopté.

Néanmoins l'idée de M. Morand ne fut pas complètement abandonnée, elle reçut même un commencement d'exécution du vivant de cet architecte.

Il traça un cours, des rues, et divisa les terrains en masses régulières. Plus tard, M. Vitton reprit la même idée ; il voulait faire de la rive gauche du Rhône une grande ville ; il disait souvent : « On écrit aujourd'hui : à la Guillotière, près Lyon, je veux qu'on écrive un jour : à Lyon, près la Guillotière ». La division des masses de terrains fut poursuivie. Il fallut alors donner des noms à toutes ces artères ; on puisa largement dans l'histoire générale de la France et comme cette imposition de noms eut lieu à des époques différentes, ces noms, inspirés par l'esprit du moment, représentent toutes les opinions et tous les partis; Louis XVI et ses défenseurs, Malesherbes et de Sèze, y parurent, Duguesclin et Sully, Suchet et Masséna, Vendôme et Moncey, Bossuet et Cuvier, Fénelon et Bugeaud, etc., etc., furent mentionnés. Ces noms n'ont pas de raison d'être ici plutôt que là, aucun souvenir lyonnais ne s'y rattache, à de rares exceptions près. Ils sont de simples étiquettes qui empêchent la confusion. Mais néanmoins ces noms appartiennent à la France, nous devons les bien accueillir, jusqu'à ce qu'un fait local, ou la mémoire d'un Lyonnais à consacrer, autorise un changement.

Voilà expliquée la présence du nom de Boileau. Je ne veux pas faire la biographie de ces hommes illustres, elle se trouve partout, un mot suffira. Boileau fut un poète du XVIIe siècle, non pas un grand poète, mais le grand législateur du Parnasse. Le fouet de la satire à la main, il chassa de l'arène poétique les médiocres versificateurs qui déshonoraient la poésie; il vint en aide à Molière et prépara les triomphes de Racine. Il a laissé des satires, des épitres, un art poétique, et un poème héroï-comique, le *Lutrin*. Il naquit et mourut à Paris (1636-1711).

Rue du Bois de la Caille
De la rue du Cimetière au quai de Cuire.

La première pensée qui vient à l'esprit est qu'une caille a élu domicile dans le bois qui existait à cet endroit. Il n'en est rien. C'est une famille Caille qui possédait une belle propriété dans ces parages, du côté de la Saône. Un bois voisin couvrait la hauteur; la rue qui fut ouverte pour faciliter les relations entre le rivage de la Saône et le plateau de la Croix-Rousse, prit ce nom de Bois de la Caille.

Rue Boissac
De la place Bellecour à la rue Sala.

C'est mal à propos que cette rue est ainsi appelée. Son nom lui vient de la famille de Boissat, et particulièrement de ce qu'André Athiaud de

Boissat, militaire distingué, l'avait fait ouvrir, au xviie siècle (1645), pour tirer plus grand profit de son terrain. Il possédait une partie du tènement du Plat.

Cependant l'Almanach de 1745 ne s'exprime pas ainsi. « Cette rue, y est-il dit, porte le nom du feu sieur de Boissac de Saint-Romain, qui avait des fonds dans cette rue et aux environs d'icelle, et une directe et rente noble qui se levait en ce quartier-là. »

L'hôtel du général-gouverneur, qui fut d'abord la demeure d'Athiaud de Boissat, maréchal de camp, lieutenant-général des armées du roi, qui avait combattu sous les ordres de Lesdiguières, fait les campagnes d'Italie et de Catalogne et servi sous Turenne pendant les troubles de la Fronde, devint celui de la famille Croppet de Varissan, qui avait, à raison d'un service autrefois rendu au Chapitre de la Primatiale (conservation de titres et d'archives), le privilège de faire sonner le bourdon de la cathédrale à la mort d'un de ses membres.

Cet hôtel servit d'habitation à la Préfecture jusqu'en 1822, époque où elle a été transférée dans l'ancien claustral des Dominicains, avant d'émigrer à l'Hôtel-de-Ville d'abord, et ensuite de l'autre côté du Rhône.

Rue de la Bombarde
Du quai de l'Archevêché à la rue Tramassac.

Cette rue s'est appelée Porte-froc ou Porte-frau, que l'on traduit généralement par *Porta fratrum*, la Porte des frères, parce que la porte du cloître de Saint-Jean ouvrait de ce côté. D'autres ont pensé qu'il y avait là un vestiaire où les chanoines ou les officiers secondaires du Chapitre revêtaient ou déposaient l'habit de chœur, qui devait toujours être porté dans l'intérieur du cloître.

L'appellation de rue de la Bombarde est très ancienne ; elle affectait anciennement une partie de la rue Tramassac, plus tard elle fut donnée à la rue qui porte aujourd'hui ce nom ; on la trouve déjà sur le plan de 1540, mais la raison d'être en est ignorée. Il est vrai qu'au n° 10 de cette rue on voit un bas-relief sculpté représentant un mortier enflammé ou bombarde, mais cette effigie est marquée au millésime de

1772, donc elle n'a pas donné le nom à la rue. Ce bas-relief était l'enseigne d'une auberge qui, en 1772, succédait à une autre beaucoup plus ancienne. D'autres auteurs ont pensé que le baron des Adrets, lorsqu'il s'empara de la ville, avait établi là une batterie de bombardes. Mais la difficulté reste la même, la prise de la ville par le baron des Adrets ayant eu lieu en 1562.

Autre essai d'explication : il y eut là un collége ou école appelée Bombarde. Ce collége était dirigé par Guillaume Ramèze et dut disparaître peu après la création du collége de la Trinité. Ce fait est constaté par un livre imprimé en 1509, où on lit : *Ex nostro gymnasiolo Bombardano*. Mais ce texte n'explique rien encore, car on se demande toujours à bon droit si c'est la rue qui a donné le nom à l'école ou l'école à la rue. Comme on le voit, on en est encore aux recherches et aux commentaires.

Montée Bonafous
Du cours d'Herbouville à la rue Lebrun.

En consacrant cet endroit par le nom du docteur Mathieu Bonafous, la ville de Lyon s'est montrée reconnaissante des immenses services que ce savant a rendus à l'industrie de la soie, et aussi de la bienfaisance de ce généreux citoyen.

Il naquit à Lyon en 1793, mais il était italien par sa famille. Il fut directeur du jardin expérimental de la Société royale d'agriculture de Turin, chevalier de la Légion d'honneur, correspondant de l'Institut royal de France, membre de l'Académie de Lyon et de la plupart des sociétés savantes de l'Europe, l'un des principaux fondateurs de la Société d'encouragement pour l'industrie nationale.

Son père, Frankin Bonafous, négociant, fit longtemps le commerce des soies en Italie d'abord, puis à Lyon. Après la bataille de Marengo, il refusa la préfecture de Gênes. Homme de conception et d'exécution, il ne craignit pas, pour seconder les vues du grand capitaine que gênait la barrière des Alpes, d'ouvrir le premier, entre la France et l'Italie, une communication régulière et périodique, en créant un service de messageries destinées à franchir le Mont-Cenis et à relier Lyon et Turin.

Mathieu, son fils, fut un des agronomes les plus renommés, particulièrement pour tout ce qui se rapporte à l'industrie séricicole. Il se donna pour modèles Parmentier et Vincent Dandolo, dont il vulgarisa la méthode pour l'éducation des vers à soie. Il a publié de nombreux ouvrages : *La culture du mûrier ; Recherches sur les moyens de remplacer la feuille du mûrier par une autre substance ; Moyen de préserver les champs de la cuscute ; De l'emploi du chlorure de chaux pour purifier l'air des ateliers de vers à soie ; Expériences comparatives sur l'emploi des feuilles de mûrier greffé et celles du mûrier sauvage, pour la nourriture des vers à soie.* Enfin il traduisit en vers français, car il était poète à ses heures, le poème de Vida sur le ver à soie, *de Bombyce;* il fut à Vida ce que Delille fut à Virgile. Outre ces travaux si nombreux et si utiles, il fit de généreuses fondations ; chaque année il fondait des prix littéraires. Il fonda aussi une dot de mille francs au profit d'une jeune fille pauvre, laborieuse et honnête, de la paroisse de Saint-Pierre, et dont le mariage doit se célébrer le 26 septembre.

Le docteur Bonafous mourut presque subitement à Paris, le 23 mars 1852, assisté à ses derniers moments par son ami le docteur Prunelle.

Sans doute le nom de Bonafous, qui s'est tant occupé de l'industrie de la soie, est à sa place dans le quartier des ouvriers en soie, mais je le croirais mieux placé encore s'il remplaçait celui de la rue Neuve, qui est un véritable contre-sens. Pendant plus d'un demi-siècle, l'établissement des messageries Bonafous fut dans cette rue.

Rue de Bonald

Du quai Claude-Bernard à la rue de Marseille.

C'est par déférence pour le cardinal-archevêque de Lyon, Mgr de Bonald, que l'administration municipale donna ce nom à cette rue, ouverte sur la fin du second Empire. On pouvait plus mal faire, car ce nom est un de ceux qui appartiennent à la France. Le père du Cardinal, le vicomte de Bonald (1754-1840), fut comme philosophe, publiciste et orateur parlementaire, un personnage éminent. Il doit partager avec Chateaubriand la gloire d'avoir contribué au retour des idées religieuses en France. Il a écrit des ouvrages importants : *La Législation primitive; Théorie du pouvoir politique et religieux; Recherches philosophiques sur les premiers objets des connaissances morales*, etc.; ses œuvres complètes forment douze volumes. — Le souvenir du père et du fils, de l'écrivain et du prélat, est consacré par ce nom donné à une de nos rues.

Cette rue s'est appelée quelque temps rue Bellefond.

Quai de Bondy
De la place Gerson à la place du Petit-Change.

C'était autrefois faire un voyage peu agréable que d'aller de Saint-Paul à Vaise, et du Change à Saint-Paul. On suivait une rue tortueuse, sale, étroite, encombrée, qui prenait successivement les noms de rues de Flandres, de la Saônerie, des Albergeries ; plus tard, ces rues devinrent les quais de Flandres, de la Peyrollerie et de Bourg-Neuf. La portion de ces quais comprise entre la place Gerson et le Petit-Change a reçu le nom de Bondy depuis longtemps déjà. Il rappelle le souvenir du préfet, sous l'administration duquel ce travail important a été exécuté.

M. le comte Taillepied de Bondy, nommé préfet le 7 août 1810, resta dans ces fonctions jusqu'au 22 novembre 1814. Pendant l'occupation de la ville par les Autrichiens, après le 20 mars, M. de Cotton fut nommé préfet provisoire du département du Rhône, en remplacement de M. de Bondy, qui ne reprit ses fonctions que le 7 mai suivant.

C'est vers 1855, sous le second Empire, qu'on voulut honorer ce magistrat du premier régime impérial.

Rue Bonnefoi
De la rue Paul-Bert à la rue des Passants.

Ce n'est pas sans peine que j'ai trouvé la raison de cette appellation ; on va quelquefois chercher bien loin ce qui est tout auprès. Dans mes recherches, j'avais trouvé le nom de Jean-Baptiste Bonnefoi, chirurgien de Lyon, auteur de divers mémoires, et je me demandais si cette illustration était tellement notable qu'elle pût justifier cette dénomination. Mais voici qu'un jour je rencontre un ancien de la Guillotière, nous causons. Je lui expose mes doutes au sujet de la rue Bonnefoi. « Vous avez raison de douter, me dit-il, j'ai assisté à la naissance et au baptême de cette rue et des rues voisines, et il ne s'agit pas d'un homme. Les rues Bonnefoi, Vigilance et Humilité furent ouvertes par le propriétaire, M. Rachais, qui leur donna le nom de ces trois vertus, parce qu'il les considérait comme les reines des vertus sociales ».

En raison de cette explication, cette rue devrait s'appeler rue de la Bonne Foi.

Rue Bonnel
Du quai de la Guillotière à la rue Garibaldi.

Il n'y a pas très longtemps que cette rue s'appelait rue de Bonnel, et même de Bonnelle, mais avec ou sans la préposition, on voit assez que Bonnel est un nom d'homme. Mais quel fut cet homme ? M. Bleton croit que c'est le nom d'un propriétaire, soit. Mais voici l'objection : dans ces parages, les propriétaires de terrains, autres que les Hospices de Lyon, sont rares et connus, M. Suiphon par exemple. Or, on n'a pas trouvé ce nom de Bonnel, aux archives des Hospices. Il y a un Jacques de Bonnel qui est échevin en 1702, s'agit-il de lui ? De recherches faites, il résulte que ce nom de Bonnel a été donné à cette rue en reconnaissance d'une fondation par lui faite en faveur des Hospices ; mais mes renseignements ne vont pas plus loin.

Rue du Bon-Pasteur
De la place Morel à la rue Jean-Baptiste-Say.

Près des portes de la Croix-Rousse, à l'angle de la Grande-Côte et de l'ancienne place des Bernardines, existait autrefois la communauté du Bon-Pasteur, fondée en 1675 par Mgr Camille de Neuville de Villeroi, archevêque de Lyon. Elle avait d'abord été formée par des dames pieuses qui s'unirent entr'elles pour créer une œuvre de protection et de préservation en faveur des malheureuses filles qui voulaient se retirer du vice et quitter les mauvaises habitudes où elles étaient engagées. Ce patronage du Bon-Pasteur, qui se met à la recherche de la brebis égarée, était bien choisi. Cette communauté se fit des constitutions en 1700, et dès lors on n'y fut admis qu'en prononçant des vœux. Mgr François-Paul de Neuville de Villeroi s'en déclara le protecteur en 1715.

En 1751, cette communauté quitta sa demeure du sommet de la Grande-Côte, pour venir occuper, dans la rue Neyret, le couvent antérieurement habité par les religieuses de l'Annonciade de Saint-Amour, qui avaient elles-mêmes, deux ans auparavant (1749), été transférées dans le premier monastère des Annonciades Célestes.

Jusqu'ici rien dans cette notice ne dit pourquoi le nom de Bon-Pasteur a été donné à cette rue. Cette rue qui nous occupe s'appelait la rue Masson, elle existait bien avant la présence des Dames du Bon-Pasteur aux Pierres-Plantées, elle n'a pas été ouverte sur le terrain occupé par cette communauté, donc rien n'expliquerait cette appellation. Nous voici arrivés à la véritable cause :

En 1856, un prêtre de la maison des Chartreux, que l'on appela le Vincent de Paul des œuvres lyonnaises, fut appelé à fonder une paroisse dans ce quartier. Quel patron choisir ? Le nom du Bon-Pasteur était toujours populaire, le quartier était toujours le quartier du Bon-Pasteur, la caserne toujours la caserne du Bon-Pasteur, l'église serait l'église du Bon-Pasteur. Du reste on pouvait s'autoriser d'un précédent : la communauté des anciennes Bernardines avait donné naissance au patronage de Saint-Bernard, la communauté du Bon-Pasteur en ferait autant. L'abbé Callot, qui devait, en 1867, devenir évêque d'Oran, n'hésita pas à conserver ce titre pour sa nouvelle paroisse.

L'abbé Callot fit immédiatement construire une église provisoire ; elle était située au-dessus de l'église actuelle et s'élevait parallèlement à la rue. En 1858, la rue Masson prit le nom de Bon-Pasteur.

La belle église, qui a remplacé l'église provisoire, a été construite au-dessous de celle-ci ; elle aura peut-être un jour son entrée normale sur la rue Neyret, par un beau perron, qui descendra dans l'ancien Jardin des Plantes, beau projet qui ne sera réalisé qu'autant qu'on obtiendra la démolition de la caserne du Bon-Pasteur. Pour le moment, elle n'a qu'une très modeste entrée latérale. Cette église a été construite sur les dessins de M. Clair Tisseur, architecte, et sous le pastorat de M. le chanoine Durand, successeur de Mgr Callot.

Rue Bony

Du boulevard de la Croix-Rousse à la rue Chazière.

Jean-François Bony naquit à Givors. Il fut en même temps fabricant de soieries et peintre de fleurs. Après avoir été élève de l'Ecole Centrale, il se plaça comme dessinateur chez M. Bissardon, grand fabricant d'étoffes pour meubles. Il remplaça Baraban comme professeur à l'école de dessin, partit peu après pour Paris et se fit fabricant d'étoffes façonnées. Il excellait dans la broderie, genre qui exige beaucoup d'invention et de goût.

La perte de sa fortune, confiée à un ami, devint la cause de sa mort; il se suicida à Paris, en se jetant par la fenêtre.

Bony fut un des dessinateurs dont la maîtrise a eu le plus de relief dans la fabrique lyonnaise.

Cette rue est de création relativement récente.

Rue Bossuet

De l'avenue de Saxe au boulevard des Brotteaux.

Que l'on veuille bien se rappeler l'explication que j'ai donnée ci-dessus, en parlant de la rue Boileau, et l'on comprendra pourquoi cette rue porte ce nom.

Bossuet, le prince de la chaire chrétienne, naquit à Dijon en 1627 et mourut à Paris en 1704. Le génie et le bon sens semblent avoir été ses compagnons inséparables. Il était de la trempe d'esprit de Tertullien et de saint Augustin. Sa longue carrière fut féconde, et les hautes fonctions dont il fut chargé, soit comme évêque de Condom ou de Meaux, soit comme précepteur du Dauphin, ne l'empêchèrent pas de donner au monde des lettres des ouvrages impérissables. Pour n'en citer que quelques-uns, nommons entr'autres le *Traité de la Connaissance de Dieu et de soi-même*, le *Discours sur l'Histoire Universelle*, la *Politique sacrée*, les *Méditations sur l'Evangile*, les *Elévations sur les mystères*, ses *Sermons*, ses *Oraisons funèbres*. Jamais vie ne fut mieux remplie. Il restera le type immortel du prédicateur chrétien.

Rue Bouchardy
De la rue Sébastien-Gryphe à la rue du Colombier.

Bouchardy, propriétaire à la Guillotière, céda des portions de terrains considérables pour ouvrir de nouvelles rues. Avec les Suiphon, les Guillet, il fit éclore des quartiers nouveaux.

Montée et place de la Boucle
La montée : de la rue Coste au cours d'Herbouville.
La place : au bas de la montée.

Cet endroit était jadis très fréquenté, tout le commerce du Bugey et d'une partie de la Bresse passait par là. Ceux qui, avant la création des chemins de fer, ont été témoins du mouvement et de la vie que le *roulage* donnait aux routes et surtout aux abords des villes, comprendront sans peine la renommée qu'acquéraient par là certaines auberges. Or, sur la place qui nous occupe, il y avait, sous le premier Empire, une auberge fameuse, à l'enseigne de la Boucle. C'est elle qui a donné ce nom au quartier.

Montée du Boulevard
De la place Bellevue à la montée Bonafous.

Il semble fastidieux d'indiquer que c'est la nature des choses qui a imposé ce nom à cette montée, conduisant au boulevard de la Croix-Rousse.

Rue des Bouquetiers
De la place d'Albon à la place Saint-Nizier.

Cette rue a changé bien souvent de nom ; elle s'est appelée rue de l'Orangerie, des Orangères ou Harengères, de la Chapellerie, de l'Epicerie. La dénomination actuelle est déjà ancienne ; le plan de 1740 paraît être le premier qui l'ait rapportée. Cette rue a servi autrefois de marché aux fleurs.

Rue du Bourbonnais
De la place du Marché de Vaise à la place de la Pyramide.

Il y avait naguère l'ancienne et la nouvelle route du Bourbonnais ; sur la fin de l'Empire, la vieille route qui conduisait à Moulins, la capitale de l'ancienne province du Bourbonnais, ou pour être plus exact, qui conduisait à Paris par le Bourbonnais, fut rectifiée, ce qui donna lieu à cette double appellation. Quand ce quartier fut plus peuplé, la route devint la rue du Bourbonnais.

Rue Bourdy
De la montée des Epies à la montée du Gourguillon.

Cette rue fut jadis une des plus laides et des plus sales de la ville. En 1540 elle s'appelle rue Brenneuse, en 1740 rue Foireuse, en 1746 rue Dorée, toujours pour la même raison que je me dispense de donner. Depuis elle a été désignée sous le nom de Bourdille, et enfin sous celui de Bourdy. Ce mot vient très probablement d'un autre, que les honnêtes gens ne prononcent pas. Jadis, à la montée du Gourguillon, il a existé plusieurs de ces lieux voués à la débauche ; ils étaient alors moins nombreux, et par conséquent plus remarqués et plus facilement dénoncés. M. Breghot du Lut dit qu'en 1839, à l'extrémité de cette rue, il y avait une maison qu'on appelait Fort Vénus.

Quoique ce nom soit suffisamment défiguré pour que le sens premier soit à peu près insaisissable, je demande ce que l'on perdrait à le changer.

Rue Bourgelat

Du quai d'Occident à la place Ampère.

Cette rue fut ouverte vers 1780 ; avant 1855, la rue du Chapitre d'Ainay faisait suite à la rue Bourgelat ; à cette dernière date ces deux rues furent réunies en une seule, sous le nom de Bourgelat.

C'est quand nous rencontrons sur notre chemin un nom de cette distinction et qui cependant est presque inconnu du plus grand nombre, que nous nous encourageons dans l'œuvre que nous avons entreprise. Il faudrait que chacun le connût et l'appréciât, il faudrait que la reconnaissance de tous le vulgarisât davantage.

Claude Bourgelat naquit à Lyon le 27 mars 1712. Destiné au barreau, il étudia à Toulouse et fut avocat à Grenoble. Il y acquit bientôt une grande réputation de savoir et d'éloquence. On cite de lui un trait, trop plein de droiture et de loyauté, pour que je me refuse à le redire :

Il avait plaidé une cause chaleureusement, éloquemment, convaincu que l'équité était de son côté. On rend un arrêt. Mais tout à coup il apprend qu'il a été trompé dans ses informations, il sollicite l'annulation de l'arrêt ; on s'y refuse, *res judicata pro veritate habetur*. Il va trouver en particulier chaque juge, il trouve partout la même fin de non-recevoir, *res judicata pro veritate habetur*. Il revient à la charge, il demande publiquement la parole, on lui impose silence. Alors il déchire sa robe d'avocat, la foule aux pieds, parce qu'elle a été témoin et complice d'un acte qu'il déclare infâme, va lui-même rayer son nom du tableau des avocats, rentre chez lui et brûle tous ses plaidoyers. Voilà l'homme intègre.

Dégoûté de la chicane, il se fait mousquetaire. Il donne à son esprit une toute autre direction ; ses études se portent tout entières sur le cheval, et une fois maître de cette partie, il sollicite et obtient la direction de l'école royale d'équitation de Lyon, que Louis XIII y avait fondée en 1620.

Cette école était très fréquentée, elle le fut plus encore sous la direction de Bourgelat ; on y venait même de l'étranger. C'est à cette époque, pendant qu'il était directeur, qu'il habita la rue qui porte aujourd'hui son nom.

Ses études sur le cheval ne cessèrent pas, elles ne firent que se compléter. Il donna successivement des traités qui sont des autorités dans la matière. Ce sont : *Nouveau Newcastle*, traité complet d'équitation ; *Eléments d'Hippiatrique* ; *Anatomie comparée du bœuf, de l'âne et du cheval ; Traité de la conformation extérieure du cheval*. Ces ouvrages suffiraient à lui faire une notoriété de bon aloi, mais il fit plus encore. Il s'occupa des maladies des animaux domestiques, publia les *Eléments de l'art vétérinaire* et conçut le plan d'une école vétérinaire. C'est là son titre de gloire. Cette école fut créée et installée à Lyon en 1762, elle fut aussitôt célèbre et insuffisante ; il fallut, en 1764, en créer une seconde à Alfort, près Paris. Bourgelat fut alors nommé commissaire-général des Haras, et inspecteur des écoles vétérinaires. Ce ne furent que des titres, car il fut si peu encouragé par l'Etat, qu'il dut hypothéquer sa médiocre fortune pour subvenir aux frais d'installation de la nouvelle école, et qu'après sa mort, arrivée le 3 janvier 1779, il laissa sa famille dans la gêne et dans la dure nécessité de solliciter les secours du gouvernement.

Sa statue orne maintenant la cour intérieure de l'Ecole Vétérinaire.

L'Ecole Vétérinaire fut d'abord établie à la Guillotière, dans un bâtiment de l'Hôtel-Dieu. Le peuple la prit pour une succursale de l'Académie d'équitation qui existait alors, aussi donne-t-il couramment à l'Ecole Vétérinaire le nom d'Académie. Il y avait autrefois, à la Guillotière, avant le morcellement des terrains, à la suite de ce qu'on appelait les Prés de la Vogue, le Pré de l'Académie, voisin de l'ancienne école de Bourgelat.

L'Ecole Vétérinaire a été transférée, en 1795, dans le local qu'elle occupe aujourd'hui, anciens couvents de religieuses de Sainte-Elisabeth et de franciscains de l'Observance, ou du moins, pour être plus exact, disons que le projet date de l'an III (1795), mais qu'en réalité la translation eut lieu en l'an V (1797), encore n'était-ce qu'une translation provisoire, — rien ne dure autant, c'est connu.

Rue Bourget
Du quai de l'Industrie à la rue de Saint-Cyr.

Il est probable que ce nom lui vient d'un des principaux propriétaires de cette rue. — Elle n'a rien de commun avec Nicolas-Fleury Bourget, négociant et littérateur, né à Lyon vers 1777, et mort à Saint-Genis-Laval en mars 1836. Quelques opuscules en vers et en prose ne sont pas un bagage suffisant pour être signalé à la postérité par un nom de rue.

Rue de Bourgogne
De la place de la Pyramide au fort de la Duchère.

On pourrait rattacher à ce nom un aperçu de l'histoire des rois burgondes, dont Lyon fut quelque temps la capitale ; on pourrait aussi évoquer le souvenir de sainte Clotilde, princesse burgonde, et élevée à Lyon avant d'être l'épouse de Clovis, mais la raison de l'appellation de cette rue est plus simple. Comme nous le verrons plus tard, — V. *Pyramide*, — deux routes conduisaient de Lyon à Paris : l'une, nous l'avons vu, passait par le Bourbonnais ; l'autre, et c'est celle-ci, par la Bourgogne. De là son nom.

Rue et place de la Bourse
La rue : de la rue Bât-d'Argent à la place des Cordeliers.
La place est comprise entre les rues de la Bourse et de la République.

Le monument de la Bourse qui s'élève à l'extrémité de cette rue lui a donné son nom. C'est l'édifice le plus important, à l'exception de la Préfecture, dont l'exécution ait été entreprise par les pouvoirs publics au xixe siècle. Au mois d'août 1860, l'empereur Napoléon III l'inaugura avec solennité. Il est l'œuvre de M. Dardel, architecte. Il comprend la Bourse, le Palais du Commerce et un Musée. Les divers services y sont bien aménagés.

On comprend sans peine que, pendant la Terreur, il n'y eut guère d'affaires de Bourse ; après le 9 thermidor, la Bourse se tint en plein air sur la place des Terreaux, jusqu'au 10 novembre 1795 ; ce jour-là, un arrêté du représentant du peuple Poullain-Grandpré établit la Bourse dans le palais Saint-Pierre ; l'ancienne salle du Chapitre lui fut affectée, elle y demeura jusqu'à son transfert dans le palais actuel.

Fig. 14. — La Bourse, rue de la République et place des Cordeliers. — Phot. de Neurdein, frères, Paris.

Rue Bouteille

De la rue Tavernier à la place des Carmélites.

Cette rue et ce nom sont très anciens ; ils figurent sur le plan de 1540. L'étymologie de ce nom a cependant toujours été un peu indécise. Il est probable qu'il dérive de l'enseigne de quelque cabaret ou auberge, qui, dans ces temps reculés, aura joui d'une certaine vogue.

Rue de la Brèche

De la place Saint-Jean à la rue Tramassac.

Autour de la cathédrale régnait un cloître fermé par des murailles, dont on peut voir encore des vestiges dans la rue Tramassac. Ce cloître, ainsi qu'on peut s'en convaincre par le plan de Simon Maupin, était

Fig. 15. — La Brèche. — Dessin de Girrane.

assez vaste pour contenir une notable partie du quartier de Saint-Jean. Asile de la paix et de la prière, il fut cependant plusieurs fois troublé par des mouvements populaires, surtout lorsque les bourgeois de Lyon cherchèrent à conquérir leur indépendance. En 1220, le comte de Forez détruisit le cloître existant alors, plus restreint que celui qui lui succéda. Celui-ci fut entamé par le fameux baron des Adrets, en 1562. Maître de Lyon, il assiégea Saint-Jean, et son artillerie, installée aux Célestins, fit brèche sur la rue Tramassac, là où était la petite porte du cloître, et cette brèche ne fut pas réparée. Dès lors la vie claustrale du Chapitre ne fut plus qu'une fiction. En 1716, la Ville en acquit la propriété et l'élargit. Le nom de Brèche lui resta.

Quai & boulevard des Brotteaux
Le quai : de la place Morand au cours de la Liberté.
Le boulevard : du cours Vitton au cours Lafayette.

La partie septentrionale de la rive gauche du Rhône s'appelle les Brotteaux. C'est un nom assez commun dans le langage lyonnais, et bien des pays voisins de Lyon ont également leurs Brotteaux. Les brotteaux sont des terrains incultes où l'on mène paître les troupeaux. Tout le monde écrit ce nom de Brotteaux par deux *t*; seule la Compagnie des tramways l'écrit par un seul *t*; les premiers font venir le mot de brousse, broussaille, les deux *t* remplaçant les deux *s*; les seconds le font dériver du vieux mot français *broter*, brouter. Tous les anciens titres écrivent Breteau, Broteau, par un seul *t*.

Nos Brotteaux lyonnais sont des sortes de landes, dues aux débordements du Rhône. Les vieillards d'aujourd'hui se rappellent avoir vu ces brillants quartiers actuels comme des prairies, des champs, pleins de guinguettes et de cabarets, de jeux ou de bals, où la population ouvrière allait chaque dimanche prendre ses ébats. Il y avait là le Lac toujours en fête, — V. *Lac*, — le bois de la Tête-d'Or toujours ombreux, les prairies verdoyantes qu'égayait le Père Thomas, le plus célèbre grimacier du vieux Lyon. Aujourd'hui les Brotteaux sont le quartier Saint-Germain de Lyon ; ce qu'il y avait de plus populaire jadis est devenu ce qu'il y a de plus aristocratique.

Le quai des Brotteaux a porté le nom populaire de Castellane.

Rue Bugeaud
Du quai des Brotteaux au boulevard des Brotteaux.

Avant l'agglomération, cette rue portait le nom de Condé, mais comme une rue du quartier Perrache portait déjà ce nom, on a donné à celle des Brotteaux celui de Bugeaud.

Le maréchal Thomas-Robert Bugeaud de la Piconnerie, né à Limoges en 1784 et mort à Paris en 1849, avait droit à cette consécration populaire d'un nom de rue qui honorât sa mémoire. Caporal à Austerlitz, il franchit tous les grades de la hiérarchie militaire. En 1815, il était colonel. Sous la Restauration, il se retira du service et ne s'occupa plus que de travaux agricoles. Il fut rappelé à l'activité sous la monarchie de Juillet. En 1836, il s'embarqua pour l'Algérie, et l'année suivante, vainqueur d'Abd-el-Kader, il signa avec l'émir le traité de la Tafna, qui n'a pas été à l'abri de véhémentes critiques. Nommé gouverneur de l'Algérie en 1840, il se montra aussi grand administrateur que valeureux soldat. Comme soldat, il changea la manière de combattre, c'était le seul moyen de réduire les arabes si constamment mobiles ; comme administrateur, il fut le vrai et peut-être le seul colonisateur de l'Algérie. En 1844, il combattit les Marocains qui, poussés par Abd-el-Kader, avaient attaqué les Français. Avec 12.000 hommes, il mit en déroute 40.000 Marocains, sur les bords de l'Isly ; il fut, après la victoire, proclamé duc d'Isly. En 1847, il demanda son rappel ; en 1848, la faiblesse et l'indécision du roi l'empêchèrent de sauver la monarchie.

A la fin de cette année 1848, le 20 décembre, il fut nommé au commandement de l'armée des Alpes. Il fixa sa résidence à Lyon, à l'hôtel de Provence d'abord, ensuite dans une maison de campagne sur la rive gauche de la Saône, près de l'Ile-Barbe. Le 21 mai 1849, il fut rappelé à Paris par le Prince-Président, il y mourut trois semaines après, emporté par le choléra.

Le maréchal Bugeaud était l'officier le plus populaire de l'armée. La sonnerie baptisée *La Casquette du Père Bugeaud* en fait foi.

Rue de la Buire
De la rue Mazenod à l'avenue Félix-Faure.

Là où sont maintenant les grands ateliers de la Buire, fut construit, au XVe siècle, un château qui porta ce nom. Ce mot ancien veut dire un flacon, il a donné naissance à son diminutif burette. Mais quelle relation peut-il exister entre ce mot et cette habitation ?

Ce château fut la propriété de M. de Rachais, puis du colonel Champanhet. Il avait donné son nom à l'avenue qui s'appelle maintenant Félix-Faure. — V. ce mot.

Rue Buisson
De la rue Gentil à la place des Cordeliers.

Selon quelques écrivains, au xiv° siècle, le sol de cette rue était en culture et particulièrement en vignes, qui appartenaient à la confrérie de la Trinité, et qui, n'ayant pas été entretenues, avaient fini par n'être que des buissons. Mais dans les titres antérieurs au xiv° siècle, elle est désignée sous le nom de boisson — *del boisson* — qui signifie buisson, d'où il faut conclure que l'explication donnée ci-dessus n'est pas exacte, car ces titres auraient parlé des vignes. Du reste le mot *boisson* des anciens titres est toujours masculin, il serait féminin s'il signifiait boisson, breuvage.

M. Cochard croit que cette rue doit son nom au propriétaire qui la fit ouvrir. M. Breghot du Lut prétend qu'il y avait là un petit bois, dont *boisson* est le diminutif. Pour moi, je pense que c'est simplement l'enseigne d'un cabaret en vogue qui aura donné ce nom à cette rue. Cette habitude de pendre un buisson à la porte des cabarets existe encore dans nos campagnes.

Rue Burdeau
De la rue du Jardin des Plantes à la montée Saint-Sébastien.

Cette rue est l'ancienne rue du Commerce. En 1895, elle reçut le nom qu'elle porte aujourd'hui.

Elle fut ouverte en 1830, mais alors elle était limitée par la Grande-Côte. En 1855, elle absorba l'ancienne cour du Soleil, ainsi appelée des anciens seigneurs du Soleil, propriétaires, et en 1863, une partie de la rue du Jardin-des-Plantes. Les négociants y établirent leurs magasins, de sorte qu'on y vit bientôt un grand mouvement de commis et d'ouvriers ; d'où le nom de rue du Commerce. On a comparé — *si parva licet componere magnis*, — ce quartier à la Chaussée-d'Antin de Paris.

Le nom qu'elle porte aujourd'hui lui a été donné presque immédiatement après la mort de celui qu'elle rappelle, ce fut une faute.

Auguste Burdeau était le fils d'une pauvre ouvrière lyonnaise. Dès sa prime jeunesse, il montra une vive intelligence et une grande application à l'étude. La pauvreté de sa mère le força à être tireur de fers à la Croix-Rousse, mais malgré ce labeur, il n'abandonna pas ses livres. Grâce à certaines combinaisons protectrices, il alla à Paris et fut admis au collége Sainte-Barbe. En 1870, il obtint le prix d'honneur de philosophie au concours général.

Il s'engagea alors et fut enrôlé dans le deuxième corps. Il devint sergent, se battit à Villersexel et soutint avec quelques hommes une héroïque retraite au village de Sainte-Marie ; il y fut légèrement blessé. Fait prisonnier, il s'échappa ; il fut repris, et s'échappa encore ; repris une troisième fois, il s'échappa une troisième fois et réussit à regagner la France. La croix de la Légion d'honneur fut la récompense de sa vaillante conduite.

A la paix, il reprit ses études et devint un brillant professeur de philosophie. C'est alors qu'il se lança dans la politique et fut presque toujours dans les idées avancées. Il se présenta à la députation dans le Rhône et fut élu par le premier arrondissement de Lyon (20 août 1893). Il devint président de la Chambre et mourut dans cette dignité en décembre 1894.

On a donné son nom à cette rue avant les scandales de l'affaire de Panama, où la vénalité de Burdeau fut pour tous, amis ou adversaires, une douloureuse révélation.

Place et montée de la Butte

La place : sur le quai Saint-Vincent.
La montée : de la place de la Butte aux cours des Chartreux.

Qu'on veuille se rappeler ce que nous avons dit au mot Arquebuse ! Les chevaliers de l'Arquebuse de Villeneuve faisaient leurs exercices à la Guillotière, il y en avait d'autres à la Butte. La Butte des chevaliers de l'Arquebuse se trouvait au-dessous du fort Saint-Jean et en-dedans de la porte d'Halincourt ; l'Arquebuse de Serin était établie en dehors de cette porte. Le siège de la compagnie était à l'Hôtel de la Butte, à l'entrée de la rue ; cet hôtel fut bâti en 1669. Je n'ai pas besoin de dire que le nom de la Butte provenait du genre d'exercice qui se pratiquait dans cet établissement.

Cette association donnait souvent de très belles fêtes. On cite celle d'avril 1701 et celle de 1738. A la première, les ducs de Bourgogne et de Berry firent l'ouverture du prix de la Butte. A la seconde, un grand nombre de compagnies des environs furent invitées. Chaque année, le 1er mai, les compagnies allaient abattre le *papegai* (perroquet), puis au-devant de l'Hôtel, la Ville leur offrait un bouquet. La révolution a détruit cette institution. Elle a reparu depuis trente ans sous une autre forme, les écoles de tir.

Rue Calas
De la Grande-Rue de la Croix-Rousse à la Grande-Rue de Cuire.

Cette rue, encore étroite, n'était autrefois qu'une simple petite ruelle, qui a été un peu élargie, et qui a reçu le nom d'un ou du propriétaire de ce terrain. Nous verrons, à la Croix-Rousse plus qu'ailleurs, les rues porter les noms de propriétaires, qui ont fait une belle spéculation, et qui, pour ce haut mérite, passent à la postérité.

Rue Camille-Jordan
De la rue Imbert-Colomès à la rue des Tables-Claudiennes.

Il est des hommes qui sont célèbres pendant leur vie et qui sont plus célèbres encore après leur mort ; il en est d'autres au contraire qui sont grands pendant leur vie et que la postérité fait descendre peu à peu du rang qu'ils ont occupé d'abord. Camille Jordan appartient à cette dernière catégorie. Une religion éclairée, un caractère ferme, un beau talent de tribune ont fait de lui un grand citoyen de son temps. Il fut publiciste et orateur, néanmoins ses brochures sont oubliées et ses discours ne le placent que parmi les orateurs politiques de second ordre.

Camille Jordan naquit à Lyon en 1771 et mourut à Paris en 1821. Ses ancêtres étaient protestants. Lors de la révocation de l'Edit de Nantes, Henri Jordan, son aïeul, abjura le protestantisme, tandis que les autres membres de sa famille se réfugièrent en Prusse. Elève des Oratoriens et du séminaire de Saint-Irénée, Camille Jordan combattit l'Eglise constitutionnelle. En 1792, pendant le siège de Lyon, il défendit sa ville natale de son éloquence et de son épée. Il fut le promoteur de l'insurrection lyonnaise, en 1793, contre le jacobinisme. Quand les révolutionnaires eurent triomphé, il se réfugia en Suisse, puis en Angleterre. Il rentra en France après le 9 thermidor ; il fut envoyé, en 1796, au Conseil des Cinq-Cents. Proscrit après le 18 fructidor, il fit paraître alors quelques brochures qui eurent un grand retentissement. Il s'occupa de littérature et de philosophie jusqu'à la Restauration. A cette époque, il fit de nouveau partie de la Chambre Législative, où il devint le chef de l'opposition libérale, ce qui lui fit perdre sa place de Conseiller d'Etat, mais augmenta sa popularité. Il mourut jeune encore, il n'avait que cinquante ans. Il fut l'ami de Ballanche et du baron Degérando ; l'artiste estimé, Arthur de Gravillon, mort naguère, était son petit-fils.

Voici en quels termes M. Guizot a parlé de Camille Jordan : « C'est « lui qui s'était montré ardent pour toutes les justices et fidèle à tous « les malheurs ; qui n'avait jamais trahi un serment, ni une cause, ni « une idée ; qui, dans une carrière commencée à la fleur de l'âge mûr, « avait donné des preuves de tous les courages et des gages de tout ce « qui est légitime et droit ».

Son frère, Antoine Jordan, fut pendant quinze ans (1828-1843), curé de Saint-Bonaventure, et je crois me rappeler que la croix Jordan, à la Guillotière, fut élevée par un membre de cette famille. — V. *Croix-Jordan*.

Cette rue fut ouverte le 18 juin 1829, alors que la mémoire de Camille Jordan était encore bien vivante.

Rue Capponi

De la rue Imbert-Colomès à la rue des Tables-Claudiennes.

A la fin du xv⁰ siècle, plusieurs familles florentines vinrent à Lyon, y apportant leur industrie et leur fortune. C'étaient des familles influentes de Florence qui avaient trempé dans la conjuration des Pazzi et des Salviati, et qui furent obligées de chercher le salut dans la fuite, après le meurtre de Julien de Médicis et le triomphe de Laurent-le-Magnifique, arrivés en 1478. La famille Capponi était l'une d'elles.

Il y avait près d'un siècle que cette famille était établie à Lyon, lorsqu'en 1573 une horrible famine vint éprouver les habitants de cette cité. On vit alors Laurent Capponi nourrir à ses dépens, pendant un mois, quatre mille personnes. Il fut inhumé dans l'église des Jacobins, qu'il avait comblée de bienfaits. Toute la ville assista à ses funérailles et le pleura comme le père du peuple. — Laurent Capponi avait épousé Hélène de Gadagne. Les Cherpin-Feugerolles descendent de cette famille par le mariage d'une Capponi avec Hector de Cherpin, en 1660.

Les Capponi étant devenus acquéreurs d'un des lots de terrain revendus par Claude Besson, — V. *Vieille-Monnaie*, — la maison Verte devint leur demeure ; elle était située sur cette colline de Saint-Sébastien, au-dessus de la rue Vieille-Monnaie, non loin de l'ancienne place des Petits-Pères. En 1617, les Pères de l'Oratoire l'achetèrent et s'y établirent. Ils y firent élever une petite chapelle qu'ils consacrèrent aux Grandeurs de Jésus, qui fit place, en 1665, à une vaste église, laquelle est aujourd'hui l'église paroissiale de Saint-Polycarpe.

Rue et place des Capucins

La rue : de la Grande-Côte à la Croix-Pâquet.
La place : dans la rue des Capucins.

Ce sol appartenait, avant la Révolution, aux Pères Capucins, qui avaient à Lyon deux couvents, l'un sur la colline de Fourvière, au-dessus de Saint-Paul, l'autre au pied de la colline de Saint-Sébastien et de la Grande-Côte. Il s'agit ici de ce dernier. On l'appela le Petit-Foreys, parce que au xiv° siècle, cette propriété appartenait à Jean de Foreys, riche citoyen de Lyon et que, par opposition au grand Couvent, il ne fut que le petit ; elle passa ensuite aux Thomassin, et enfin à André Coste qui l'acheta pour les religieux Capucins, en 1622. L'église du couvent, dédiée à saint André, fut construite aux frais d'Anne d'Autriche, qui en fit poser, en son nom, la première pierre, cette même année ; elle s'ouvrait sur la place des Capucins. Dans le mur élevé qui fait face à l'escalier des Capucins, on voit une croisée à plein cintre qui doit être un souvenir de cette église. Pendant la Révolution, ce couvent fut vendu, le 2 thermidor an IV, comme bien national. Après la Terreur, l'église devint le *Théâtre des jeunes artistes*. Puis, dans le jardin des religieux, vers le commencement du xix° siècle, on perça des rues, on construisit des maisons, les fabricants de soieries vinrent s'y établir.

Cette rue occupe à peu près l'emplacement de l'ancienne rue Vannerot, qui avait été réunie au tènement des Capucins. Il est question de cette rue Vannerot dans le traité de pacification de septembre 1208.

Place et montée des Carmélites

La place : au bas de la montée des Carmélites.
La montée : de la place Morel à la rue du Sergent-Blandan.

Aujourd'hui que tous ces quartiers sont abondamment peuplés, on ne s'imagine guère qu'autrefois c'était presque la solitude, une vaste solitude, habitée seulement par des couvents. En bas, c'était l'abbaye de la Déserte, les Grands Carmes, les Grands-Augustins et le monastère de Saint-Benoît, plus haut l'Annonciade Céleste, plus haut encore les Carmélites, et enfin les Chartreux au sommet.

La communauté des Carmélites, qui existait au-dessus du couvent de l'Annonciade, fut fondée, en 1616, par Jacqueline de Harlay, femme de Charles de Neuville de Villeroy, gouverneur de Lyon. La famille de Villeroy avait, dans cette église des Carmélites, une chapelle destinée à la sépulture de ses membres. En 1822, l'église des Carmélites fut démolie et les restes mortels des Villeroy furent solennellement trans-

Fig. 16. — Porte de la chapelle du couvent des Carmélites.

portés à Saint-Bruno. A cette date aussi fut ouverte la rue Tholozan. — V. ce nom.

Nous n'avons pas à faire, à propos de cette montée, l'historique des Carmélites, que nous avons déjà publié, — V. *Anciens couvents de Lyon* — mais il faut dire qu'il existe quelques restes remarquables du couvent des Carmélites ; le n° 20 de cette montée a une des portes de la chapelle comme porte d'allée ; au n° 10, il y a de grandes salles qui sont évidemment des survivances du couvent, mais surtout il y a un escalier vrai-

Fig. 17. — Escalier de l'ancien couvent des Carmélites.

ment royal, qui mérite d'être visité et qui indique avec quelle magnificence le monastère était construit.

Cette montée des Carmélites s'est appelée jadis côte de la Déserte et côte Saint-Vincent.

Montée des Carmes-Déchaussés

De la rue Juiverie au chemin de Montauban.

Tout le monde sait que les Carmes sont un ordre oriental, qui prit naissance au Mont-Carmel, en Palestine, célèbre par le séjour du prophète Elie. Ce n'est pas le lieu ici de parler de la naissance de cet ordre, question qui a soulevé de nombreuses et violentes discussions, disons seulement que, dès les premiers siècles du christianisme, de nombreux chrétiens cherchèrent une retraite au Carmel, qu'ils y vécurent en moines, et que leurs successeurs y fondèrent un couvent au XIIe siècle. Ils vinrent de Palestine en France en 1252, et au second concile de Lyon, il y avait des députés de cet ordre. En 1291, ils s'établirent à Lyon ; on

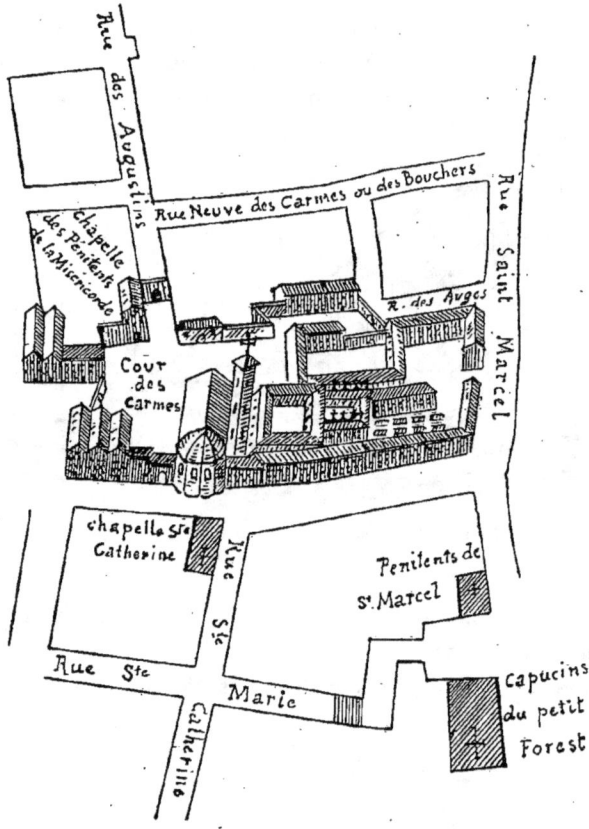

Fig. 18. — Ancien quartier des Carmes.

ignore où fut leur première demeure, mais à coup sûr elle dut être insuffisante, car en 1303, ils sollicitèrent de l'archevêque, Louis de Villars, l'autorisation d'acheter un autre emplacement. Leur requête fut approuvée, et l'emplacement définitivement choisi était situé aux Terreaux, mais au faubourg Saint-Vincent, près, mais en dehors des fossés de la Lanterne, limite de la ville, au nord. Ils y bâtirent, en 1495, une belle église avec les libéralités de Charles VIII et de Louis XII. — Ils s'appelaient les Grands-Carmes ; il n'y a pas longtemps encore qu'il y avait en ce quartier la place des Carmes, mais ce n'est pas d'eux qu'il s'agit ici.

Un second couvent des Carmes exista à Lyon, celui des Carmes de la réforme, les Carmes-Déchaussés. Ils s'établirent en 1618, en haut de la montée des Carmes, là où ils sont aujourd'hui, ou du moins où ils étaient naguère.

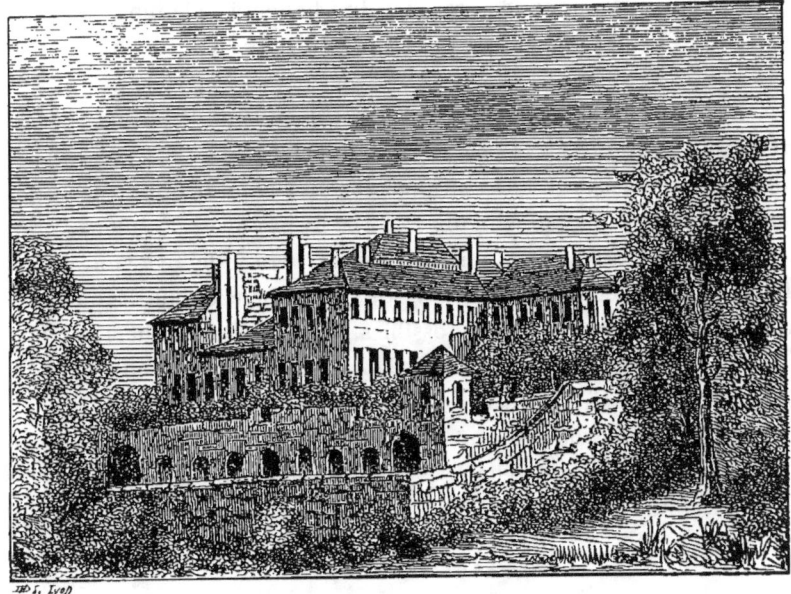

Fig. 19. — Ancien couvent des Carmes-Déchaussés.

Il y avait autrefois, au haut de cette montée, une recluserie (j'expliquerai plus loin ce qu'étaient les recluseries, parce qu'elles expliquent la raison d'être de plusieurs dénominations lyonnaises. — V. *Saint-Barthélemy*.) — Cette recluserie avait de la notoriété ; on l'appelait recluserie de Thunes, parce qu'on y soignait des pestiférés qui revenaient des pays barbaresques, de Tunis entr'autres. C'est du moins l'étymologie que l'on donne habituellement, et que je répète moi-même, quoiqu'elle me satisfasse peu. Près de cette recluserie, pour le signaler en passant, existait un cabaret fameux, où les Lyonnais allaient faire des parties de plaisir ;

de là cette expression bizarre du langage lyonnais, qui nous est bien particulière : faire tune, faire une tune.

En 1618, Philibert de Nérestang se rendit acquéreur de la recluserie et des terrains avoisinants et en fit don aux Carmes-Déchaussés, avec une rente pour l'entretien de huit religieux. Ceux-ci s'y établirent.

C'est dans ce couvent que se fabriquait l'eau de mélisse des Carmes, qui a eu et a encore de la réputation. Après la Révolution, les frères Serre, qui prétendaient posséder seuls le vrai secret de la fabrication, s'établirent à l'angle méridional de l'escalier du Change et de la montée Saint-Barthélemy ; le local est encore occupé aujourd'hui par un distillateur.

Depuis la Révolution, jamais maison religieuse n'eut plus de changements dans sa destination. En 1789, elle fut transformée en caserne ; sous les dernières années de Louis-Philippe, et sous l'administration de M. Terme, maire de Lyon, elle devint une caserne de passagers. En 1860, elle fut rendue à sa destination première, mais en 1870, elle redevint, au milieu du désarroi général, une caserne de garibaldiens qui ne négligèrent pas d'y faire le plus de dégâts possibles. Après la Commune, les religieux Carmes reprirent possession de leur ancien couvent, qu'ils furent obligés de quitter de nouveau à l'époque des décrets ; une institution d'enseignement secondaire y fut établie alors et disparut en 1899. Depuis cette date, les Carmes-Déchaussés s'y sont réinstallés, mais les nouvelles lois viennent encore de les faire disparaître.

Place Carnot

Des rues Condé et Henri IV au Cours du Midi.

Cette place a changé de nom plusieurs fois, elle s'est appelée place Perrache et place Napoléon. Nous retrouverons Perrache plus loin ; quant à Napoléon, cette place fut ornée de la statue du premier empereur jusqu'en 1870. — V. *Duhamel*. — Faut-il croire qu'alors on était plus logique qu'aujourd'hui ? La place portait le nom de Napoléon, elle était ornée d'une statue de Napoléon ; aujourd'hui elle s'appelle place Carnot et elle est embellie d'une statue de la République, en même temps que la rue de la République est ornée du monument Carnot ; je sais bien que les circonstances seules sont coupables, mais il y a là cependant une anomalie.

En 1889, elle reçut le nom de place Carnot, du nom de celui qui pré-

Fig. 20. — Statue de la République, sur la place Carnot.
— Phot. de Neurdein, frères, Paris.

sidait alors au gouvernement de la France et qui, l'année précédente, avait posé la première pierre du monument désigné sous le nom de monument de la République.

Marie-François-Sadi Carnot naquit à Limoges le 11 août 1837. Il était le fils aîné de M. Hippolyte Carnot, sénateur inamovible, ancien ministre de l'Instruction publique et des Cultes en 1848, et le petit-fils de celui qu'on a appelé « le grand Carnot », l'organisateur de la Victoire, sous la première République.

Il fit ses études à Condorcet, où il eut de brillants succès, entra à Polytechnique le cinquième, puis le premier à l'école des Ponts et Chaussées, d'où il sortit major en 1863.

Envoyé en Savoie, il dirigea un important service d'ingénieur. Il y fit exécuter des travaux, qui, en 1878, devaient lui valoir les hautes récompenses de l'Exposition Universelle.

Pendant la guerre, il fut attaché au ministère de la guerre. En 1871, il fut nommé préfet de la Seine-Inférieure et commissaire extraordinaire de la République ; il organisa la défense de la Basse-Seine.

Aux élections de février 1871, il fut nommé député de la Côte-d'Or, département où il avait des attaches de famille ; au 16 Mai, il fut élu à Beaune. En 1880, il fut ministre des travaux publics et assuma la tâche d'exécuter le plan Freycinet.

A l'avènement du grand ministère, Sadi Carnot redevint simple député.

Et puis, un peu plus tard, on assista à un tel dévoilement de turpitudes dans les régions élevées du pouvoir, à un tel relâchement des sentiments de probité chez les détenteurs de l'influence publique, que les esprits se familiarisèrent avec l'idée de la démission du président Grévy, dont l'honnêteté personnelle n'était cependant pas mise en cause. Cette démission fut donnée en effet, et M. Carnot fut élu président de la République française.

Cette place ne nous rappelle que le Président dans l'exercice de ses fonctions. La rue du Président Carnot nous dira sa triste fin.

Rue de la Carrière

De la rue Saint-Pierre de Vaise à la montée de l'Observance.

Cette rue, ce nom l'indique assez, aboutit à une Carrière de pierres, et a servi à son exploitation.

Rue de la Cascade
De la montée des Carmélites à la rue Burdeau.

C'est moins une rue proprement dite qu'un chemin à travers l'ancien Jardin des Plantes. Ce chemin passe devant des rochers artificiels, d'où l'on voit sourdre des sources et jaillir des eaux limpides. M. Paul Saint-Olive, dans son *Voyage de Lyon à la Croix-Rousse*, se moque impitoyablement des fabricants de rochers ; le public, plus simplice, trouve que ce n'est pas si laid. Ces rochers ont été mis là pour servir de support au bassin qui est au-dessus. On a masqué le nu de ce support par ces grottes artificielles et par ces eaux fluentes.

Boulevard des Casernes
De la rue Garibaldi au Boulevard de la Part-Dieu.

Il y a quelques années, c'est à-dire quelque quarante ans, l'immense carré, formé par les bâtiments des casernes, n'existait pas. Il n'y avait que les deux grands corps de logis qui sont au fond de la cour à droite, et un troisième en retour, près du manège. Derrière les casernes, ce n'était que quelques landes et terrains incultes, et tout auprès le chemin de ronde. Le maréchal de Castellane fit achever cette immense enceinte ; le vaste champ de manœuvre, autrefois libre jusqu'au cours Lafayette, fut enfermé par de grandes maisons, et l'on fit plusieurs entrées, la première à l'occident, sur la rue aujourd'hui Garibaldi, la seconde au nord, sur un magnifique boulevard ombragé que l'on créa alors, et que l'on appela Boulevard des Casernes, et une autre sur le boulevard de la Part-Dieu.

Rue Casimir-Périer
De la rue Gilibert au quai Perrache.

Casimir Périer, quoique né à Grenoble, méritait d'avoir à Lyon une rue qui consacrât son souvenir, car il fut élevé au collège de l'Oratoire, et fut Lyonnais par son éducation. Son père, un des fondateurs de la

Banque de France, avait fait une immense fortune. Casimir suivit d'abord la carrière des armes et fit, en qualité d'officier du génie, une des campagnes d'Italie, celle de 1799. Puis il s'occupa de finances en fondant une maison de banque. Enfin, en 1817, il fut élu député de Paris ; dès lors il se donna à la politique, il avait trouvé sa voie.

Pendant toute la Restauration, il fit de l'opposition, et presque toujours de l'opposition irritante et tracassière. La chute des Bourbons fut un peu son œuvre sans avoir été son but. Charles X, ayant rapporté les fameuses ordonnances qui avaient mis le feu aux poudres, fit mander Casimir Périer pour le nommer ministre de l'intérieur. Il n'était déjà plus temps. — Après la Révolution de Juillet, il fut Président de la Chambre des Députés, et bientôt après, ministre sans portefeuille. Enfin, le 13 mars 1831, il succéda à M. Laffite, comme chef de cabinet.

Casimir Périer était un homme intelligent, énergique, mais emporté et irascible. Pendant qu'il fut au pouvoir, il fut un lutteur de tous les jours, lutteur passionné et presque toujours victorieux ; son passage aux affaires ne fut pas sans grandeur. Alors que parmi les ambassadeurs étrangers, il y avait un Metternich, un Pozzo di Borgo, qui souvent dans leur langage semblaient hausser le ton, Casimir Périer soutint noblement la dignité de la France. Un jour l'ambassadeur de Russie, le comte Pozzo di Borgo, ayant osé prononcer ces mots : « L'Empereur mon maître ne veut pas..., » le chef du cabinet l'interrompit avec une extrême agitation : « Dites à votre Maître que la France n'a pas d'ordre à recevoir, et que, Casimir Périer vivant, elle ne prendra conseil pour agir que d'elle-même et de son honneur. » Partisan de la paix, il ne craignit pas de faire ou d'affronter la guerre, quand il la jugea utile. — En 1832, le choléra vint s'abattre sur Paris ; il y fit son apparition le 26 mars et y sévit cent quatre-vingt-neuf jours, faisant dix-neuf mille victimes. Dans ces douloureuses circonstances, Casimir Périer visita l'Hôtel-Dieu avec le duc d'Orléans. Deux jours après, il se mettait au lit ; le fléau n'eut pas de peine à briser cette vie déjà usée par les luttes continuelles qu'il était obligé de soutenir. Le 16 mai, il rendit le dernier soupir à l'âge de cinquante-cinq ans (1777-1832).

« Casimir Périer avait reçu de la nature, dit Royer-Collard, la plus éclatante des supériorités et la moins contestée, un caractère énergique jusqu'à l'héroïsme avec un esprit doué d'instincts merveilleux. »

Son petit-fils a pris part aux grandes luttes de la vie publique depuis 1873. Il était l'ami et le client de M. Thiers, dont il soutenait ardemment la politique. Après avoir été président de la Chambre, ministre, chef de cabinet, il fut président de la République après M. Carnot, mais il ne tarda pas à donner sa démission.

Rue de Castries
Du quai d'Occident à la rue d'Enghien.

Ce nom rappelle celui d'un des plus illustres guerriers du règne de Louis XV. Fontenoy, Raucoux, Maëstricht, Rosbach, Clostercamp, ont vu combattre le marquis de Castries.

Ici, il ne s'agit pas du marquis, mais du duc, son fils, Augustin de Castries, qui fut lieutenant-général pour le roi des provinces de Lyonnais, Forez et Beaujolais, en 1787, et qui devint pair de France en 1814.

Je crois avoir lu quelque part, mais il m'a été impossible de retrouver ce renseignement, qu'il avait son hôtel en cette rue.

A Lyon, presque tout le monde prononce Castries, la vraie prononciation est Castres.

Impasse Catelin
Dans la rue Sainte-Hélène.

Ce nom est celui d'un architecte lyonnais, propriétaire de l'une des maisons, entre lesquelles se trouve cette impasse.

On me pardonnera de ne pas parler des impasses dans ce travail. Elles portent en effet ou bien le nom d'un propriétaire du terrain, en ce cas je n'ai rien à en dire, ou bien le nom de la rue attenante, et alors il me suffit de parler de la rue. Quand le nom d'une impasse sortira de ces banales conditions, je les signalerai, comme l'impasse de la Citadelle, Matafalon, etc.

D'autres noms se comprendront d'eux-mêmes par leur situation, impasses Bellefontaine, du Gaz, de la Loge, où se trouve la Loge francmaçonnique, etc.

Rue Cavenne
De la rue d'Aguesseau à la rue de la Vitriolerie.

La ville de Lyon a, par ce nom, consacré le souvenir d'un modeste fils de cultivateur, qui, par son propre mérite, s'éleva jusqu'aux plus grandes charges de l'Etat. Il se destina aux travaux publics : en 1810, il était ingénieur en chef du département de Doire (Piémont); plus tard, il devint ingénieur en chef du département du Rhône, et c'est alors qu'il contribua pour une large part à la création de ce quartier de la Guillotière. En 1831, il fut nommé inspecteur-général et, en 1842, directeur de l'école des Ponts et Chaussées, qu'il sut maintenir à la hauteur de ses splendeurs passées. En 1852, il fut nommé sénateur et mourut en 1856.

Quai, place et rue des Célestins
Le quai : du quai Saint-Antoine au quai Tilsitt.
La place : entre les rues d'Egypte et des Célestins.
La rue : du quai des Célestins à la place de ce nom.

Nous verrons plus loin, quand nous parlerons du Port-du-Temple et des Templiers, que le vaste emplacement, qui comprend tout le quartier des Célestins, appartint d'abord à l'ordre religieux et militaire des Templiers. Mais cet ordre aboli en 1312, la maison et les magnifiques jardins des Templiers de Lyon furent adjugés aux Chevaliers de Malte, qui plus tard les cédèrent en échange aux ducs de Savoie.

En 1407, Amédée VIII, duc de Savoie, qui fut ensuite antipape sous le nom de Félix V, céda, par une charte datée de Bourg, 22 février, la maison du Temple aux Célestins pour qu'ils y fondassent un monastère. Les Célestins, institués en Italie, par Pierre de Mouron, autour de 1250, n'avaient pénétré en France qu'en 1300. Pierre de Mouron, leur fondateur, étant devenu pape sous le nom de Célestin V, les religieux prirent le nom de Célestins. Ils s'installèrent donc audit lieu, et le premier prieur fut le Père Jean Gerson, frère du célèbre chancelier de l'Université de Paris.

Une fois fondé, le monastère des Célestins fut embelli et favorisé par une foule de bienfaiteurs ; parmi eux nous en retrouverons trois ou quatre, qui ont donné leur nom aux rues de ce quartier.

Ce monastère eut à subir de dures épreuves. Il fut brûlé d'abord en 1501 ; puis, en 1562, lorsque les Huguenots se furent emparés de la

Fig. 21. — Place et théâtre des Célestins. — Phot. de Neurdein, frères, Paris.

ville, le couvent des Célestins fut envahi des premiers et c'est là, qu'après le pillage du couvent, le baron des Adrets assit la batterie d'artillerie, avec laquelle il ouvrit une brèche dans les murs du cloître de Saint-Jean. Il fut incendié encore en 1623, puis enfin deux fois de suite à quelques années d'intervalle, en 1744 et 1775.

La dernière heure du couvent des Célestins allait sonner. En 1779, la maison de Lyon fut supprimée et les religieux furent sécularisés. L'Archevêque de Lyon, Mgr Malvin de Montazet, réunit alors leurs biens à ceux du clergé de son diocèse. Mais Victor Amédée, duc de Savoie, revendiqua la propriété donnée à telles et telles conditions par Amédée VIII, son aïeul. De là un grand procès que perdit l'Archevêque, et un arrêt du 12 janvier 1784 envoya le roi de Sardaigne en possession du couvent en litige.

Un an après, cette propriété était aliénée à un sieur Devouge, qui acheta la totalité de ces terrains au prix de 1.500.000 livres. Pour donner aussitôt de l'importance au quartier et retirer de plus considérables bénéfices, le nouveau propriétaire fit percer des rues et construire une salle de spectacle. Cette dernière idée fut mise à exécution en 1792. Mais le théâtre, comme l'ancien monastère, a été plusieurs fois incendié. Il a été récemment reconstruit à neuf.

Sur le quai étaient autrefois les places Port-du-Roi et Port-du-Temple ; depuis 1855, tout a été réuni sous le nom des Célestins.

Rue Célu
De la place Bellevue à la rue Dumont-d'Urville.

Un propriétaire avait deux filles, Cécile et Lucie ; il ne fit qu'un seul mot des premières syllabes de chaque nom et fit un nom nouveau qu'il donna à une rue nouvelle ouverte sur ses terrains. Voilà l'histoire que racontent à la Croix-Rousse ceux qui ont l'air d'être bien informés. C'est ingénieux sans doute, mais ce n'est pas exact. La vérité, la voici : M. Rey, qui a donné son nom à la montée Rey, a donné celui de sa femme Célu à la rue transversale et celui de sa fille Rose à la rue Sainte-Rose, qui n'existe plus et a été absorbée par la rue Dumenge.

Rue Centrale
De la place Saint-Nizier à la place des Jacobins.

Cette rue n'est pas ancienne, et, comme avant l'ouverture des grandes artères des rues de la République et de l'Hôtel-de-Ville, elle était la plus large, la plus belle, la plus mouvementée de ce quartier, on lui donna le nom de Centrale ; elle l'était en effet, sinon topographiquement, du moins pour la facilité des relations et des affaires.

A ce propos, il n'est peut-être pas sans quelque utilité de constater ce mouvement qui pousse la ville du côté de l'Orient. Primitivement elle est située sur la colline de Fourvière, peu à peu elle descend, traverse la Saône et le commerce s'installe sur la rive gauche de cette rivière, la rue Mercière ou Marchande constate ce fait. La rue Centrale est ensuite percée, puis les rues Impériale et de l'Impératrice, enfin la rive gauche du Rhône devient une ville de cent cinquante mille âmes. Qui sait si un jour, le vrai Lyon, la ville proprement dite, ne sera pas dans ces landes incultes des Brotteaux ou de la Guillotière, si longtemps délaissés et déjà si merveilleusement transformés ?

Rue du Centre
Du quai de la Gare à la rue de Saint-Cyr.

Voici deux noms de rues qui sont voisins, qualifiant des rues qui sont fort distantes l'une de l'autre ; c'est bien fait pour nous dérouter. C'est ici le centre de quoi ?

En 1850, il était question d'établir un débarcadère, une gare, pour le chemin de fer de Lyon à Paris ; cette gare a été bâtie et elle a donné naissance à l'appellation de la rue de Paris. Mais cette gare ne devait pas être la seule, on devait aussi en construire une pour le chemin de fer du Centre, qui était en projet ; de là ce nom. Le projet de cette dernière ligne n'a pas abouti, mais le nom est resté.

Rue et place Champ-Fleuri
La rue : de la rue Desaix à l'avenue Félix-Faure.
La place : entre les rues du Pensionnat et Champ-Fleuri.

Tous les domaines des Brotteaux et de la Guillotière avaient des noms, nous en retrouverons quelques-uns. Celui-ci, avec celui des Emeraudes, était un des plus gracieux ; ils nous rappellent les vertes prairies émaillées de fleurs qui ont précédé le peuplement de ces quartiers.

Rue Champier

De la place des Cordeliers à la rue Saint-Bonaventure.

Voici le nom et le souvenir d'un des hommes les plus considérables de son époque. Médecin renommé, échevin de la ville, écrivain presque universel, pacificateur des différends du peuple, victime même d'une rébellion populaire, Symphorien Champier fut pendant sa vie le grand citoyen de Lyon; et malgré tout, après sa mort, il fut vite oublié. A son endroit les biographes ont peut-être exagéré la louange ou la censure, il ne mérite sans doute ni l'une ni l'autre, au moins à ce degré. Ce qui résulte cependant de la lecture de ses écrits, c'est qu'il se donne comme un personnage important, et qu'il est d'une insupportable vanité. Monfalcon l'a appelé un charlatan sans mérite.

Il naquit à Saint-Symphorien-le-Château, vers 1472. Il fit ses études à Paris et à Montpellier, puis il revint à Lyon, où il exerça la médecine d'une manière distinguée. Comme il avait une dose de vanité peu commune, il a soin de nous apprendre les faits les plus remarquables de sa vie. Il fut conseiller de ville en 1520, 1521 et 1538. Mais auparavant, Antoine, duc de Lorraine, l'avait fait son premier médecin; c'est en cette qualité qu'il assista, en Italie, à la bataille d'Agnadel et ensuite à la bataille de Marignan, après laquelle il fut armé chevalier aux éperons d'or, *eques auratus*. Il revint à Lyon. Il épousa Marguerite Du Terrail, cousine germaine de Bayart, et nièce de l'abbé d'Ainay. Cette belle alliance ne fit qu'accroître la vanité de Symphorien Champier, qui prétendit dès lors être de la parenté des Campeggi d'Italie. L'Université de Pavie se l'associa, et comme on connaissait son goût pour les éloges, on ne les lui ménagea pas.

En 1520, il fut mêlé aux affaires publiques de la cité, et il eut l'honneur et la gloire d'apaiser un vieux différend qui existait entre les magistrats, les bourgeois et le peuple. Un autre de ses titres au souvenir de la postérité, c'est qu'il a grandement contribué à l'établissement du collége de la Trinité, à Lyon.

La maison qu'il habitait était située en face de la porte principale de l'église des Cordeliers; elle fut pillée dans une émeute populaire (1529), soulevée — c'était du moins le prétexte invoqué — à cause de la cherté du blé, mais en réalité à cause d'un impôt léger mis sur le vin, pour subvenir aux frais de construction des Remparts de la Croix-Rousse. C'est l'affaire de la Rebeyne. Champier, qui, en cette affaire, avait couru quelque danger, fit la relation de cet événement, mais c'est moins une narration qu'une satire.

Il a beaucoup écrit, mais ses ouvrages manquent de critique et de goût. Il était érudit, et l'on retire profit de la lecture de ses œuvres, mais ses œuvres sont un assemblage disparate et incohérent de toutes choses et la forme est souvent défectueuse ; on l'excuse plus facilement quand on se rappelle qu'il écrivait à l'aurore de la Renaissance.

Il mourut en 1539 et fut inhumé dans l'église des Cordeliers.

Cette rue, depuis la transformation du quartier Grolée, a complètement changé d'aspect ; auparavant, c'était comme une seconde Cour des Archers ; des rouliers et des coquetiers s'y donnaient rendez-vous, ils trouvaient là auberge et écuries pour eux et leurs voitures.

Montée de la Chana
Du quai Pierre-Scize au chemin de Montauban.

Le langage lyonnais a une foule de mots qu'on ne trouve que chez nous, ou qui, si on les trouve ailleurs, ont une origine lyonnaise. Le mot *Chana* est un de ceux-là ; il signifie petit conduit pour les eaux, de là vient le mot chanée. Les uns le font venir de *Canalis*, ce qui me paraît peu probable ; les autres, et parmi eux M. Cochard, disent que son primitif est le mot chêne, les premiers conduits d'eau ayant dû être faits avec ce bois.

Isaac Lefebvre, parlant du prieuré de St-Martin de la Chana, dit qu'il était ainsi nommé à cause de la fontaine qui en était voisine et en sortait. — D'autres disent que dans toute cette montée il y avait un canal qui servait à l'écoulement des eaux, ou plus vraisemblablement que ce chenal amenait à une fontaine voisine (celle du prieuré) les eaux de la colline.

Mais si ce mot de Chana a pris une certaine importance parmi nous, cela provient d'un hôpital et d'un prieuré anciens qui y furent établis. L'hôpital remplaça l'hôpital dit des Deux-Amants, dont la démolition fut autorisée vers la fin du XV° siècle, pour le terrain être donné aux Cordeliers de l'Observance, à condition d'en reconstruire un autre. Ce nouvel hôpital fut bâti à la Chana, où il y avait une chapelle connue sous le nom de Saint-Martin de la Chana.

Le prieuré fut fondé, à Saint-Martin de la Chana, avec des religieuses bénédictines, par le cardinal Jean de Talaru, au XIVe siècle. Le cardinal de Bourbon les supprima et donna l'emplacement à MM. du Chapitre de St-Paul. — En 1531, le Chapitre de Saint-Paul, voulant aider à l'établissement de l'Aumône Générale, donna le Prieuré à la ville pour qu'il servît de retraite aux orphelins de Lyon. Plus tard, on y distribua aux pauvres, tous les dimanches, partie des 14.500 miches de pain hebdomadaire de l'Aumône Générale.

Voici du reste deux documents touchant la Chana :

1483. — Charles de Bourbon réunit à l'église de Saint-Paul le monastère ou prieuré de la Chana fondé par Jean de Talaru, à condition que ceux de Saint-Paul y mettront un recteur ou un prêtre qui prêtera entre les mains du Chapitre le serment qu'on avait coutume d'exiger de la prieure de ce monastère, et qu'au changement de chaque recteur, le Chapitre de Saint-Paul paiera milods des fonds en dépendant, qui sont de la rente de l'église de Lyon. — MM. de Saint-Paul promirent aussi de faire réparer le monastère et d'y dire trois messes par semaine, le dimanche, le mercredi et le samedi. Il fut en outre convenu que le reste du revenu serait employé à l'entretien de six clergeons et d'un maître, et aux distributions quotidiennes du chœur. — Il y avait une maison, un jardin, un pré, des vignes et des terres qui dépendaient de ce prieuré, où l'on comptait d'abord huit religieuses, qui alors se trouvaient réduites à deux par le décès des autres. (MÉNESTRIER.)

1520. — Jean Dodieu, seigneur de Vély, demande que le Consulat veuille nommer et intituler la rue Chana, rue des Dodieux, parce que cette rue a été faite et le fonds baillé par feu M. Jacques Dodieu, son père et se meut de sa directe. On en délibèrera.

Les Dodieu, dont il est ici question, les premiers propriétaires du fonds de la Chana, étaient également connus sous le nom de Vély. Cette famille était, selon Le Laboureur, une riche pépinière de prélats, d'hommes consulaires, d'ambassadeurs et de guerriers. Elle a fait des fondations charitables en faveur des malades et des pauvres. Nous les retrouverons. — V. *Mercière.* — Le fief de Dodieu, près de l'Arbresle, était leur maison paternelle.

L'ancien Prieuré de la Chana fut vendu pendant la Révolution. Une teinturerie en occupe aujourd'hui l'emplacement.

Place et montée du Change

La place : à l'extrémité nord de la rue Saint-Jean.
La montée : de la rue Juiverie à la montée Saint-Barthélemy.

La place aurait été, d'après MM. Artaud et Chenavard, un vaste port, à l'époque romaine. M. Vermorel a montré toute l'invraisemblance de cette hypothèse. — Avant de s'appeler du Change, elle s'est appelée place de la Draperie.

Fig. 22. — La loge et la place du Change. — Dessin de Leymarie.

La montée s'appelait autrefois *les degrés d'Izeron*, à cause de la maison d'Izeron, appartenant à Bérard de Lavieu, seigneur d'Izeron, qui était au sommet.

Au XIIIe siècle, les opérations de change avaient lieu dans une petite place publique, située à la descente du Pont de Saône, appelée Place des Tables du Change ou des Changeurs ; *tabulæ nummulariæ*. Elle était bornée au matin par la ligne des maisons qui faisaient suite à la rue Saint-Jean et venaient, l'une joignant l'autre, se réunir à celles qui étaient situées à la descente et sur la première arche du pont. Du côté soir, elle était bornée par un tènement appelé la *Maison Ronde*. C'était alors la place la plus spacieuse de Lyon : elle avait tout au plus vingt-quatre mètres de longueur et onze de largeur.

Les Changeurs pesaient, vérifiaient le titre, le poids des monnaies de tous pays, si diverses de types, de valeur, de dénomination, et fixaient le taux du change d'une place à l'autre.

Pendant son séjour à Lyon, en novembre 1574, Henri III, voulant faire de la place du Change une place d'armes, ordonna au Consulat de l'agrandir par la démolition de la Maison-Ronde, qui avait appartenu à l'Archevêché et au Chapitre jusqu'au xiv° siècle. L'Archevêché et le Chapitre firent des difficultés pour cette démolition. Le peuple irrité finit par la démolir lui-même en 1583.

L'accroissement du commerce força le Consulat à s'occuper d'un logement pour les changes. Dès 1631, le projet de bâtir une loge est mis au jour, mais il ne vint à exécution qu'en 1747, et les travaux ne furent achevés qu'en 1749. Soufflot dirigea les travaux, mais c'est peut-être, au moins pour la partie supérieure, son moindre ouvrage. Signalons en passant ce détail classique : sur la façade de la Loge du Change, on lisait autrefois ces mots de Cicéron à Munatius Plancus (X ad Fam. 3) : *Virtute duce, comite fortuna.*

Jusqu'à la Révolution — V. *Bourse* — les négociants ont tenu la Bourse dans la Loge du Change. Celle-ci fut cédée aux protestants qui en firent un temple et l'inaugurèrent le 13 novembre 1803.

Rue du Chapeau-Rouge

De la place du Marché de Vaise à la rue de la Carrière.

Le Chapeau Rouge était une enseigne d'auberge. Pourquoi a-t-on choisi cette appellation ? je l'ignore. Mais il n'y a pas de présomption à penser que l'on cherchait surtout à saisir l'œil du passant ou du voyageur par des couleurs vives. L'enseigne d'autrefois n'était pas seulement un mot, c'était la représentation d'un objet. Un Chapeau Rouge devait solliciter l'attention et par là même attirer les clients.

Il faut croire que l'idée n'était pas mauvaise, car elle eut du succès : on trouve en effet des auberges du Chapeau Rouge un peu partout.

Chez nous, il y en avait une à la Croix-Rousse ; une autre dans la ville, dans la rue des Albergeries, devenue le quai de Pierre-Scize ; mais la plus fameuse fut celle de Vaise.

Le quartier de Vaise, situé à l'arrivée du Bourbonnais et du Mâconnais, était une sorte d'entrepôt général de ces deux provinces. Là abondaient les auberges, soit pour les voyageurs, soit pour les hommes et le matériel du roulage. Celle du Chapeau-Rouge était une des plus anciennes et des mieux achalandées.

En 1589, Mgr le duc de Nemours, gouverneur et lieutenant-général de Lyon, fit son entrée par la porte de Vaise. Au-devant de lui allèrent en robe les consuls échevins, qui le reçurent à la dernière porte de Vaise, près le Chapeau-Rouge.

La rue des Prés, la place Dumas-de-Loire nous feront connaître exactement l'emplacement de cet hôtel, dont on a retenu le nom en souvenir de l'ancien état de choses.

Rue et passage Chaponay

La rue : du quai de la Guillotière à la rue du Lac.
Le passage : de la rue Mazenod à la rue Villeroy.

Ce nom rappelle une des plus anciennes et des plus illustres familles de Lyon. Elle est signalée longuement dans Pernetti : elle a fourni des conseillers, des prévôts des marchands, des intendants, des chevaliers de Malte, des chanoinesses à Alix, une abbesse au monastère de la Déserte. Elle s'allia aux meilleures familles du Lyonnais, et remonte à des temps très reculés. Elle existe encore à la Flachère, près du Bois-d'Oingt. Les Chaponay portent d'azur à trois chapons d'or barbés de gueules.

Mais tous les Chaponay mentionnés par Pernetti ne sont venus qu'après celui dont il est ici question, Nicolas de Chaponay, échevin en 1533 et 1534, et l'un des fondateurs de l'Aumône Générale, qui est devenue la Charité. Les Hospices de Lyon ayant le droit de donner des noms aux rues ouvertes sur les terrains qui leur appartiennent, n'ont pas oublié leurs bienfaiteurs. A ce propos cependant, je me demande comment on a pu oublier le nom de Jean Broquin, qui fut certainement un des plus zélés fondateurs de l'Aumône Générale.

Il n'est pas permis de parler de cette famille sans rappeler ce qu'en dit Le Laboureur : « Elle est de noblesse militaire, mais quelques puînés, s'étant retirés à Lyon, y exercèrent le commerce, sans déroger à leur noblesse. . C'est le temps sans doute où vivait Pons de Chaponay, que ses richesses avaient rendu si considérable ».

Ce Pons de Chaponay n'est pas une des moins grandes figures de cette famille. Il était fameux par son commerce étendu au-delà de l'Europe. On le vit plus d'une fois traiter avec les grands de l'Etat et même avec la couronne. Sur les côtes d'Asie, on l'appelait Pons de Lyon, comme si ses richesses et son commerce en avaient fait outre-mer le représentant de cette ville. Il vivait au commencement du XIII° siècle.

A l'Hôtel-de-Ville, il y a un tableau de M. Domer, représentant la concession, en 1320, par l'archevêque Pierre de Savoie, de la charte communale reconnaissant les privilèges, immunités, franchises et libertés des Lyonnais.

Cet acte, donné au château de Pierre Scize, est apporté triomphalement aux Lyonnais par le consul Pierre de Chaponay.

Rue Chappet

De la rue Imbert-Colomès à la rue des Tables-Claudiennes.

Pierre-Bonaventure Chappet consacra sa vie à des actes de bienfaisance ; il fut un ami des pauvres et des malheureux. Né en 1715, il consacra sa longue vie, qui ne cessa qu'en 1794, à sécher les larmes qu'on versait autour de lui. Il était de toutes les sociétés de bienfaisance. Et ce n'était pas une vague philanthropie, c'était de la vraie charité chrétienne, car il était confrère des Pénitents de la Croix et fut un des fondateurs de l'Œuvre des Messieurs, qui existe encore. Il fut pendant plus de trente ans visiteur-régent des prisons, et chacun de ses jours était marqué par un service rendu aux malheureux. Chaque année, par ses soins ou par ses démarches, un grand nombre de prisonniers pour dettes étaient élargis ; les malfaiteurs eux-mêmes, témoins et objets de ses bontés, le vénéraient.

Le Conseil municipal a voulu honorer la mémoire de cet homme de bien en donnant son nom à cette rue, ouverte vers 1830. (Délibération du 18 juin 1829.)

Impasse Charavay

Dans la Grande-Rue de Vaise.

Ce nom de Charavay est assez commun dans nos régions, il peut bien être celui d'un propriétaire de cet endroit. Mais ce nom est celui d'un ruisseau qui, autrefois à Vaise, était une limite. Le ruisseau de Charavay, formé de la réunion de trois autres venant du pied de Montribloud, traverse Vaise souterrainement, passe à l'extrémité méridionale de la place du Marché, longe l'impasse Charavay, qui en a conservé le nom et tombe dans la Saône un peu en aval de la rue de Paris. (Steyert II, 339.)

Impasse Charbonnière

Dans la rue Lanterne.

Il y a eu une ancienne rue Charbonnière dans le quartier de la Pêcherie ; elle est souvent citée dans les actes du xiv siècle. Ce nom donné à cette impasse a sans doute la prétention de conserver ce souvenir, mais elle n'est pas sur l'emplacement de l'ancienne rue. — Nous en dirons autant de la Citadelle. — V. ce nom.

Rue du Chariot-d'Or

De la Grande-Rue de la Croix-Rousse à la Petite-Rue des Gloriettes.

Autrefois on n'entrait pas à Lyon, comme aujourd'hui, par le faubourg de Bresse. Cette facilité est relativement récente, elle ne remonte qu'à 1769. Les remparts de la ville, par l'éperon de Saint-Clair, allaient se perdre dans le Rhône. Ceux donc qui venaient de la Bresse devaient arriver à Lyon par le plateau de la Croix-Rousse. Par là même la grande rue de ce faubourg était très fréquentée et offrait aux arrivants de nombreuses auberges. Une auberge, à l'enseigne du Chariot-d'Or, existait alors, sinon dans la Grande-Rue, tout au moins dans son voisinage ; le souvenir en est resté.

Je dois ajouter aussi que bien souvent j'ai entendu raconter cette légende, que je consigne ici seulement pour mémoire : Lorsqu'on perça la rue qui porte son nom, M. Pailleron trouva dans les terrains un trésor si abondant qu'il fallut un fort chariot pour l'emporter ; ce fut le chariot d'or.

Rue, place et quai de la Charité

La rue : de la place Bellecour au cours du Midi.
La place : de la place Bellecour au quai de la Charité.
Le quai : de la rue de la Barre au cours du Midi.

Une partie de la rue de la Charité s'est appelée rue de la Liberté ; en 1855, le nom de rue de la Charité a tout absorbé.

Le quai comprenait autrefois trois tronçons : le premier ne s'étendait que de la rue de la Barre à la place de la Charité, il fut ouvert en 1772-1774, et porta d'abord le nom de quai Bellescize, du nom d'un prévôt des marchands. En 1775, Monsieur, frère du roi, qui devint Louis XVIII, passa à Lyon, accompagné de son épouse ; il revenait de Chambéry et retournait à Paris ; à l'occasion de ce passage, le quai Bellescize devint le quai Monsieur. Puis il est appelé quai de Marseille en 1793 ; en 1804, il fait partie du cours Napoléon, pour s'appeler de nouveau quai Monsieur en 1815, et finalement être réuni au quai de la Charité, en 1830.

Le second tronçon était compris entre la place de la Charité et la place Grollier, il s'appela quai de la Charité, cours Napoléon et de nouveau quai de la Charité.

La troisième partie de ce quai tendait de la place Grollier au cours du Midi ; elle s'est appelée quai d'Orient, puis cours Napoléon, puis cours d'Angoulême, en 1815, enfin quai de la Charité à partir de 1830.

Après cette histoire des variations, voici en quelques mots l'histoire de l'établissement de la Charité :

Sous le règne de François Ier, en 1531, une famine horrible ravagea la France et surtout Lyon. A la détresse locale vinrent s'ajouter d'autres détresses ; les pauvres habitants des villes voisines vinrent se réfugier en notre ville au nombre de douze mille. La charité publique s'émut et fit des prodiges. Cinquante des plus notables citoyens s'assemblèrent à Saint-Bonaventure, partagèrent la ville en cinq quartiers, y firent des quêtes et des distributions d'aumônes. Les grandes familles firent des dons considérables, le clergé s'imposa de grands sacrifices, abandonna la plus grande portion de la dîme et vendit une partie des vases sacrés. Grâce à cet heureux concours de tous, grâce aussi aux habiles mesures prises par les magistrats de la cité, ces douze mille pauvres furent entretenus pendant près de deux mois, du 19 mai au 9 juillet ; à ce moment, c'était l'époque des moissons, les pauvres de la campagne se retirèrent en bénissant les Lyonnais.

Mais les administrateurs des secours quêtés et distribués (la somme s'était élevée à 10.190 livres tournois, environ 90.000 francs) convoquèrent une assemblée pour rendre compte de leur gestion, et ils déclarèrent un reliquat de 396 livres, environ 2.500 francs de notre monnaie. On conçut alors le dessein de créer un asile perpétuel pour l'entretien et le soulagement des pauvres, et cet excédent fut la première mise de fonds. Telle fut la pensée-mère de cet hospice, qu'on appela d'abord l'Aumône-Générale, et qui s'appelle aujourd'hui la Charité. L'honneur doit en revenir à Jean Broquin, un des commissaires.

Il serait trop long, et ce serait sortir des limites que nous nous sommes imposées, que de suivre cet établissement dans ses vicissitudes et ses fortunes diverses ; nous constaterions les noms de magnifiques bienfaiteurs, l'incomparable dévouement d'une longue suite d'administrateurs, de fastidieuses querelles avec l'Hôtel-Dieu, des moments douloureux de gêne et de détresse, des réformes administratives sagement pensées et exécutées. Il faut se contenter de quelques aperçus.

On ne fit d'abord que des distributions journalières, puis on logea les mendiants ; les nécessiteux lyonnais recevaient douze livres de pain et un sou par semaine ; les ouvriers valides étaient employés aux travaux publics ; les enfants étaient placés, les garçons au Prieuré de Saint-Martin de la Chana, les filles à l'hospice Sainte-Catherine. — V. ce nom.

Il faut noter ici un fait important, c'est qu'à cette même époque s'établissaient parmi nous les manufactures de soie, qui ont acquis à notre ville une grande célébrité, mais qui y concentrent la misère quand cette industrie vient à chômer. L'Aumône-Générale contribua beaucoup à la réussite de ces établissements, soit par les dépenses qui furent faites pour les nombreux apprentis qu'elle fournit, soit par les ateliers de dévidage qu'elle établit à ses frais. Etienne Turquet, qui, avec Paul Naris, avait importé à Lyon cette industrie, était second trésorier de l'œuvre ; pour nourrir les ouvriers indigents, pour occuper les filles adoptives de Sainte-Catherine, il créa le premier moulinage de soie qui ait été connu en France.

En 1614, on adjoignit aux locaux déjà mentionnés la jouissance, mais seulement la jouissance, des hôpitaux de Saint-Laurent des Vignes, à la Quarantaine, et de Saint-Thomas de Gadagne, qui s'élevait à l'extrémité du quartier Saint-Georges.

L'affluence des pauvres devenant de plus en plus considérable, les administrateurs voulurent acquérir, dans l'enclos de Bellecour, un emplacement convenable. Jusqu'alors le bureau siégea à Saint-Bonaventure. Des lettres patentes de Louis XIII, en date du 11 décembre 1614, autorisèrent cet achat de terrains et le 16 janvier 1617, la première pierre fut posée par Mgr de Marquemont, archevêque de Lyon, et par le Consulat.

L'Aumône-Générale, son nom l'indique assez, devait avoir un service étendu. Vers la deuxième moitié du siècle dernier, elle embrassait dix services principaux de police et de bienfaisance publique. Mais les créations de bureaux de bienfaisance, d'un dépôt de mendicité, de l'hospice de l'Antiquaille, réduisirent les attributions de la Charité. Aujourd'hui on y admet des vieillards septuagénaires des deux sexes, des enfants malades, des femmes et des filles enceintes pour y faire leurs couches.

Il y avait autrefois dans la rue de la Charité, et nous l'avons vu dans notre jeunesse, un tour, où l'on exposait les enfants. Il fut le premier placé en France (1804) et fut supprimé en 1850.

Avant la Révolution, cet hospice conservait l'usage d'adopter les enfants des pauvres, habitant la ville de Lyon, et jouissait sur eux de tous les droits de la puissance paternelle ; aujourd'hui il n'en est que le tuteur. — V. *Lyon et ses Œuvres*.

Le monument lui-même n'a rien de remarquable, mais le service intérieur y a été admirablement aménagé, et chaque administrateur a laissé des traces de son habileté ou de son zèle dans l'accomplissement de ses devoirs.

La chapelle est tout auprès ; le dôme a été construit, dit-on, sur un modèle donné par le célèbre cavalier Bernin, à son passage dans notre ville. Dans la nef de droite, est inhumé le cardinal Alphonse de Richelieu, archevêque de Lyon, frère du ministre de Louis XIII, et qui a puissamment contribué par ses largesses à soutenir les débuts de l'Aumône-Générale. Sur son tombeau on lit cette épitaphe, composée par lui-même, et qui rappelle assez que le défunt était un simple religieux chartreux, avant d'être appelé aux hautes fonctions ecclésiastiques : « *Pauper natus sum, paupertatem vovi, pauper vixi, pauper morior, inter pauperes sepeliri volo.* — Je suis né pauvre, j'ai fait vœu de pauvreté, j'ai vécu pauvre, je meurs pauvre, je veux être enseveli parmi les pauvres. — V. aussi *Jacques Moyron.*

Ne quittons pas le quai sans rappeler la catastrophe de 1827. Cette année-là, le 4 mars, premier dimanche de Carême, le dimanche des *bugnes,* un bateau à vapeur, le *Derrheims,* éclata sur le Rhône, en aval du pont de la Guillotière, en face du quai Monsieur. On avait annoncé et la supériorité de ce bateau et ses premiers essais. Il devait remonter le Rhône jusqu'à La Pape, déjà il commençait à se mouvoir, quand une détonation effrayante se fit entendre : d'énormes débris de fer, de bois, sont lancés dans les airs et viennent en grande partie retomber sur le quai et dans les rues voisines. Huit personnes furent écrasées, vingt furent grièvement blessées ; parmi les victimes, furent M. Derrheims, ingénieur et constructeur du bateau, M. Stéal, mécanicien anglais, qui avait fabriqué l'appareil, M. Gaillard, négociant de Lyon et principal intéressé dans cette entreprise. Cet essai malheureux jeta la consternation non-seulement à Lyon, mais dans toute la France.

Notons aussi que toute la partie comprise entre la place de la Charité et le cours du Midi était occupée, avant 1855, par des bateaux qui nous apportaient les vins du Midi ; ce qui lui donnait une assez grande animation.

Cours Charlemagne
Du cours du Midi au chemin du Goulet.

On a donné ce nom à ce cours pour rappeler à la postérité un des plus grands rois de notre histoire.

Charlemagne fut le plus illustre guerrier du moyen-âge. Il porta ses armes victorieuses en Lombardie contre Didier, dans les Pyrénées contre les Sarrazins, en Saxe contre Witikind, son plus rude adversaire. En l'an 800, il reçut la couronne impériale des mains de Léon III. Sa sollicitude législative s'étendit à toutes les affaires de l'administration ; il cultiva les lettres ; l'Université de Paris l'adopta pour son patron (1661).

Quels rapports eut-il avec Lyon ? L'archevêque Leydrade le représenta en notre ville et, dans son immense travail de restauration, il exécuta les ordres de l'Empereur. Au monastère de l'Ile-Barbe, était déposée la bibliothèque de Charlemagne, il reste même, à l'extrémité de l'île, quelque chose du château de Charlemagne, c'est tout au moins une croyance populaire.

Rue Charpenay

De la rue Vendôme à la rue Duguesclin.

Ce nom a été donné à cette rue en reconnaissance d'une donation faite aux Hospices.

Rue, place, impasse et cours des Chartreux

La rue : du boulevard de la Croix-Rousse à la place Morel.
La place : dans l'impasse des Chartreux.
L'impasse : dans la rue Pierre-Dupont.
Le cours : Du boulevard de la Croix-Rousse à la place Rouville.

Nous renvoyons ceux qui seraient curieux de plus amples détails au livre déjà paru : *Les anciens couvents de Lyon* ; nous ne donnons ici que ce qui est indispensable.

Charles IX étant mort sans postérité, Henri III, son frère, qui était sur le trône de Pologne, s'empressa de revenir en France pour lui succéder. Avant d'aller à Reims et à Paris, il s'arrêta à Lyon (1574), et il y reçut un si bon accueil qu'il y revint souvent. A son dernier voyage (1584), il reçut les hommages des notabilités des provinces voisines, et entr'autres une députation de religieux de la Grande-Chartreuse de

Grenoble. Sur la demande de ces pieux solitaires, Henri III décida la fondation d'une Chartreuse à Lyon, qui devait prendre le nom du Lys-Saint-Esprit. Mandelot fut chargé de choisir l'emplacement convenable.

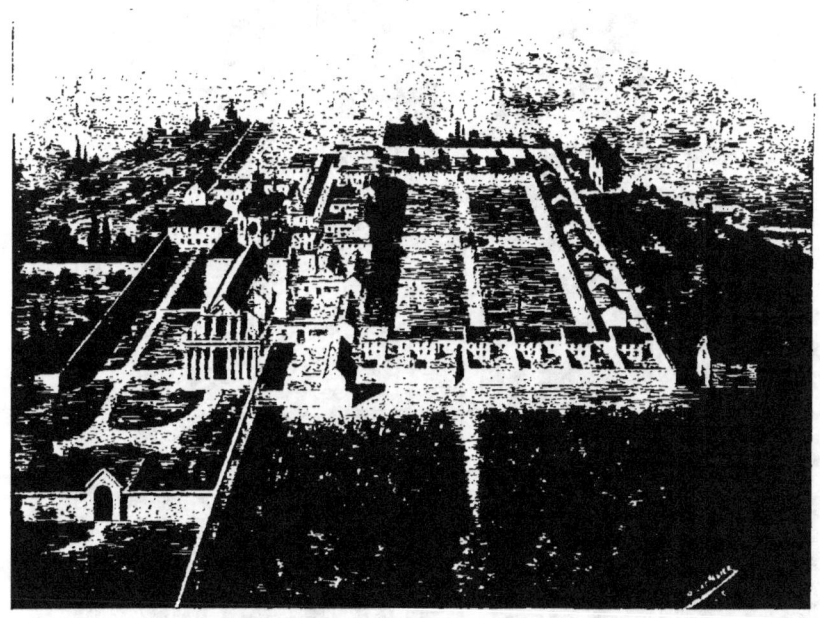

Fig. 23. — Ancien couvent des Chartreux [1].

Sur le revers occidental de la colline de Saint-Sébastien, dans une solitude à peu près complète, était un vaste tènement de terrain appelé la Giroflée, situation unique comme beauté pittoresque ; ce fut ce lieu que l'on choisit, et dès 1585, les Chartreux commencèrent à s'y établir. Mais sur ces entrefaites, Henri III mourut, sans que cet établissement eût reçu son entière et parfaite installation, et Henri IV, par lettres

---

[1] Ce dessin donne la façade de l'église, telle qu'elle devait être, mais elle ne fut pas construite.

patentes du mois de janvier 1602, s'en déclara le fondateur, bien que

Fig. 24. — Eglise de Saint-Bruno, aux Chartreux.

les fondations de l'église et du cloître eussent été jetées en 1590.

L'église actuelle fut commencée vers 1633 ; cent dix ans plus tard, le portail était encore à faire ; Ferdinand de la Monce fut chargé de l'achèvement. Jamais Soufflot, quoi qu'en disent certains auteurs, ne fut architecte de cette église. Elle est complètement achevée aujourd'hui, elle n'est pas des moins curieuses et des moins belles de Lyon.

On voit encore aujourd'hui des restes du cloître, des cellules des Pères, la cure actuelle est celle du P. Sacriste ; la maison des religieux de passage, occupée maintenant par les missionnaires du diocèse ; le tenailler existe dans le clos ; la buanderie était à la place de l'Institution ; la place est une partie de l'espace compris entre les quatre côtés du cloître ; l'impasse était le côté oriental et méridional de ce même cloître ; le cours a coupé en deux (1848) le clos des Chartreux, qui autrefois descendait jusqu'à la Saône.

Le couvent, pendant la Révolution, devint propriété nationale et fut vendu à divers acquéreurs, qui, la plupart, les revendirent ensuite ; les Dames du Sacré-Cœur, les religieuses de Saint-Joseph, la Providence de Saint-Bruno, l'hospice de Saint-Charles, le Pensionnat des frères du Sacré-Cœur, sont devenus propriétaires des emplacements sur lesquels ces maisons sont établies ; le ministre de la guerre a traité avec la famille Jouve pour l'achat d'un vaste terrain qui forme aujourd'hui une grande place d'armes ; Mᵍʳ Fesch fit diverses acquisitions, entr'autres celle du grand bâtiment à combles *à la française*, qui devint sa maison de campagne d'abord et la maison des Missionnaires ensuite.

Dès 1801, l'église fut rendue au culte et devint paroissiale sous le titre de Saint-Bruno.

Rue Chaumais

De la rue de Dijon à la rue de la Tour-du-Pin.

Chaumais était un entrepreneur et un propriétaire de terrains. En 1837, une rue fut ouverte sur sa propriété et la rue fut baptisée de son nom. Nous verrons, dans ce quartier de la Croix-Rousse, plusieurs autres cas semblables. A notre avis, avoir été un heureux spéculateur nous paraît un titre insuffisant pour donner son nom à une voie publique.

Montée des Chazeaux

De la rue du Bœuf à la montée Saint-Barthélemy.

Cette montée n'est pas un chemin, mais un escalier long et pénible. Elle a ce nom de Chazeaux depuis 1846 ; antérieurement, nos pères qui n'étaient pas prudes et ne reculaient ni devant le mot ni devant l'image, l'appelaient brutalement la montée de Tire-cul.

Elle a reçu le nom de Chazeaux en souvenir du monastère des religieuses bénédictines établies à Chazeaux en Forez, et qui fut transféré à Lyon en 1623. Il devint plus tard abbaye royale. Ce couvent des Chazeaux occupa la maison qu'habita Mandelot, située en haut de ladite montée, en face du passage du Rosaire, conduisant à la basilique de Fourvière. Il devint plus tard le Dépôt de mendicité, et depuis le transfert de ce dépôt à Albigny, le local est occupé par les malades de l'hospice de l'Antiquaille. Sur l'ancienne porte d'entrée, on voit encore les armoiries de Mandelot et celles de sa femme Eléonore de Robertet. — V. *les Anciens Couvents*.

Rue Chazière

Du boulevard de la Croix-Rousse à la rue Hénon.

Jusqu'en 1889, cette rue s'est appelée des Missionnaires, en souvenir des Missionnaires de Saint-Joseph, fondés par le vénéré M. Crétenet, lesquels avaient leur maison principale en ville rue des Garets, là où fut ensuite l'hôtel du Nord, et leur maison de campagne sur le plateau de la Croix-Rousse, dans la rue Saint-Pothin. La rue longeant un des côtés de cette propriété fut appelée rue des Missionnaires ; la propriété appartient maintenant aux sœurs de Saint-Joseph.

Le *Courrier de Lyon* du 27 juillet 1790, insérant les soumissions faites devant la municipalité de Lyon pour l'acquisition des biens nationaux, dit, en tête de son numéro : Domaine des Missionnaires, à la Croix-Rousse, 24.000 fr. — V. *les Anciens Couvents*.

Depuis 1889, cette rue porte le nom de Chazière, qui fut très inconnu pendant sa vie, mais à qui son testament a fait une juste notoriété.

Jean Chazière naquit, en 1820, d'une famille de jardiniers de Caluire. Ces jardiniers, soit par l'accroissement de la ville, soit par le développement de leurs cultures, devinrent riches. Jean Chazière, malgré sa fortune qu'il développa encore par de bons placements, se fit clerc d'avoué.

Il fut un fervent de nos Musées et des séances publiques de l'Académie. Il voulut que les premiers ne fussent pas gênés dans leurs achats d'œuvres d'art, pour ne pas être condamnés à la médiocrité ; il voulut que la seconde fût son héritière pour fonder un prix destiné à récompenser une belle œuvre ou un acte exceptionnel de vertu ou d'héroïsme. Il donna 700.000 francs aux Musées et 230.000 francs à l'Académie de Lyon.

Chazière mourut en 1885 ; il possédait dans la rue des Missionnaires, qui porte aujourd'hui son nom, une petite propriété.

L'orphelinat municipal qui est dans cette rue est souvent, mais bien à tort, appelé orphelinat Chazière. Chazière n'y est pour rien.

Montée du Chemin-Neuf

De la rue Tramassac à la place du Marché de Saint-Just.

Il n'y avait autrefois, pour faire communiquer la ville avec la colline de Saint-Just, que la montée du Gourguillon. Mais, en 1562, ce chemin nouveau fut ouvert par le baron des Adrets, qui s'était emparé de Lyon pour les protestants et qui en fut maître pendant treize mois. Il avait voulu établir par là une communication entre la ville basse et la ville haute, où il avait un camp. Aujourd'hui qu'elle a plus de trois cents ans, cette dénomination de *Chemin-Neuf* est absurde.

« Le Pont-Neuf dans mille ans s'appellera Pont-Neuf ». Il faut en dire autant de la rue Neuve et de la place Neuve-Saint-Jean.

Il y a, en bas du Chemin-Neuf, appuyé contre le mur de la propriété appartenant aujourd'hui aux sœurs de Sainte-Marthe, un petit monument dont il faut connaître la provenance.

En 1659, le Consulat, en exécution d'un vœu fait pour la disparition de la peste, fit ériger sur le pont de Pierre un édicule abritant une statue de marbre de la Sainte Vierge. Cette statue, exécutée par Mimerel, fut placée en 1662 et enlevée vers 1694, à la suite d'une mutilation accidentelle, et transportée dans l'église de l'Hôtel-Dieu. Quant à la niche, elle fut, en 1820, placée au-dessus de la fontaine qui est au-bas du Chemin-Neuf, mais elle a tellement été remaniée qu'elle n'a plus aucune valeur archéologique.

Rue des Chevaucheurs
De la rue des Macchabées à la place Saint-Irénée.

On a donné à ce nom trois étymologies : ou bien il existait là beaucoup d'écuries et de chevaux ; ou bien il y avait là un manège, où s'exerçaient ceux qui apprenaient à monter à cheval ; ou bien, comme le pense M. Cochard, les courriers y étaient établis. L'ouverture du Chemin de Grange-Blanche a changé cette destination.

Rue Chevreul
Du quai Claude-Bernard à la route de Vienne.

Avant 1886, cette rue avait l'appellation banale de rue du Rhône. Depuis la mort de l'illustre savant Chevreul, elle a reçu ce nom, qui est bien à sa place dans le quartier des Facultés, et non loin de l'Institut chimique, qui devait y être construit un peu plus tard.

Michel-Eugène Chevreul naquit à Angers en 1786. Fils d'un médecin distingué, il fit ses études à l'Ecole centrale d'Angers, et à dix-sept ans il vint à Paris. Manipulateur d'abord, puis directeur de laboratoire dans la fabrique de produits chimiques de Vauquelin, l'illustre chimiste qui trouva le chrome et la glucine, préparateur du cours de chimie au Muséum en 1810, professeur au lycée Charlemagne, directeur des teintures et professeur de chimie spéciale à la manufacture des Gobelins, il arriva enfin, en 1829, à remplacer son ancien maître Vauquelin dans la chaire de chimie appliquée du Muséum d'histoire naturelle.

Dès 1823, il publia ses *Recherches chimiques sur les corps gras d'origine animale*, travail qui l'a mis au premier rang des savants, et qui a ouvert à la chimie organique et à plusieurs industries qui en dépendent une voie jusqu'alors inconnue. « C'est par centaines de millions, lui disait un jour un autre grand chimiste, M. Dumas, qu'il faudrait nombrer les produits qu'on doit à vos découvertes. Le monde entier se livre à leur fabrication et trouve dans leur emploi de nouvelles sources de salubrité et de bien-être. »

M. Chevreul mourut à cent ans, et sa vie fut bien remplie. Cette longévité contribua à le rendre populaire.

Rue Childebert
De la rue de l'Hôtel-de-Ville au quai de l'Hôpital.

La portion de la rue Childebert, comprise entre la rue Grolée et le quai de l'Hôpital, est très ancienne; elle figure au plan du xvie siècle. Elle a porté les noms de Ruette-Saint-Jacques, rue Boucherie de l'Hôpital, rue de l'Attache-aux-Bœufs, parce qu'il y avait là, attachés à de gros anneaux de fer scellés dans le mur de la boucherie de l'Hôpital, les bœufs qui étaient destinés à l'abatage journalier.

Nous avons vu, dans la Préface, les prolégomènes du changement du nom de cette rue. Childebert, roi de Paris, et la reine Ultrogothe, sa femme, fondèrent l'hôpital de Lyon ; la statue de ces deux personnages orne la façade de l'Hôtel-Dieu, et le nom de Childebert a été donné à une rue du voisinage, c'est bien. Sans doute la conduite de ce roi n'a pas toujours été exempte de crimes, du moins cet immense bienfait de la fondation d'un hôpital doit-il lui mériter quelque indulgence.

Ce serait une erreur de croire que l'hôpital fondé, en 542, par le roi de Paris, ait été fondé en ce lieu. Bien qu'on ne soit pas d'accord sur l'emplacement occupé par ce premier hôpital, on sait cependant qu'il fut placé sous le patronage de la Sainte Vierge, et comme il n'y a eu, à Lyon, d'hôpital sous ce titre que celui de Notre-Dame de la Saônerie, vers la place de l'Ancienne Douane, il est très probable que cet emplacement de la Saônerie fut celui du premier hôpital, fondé par Childebert. C'est l'opinion de M. Guigue. M. Steyert croit que ce premier hôpital, fondé par Childebert, fut établi sur le quai du Rhône, à la hauteur de la rue Sainte-Hélène, au débouché de l'ancien Pont de la Guillotière.

L'Hôtel-Dieu actuel n'a dû être établi où nous le voyons que vers 1180.
— V. *Hôpital*.

Rue Chinard

Du pont de la gare à la rue de Bourgogne.

Joseph Chinard, sculpteur, naquit à Lyon en 1756. Il fut professeur de sculpture à l'école spéciale de dessin de Lyon. En 1786, à l'âge de trente ans, il obtint, pour son groupe d'*Andromède délivrée par Persée*, le grand prix de l'Académie de Saint-Luc. Incarcéré en 1793, Chinard eut l'idée de modeler en prison une statuette représentant la Justice, près de laquelle se réfugie une colombe qui traîne un lien brisé, et de faire placer cette œuvre sur le bureau de ses juges : le tribunal révolutionnaire se laissa émouvoir, et rendit la liberté au sculpteur. — Plus tard, Napoléon Ier le choisit pour sculpter le carabinier de l'arc-de-triomphe du Carrousel. Au Musée de Lyon, nous avons de lui l'*Enlèvement de Déjanire*. Son atelier fut longtemps l'ancienne chapelle des Pénitents de Lorette qu'il avait achetée, — V. *Lorette* — et dont il n'existe plus aujourd'hui le moindre vestige.

Il mourut en 1813, à l'âge de cinquante-sept ans, d'un anévrisme au cœur, dans sa charmante habitation de l'Observance, montée du Greillon, sous les murs de l'ancien château de Pierre-Scize ; ses restes reposent dans un coin du jardin.

La rue Chinard actuelle est un peu loin du Greillon, c'est vrai, mais la rareté des rues dans le quartier de l'Observance explique assez que le nom de Chinard ait pu être rejeté un peu plus loin.

Chemin et montée de Choulans

Le chemin : du quai Fulchiron à la place de Trion.
La montée : de la montée Saint-Laurent au chemin de Choulans.

Voici un mot dont l'étymologie est une des plus ignorées. Une fontaine, au milieu du chemin montant à Saint-Irénée, est désignée, dans le plan de 1540, sous le nom de Cholan. Paradin nous apprend que plus anciennement on l'appelait Siolan, et il ajoute que les anciens documents l'appellent *Siloa fons* ou *Siloé*, en mémoire de celle de Palestine.

Je n'ose m'inscrire en faux contre une pareille explication, on n'a rien à répliquer contre d'anciens documents, on ne peut que demander si vraiment ils existent. En tout cas il me semble qu'on a le droit de redire à ce propos le quatrain bien connu :

> Alfana vient *d'equus* sans doute,
> Mais il faut avouer aussi
> Qu'en venant de là jusqu'ici
> Il a bien changé sur la route.

Le P. Ménestrier donne de ce mot une autre étymologie que je signale aussi, mais qui ne me satisfait guère mieux. Il dit qu'il faut attribuer cette fontaine à Silanus, qui fut le coopérateur de Plancus et de Lépide dans la fondation de Lyon. Silanus aurait eu son camp en cet endroit.

Rue du Cimetière
De la rue Saint-Pothin à la rue de l'Enfance.

Ai-je besoin de dire que cette rue doit son nom au voisinage du cimetière de la Croix-Rousse ? Une de ses extrémités vient aboutir au portail même de cette nécropole.

Impasse de la Citadelle
Sur le boulevard de la Croix-Rousse.

Le nom donné à cette impasse constitue une véritable erreur topographique, nous allons voir comment elle a pu se produire ; pour le moment, ne retenons que le mot, qui nous permet de faire une petite excursion dans le passé.

Pour contenir et dominer la ville, Charles IX, en 1564, avait fait construire une citadelle à la Croix-Rousse. Elle ne dura pas longtemps, elle fut démolie en 1595. L'emplacement de cette citadelle a été longtemps un problème, et peut-être même aujourd'hui ce problème n'est-il pas entièrement résolu. Cependant, d'après les plus récents travaux, il est à peu près certain que le périmètre de l'ensemble commençait à peu près au point de jonction de la Grande-Côte et de la rue Jean-Baptiste-Say, prenait la direction de la rue actuelle de l'Alma, tournait au nord par la rue Ozanam ou par la rue Vauzelles, et rejoignait le rempart auquel elle était adossée.

Le souvenir de la Citadelle a été consacré par deux rues qui portèrent ce nom, l'une était dans la ville de Lyon, au-dessous et à l'intérieur des remparts, l'autre dans la ville de la Croix-Rousse, au-dessous et à l'extérieur de ce même rempart. Le nom de la première fut plus tard remplacé par d'autres ; celui de la seconde persista davantage, cependant elle disparut à son tour lorsqu'on fit le boulevard de l'Empereur, aujourd'hui de la Croix-Rousse. On voulut conserver le nom de Citadelle, mais on ne savait guère où le placer, d'autant plus que plusieurs auteurs plaçaient la Citadelle vers la rue Tourette. On s'est décidé à le donner à une impasse voisine de cette dernière rue, mais il se trouve ainsi dans un endroit éloigné de l'emplacement de l'ancienne citadelle.

Rue Cité-Part-Dieu

De la rue de Créqui à la rue du Lac.

Entre la Guillotière proprement dite et les Brotteaux, il y avait un autre quartier moins important, mais réel, qui s'appelait, non pas le quartier, mais la Cité de la Part-Dieu, comme il y a eu, à l'extrémité du cours Lafayette, la cité Napoléon. Cette sorte d'isolement a cessé, mais le nom est resté.

Rue de la Claire

Du quai de la Gare-d'Eau à Vaise au chemin de la Duchère.

La Claire était autrefois une des plus jolies maisons de campagne des environs de Lyon ; elle était située à l'entrée de la plaine de Vacque (*vacua*, déserte) aujourd'hui disparue.

Elle devait son nom à M. Le Clair qui la fit bâtir au XVIe siècle. Sur le portail on lisait ces deux mots : *Ubiquè Clara*, et sur une fontaine ce distique, dont la composition est tout à fait dans le goût de l'époque :

Hanc ornans clarâ Claram clarissimus undâ
Cuncta facit Clarus quo sua clara forent.

qu'on peut à peu près traduire ainsi : Le très éclairé Le Clair, ornant La Claire de cette onde claire, a tout fait pour rendre sa propriété claire..... ou magnifique. La Claire en effet était splendide : ses jardins tracés par Le Nôtre, ses ombrages touffus, ses eaux jaillissantes, en faisaient une délicieuse demeure. Aujourd'hui toutes ses magnificences ont disparu, et le bâtiment de la Claire n'est plus qu'une masure.

Cependant, il ne faut pas quitter cet endroit sans dire un mot des souvenirs d'histoire lyonnaise qu'il rappelle :

Le 4 septembre 1595, Henri IV, visitant sa bonne ville de Lyon, reçut dans cette maison les hommages de tous les corps de la ville. On sortait des querelles de la Ligue et l'occasion était solennelle : « Mes amis, répondit le roi aux échevins, j'ai toujours loué votre fidélité, j'ai toujours cru (quelque débauche et changement qu'il y ait eu par mon royaume) que vous étiez Français. Vous me l'avez bien montré, l'honneur vous en est demeuré, et à moi tout le contentement qu'un prince peut avoir du service de l'obéissance de ses sujets. Continuez à m'aider et je vous ferai connaître combien je vous aime, et que je n'ai rien plus à cœur que votre repos. » Et au grand-obéancier de Saint-Just, orateur-né du clergé, le roi répondit : « Comme des trois ordres dont mon royaume est composé, le clergé a été le dernier à me reconnaître, je crois aussi qu'il sera un des plus fermes et des plus affectionnés à son obéissance ».

En 1683, la Claire fut la dernière station du cardinal de Bouillon, partant en exil pour l'Italie. C'est de là qu'il écrivait, non sans fierté, au roi Louis XIV : « Sire, je vous rends mes charges et toutes mes dignités pour reprendre ma liberté que ma naissance et ma qualité de prince étranger me donnent ».

Le 9 octobre 1793, le général de Précy, ne pouvant plus lutter contre les armées de la Révolution, rassembla à la Claire les débris de ses troupes pour effectuer sa retraite, retraite qui, on le sait, aboutit à un massacre dans les bois de Saint-Romain de Popey et auquel le général n'échappa que par hasard.

Enfin en 1814, le général Augereau, se retirant en bon ordre avec ses 14.000 hommes devant 60.000 Autrichiens, rentra à Lyon, après la bataille de Limonest, pour prendre position au-delà de l'Isère. Six mille Autrichiens qui le suivaient de près pensèrent entrer à Lyon le même jour qu'Augereau, mais huit cents hommes, embusqués près de la Claire, les taillèrent en pièces. Les horreurs qui accompagnent la prise d'une ville furent épargnées à Lyon, qui obtint une capitulation honorable.

— Nous reparlerons de la Claire et de sa fin. — V. *Roquette.*

Quai Claude-Bernard
De la place Raspail au pont du Chemin de fer.

Ce quai s'est appelé quai du Prince Impérial quand il a été ouvert sous l'Empire, puis quai de la Vitriolerie en 1870. Il a pris, en 1878, le nom de Claude Bernard, célèbre médecin et illustre professeur, à cause de la coïncidence de la construction de l'Ecole de médecine sur ce quai et de la mort de Claude Bernard.

Claude Bernard naquit à Villefranche, disent tous ceux qui ont parlé de lui, il le disait lui-même du reste. Disons plus exactement qu'il est né à Saint-Julien-sous-Montmelas en 1813, et mourut à Paris en 1878. S'étant adonné plus spécialement à la physiologie, il passa pour matérialiste, il n'en fut rien. Il était catholique pratiquant et ouvertement spiritualiste ; son discours de réception à l'Académie en est une preuve éclatante. Il mourut en chrétien, ajoutant ce couronnement à ses autres gloires.

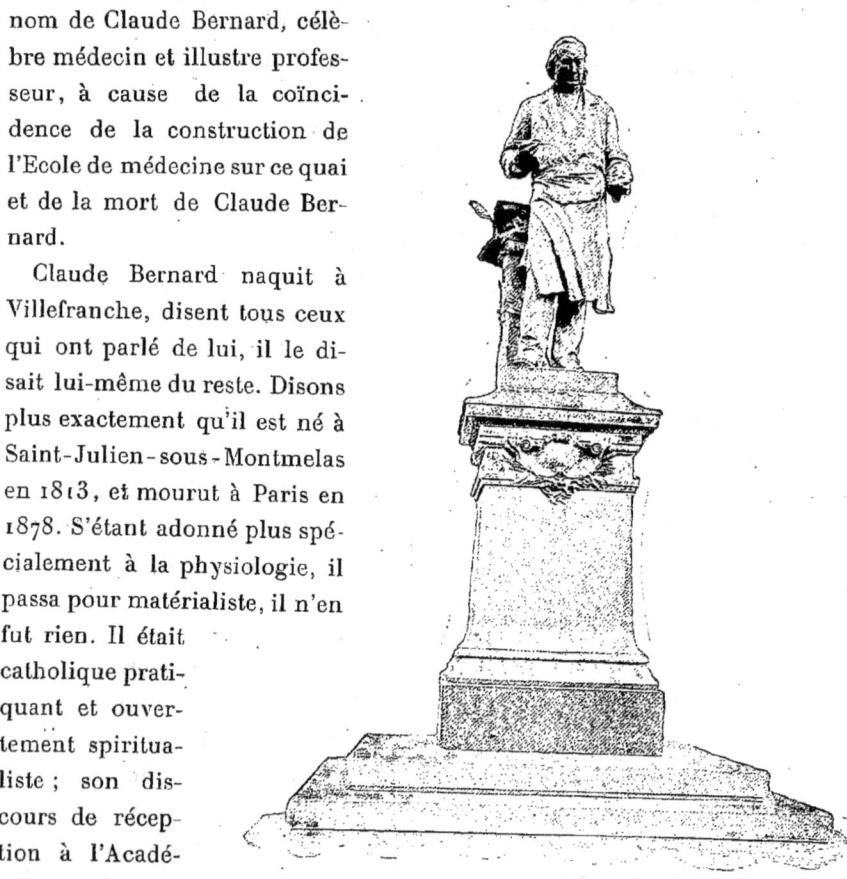

Fig. 25. — Claude Bernard, dans la cour de la Faculté de Médecine. — Phot. Victoire. Lyon.

Voici en quels termes M. Fizeau, un de ses confrères de l'Académie des sciences, s'exprimait sur son compte :

« Claude Bernard, l'heureux émule de Bichat et de Magendie dans l'étude des phénomènes de la vie, a réalisé des progrès éclatants dans les diverses branches de la physiologie, notamment dans la connaissance des fonctions du foie et des propriétés du système nerveux, si éclatants même que l'on a pu se flatter un moment que le mystère de la vie allait être enfin dévoilé. Qui sait ce qui serait arrivé, si nous avions eu le bonheur de conserver plus longtemps le grand physiologiste, l'éminent écrivain, le sympathique confrère ? »

Fig. 26. — Faculté de Médecine, sur le quai Claude-Bernard. — Phot. de Neurdein, frères. Paris.

Ce coin de la Guillotière a été l'objet d'une des plus heureuses transformations de l'ancien Lyon. Autrefois, la rive gauche du Rhône, et en particulier la partie comprise entre le pont Lafayette et le pont de la Guillotière, n'avait pas de bas-port ; la rive était un terrain vide où s'entassaient d'immenses trains de bois. A l'extrémité du pont de la Guillotière, très élevé au-dessus du sol, on descendait à gauche par un escalier jusqu'à la place de la Victoire, qui n'était guère qu'un vaste chantier de tailleurs de pierres ; par l'escalier de droite, on arrivait à un terre-plein qui se terminait par une étroite digue, se prolongeant jusqu'à la Vitriolerie. Cette digue séparait le Rhône à droite de la grande lône à gauche, et protégeait ces quartiers contre les débordements du fleuve. Lors de la transformation de cette partie de la Guillotière, la lône fut comblée, les terrains bas remblayés, des rues furent percées, et l'étroite digue d'autrefois fut remplacée par ce magnifique quai où s'élèvent les palais des Facultés et plus loin l'hôpital de Saint-Luc. Le nouveau pont des Facultés, qui est en construction, va relier ce quartier éloigné aux quartiers les plus vivants de Lyon.

Rue Claude-Joseph-Bonnet

De la rue Tabareau à la rue Roussy.

M. Claude-Joseph Bonnet naquit à Jujurieux, dans le département de l'Ain, en 1786. Issu d'une famille honorable, mais nombreuse et peu aisée, il partit à l'âge de quinze ans de son pays natal et vint à Lyon. Il se fit d'abord ouvrier en soie, puis, à force d'études et d'économies, il devint fabricant et ne tarda pas à attirer l'attention par l'excellence et le bon goût de ses produits.

En 1834, il fonda de grandes usines à Jujurieux, et ces usines allèrent toujours prospérant. C'était une merveille d'en voir le fonctionnement ; aussi M. Bonnet était-il regardé comme un père par ses 1.400 ouvriers de Lyon, et par les 1.200 de Jujurieux.

Ce qui valut à cette rue le nom qu'elle porte est un fait qui remonte à 1831. A cette époque, lors des malheureuses journées de novembre, les ouvriers vainqueurs élevèrent leurs prétentions de salaire et voulurent imposer aux fabricants des tarifs impossibles. Quand vint le tour de M. Bonnet d'accéder à ces conditions, il protesta énergiquement, au nom de la conscience et de l'honneur qui ne permettraient pas de les maintenir, au nom de l'avenir de l'industrie des soies qui serait frappée à mort s'il lui fallait fabriquer à des tarifs si onéreux. Cette déclaration, il la fit hautement et publiquement. Ce fut alors un *tolle* général contre lui. Il résistait au peuple souverain, il devait payer de sa vie cette résistance audacieuse. Les émeutiers triomphants, n'ayant pu s'emparer de sa personne, se donnèrent l'ignoble joie de le pendre en effigie, de promener son mannequin à travers les rues, en le jugeant et en le pendant par intervalles. Mais quand force fut restée à la loi et au bon sens et qu'on eut mis fin à cette orgie, les ouvriers honnêtes, aussi bien que ses collègues les fabricants, rendirent justice à son énergie et à sa droiture. En témoignage de réparation, on donna le nom de cet homme de bien à une de ces rues où il fut pendu en effigie. Son buste en marbre est au musée de la Chambre de commerce de Lyon.

M. Claude-Joseph Bonnet est mort en 1867 ; ses fils ont continué l'œuvre du père et ont hérité de sa droiture et de son honneur.

Rue Claudia
De la rue Gentil à la place des Cordeliers.

Cette rue porte le nom de Claudia Boussonnet, nièce par sa mère du peintre Stella, et qui s'est rendue célèbre, ainsi que ses deux sœurs, Françoise et Antoinette, dans l'art de la gravure. Elle naquit à Lyon en 1634 et mourut à Paris en 1694. Watelet lui adjuge la palme entre toutes les personnes de son sexe qui se sont appliquées à la gravure. Ses estampes, d'après le Poussin, sont celles qu'on estime le plus.

Rue Cléberg
De la place de l'Antiquaille à la rue du Juge-de-Paix.

Il y a une relation étroite entre cette rue Cléberg et l'ancienne place de l'Homme de la Roche, puisqu'il s'agirait du même personnage. Si le nom de l'Homme de la Roche avait été laissé à la petite place que l'on rencontre sur le quai Pierre-Scize, je n'en parlerai pas ici, mais comme je n'aurai pas d'autre occasion de revenir à ces détails qui sont très populaires à Lyon, je me vois dans l'obligation de faire mention, à propos d'une rue qui est à St-Just, dans le voisinage de Fourvière, de l'Homme de la Roche, qui est au bord de la Saône, sous le rocher des Carmes.

Une statue à moitié cachée dans une grotte de granit, sur laquelle retombent comme un rideau des festons de verdure du plus gracieux effet, avait donné à une petite place, qui est sur le quai Pierre-Scize, le nom aujourd'hui disparu de place de l'Homme de la Roche. Etait-ce son vrai nom ? On assure que primitivement elle s'appelait place de M. de la Roche.

L'existence d'une statue en cet endroit est très ancienne. A l'époque romaine, peut-être même dès l'époque celtique, on y voyait une statue représentant un guerrier, tenant une lance de la main droite et une bourse dans la main gauche. Cette bourse a fait naître de nombreuses légendes, qui finalement se sont concrétisées en celle du Bon Allemand.

Fig. 27. — L'Homme de la Roche. — Phot. de Neurdein, frères. Paris.

Au XVIIe siècle, cette statue était de bois, elle ne représentait pas l'Homme de la Roche actuel, mais le personnage représenté tenait toujours une bourse à la main, ce qui est une preuve de bienfaisance. Chaque fois que l'état de cette statue l'exigeait, le peuple du faubourg de Bourgneuf et de Vaise la renouvelait à ses frais. En 1820, il n'en restait que les jambes, elle fut renouvelée à la suite d'une fête populaire ; mais comme elle se dégradait encore beaucoup, on résolut d'élever un monument durable. La statue en pierre que nous voyons actuellement date de 1849 et a eu M. Bonnaire pour sculpteur.

Cette statue est-elle celle de Kléberg, dont la charité se serait signalée en faveur des habitants du faubourg de Vaise ? On a beaucoup écrit pour et contre cette donnée ; je n'ose conclure.

Mais en ce qui touche la rue Cléberg, qui est à Saint-Just, dans le voisinage de Fourvière, il n'y a pas de doute à avoir.

Jean Kléberger ou Cléberg, surnommé le Bon Allemand, naquit à Nuremberg, vers 1485, d'une famille de négociants. M. Bleton le fait naître à Fribourg, en Suisse, pays de langue allemande, qui expliquerait aussi bien le surnom de Jean Cléberg. Mais une grave objection s'oppose à cette affirmation de M. Bleton, c'est l'enquête faite à Nuremberg même par M. Piégay, et de laquelle j'extrais ces détails capables de lever bien des doutes :

Son père le plaça dans la riche maison de commerce Imhof, de Nuremberg, qui avait des comptoirs à Lyon. En 1528, il épousa Félicitas Pirkheimer, fille du personnage le plus notable de Nuremberg, allié à la maison Imhof, ami d'Albert Durer, conseiller de Charles-Quint. L'alliance de Cléberg avec les deux familles Imhof et Pirkheimer fut la source de sa grande fortune.

Il perdit sa femme et son beau-père assez rapidement, et il vint se fixer à Lyon, où il se remaria avec Pelonne de Bonzin, qui fut appelée la Belle Allemande, — V. ce mot — sur laquelle on a brodé des légendes.

Jean Kléberger était très bienfaisant : outre la tradition populaire, dont j'ai parlé plus haut, et qui en fait un bienfaiteur des habitants et surtout des jeunes filles pauvres de Bourgneuf et de Vaise, il eut part à l'établissement de l'Aumône-Générale, dont il fut un des premiers fondateurs, et à laquelle il donna en plusieurs fois environ 70.000 fr. (8.045 liv.). Il mourut en 1546.

Quel que soit le départ qu'il faille faire entre l'histoire et la légende, on se demande pourquoi cette rue Cléberg se trouve à Saint-Just ? M. Leymarie a découvert, il y a plus d'un demi-siècle, grâce à la science du blason qui lui était très familière, la maison qui appartint à Jean Kléberger ; elle était à cette époque dans la rue des Farges ; on a conservé ce nom à peu près dans le quartier.

Le véritable nom du Bon Allemand est, comme on l'a vu, Kléberger ; on en a fait Cléberg qui se confond avec Kléber, le général de la Révolution. Il n'en serait pas ainsi si on restituait le véritable nom, ou si l'on prononçait ce nom comme à Genève, Clébergue.

Place du Cloître de Fourvière
Espace fermé autour de la basilique de Fourvière.

Il ne faut pas confondre la place du Cloître de Fourvière avec sa voisine, la place de Fourvière. Nous donnerons plus loin — V. *Fourvière* — les détails qui concernent le sanctuaire. Ici le mot *cloître* nous fera faire quelques observations.

Comme nous le verrons dans la suite de ces notices, il y avait autrefois à Lyon plusieurs Chapitres et Collégiales, celui de Saint-Jean, celui de Saint-Just, celui de Fourvière, qui marchait au troisième rang dans les cérémonies publiques, ceux enfin de Saint-Paul et de Saint-Nizier ; chacun d'eux avait un cloître voisin de l'église où habitaient les chanoines ; les prêtres habitués et les clercs habitaient en dehors. Le souvenir des cloîtres a dis-

Fig. 28. — Ancienne chapelle de Fourvière. — Phot. de Neurdein, frères, Paris.

paru du voisinage de tous ces anciens chapitres, mais il a été conservé à Fourvière ; il faut le garder précieusement ; il rappelle à lui seul un côté original de la vie capitulaire ou collégiale d'autrefois.

L'église de Fourvière était alors une simple chapelle de dévotion dédiée à la Sainte-Vierge ; son existence remonte au-delà du VIIIe siècle.

Après la mort de saint Thomas de Cantorbéry, en 1172, Olivier de Chavannes, son ami et doyen du Chapitre de Lyon, fit bâtir, en l'honneur de ce saint, une église joignant cette chapelle, qui fut nommée Saint-Thomas de Fourvière. En 1192, elle fut érigée en église collégiale et paroissiale par Jean de Bellesme, archevêque de Lyon ; elle était fille et vassale de la métropole de Lyon. Le Chapitre de Fourvière était composé du Prévôt, qui était toujours un chanoine du Chapitre de Saint-Jean, du sacristain curé, du chantre et de huit chanoines. Cette chapelle fut réédifiée en 1739 et achevée en 1751 ; le clocher qui la surmonte ne date que d'un demi-siècle. — Au moment de la Révolution, ce Chapitre collégial possédait dix maisons, occupées par les chanoines.

Rue Clos-Suiphon
De la rue Mazenod à la rue Paul-Bert.

Suiphon se place à la Guillotière, à côté des Bouchardy, des Grillet, des Primat, des Creuzet, des Détournelles, qui firent éclore des quartiers nouveaux en ouvrant des rues sur leurs terrains. Je n'ai pas besoin de dire que la rue actuelle qui porte ce nom n'a pas été ouverte par M. Suiphon, elle a été percée à travers le clos, faisant suite à une rue plus modeste ouverte par le propriétaire. — On m'a dit que M. Suiphon avait été maire de la Guillotière, mais, malgré mes recherches, je n'ai pas trouvé son nom dans la liste de ces magistrats. — On remarquera que cette rue s'appelle Clos-Suiphon, et non rue Suiphon, ce que je trouve beaucoup plus modeste. — Autrefois, et sans remonter bien loin, il y avait beaucoup de ces appellations, le clos Flandrin, le clos Riondel, le clos Bissardon, le clos Vendôme, le Clos-Jouve, etc.

Place Colbert
De la montée Saint-Sébastien à la rue Diderot.

On ne voit trop souvent en Colbert que le grand ministre d'un grand roi. Il ne faut pas oublier qu'il était fils d'un marchand drapier de la ville de Reims, qui exerçait sa profession à l'enseigne du *Long-Vêtu*. Le jeune Colbert fut tout d'abord destiné au commerce, et comme Lyon était la première place de commerce de France, Colbert y fut envoyé. Il fut à bonne école : celui qui devait avoir une si large part dans la grandeur et la prospérité de la France, sous Louis XIV, apprit le commerce, comme simple employé, dans les comptoirs de MM. Mascrani, négociants. A vingt-neuf ans, il entra dans les bureaux du ministre Le Tellier, puis il fut remarqué par le cardinal Mazarin, qui le recommanda à Louis XIV. Celui-ci en fit un contrôleur général des finances et un secrétaire d'Etat. Arrivé à ce faîte, Colbert n'oublia pas Lyon et l'importante industrie qui la distingue ; il s'inquiéta beaucoup des soieries et fit tous ses efforts pour en favoriser le développement. Son administration comme secrétaire d'Etat fut des plus brillantes et des plus heureuses. Il mourut à l'âge de soixante-quatre ans (1619-1683).

Le nom de ce grand ministre, ancien employé à Lyon, et protecteur de notre industrie, est bien placé dans ce quartier dont la population presque tout entière s'occupe de soie ou de soierie.

Rue Colombier
De la rue Grillet à la rue Chevreul.

Le Colombier était un domaine où il y avait un petit château. L'administration militaire conserva ce nom au fort qui y fut construit ; une rue fut ensuite ouverte sur ce domaine et en garda le nom.

Place de la Comédie
Entre les rues Lafont et Puits-Gaillot.

Située entre l'Hôtel-de-Ville et le Grand-Théâtre, cette place doit à ce dernier le nom qu'elle porte. Un théâtre y fut d'abord construit par Soufflot, en 1756, mais en 1828, il fut remplacé par le théâtre actuel, construit par MM. Chenavard et Pollet. La salle a été complètement reconstruite, en 1842, sur les dessins de M. Dardel. On en vante les bonnes dispositions d'acoustique et d'aménagement. Le style extérieur est lourd et pesant. Pour l'embellir, on avait placé sur l'attique les Muses au nombre de huit, parce qu'il n'y avait pas de la place pour neuf ; on les a supprimées récemment, à la suite d'un accident ou d'un orage qui en précipita une ou deux dans la rue.

Fig. 29. — Place de la Comédie, le Grand-Théâtre — Phot. de Neurdein, frères, Paris.

A Lyon, on aime la belle et bonne musique chantée par de belles voix ; on dit la scène de Lyon très redoutée des artistes.

Or, l'admission des artistes est soumise à des débuts. Il arrive parfois que la population Lyonnaise, qui s'intéresse passionnément à toute manifestation d'art, est aussi agitée à ces moments que lorsqu'on discute les plus graves affaires de l'Etat. Quelquefois cette agitation a pris des proportions effrayantes, et c'est la place de la Comédie qui est alors le foyer de l'action.

Place du Commandant-Arnaud
De la rue de Belfort à la rue de la Tour-du-Pin.

Ce nom rappelle un des plus tristes et des plus incompréhensibles épisodes de cette bagarre politique qui signala les débuts de la Révolution de 1870.

Le 28 septembre, une émeute, dirigée par Saigne et Cluseret, devait s'emparer du préfet et du général. Elle faillit réussir et déjà elle se croyait maîtresse de l'Hôtel-de-Ville quand les bataillons de la garde nationale de la Croix-Rousse apparurent et rétablirent l'ordre. On ne s'attendait guère à ce coup de théâtre.

Le 20 décembre, des meneurs essayèrent de recommencer ce coup d'audace. Le peuple fut convoqué à la Croix-Rousse, à la salle Valentino ; là, le citoyen Bruyas s'expliqua :

« Nous allons envoyer une délégation de marche, casernée aux Chartreux, et qui est disposée à marcher avec nous. Une seconde délégation ira sonner le tocsin et battre la générale. Enfin nous en enverrons une troisième auprès des commandants de la garde nationale de la Croix-Rousse pour leur demander s'ils veulent être avec nous ou contre nous. Et tout est dit... »

Le commandant de la garde nationale, Arnaud, vint à la salle Valentino ; ses réponses ne satisfirent pas les énergumènes qui s'y trouvaient. Il fut condamné à mort séance tenante, placé entre quelques fusils commandés par Deloche, entraîné jusqu'à la place d'armes du clos Jouve, accompagné par des bandes de femmes hurlantes, et fusillé près de la porte de la Petite-Providence de Saint-Bruno. Lyon fut consterné de cet assassinat. Gambetta assista à ses obsèques, et la ville a voulu qu'une rue de son quartier portât son nom.

Rue du Commandant-Dubois
De la rue Servient à la rue de la Part-Dieu.

Cette rue nouvelle a reçu le nom d'un ancien commandant d'artillerie, devenu administrateur des Hospices et adjoint au maire de Lyon. Il naquit à Briançon, en 1815, et mourut à Monistrol, en 1888. Ses obsèques religieuses eurent lieu dans la chapelle de l'Hôtel-Dieu.

Voici comment il fut apprécié dans la *Revue du Lyonnais* :

« Il laisse à la mairie un vide que nul ne remplira : c'était un adjoint à tout faire.

« Disposant de loisirs quotidiens, il suppléait tout le monde, expédiait toute affaire urgente, signait toute pièce.

« Il n'avait qu'un travers, le digne homme, c'était d'avoir des opinions en matière d'art ; il n'eut qu'un chagrin, c'était de ne pas avoir les Beaux-Arts dans son service ».

Et c'est avec ce bagage de mérites qu'on passe à la postérité par une plaque bleue à lettres blanches, cimentée aux coins des rues et portant un nom qui sera redit forcément par des centaines de milliers de citoyens.

Cependant, soyons justes, il eut un mérite indiscutable, celui de mourir à temps, quelques mois peut-être avant l'ouverture de cette rue, et comme, à cette date, il y avait probablement pénurie de grands hommes, le commandant Dubois a été pris pour tel.

Rue du Commandant-Faurax
De l'avenue du Parc au boulevard du Nord.

Cette rue est l'ancienne rue du Nord. Elle a pris, depuis 1893, le nom du héros de Dogba.

Je puis parler du commandant Faurax en rappelant seulement mes souvenirs. Marius-Paul Faurax naquit à Lyon en 1849 ; il fit la majeure partie de ses études au Petit-Séminaire de l'Argentière, d'où il sortit pour s'engager à l'âge de dix-huit ans. Il était sergent-fourrier au début de la guerre de 1870, et fut à Wissembourg un des premiers blessés de l'armée française. A l'ambulance, on lui apporte sa nomination au grade de sous-lieutenant. Aussitôt rétabli, il est envoyé à Lyon pour former les recrues de Belleville ; il est nommé lieutenant. Quelques jours après, il est à Nuits avec ses hommes et sept fois de suite, à leur tête, il charge l'ennemi dans les rues de la petite ville ; ils étaient quatre-vingts au début, ils reviennent dix-sept. Faurax a un mollet emporté par un éclat d'obus, il boîte un peu, mais il est capitaine et chevalier de la Légion d'honneur, et il a vingt et un ans.

Le jour de Pâques de cette année 1871, il vint nous faire une visite à l'Argentière, où j'étais alors professeur. Il était fier de nous montrer ses épaulettes et sa croix, et nous, nous étions si heureux de les voir ! J'aurai toute ma vie cette vision dans les yeux : un superbe officier avec ses épaulettes d'or et son ruban rouge, une figure de jeune fille, des yeux bleus, une petite barbe blonde naissante, une voix très douce, une admirable modestie quand il parlait de lui. Qui aurait dit que cette demoiselle était un enragé, que ce gamin-là avait une poigne de fer, qu'il savait enlever ses hommes mieux qu'un vieux grognard ?

Il a continué lentement sa carrière. La commission de révision des grades en fit un lieutenant ; il fut capitaine en Tunisie, et commandant au Tonkin. Il était commandant au 1er régiment étranger, quand il fut désigné, en 1892, pour organiser un bataillon à destination du Dahomey. Il s'embarqua le 7 août à Oran et tomba le 19 septembre suivant à Dogba. Ses hommes, dont il était très aimé, furent pris d'une rage folle contre l'ennemi. — De Dogba, ses restes mortels furent ramenés à Lyon, où on lui fit de solennelles funérailles. Il était officier de la Légion d'honneur.

On a donné son nom à cette rue, parce qu'elle est dans le voisinage de la maison paternelle. Paul Faurax était en effet le fils de M. Faurax, le carrossier renommé, qui est à l'extrémité de l'avenue de Noailles. Ses frères se sont également distingués pendant la guerre de 1870.

Place de la Commanderie

Du quai Fulchiron à la rue Saint-Georges.

L'ordre religieux et militaire de Saint-Jean-de-Jérusalem fut fondé au xie siècle. Il devint vite prospère et se répandit un peu partout. Il était divisé en huit groupes appelés Langues ; chaque Langue se subdivisait en prieurés, les prieurés en bailliages, et les bailliages en commanderies. La commanderie était donc une sorte de couvent, auquel était toujours annexé un hôpital, et où vivaient ces religieux-soldats, les chévaliers de Saint-Jean de Jérusalem, appelés successivement chevaliers de Rhodes et de Malte.

Ils vinrent s'établir à Lyon vers l'an 1209, mais on ignore le lieu où ils se fixèrent d'abord. Ce n'est que vers 1315 qu'ils s'établirent à côté de l'église Saint-Georges. Dans la suite, la Commanderie devint grand-bailliage et chef-lieu de la Langue d'Auvergne, c'est-à-dire l'une des plus considérables de France.

A la Révolution, elle fut vendue comme bien national. C'était une grande maison flanquée de deux grosses tours, qui avait ses pieds dans la Saône et une poterne sur la rivière. En 1860, elle fut démolie pour faire la place qui porte son nom. Elle avait vécu trois cent soixante-deux ans, puisqu'elle avait été construite en 1498 par le commandeur Humbert de Beauvoir. Sur la porte d'entrée, il y avait cette inscription : « C'est l'entrée de la maison de Monsieur Saint-Jean-Baptiste et du bon chevalier Monsieur Saint-Georges, laquelle maison a été faicte et accomplie par messire Humbert de Beauvoir, chevalier de l'ordre dudit Monsieur Saint-Jean-Baptiste de Jérusalem et commandeur de céans. Faict le premier jour d'octobre 1498 ». — V. pour plus amples détails, les *Anciens couvents de Lyon*.

Rue Commarmot
De la rue de l'Arbre-Sec à la rue Bât-d'Argent.

Rue ainsi appelée du nom du propriétaire qui la fit ouvrir.

Rue de la Conciergerie
De la rue du Chapeau-Rouge à la place Saint-Didier.

On s'étonne de trouver ce nom dans ce quartier. Mais en observant les alentours, on voit encore, entre l'église de Saint-Pierre-de-Vaise et la rue de ce nom, un vieux bâtiment, dominé à l'un de ses angles par une ruineuse tourelle. C'est tout ce qui reste d'un ancien château ayant jadis appartenu à l'abbaye d'Ainay. Au siècle dernier, il a servi de prison, on y enfermait entr'autres les galériens qu'on transférait du nord de la France au bagne de Toulon. De là, ce nom de Conciergerie qui a survécu, mais qui a été donné à une rue plus éloignée. (Cette explication sous toutes réserves.)

Rue de Condé
Du quai d'Occident au quai de la Charité.

La transformation de ce quartier remonte à l'année 1828 : cette date suffit pour expliquer les nombreuses dénominations royalistes qu'on y trouve. Elle explique donc cette appellation de Condé donné à cette rue.

Les Condé forment une branche collatérale de la famille royale, dont le plus illustre représentant fut le grand Condé, le vainqueur de Rocroy, et dont le dernier membre, Louis-Henri-Joseph, duc de Bourbon, prince de Condé, mourut en 1830.

Rue Confort
De la rue de l'Hôtel-de-Ville à la place de l'Hôpital.

Sur la place actuelle des Jacobins, aux environs de la rue Saint-Dominique, il y avait une chapelle dédiée à la sainte Vierge, sous l'invocation de Notre-Dame-de-Confort, *nostra Domina confortatrix*. Cette chapelle fut plus tard enchâssée dans la grande église que construisirent les Dominicains. — V. *Jacobins* et aussi les *Anciens couvents de Lyon*. — Rabelais, quelque part dans son *Pantagruel* (II. 72), parle des bavards de Confort : comme autrefois les nouvellistes d'Athènes se rendaient à l'Agora, ainsi les oisifs lyonnais se réunissaient sur cette place et s'amusaient à y débiter des sornettes.

Rue Constantine
Du quai de la Pêcherie à la place des Terreaux.

J'ai dit déjà, en parlant de la rue d'Algérie, que ce quartier avait été renouvelé en 1839. La prise de Constantine, alors récente, détermina cette dénomination. Depuis 1855, elle a absorbé la rue de la Cage.

Place des Cordeliers
De la rue de la République au quai de Retz.

Humbert de Grolée, sénéchal de Lyon, donna son hôtel aux Religieux Cordeliers et fit bâtir une partie de leur couvent, qui fut continué par son petit-fils, Jacques de Grolée, et par les libéralités des citoyens ; les premiers religieux vinrent de Villefranche, le premier couvent de Saint-François en France ; ils s'établirent en 1220, et depuis cette époque ce couvent fut mêlé à une foule de faits historiques.

En 1274, pendant le second concile de Lyon, le cardinal Bonaventure meurt, et est inhumé dans l'église en présence du Pape et de cinq cents évêques.

En 1468, Simon de Pavie, médecin de Louis XI, fait à ses frais achever l'église.

En 1529, les Cordeliers sont témoins d'une révolte populaire, la *Rèbeyne*, dont nous avons dit un mot en parlant de Symphorien Champier.

En 1532, le 18 janvier, les notables s'assemblent à St-Bonaventure, pour rendre leurs comptes après la terrible famine. De cette assemblée, nous l'avons vu, sortira l'idée de la fondation de l'Aumône-Générale. Pendant quelques années, le couvent donne asile au bureau des Recteurs de l'OEuvre.

En 1557, la place des Cordeliers est ouverte au public ; les Religieux cèdent de leur cimetière tout le terrain nécessaire, sous la condition d'une rente annuelle de cent livres que la ville s'engage à leur payer.

En 1562, le couvent et l'église sont saccagés par les protestants commandés par le baron des Adrets. Le corps de saint Bonaventure est brûlé et l'on en jette les cendres au Rhône.

C'est dans le cloître des Cordeliers qu'Henri IV montre au maréchal de Biron qu'il connaît ses intelligences avec le duc de Savoie et les Espagnols ; il lui pardonne généreusement. — V. le tableau de Reverchon.

En 1724, aliénation par les religieux Cordeliers, moyennant cinquante livres de rente, de la partie de terrain nécessaire pour la construction de la salle du Concert, joli petit bâtiment exécuté sur les dessins du milanais Pietra Santa.

En 1789, le Clergé, la Noblesse et le Tiers-Etat s'assemblent aux Cordeliers. C'était le 14 mars, et là ils font ce que la Constituante fera cinq mois plus tard dans la nuit du 4 août.

En 1793, l'église est dévastée ; en 1796, le couvent est vendu, morcelé, et des rues sont ouvertes. L'église devient successivement

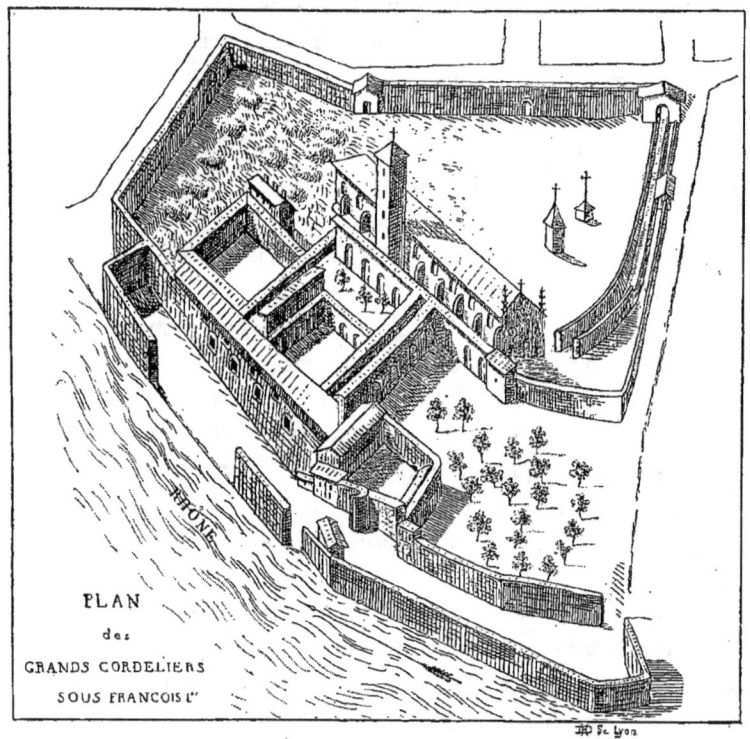

Fig. 30. — Plan du couvent des Grands-Cordeliers.

école d'équitation, ménagerie, grenier à foin, remise de voitures, halle.

Un décret de 1803 constitue l'église en paroisse, ce n'est cependant qu'en 1807 que le clergé en prend possession.

Le 22 novembre 1831, la place des Cordeliers, occupée par les ouvriers, est emportée par la troupe et reprise sur elle. Le 9 avril 1834, elle est encore témoin d'une émeute populaire, qui pénètre même dans l'église.

L'église, spacieuse, régulière, centrale, est en général très fréquentée, bien que la population de la paroisse ne soit pas considérable. Elle a vu des rois et des princes venir s'agenouiller dans son enceinte, et bien des Lyonnais illustres y ont été inhumés : les Grolée, Simon de Pavie, le peintre Stella, etc...

M. l'abbé Pavy, qui fut vicaire à Saint-Bonaventure, avant d'être doyen de la Faculté de Théologie et évêque d'Alger, a laissé sur les Cordeliers de Lyon une excellente monographie.

Aujourd'hui, ce coin de Lyon est à la fois un décor d'une rare élégance et le théâtre d'une prodigieuse activité. Autrefois, il n'en était pas tout à fait de même, je n'en veux pour preuve que cet arrêt du Consulat du 8 avril 1603 : « Les savetiers de la ville demandent une place pour étaler leurs ouvrages, attendu les défenses à eux faites d'étaler sur le pont de la Saône et par les rues de la ville ; ils ont proposé la place des Cordeliers, et il a été ordonné que lesdits savetiers se retireront à ladite place, avec défense d'étaler et de vendre ailleurs ». On charge le voyer de leur y trouver un local commode. — Jusqu'aux démolitions récentes, nous avons vu les échoppes des savetiers entourer l'église de Saint-Bonaventure ; c'était un reste de cette vieille tradition.

Aujourd'hui la place des Cordeliers est une grande voie libre, de la rue de la République jusqu'au pont Lafayette. Autrefois, avant 1855, elle était bornée au Levant par la maison du Concert, qui masquait le pont ; cette maison se trouvait entre la place des Cordeliers et la place du Concert. Sur la place des Cordeliers, il y avait une grande colonne cannelée, haute de vingt-deux mètres, qui avait été élevée en 1765, et qui était surmontée d'une statue d'Uranie, indiquant le méridien ; c'était la colonne du méridien ; la place elle-même, en raison de cette circonstance, s'est appelée aussi la place du Méridien. Cette colonne du méridien remplaçait une croix érigée, en 1748, par le Consulat, laquelle fut substituée à une très ancienne qui tombait de vétusté. La place était le rendez-vous des *rouliers* et des *coqueliers*. Aujourd'hui, grâce au Palais du Commerce, à l'église de Saint-Bonaventure, aux somptueux magasins des Cordeliers et du Grand Bazar, à la Halle et aux innombrables tramways qui s'y croisent, c'est un des endroits les plus pittoresques de Lyon.

Rue de la Corderie
Du quai Jayr à la rue de Bourgogne.

Cette rue, qui n'était autrefois qu'un passage, possédait un établissement industriel de corderie. Pendant longtemps on y tordit des cordes, dans la rue même.

Passage Coste
De la rue Vauban au cours Lafayette.

Ce passage, qui existe aux numéros 5 et 7 du cours Lafayette, a pris son nom de celui du propriétaire.

Il existe aussi sur la commune de Caluire et Cuire une rue Coste, prolongement de la Grande-Rue de la Croix-Rousse. Comme nous avons dû nécessairement nous imposer des limites, nous avons cru qu'il était très raisonnable de ne pas sortir des portes de la ville, nous arrêtant aux barrières de l'octroi. Nous aimons cependant à signaler le nom de M. Coste, conseiller honoraire à la Cour de Lyon, dont la bibliothèque si remarquable a été léguée à la ville. Tous ceux qui ont un peu écrit sur Lyon sont les obligés de ce bienfaiteur. M. Coste avait sa propriété sur Caluire.

Rue Cottin
De la rue de la Carrière à la rue du Tunnel.

La famille Cottin était propriétaire d'un tènement de terrains au sud de l'église de Saint-Pierre de Vaise. Elle a fait don du terrain nécessaire à la percée de cette rue.

Rue Coudée
De la rue Pierre-Dupont au cours des Chartreux.

On lit dans les *Embellissements de Lyon*, par un vieux canut, une singulière expression sur la rue qui alors s'appelait Impériale, aujourd'hui rue de la République. « Elle est droite, dit-il, comme mon bras quand je me mouche ». Cette expression est aussi vraie pour la rue Coudée. Cette configuration bizarre lui a fait donner le nom qu'elle porte.

Rue Coustou
De la rue des Capucins à la rue Romarin.

Le nom donné à cette rue est un hommage à la mémoire de deux illustres Lyonnais, les deux frères Nicolas et Guillaume Coustou, neveux de Coysevox et comme lui sculpteurs. Leurs œuvres le disputent à celles de Rome et d'Athènes.

Nicolas vint au monde vingt ans avant son frère Guillaume, le 9 janvier 1658 ; il fut baptisé à Saint-Nizier. Il reçut les premières leçons de son art d'un sculpteur sur bois. Son oncle, Antoine Coysevox, — V. plus loin — voyant les bonnes dispositions de son neveu, le fit venir à Paris, où il jouissait d'une haute réputation dans la statuaire.

A vingt-trois ans, Nicolas remportait le grand prix de l'Académie et partait pour Rome. Rappelé à Paris, il fut chargé de l'exécution d'une foule de travaux, à la tête desquels il faut mettre la *Descente de Croix* de Notre-Dame de Paris. Ses autres ouvrages sont fort nombreux, et l'énumération en serait longue : contentons-nous de signaler la statue colossale de la *Saône*, aujourd'hui placée dans le vestibule de l'Hôtel-de-Ville de Lyon. Les connaisseurs remarquent dans ses productions un génie élevé, des formes d'un beau choix, des attitudes nobles et vraies, des draperies élégantes, un goût délicat. Il fut reçu de l'Académie des Beaux-Arts en 1693. Il mourut en 1733.

Fig. 31. — La Saône, œuvre de Nicolas, dans le vestibule de l'Hôtel-de-Ville.
— Phot. de Neurdein, frères, Paris.

Guillaume Coustou naquit à Lyon le 1ᵉʳ mai 1677. Les succès de son frère dans la sculpture lui donnèrent le désir de suivre la même carrière. Les mêmes succès l'y attendirent. Il fut aussi lauréat et partit pour Rome. On a de lui, à Notre-Dame de Paris, *la statue de Louis XIII* ; à Saint-Honoré, *la statue du cardinal Dubois* ; dans la chapelle de Versailles, *Jésus au milieu des docteurs* (bas-relief) ; au château de Marly, le superbe groupe de *l'Océan et la Méditerranée* ; enfin *les admirables chevaux* qui ornent aujourd'hui l'entrée de l'avenue des Champs-Elysées à Paris : la sculpture n'offre rien de plus parfait que ces deux chevaux qui se cabrent, ils sont de beaucoup supérieurs à ceux du Mont-Quirinal à Rome. La ville de Lyon lui doit *la statue du Rhône*, placée dans le vestibule de l'Hôtel-de-Ville.

Guillaume avait plus que son frère le goût pur de l'antique. Chez lui tout était invention riche et puissante ; ses œuvres se distinguent par une grande recherche de la nature et par la suavité du ciseau.

Une des quatre statues qui ornent la fontaine des Jacobins est celle de Guillaume Coustou. Ces deux statues du *Rhône* et de la *Saône* devaient orner le piédestal de la statue de Louis XIV, à Bellecour. On leur a donné l'hospitalité dans le beau vestibule de l'Hôtel-de-Ville. — Des copies ornent les piliers du pont Lafayette, sur le fleuve même.

Fig. 32. — Le Rhône, œuvre de Guillaume, dans le vestibule de l'Hôtel-de-Ville.
— Photog. de Neurdein, frères, Paris.

Rue Couverte

Du quai Saint-Vincent à la rue de la Vieille.

Les extrémités de cette rue très étroite ne sont pas semblables. L'une est libre comme les rues ordinaires, mais celle qui donne sur le quai est *couverte* d'un arceau et d'une maison; ce qui a donné lieu au nom qu'elle porte.

Rue Coysevox

De la rue Vieille-Monnaie à la rue des Capucins.

Ce serait une gloire pour Coysevox de n'avoir été que l'oncle et le professeur des deux Coustou. Mais il fut plus encore, il fut lui-même et l'un des plus célèbres sculpteurs du siècle de Louis XIV, un infatigable producteur.

Antoine Coysevox naquit à Lyon le 29 septembre 1640 d'un menuisier, qui était natif de Madrid. On ne sait où ni de qui il prit ses premières leçons. On prétend, mais ce n'est guère probable, que la Vierge tenant l'Enfant-Jésus, qui est aujourd'hui à l'église Saint-Nizier, fut composée par lui quand il avait dix-sept ans. Cette statue était, dit-on, destinée à orner la maison encore existante qui est à l'angle de la rue de l'Hôtel-de-Ville et de la rue Bât-d'Argent, n° 2, où l'on peut encore voir la niche qui lui était destinée. A Paris, il fut disciple de Louis Lérambert, élève distingué de Jacques Sarrazin.

Il fut appelé à Saverne par le cardinal de Furstemberg; il y demeura quatre ans et revint en France.

Versailles et Paris sont pleins des œuvres du sculpteur lyonnais : à Versailles, pour ne faire qu'un choix, on a de lui le groupe de l'*Abondance*; au grand escalier, le *buste de Louis XIV*; *Minerve assise sur un trophée d'armes*; dans les jardins, deux bonnes copies de la *Vénus pudique* et de la *Vénus à la coquille*; à Marly, le *Triomphe de Vénus* et celui d'*Amphitrite*, un *Faune assis jouant de la flûte traversière*, transporté plus tard aux Tuileries, sur la terrasse du jardin, où il est encore; à Paris, dans la cour de l'Hôtel-de-Ville, il y avait la statue de *Louis XIV*, aujourd'hui disparue ; on voit encore les *chevaux ailés* de l'entrée du jardin des Tuileries, les *tombeaux* de Mazarin, de Colbert et surtout de Lebrun, son protecteur et son ami ; à Rennes, le magnifique *cheval de la statue royale;* à Chantilly, la *statue du grand Condé.* Arrêtons-nous dans cette énumération, car la liste de ses œuvres serait longue. On a appelé Coysevox le Van Dyck de la sculpture, à cause de la prodigieuse facilité et de l'incontestable talent avec lesquels il fit les bustes de nombreux personnages. Reçu à l'Académie des Beaux-Arts en 1676, il y fut successivement professeur, recteur et chancelier. Il mourut à l'âge de quatre-vingts ans, laissant un nom tout rayonnant de gloire et tout illustré de vertu, aussi admiré pour ses talents que respecté pour ses grandes qualités morales.

Rue de la Crêche
Du boulevard de la Croix-Rousse à la rue d'Austerlitz.

Les Crêches ont pour but d'aider les ouvrières à nourrir et à élever elles-mêmes leurs enfants, en gardant ces petits bébés d'un à deux ans, dont la mère travaille au dehors.

Elles sont des créations de la Société protectrice de l'Enfance ou de l'Association catholique, dite des Crêches ; la première en compte sept, la seconde deux. Il s'agit ici de la Crêche dite de Saint-Bernard, établie boulevard de la Croix-Rousse, 169, et dirigée par les sœurs de Saint-Joseph. Rien n'est frais et gracieux comme une Crêche, rien d'impressionnant comme une visite faite à cette réunion de berceaux ; la Crêche est très populaire.

La rue qui longe la Crêche de Saint-Bernard a pris naturellement ce nom-là.

Rue de Crémieu
De la place de la Croix au boulevard de la Part-Dieu.

C'était autrefois la rue d'Enfer, mais comme ce nom existait déjà à la Croix-Rousse, il fallut, après l'agglomération, en supprimer un. Celle-ci, en 1855, devint la rue de Crémieu.

La ville de Lyon est voisine du département de l'Isère. Pour y pénétrer, on suit la Grande-Rue de la Guillotière ; à la place de la Croix, il y a une bifurcation, on s'engage à droite pour poursuivre jusqu'à Grenoble, à gauche, pour aller à Crémieu ; c'est cette rue qui a pris ce nom.

Crémieu a quelque notoriété à Lyon à cause de son commerce de dindes, commerce, comme il est facile de le supposer, qui prête à beaucoup de quolibets.

Rue de Créqui
Du boulevard du Nord au cours Gambetta.

Plusieurs rues de ce quartier rappellent de grandes familles françaises. Sans parler de Louis XVI, dont le nom a été changé, il y a encore Sully, Crillon, Noailles, Saxe, Vendôme, Duguesclin, etc. La famille de Créqui, originaire de l'Artois, remonte, dit-on, au ixe siècle. Les sires de Créqui s'unissent, en 1543, à la maison des Blanchefort et de là sortent les ducs de Créqui et les princes de Poix. A ma connaissance, ce nom ne rappelle aucun souvenir lyonnais.

Autrefois, la rue de Créqui s'arrêtait au monument des Martyrs, et cette même rue se continuait de l'autre côté du monument, sous le nom de rue des Martyrs. Depuis la troisième république, à qui, paraît-il, ce dernier nom n'était pas indifférent, les deux rues ont été réunies sous le nom de Créqui, malgré le monument qui les sépare.

Mais puisque nous trouvons sur notre chemin ce nom de Martyrs, arrêtons-nous un instant : il suscite des souvenirs historiques. — A l'endroit où s'élève aujourd'hui la Chapelle expiatoire, connue sous le nom de Monument des Martyrs, existaient jadis des terrains vagues et déserts. C'est là, ou dans le voisinage, que le 4 décembre 1793, après le siège de Lyon et la défaite de ses défenseurs, furent conduits deux cent neuf Lyonnais, dont le crime était d'avoir pris les armes pour sauver leur pays de la Terreur. Là, entre deux fossés, ils furent entassés, et des canons chargés à mitraille furent braqués contre eux, pour les faire périr tous ensemble. La mousqueterie s'y joignit, et si quelques-uns respirèrent encore après la féroce décharge, ils furent achevés à coups de sabre et de baïonnette. On raconte même que, pendant la nuit, on entendait des cris de victimes qui appelaient vainement la mort, et que le lendemain des fossoyeurs assommèrent, à coups de pelle et de pioche, ceux qui n'avaient pas encore rendu le dernier soupir.

En 1814, les Lyonnais profitèrent du passage du comte d'Artois pour ouvrir une souscription destinée à élever un monument en l'honneur des victimes du siège de Lyon. La première pierre en fut posée le 21 octobre par M. le comte d'Artois, qui devait devenir Charles X. Mais les Cent-Jours arrêtèrent la construction ; les travaux ne furent repris qu'en 1817, et la première messe fut célébrée le 29 mai 1819.

Cette chapelle, d'un caractère bizarre, est desservie par les Pères Capucins. Elle va disparaître. La masse de terrains va être coupée par quatre rues qui formeront quatre carrés ; les Capucins occuperont l'un de ses carrés, celui du sud-est, si tant est qu'ils restent parmi nous.

Rue Creuzet

De la Grande-Rue de la Guillotière à la rue Dumoulin.

L'église de Saint-Louis de la Guillotière était, avant la Révolution, la chapelle d'un couvent de Religieux du Tiers-Ordre de Saint-François, vulgairement appelés Picpuciens. Mais à cette époque, la propriété de Picpus fut vendue comme bien national à M. Janvier, qui y établit une fabrique d'acides ; elle passa ensuite entre les mains de M. Creuzet, qui la vendit à la commune de la Guillotière. Le clos Creuzet était le jardin du couvent.

Rue de Crillon

De la rue Vendôme au boulevard du Nord.

Dans cet amalgame un peu surprenant de noms de rues imposés par des régimes politiques successifs, il faut voir surtout une date. Tous ces noms qui rappellent la Monarchie remontent à la Restauration. Voici Crillon ; il n'a rien de lyonnais, c'est un provençal. Mais c'est un type de soldat, que la France tout entière réclame comme sien et que chacun semble reconnaître pour son compatriote. Bayart, Jean-Bart, Henri IV, Crillon, c'est à-dire la bravoure et la franchise, l'audace et la loyauté, voilà des noms qu'il faudrait partout consacrer d'un souvenir.

Louis des Balbes de Buton de Crillon, pendant quarante-trois ans, du siège de Calais (1558) jusqu'après la guerre de Savoie (1601), fut l'intrépide et valeureux soldat qui ne se démentit jamais. Il est à Jarnac et à Moncontour, il est à Lépante. Il n'est pas à Arques, mais il est à Ivry et à Paris. C'est lui qu'Henri IV aimait à tort et à travers. Crillon mourut en 1615, à soixante-quatorze ans.

Cette rue s'est agrandie de l'ancienne rue Charpine depuis 1855.

Rue de Crimée

De la rue Vauzelles à la rue Jean-Baptiste Say.

Tout ce quartier fut transformé en 1856, alors que furent résolues la démolition des remparts de la Croix-Rousse et l'ouverture d'un boulevard. On a donné à cette rue, en 1858, le nom de la presqu'île russe où nos troupes françaises restèrent près de deux années qui ne furent pas sans gloire. La guerre d'alors fut appelée guerre de Crimée. Ce nom devint populaire.

Cette rue est formée de l'ancienne Grande-Rue du clos Riondel et de la rue du clos Flandrin.

C'est la première fois que je parle du clos Flandrin, et j'aurai à y revenir. Essayons d'en avoir une idée; j'emprunte ces lignes au *Littré de la Grand'Côte* :

C'était un vaste tènement cultivé, qui s'étendait depuis le chemin de ronde, derrière le rempart de la Croix-Rousse (cela s'appelait la rue Bellevue), au nord, jusque vers la Tour Pitrat, au sud; et du côté du matin, depuis la rue Jean-Baptiste Say, vers la Grand'Côte, jusque par là vers le clos Champavert (où est maintenant l'école normale des filles), à l'ouest. Au matin, le tènement formait une pointe, dont le côté s'alignait sur ce qui est aujourd'hui la rue Jean-Baptiste Say. Il était clos là par une simple haie. Du côté du rempart, un mur de pisé à-demi détruit. Une vigne était plantée dans la partie avoisinant le mont Sauvage (tènement de la Tour Pitrat). Du côté de la rue Jean-Baptiste Say et de la rue Bellevue, un champ de blé. On avait ainsi la campagne en plein Lyon. La propriétaire, une vieille fille, Mlle Flandrin, avait pour tout logement une petite cadolle dans le voisinage de la Tour Pitrat, logement partagé avec plusieurs chiens, qu'elle lâchait la nuit pour écarter les maraudeurs. Près de la cadolle, une basse-cour et des chèvres, que Mlle Flandrin menait en champ dans la partie inculte de son clos. Déjà, à cette époque, la propriétaire aurait pu tirer parti de sa propriété en la dépeçant, mais cette vie de philosophe lui convenait sans doute... Après sa mort, vers 1845, on morcela peu à peu le terrain. Bientôt s'élevèrent des maisons, dont plusieurs même furent démolies par la Ficelle en 1860.

Place de la Croix

Entre la Grande-Rue de la Guillotière et la rue de Crémieu.

Sur cette place, existait jadis l'église paroissiale de la Guillotière ; elle tomba de vétusté et fut démolie. Un cimetière l'entourait, il fut désaffecté en 1825 ; or, il y avait une croix sur cette place, elle lui a donné son nom. Cette croix fut reportée plus loin, à l'un des angles de la route d'Heyrieu.

Rue Croix-Jordan

De la rue Sébastien-Gryphe à la rue Saint-Michel.

Voici ce qu'on lit dans les *Promenades à Lyon*, de Mazade d'Avèze :
« Je fis un assez long chemin au milieu de ces solitaires et paisibles promenades de la Mouche, et comme j'arrivai à un détour, je me trouvai en face d'un petit bouquet d'acacias, placé entre deux routes, et au milieu duquel se voit une croix nouvellement élevée ; sur le socle était

écrit : L'an de grâce 1810, et le 5 du mois de septembre, Madame Brisson, veuve d'Henri Jordan, a rétabli ce monument consacré à la piété des fidèles par ses prédécesseurs. »

Place Croix-Pâquet
Entre la montée Saint-Sébastien et la rue d'Alsace.

En 1493, cette place était une vigne dite de Saint-Côme, parce qu'elle appartenait au prieuré de Saint-Côme, qui avait remplacé la recluserie de ce nom. — V. *Saint-Barthélemy.* — Sur une partie de cette vigne, on ouvrit un grand fossé défensif, appelé le Grand-Gaillot. Plus tard, ce fossé comblé devint en partie la place actuelle.

Une croix très ancienne existait sur cette place; elle lui avait fait donner d'abord le nom de Croix du Griffon, puis successivement les appellations de Croix du Compère, Croix des Rampeaux (rameaux), enfin Croix-Pâquet, du nom de Jean Pasquet, bourgeois de Lyon, propriétaire de la dernière maison de la rue Vieille-Monnaie, vers la montée de Saint-Sébastien, qui fit, en 1628, rétablir cette même croix, détruite par les Calvinistes, quand ils étaient maîtres de la ville. Cette croix fut renversée de nouveau en 1793, et remplacée, en 1816, par une fontaine, qui avait été auparavant élevée, sur la place du Petit-Foreys, en l'honneur de M. Bureaux de Puzy, troisième préfet du Rhône.

Xavier Bureaux de Puzy, officier du génie avant la Révolution, fut trois fois président de l'Assemblée Nationale ; préfet du Rhône de 1802 à 1805, il mourut préfet de Gênes en 1806. La ville de Lyon éleva à sa mémoire, sur la place Forez, un monument composé d'une colonne antique, supportant trois couronnes de chêne, de laurier et d'olivier, surmontées d'un aigle. A la Restauration, l'aigle fut remplacé par une croix, et la colonne transportée sur la place Croix-Pâquet.

Ce quartier qui avait jadis un sombre aspect a pris un air plus riant, depuis la démolition du vieux grand-séminaire, auquel on a substitué des jardins, de la verdure et des fleurs. Un chemin de fer funiculaire, une ficelle, comme on dit à Lyon, met en communication ce quartier avec le plateau de la Croix-Rousse et lui donne une grande animation.

Boulevard, place et rue de la Croix-Rousse

Le boulevard : du cours des Chartreux à la rue Audran.
La place : entre le boulevard et la Grande-Rue de la Croix-Rousse.
La rue ou Grande-Rue : de la place ci-dessus à la rue Coste.

Il est impossible aujourd'hui, en parcourant ce magnifique boulevard, complanté d'arbres et bordé de belles maisons, de se faire une idée des anciens remparts qui séparaient la ville du faubourg, et non seulement des remparts, mais de ces espèces de fossés qui étaient au pied, et qui cependant étaient des rues, mais de ces talus, mais de ces chemins superposés, où abondaient les fondrières. Ce boulevard a été ouvert sur l'emplacement de l'ancienne rue de la Citadelle et a porté jusqu'en 1870 le nom de boulevard de l'Empereur. C'est en effet Napoléon III qui l'inaugura en 1865 ; il y passa le premier.

Avant 1560, ce nom de Croix-Rousse n'était pas connu, tout ce quartier s'appelait « le plateau de Saint-Sébastien ». Le nom actuel provient d'une croix en pierre de Couzon, qui fut élevée sur la place, au xvie siècle, après une mission. D'après certains auteurs, cette croix fut primitivement élevée au carrefour de la montée de la Boucle et de la Grande-Rue de la Croix-Rousse. Elle fut détruite par les Calvinistes, et rétablie sur la fin du xvie siècle, mais près de la porte de Lyon, parce que les habitants s'en étaient rapprochés. Selon d'autres, cette croix resta toujours sur la place de la Croix-Rousse, quoiqu'on l'ait plusieurs fois changée d'emplacement. Abattue par les protestants en 1562, elle fut rétablie plus tard et dura jusqu'à la Révolution. Après ces temps orageux, une croix nouvelle fut élevée dans le centre de la place. En 1881, elle fut enlevée par ordre de l'autorité municipale.

La Grande-Rue est très ancienne ; elle formait jadis, à elle seule, à peu près tout le quartier de la Croix-Rousse ; quand elle était l'unique entrée de Lyon pour ceux qui venaient de la Bresse et du Bugey, elle était bordée de nombreuses auberges et hôtelleries.

La Croix-Rousse fut érigée en ville le 29 août 1821 et conserva son autonomie jusqu'en 1852.

C'est dans ce quartier de la Croix-Rousse qu'était concentrée en grande partie l'industrie du tissage de la soie. Cette agglomération en a fait le mont Aventin de notre ville. Les émeutes de 1831 et de 1834 sont parties de là ; la réputation des *Voraces* de la Croix-Rousse, en 1848, a fait le tour du monde, et, en 1870, les odieuses manifestations d'alors et l'assassinat du commandant Arnaud ont consterné la France. Et cependant ce serait une grosse erreur si l'on voyait dans les habitants de ce quartier autre chose que des types vraiment lyonnais, des ouvriers travailleurs, économes et bons.

A l'extrémité orientale du boulevard de la Croix-Rousse, on peut voir un bloc erratique, sur lequel on lit cette inscription : Bloc erratique transporté des Alpes et du Jura méridional sur le plateau de la Croix-Rousse par les anciens glaciers de l'époque quaternaire.

Il fut découvert pendant les travaux nécessités par l'établissement du funiculaire de la rue Terme (1860-1862).

Quelques esprits facétieux donnent quelquefois au quartier avoisinant l'endroit où il a été établi le nom de Gros-Caillou. Malheureusement il y a des blocs semblables sur le terre-plein de l'ancien Jardin des Plantes et près du tunnel de Saint-Clair.

En parcourant ce boulevard du levant à l'occident, on rencontre à droite la place de la Croix-Rousse qui vient d'être encore remaniée, la coquette mairie du IV° arrondissement, et plus loin, en retrait, l'Ecole normale des garçons ; à gauche, l'ancienne maison des Bernardines, les deux gares des funiculaires qui gravissent la colline, l'Ecole normale des jeunes filles, la place d'Armes appelée aussi le Clos Jouve, qui appartient au génie militaire, mais qu'on croirait bien plutôt appartenir aux joueurs de boules.

De chaque extrémité du boulevard, le promeneur peut jouir de points de vue variés, pittoresques, magnifiques.

La Croix-Rousse, au point de vue du travail, a vu disparaître presque complètement son ancienne prospérité. Autrefois, du haut en bas des maisons, on entendait battre les métiers, mais par suite de l'émigration à la campagne de l'industrie soyeuse dans de vastes usines, établies un peu partout dans les environs de Lyon, le silence se fit progressivement sur le plateau.

Mais voici que des temps nouveaux semblent s'annoncer pour nos travailleurs de la soie. Grâce à l'électricité, l'ancien métier à bras va se transformer en métier mécanique familial. Une société s'est constituée pour en favoriser l'extension ; le jour où Jacquard venait prendre possession de la place de la Croix-Rousse, — 29 septembre 1901 — elle fêtait l'installation de son cinq centième métier familial.

Grande et petite rue de Cuire

La grande rue : de la place des Tapis à Cuire.
La petite : de la place de la Croix-Rousse à la rue ci-dessus.

Il y a, près de Lyon, un petit village du nom de Cuire, dont le territoire s'étend du quai de la Saône jusqu'au plateau de la Croix-Rousse ; la Grande-Rue y conduit.

On a toujours donné comme étymologie de ce nom de Cuire, le nom d'un général romain, Curius, qui aurait établi son camp en cet endroit.

Chemin des Culattes

De l'avenue des Ponts au chemin de la Vitriolerie.

Nous avons déjà trouvé ce nom sur notre chemin. — V. *Bancel.* — Il est très ancien, mais la signification n'en est pas très claire ; il veut dire, je crois, endroit sans issue et en contre-bas ; ce qui était bien l'aspect ancien de ces bords du Rhône.

Rue Cuvier

Du quai des Brotteaux au boulevard des Brotteaux.

Cette rue s'est appelée, suivant les régimes politiques, rue d'Angoulême et rue d'Orléans. Après l'agglomération, une confusion possible avec le quai d'Orléans, aujourd'hui de la Pêcherie, a fait donner à cette rue le nom de Cuvier ; c'est celui d'un grand savant.

Cuvier, né à Montbéliard, en 1769, fils d'un officier du régiment suisse de Waldener au service de la France, était destiné à devenir ministre protestant. Mais les études naturelles le captivèrent ; on peut dire qu'il créa la science zoologique. En peu d'années, il obtint tous les honneurs scientifiques ; il devint même baron et pair de France. Avec toute cette gloire, il était modeste et d'un rare désintéressement.

Quai du Dauphin
Du quai Perrache à la gare d'eau de Perrache.

Ce nom est une sorte d'hommage au prince qui portait alors ce titre ; c'était, au moment où ce quai fut créé, Henri, duc de Bourbon, comte de Chambord.

Rue Dauphine
Du quai Saint-Clair à la rue d'Alsace.

Cette rue qui fait partie du quartier Saint-Clair, reçut ce nom en l'honneur du Dauphin, père de Louis XVI, qui vivait encore à l'époque où ce quartier fut créé. On sait que ce Dauphin Louis était remarquable par ses vertus. Sa vie était un reproche vivant pour la cour dépravée de Versailles. Il a été déjà plusieurs fois question de changer le nom de cette rue ; il est probable que ce changement s'opérera bientôt.

Rue Davout
De la rue du Bas-Port à la rue Chaponay.

Louis-Victor Davout naquit, en 1770, à Annoux, dans le département de l'Yonne. Élève de Brienne, il était sous-lieutenant à quinze ans et général de brigade à vingt-trois ans. Il servit d'abord sous Dumouriez et Moreau, et rendit à ce dernier de grands services. En Egypte, il fut l'un des vainqueurs d'Aboukir. Il fut fait commandant des grenadiers de la garde consulaire, la troupe légendaire de ce temps-là, et en 1804, il fut nommé maréchal de France. Il se couvrit de gloire dans toutes les guerres de l'Empire : il fit des prodiges aux journées d'Ulm, d'Austerlitz, d'Iéna, d'Eylau, de Friedland. Le même jour que Napoléon gagna la bataille d'Iéna, Davout gagna la bataille d'Auerstadt ; il devint duc de ce nom, et, trois ans après, il fut nommé prince d'Eckmul, grâce à sa valeureuse conduite et à la part prépondérante qu'il prit dans cette grande bataille.

Là devrait s'arrêter la vie de Davout. Voici le portrait qu'en fit M. Thiers : « Le maréchal Davout joignait au sens le plus droit une fermeté rare, une sévérité inflexible. Il était porté à la vigilance autant par l'amour du devoir que par le sentiment d'une infirmité naturelle, qui consistait dans une très grande faiblesse de vue. Cet homme de guerre illustre avait peine à distinguer les objets, il s'appliquait à les observer de très près ; quand il les avait vus lui-même, il les faisait voir par d'autres ; il accablait sans cesse de questions ceux qui étaient autour de lui, ne prenait aucun repos, n'en laissait prendre à personne qu'il ne se crût suffisamment informé, et ne se résignait jamais à vivre dans l'incertitude où tant de généraux s'endorment, en livrant au hasard leur gloire et la vie de leurs soldats ».

Pourquoi n'ajouterions-nous pas qu'à cette gloire il y a des taches ? Gouverneur de Pologne, il épuisa ce pays par ses rigueurs despotiques. Après la campagne de Russie, il se retira à Hambourg où il fut pour les habitants un tyran véritable. Au retour de l'île d'Elbe, il fut nommé ministre de la guerre, et créa une armée en trois mois. Mais après Waterloo, il fut infidèle à l'Empereur, se laissa insulter par Blücher quand il aurait pu l'écraser, et signa la honteuse capitulation de Saint-Cloud.

Ces fautes cependant n'ont pas effacé sa gloire. Davout est un des grands généraux français. Il se montra dignement dans le procès du maréchal Ney ; il demanda même qu'on substituât son nom aux noms des généraux proscrits. — Enfin, il se retira dans ses terres, fut nommé pair de France en 1819 et mourut en 1823 ; il avait cinquante-trois ans.

Je ne sache pas que le maréchal Davout ait jamais eu de relations avec Lyon. Mais nous avons eu ici, comme gouverneur militaire, son petit-fils, le général Davout, qui fut naguère grand chancelier de la Légion d'honneur.

Rue Delandine

Du cours du Midi au quai Dauphin.

Cette rue, qui longe une des prisons de notre ville, a été appelée ainsi par un hasard heureux.

Antoine-François Delandine naquit à Lyon en 1756, le 6 mars. Sa famille était originaire du Forez; de vieux terriers rapportent ce nom. Son père, juge civil et criminel en la châtellenie et prévôté royale de la ville de Néronde, le destinait au barreau, mais il abandonna sa profession pour se livrer à la culture des lettres.

Des travaux nombreux et savants le firent nommer membre de l'Académie de Lyon et de plusieurs autres sociétés. Puis il fut député par le Tiers-Etat de la province du Forez aux Etats-Généraux, qui prirent, après la réunion des Ordres, le titre d'Assemblée Constituante. Le voilà devenu homme politique. Il vota constamment avec les défenseurs des principes monarchiques : il combattit la *Déclaration des droits* comme intempestive et propre seulement à favoriser les insurrections ; il se prononça en faveur du *Veto* suspensif ; il tenta, malgré les cris de la gauche, de réfuter les motifs avancés par Mirabeau demandant une nouvelle émission d'assignats ; le 4 juillet, il protesta contre la détention du roi aux Tuileries, et le 13 août, il obtint l'élargissement des prétendus conspirateurs de Lyon, détenus à l'Abbaye.

Après la session de la Constituante, Delandine revint à Lyon et habita l'Hôtel-de-Ville en qualité de bibliothécaire de l'Académie. Mais après le 10 août 1792, il en fut expulsé, et voyant sa vie en danger, il alla chercher un asile dans les montagnes de la Loire, à Néronde, où Javogue, le cruel terroriste de Feurs, le fit arrêter. Conduit à Lyon, il fut incarcéré dans la prison des Recluses, là où se tient aujourd'hui le Conseil de guerre.

Parmi ses nombreux ouvrages, Delandine en a publié un intitulé : *Prisons de Lyon, 1793*. Cet opuscule est écrit d'un style déclamatoire et plein de sentimentalité qui a bien la couleur du temps. Malgré ce défaut, ce petit livre se fait lire avec intérêt, soit à cause des détails qu'on y trouve, soit à cause des noms qu'on y rencontre, et dont plusieurs sont encore connus de nos jours. Il fut prisonnier avec le sculpteur Chinard, avec Praire, de Saint-Etienne, avec de Tours, etc… Il y avait douze cents prisonniers.

Rendu à la liberté après le 9 thermidor, Delandine reprit ses travaux littéraires. Il fut professeur de législation à l'Ecole centrale du Rhône, de 1795 à 1799. Enfin, en mars 1803, il fut conservateur de la Bibliothèque de Lyon. Dès lors, il se livra presque exclusivement aux soins qu'exigeait la Bibliothèque, dont la surveillance lui était confiée. C'est alors qu'il entreprit une tâche immense et qui est peut-être son plus beau titre de gloire ; il fit le *Catalogue raisonné* de la Bibliothèque de Lyon. Dans ce catalogue, il a laissé glisser quelques erreurs, et il a signalé des pauvretés qui ne méritaient que l'oubli, mais si jamais vous allez à la Bibliothèque pour chercher un renseignement que vous ne savez guère où demander, tout bas vous remercierez Delandine.

Comme on le voit, Delandine n'eut rien de commun avec les prisons de Perrache, mais le hasard a bien fait les choses. Cette rue, bien avant le transfert des prisons dans ce quartier, s'appela Delandine. Il mourut le 5 mai 1820, sa mémoire était encore récente quand on créa ce quartier. Aujourd'hui, malgré soi, on se rappelle qu'il a été prisonnier, qu'il a écrit sur les prisons, et l'on ne s'étonne pas trop de voir ce nom dans ce voisinage.

Disons, pour terminer, que les honneurs sont venus chercher Delandine dans sa bibliothèque ; il reçut de l'empereur d'Autriche la grande médaille d'or du mérite civil, que ce prince n'avait encore accordée à aucun Français ; il fut nommé chevalier de la Légion d'honneur et reçut même des lettres de noblesse. C'était un homme vraiment remarquable par l'étendue de ses connaissances et par l'esprit d'ordre qui le distinguait. — Aujourd'hui cette famille est éteinte.

Rue Denfert-Rochereau

Du boulevard de la Croix-Rousse à la Grande-Rue de Cuire.

Cette rue s'appelait rue d'Enfer ; en 1878, la municipalité a voulu montrer qu'elle avait le calembour facile, la rue d'Enfer devint la rue Denfert-Rochereau, du nom du défenseur de Belfort. — V. plus loin *Enfer*.

Belfort fut, on le sait, le seul territoire qu'une résistance prolongée conserva à la France, lors de la malheureuse guerre de 1870. Belfort fut célébrée, glorifiée, bénie ; ce nom ne laissait aucun cœur insensible. Et si ces sentiments d'admiration et de reconnaissance étaient généraux en France, ils l'étaient plus particulièrement à Lyon, qui comptait de nombreux enfants parmi les défenseurs de Belfort.

Celui qui était à la tête de la défense, le colonel Denfert-Rochereau, bénéficia de ce succès. Son nom devint populaire et fut loué par un grand nombre ; un peu plus on l'aurait célébré comme un homme de génie. Lisez le *Roman d'un brave homme*, par Edmond About.

Mais les Lyonnais étaient trop nombreux à Belfort, pour qu'on n'ait pu avoir sur ce chef des renseignements précis. Il en résulte que la gloire de ce colonel est des plus discutées. Sans entrer dans des détails qui se résumeraient forcément par de dures épithètes, disons seulement qu'on ne le voyait presque jamais, qu'il fut négligent au-delà du vraisemblable, et, fait plus grave, que pendant trois jours il a pu entendre et voir l'armée de Bourbaki s'efforçant de le délivrer, et qu'il n'a rien fait avec ses quinze mille hommes pour lui tendre la main. Pour cela seul, il aurait dû passer en Conseil de guerre.

Rue Denuzière

Du cours Suchet à la rue Bichat.

Mme Denuzière, veuve Rey-Fortier, après avoir perdu son mari, perdit un fils qu'elle aimait tendrement. Libre de disposer de sa fortune, elle voulut fonder une œuvre de bienfaisance agréable à Dieu et utile à la société. Elle possédait une maison place Saint-Pierre et rue Saint-Côme ; elle la donna pour former le premier capital de l'établissement qu'elle rêvait. Cet établissement était une providence de petits garçons, où ils seraient admis de cinq à quinze ans. Elle commença à fonctionner en 1835, dans une maison du Chemin-Neuf, presqu'en haut de la montée ; elle y a existé jusqu'en 1887. — A cette date, M. l'abbé Ruet, qui tenait une Providence de petits garçons, rue Coste, 43, et rue de l'Enfance, ne se trouvant plus en règle avec les lois nouvelles, s'arrangea pour faire venir en son lieu et place la Providence Denuzière, dirigée par les Frères Maristes.

Madame Denuzière mourut le 10 mai 1829. Quelques mois après, une rue du nouveau quartier, qu'on créait à l'extrémité de la presqu'île de Perrache, reçut le nom de cette bienfaitrice des enfants de Lyon.

Rue Desaix

Du boulevard de la Part-Dieu à la rue du Lac.

A la Guillotière, nous l'avons déjà dit, se donnent rendez-vous les noms des grands hommes de tous les partis, de toutes les nuances, de tous les états. Cette mesure était nécessaire pour désigner les rues nombreuses qu'on a ouvertes dans cet immense quartier. Quelques dénominations resteront, d'autres peut-être, et c'est là un vœu bien légitime, disparaîtront pour faire place à ceux des Lyonnais qui auront bien mérité de leur pays.

Le nom de Desaix ne disparaîtra pas, parce qu'il appartient à la France, comme étant, de tous les généraux de l'Empire, le nom de celui qui eut le plus de talent et le plus beau caractère.

Louis-Antoine-Charles Desaix ou des Aix de Veygoux (1763), naquit, près de Riom, d'une famille noble de l'Auvergne. Elève de l'école d'Effiat, il en sortit sous-lieutenant. Formé à la rude école de l'armée du Rhin, il franchit rapidement les degrés de la hiérarchie militaire ; il fut général de division à vingt-six ans. Après s'être distingué dans l'armée de Sambre-et-Meuse, il suivit Bonaparte en Egypte ; là, commença, entre ces deux jeunes généraux, une grande et noble amitié qui ira d'une part jusqu'au dévouement le plus absolu et de l'autre jusqu'à la tendresse la plus aimante. Après l'Egypte, Desaix revint en Piémont, où il retrouva son ami guerroyant contre M. de Mélas. Ils passèrent ensemble toute la nuit du 11 au 12 juin 1800, à se raconter les événements d'Egypte et de France, et aussitôt le premier Consul lui donna le commandement de deux divisions.

Deux jours après, le 14 juin, Desaix, en marche sur San-Giulano, entend le canon et s'arrête sur place. Il prête l'oreille, on se bat dans la plaine de Marengo, donc il n'est pas nécessaire d'aller chercher l'ennemi à Novi, il marche au canon. Heureuse inspiration ! La bataille de ce jour, on le sait, eut deux phases bien marquées et bien différentes, celle du matin qui donna la victoire à M. de Mélas, et celle du soir, qui, grâce à l'arrivée de Desaix, donna la victoire aux armées françaises.

Il était trois heures quand Desaix rejoignit le premier Consul ; on l'entoure, on lui expose les événements de la journée, on lui demande son avis. Il tire sa montre : « Oui, dit-il, la bataille est perdue, mais il reste encore le temps d'en gagner une. » On prend de nouvelles dispositions, on se bat avec un nouvel entrain, et les armées autrichiennes sont taillées en pièces.

Mais cette brillante soirée de Marengo nous coûta cher, elle coûta la vie de Desaix, qui fut tué dans une charge de cavalerie. L'armée le pleura, car il était l'idole des troupes. Bonaparte l'honora de ses larmes, et quand M. de Bourrienne accourut pour le féliciter, en lui disant : « Quelle belle journée ! » — « Oui, répondit le général en chef, bien belle, si ce soir j'avais pu embrasser Desaix sur le champ de bataille. » En Egypte, on l'appelait le *Sultan juste* ; dans l'armée, on lui donnait le nom d'Epaminondas ; Bonaparte l'appelait un caractère vraiment antique.

Le même jour et presqu'au même moment, Kléber, son émule au point de vue du génie militaire, tombait en Egypte sous le poignard d'un assassin.

Voici un passage du portrait de Desaix par M. Thiers :

Simple, timide, même un peu gauche, la figure toujours cachée dans une ample chevelure, il n'avait point l'extérieur militaire. Mais héroïque au feu, bon avec les soldats, modeste avec ses camarades, généreux avec les vaincus, il était adoré de l'armée et des peuples conquis par nos armes. Sous des dehors sauvages, il cachait une âme vive et très susceptible d'exaltation. Son esprit solide et profondément cultivé, son intelligence de la guerre, son application à ses devoirs, son désintéressement, en faisaient un modèle accompli de toutes les vertus guerrières.

C'est dans la rue Desaix qu'a été transférée la Permanence, qui était jusqu'alors dans la rue Luizerne ou de la Tunisie.

Rue Désargues

De la rue de Créqui à la rue de la Part-Dieu.

Cette rue porte le nom d'un Lyonnais qui fut peu connu de ses compatriotes, mais qui fut très apprécié des étrangers. Il naquit, en 1593, d'une famille ancienne et noble, et fut un géomètre distingué. Il était très lié avec le grand Descartes, dont il prit bien des fois la défense, et qu'il aida dans sa retraite en Hollande. Descartes avait pour Gérard Désargues non seulement de l'estime, mais une vive amitié. Quoique ce grand philosophe ait toujours été très avare de louanges, il accorda les plus grands éloges aux travaux de son ami.

Mais quelqu'illustre qu'elle soit, cette amitié nous toucherait assez peu. Ce nom rappelle un détail trop peu connu, qui suffit à l'auréoler d'un rayon de gloire. L'Hôtel-de-Ville a été construit par Simon Maupin, personne ne l'ignore. Mais une correspondance, conservée dans nos archives municipales, donne lieu de penser que ledit Hôtel-de-Ville a été construit sur les dessins de Gérard Désargues, dont Simon Maupin n'aurait guère été que l'exécuteur. Il avait également construit sur le pont de pierre une maison de quatre étages d'une hardiesse extraordinaire : la moitié du bâtiment était suspendue, supportée par une trompe d'un effet surprenant.

Désargues mourut en 1662.

Ce nom de Désargues ne fut pas tout d'abord donné à cette rue, mais à une autre qui a disparu, depuis la création du square de la rue Moncey et du groupe scolaire qui l'avoisine. Autrefois, c'est-à-dire vers 1855, une rue s'amorçait sur la rue Vendôme, à la hauteur de ce qui est aujourd'hui la place Guichard, et tendait à la ferme de la Part-Dieu, voisine, mais non parallèle, de l'ancien chemin des Charpennes. Cette rue n'est plus, mais on a voulu avec raison en conserver le nom.

Rue Deschazelles

Du chemin de Serin à la rue Roussy.

J'ai tout lieu de croire qu'il s'agit ici du grand dessinateur en fabrique, Pierre-Toussaint Dechazelle. Si j'ai un doute, il provient de ce que le nom inscrit sur les plaques municipales ne concorde avec aucun de ceux que j'ai trouvés dans mes recherches. Le nom le plus fréquemment rencontré est Dechazelle, quelquefois il est séparé en deux mots, de Chazelle, plus rarement encore avec un accent et une *s* finale, Déchazelles ; jamais je n'ai vu Deschazelles.

Pierre-Toussaint Dechazelle naquit à Lyon en 1731, mais fut élevé au collège de Senlis, dirigé alors par un religieux, qui était son oncle maternel. Quand il revint à Lyon, il se destina à la peinture ; il fut élève de Nonotte pour la figure et de Douay pour la fleur. Il se distingua dès ses débuts par la finesse du dessin, la suavité du pinceau, la facilité de composition, qualités qu'il gardera toujours. Il eut ensuite et de bonne heure l'idée d'utiliser dans la fabrique des soieries les connaissances qu'il avait acquises en dessin ; il devint artiste, fabricant, commerçant. Il eut de tels succès qu'on l'appelait couramment le Flamand des étoffes de soie, le Raphaël de la fabrique lyonnaise. Le baron de Géramb, qui était chargé de pourvoir à l'ameublement de la cour de Russie, était un de ses fervents admirateurs et retenait d'avance tout ce qu'il composerait et fabriquerait. C'est assez dire que la réputation de ce dessinateur de génie, aussi bien que celle de sa ville natale, s'étendit au loin.

La Révolution lui fit fermer sa maison, et nous le retrouvons, pendant le siège de Lyon, se conduisant avec un tel zèle que ses concitoyens lui offrent une épée d'honneur. Ensuite, c'est la Terreur qui le force à fuir, à se cacher, pendant que sa maison est livrée au pillage ; il est ruiné. Mais après la Révolution, il se remit au travail, créa des merveilles et refit sa fortune.

Dechazelle ne fut pas seulement un grand dessinateur, il a un autre titre à la reconnaissance des Lyonnais. Lorsque Bonaparte créa une école spéciale de dessin relative aux manufactures de soie de Lyon, le maire, M. Fay de Satonay, institua, pour la diriger, une administration dite Conservatoire des Arts. Dechazelle en fut un des membres les plus actifs et les plus utiles : il contribua largement à donner la vie à cette école, quand elle débuta.

Cette rue passe devant l'Ecole normale des instituteurs, et elle a cette particularité assez étrange qu'elle ne compte que les n°s 34 et 35.

Rue Désirée

De la rue Romarin à la montée du Griffon.

Cette rue s'est appelée rue des Gautherets en Terraille, mais comme il est constant que cette voie avait été vivement désirée par la population de ces quartiers, le nom de Désirée lui est resté. Une inscription en lettres gothiques nous a conservé la date de l'ouverture de cette rue. Elle se voit à l'angle de la maison qui fait retour sur la montée du Griffon et la place de la Comédie.

> 𝔏𝔞 𝔯𝔲𝔢 𝔇𝔢́𝔰𝔦𝔯𝔢́𝔢
> 1554

Voilà trois siècles et demi qu'elle s'appelle ainsi, et c'est, il me semble, une longue satisfaction donnée à de tels sentiments. Ne verrait-on pas ce nom disparaître sans regret? Ne pourrait-on pas, puisque nous sommes ici en plein quartier fabricant et commerçant, lui substituer le nom de Turquet ou de Naris, les créateurs à Lyon de l'industrie de la soie, et qui n'ont nulle part dans notre ville le moindre souvenir? Ce ne serait que justice.

Rue Desjardins

Du quai Perrache à la rue Vuillerme.

Tout le monde à Lyon connaît *le cheval de bronze* : celui qu'on admire aujourd'hui est le chef-d'œuvre d'un sculpteur lyonnais, Lemot, comme nous le verrons en son lieu. Mais avant celui-ci une statue équestre de Louis XIV s'élevait également au milieu de la place Bellecour, laquelle fut abattue par la populace aux journées de septembre 1792. Elle était l'œuvre d'un brabançon, Martin Van den Bogaert, que l'on francisa du nom de Desjardins. Il devint par son mérite recteur de l'Académie des Beaux-Arts, et composa plusieurs œuvres remarquables qui, par suite de la grande révolution, n'existent presque plus aujourd'hui. Il était né à Bréda en 1640, et mourut à Paris en 1694.

Chemin des Deux-Amants

Du chemin de Saint-Just à Saint-Simon au chemin de la Demi-Lune.

Voici un nom curieux qui prête bien à la légende. Aussi plusieurs romanciers ont-ils bâti sur ce nom mille épisodes touchants qui tous rappellent les Pyrame et Tisbé antiques. D'Urfé et Sterne en ont profité pour écrire quelques pages pleines de charme et de sensibilité. De leur côté, les savants ont été arrêtés par ce nom et ont émis diverses hypothèses ; toutes peut-être sont fausses.

Chacun sait que les Romains avaient coutume d'élever des tombeaux sur les routes en dehors des villes. C'est ainsi qu'à Rome on voit des tombeaux border certaines routes célèbres, et en particulier la voie Appienne. Il n'est pas impossible, et il est même probable, que cette coutume ait existé à Lyon et que des tombeaux se soient élevés sur les quatre grandes routes lyonnaises ouvertes par Agrippa. Or, dit-on, sur l'une d'elles qui partait du Forum (aujourd'hui Fourvière) pour aboutir à l'Océan, on trouva un monument que l'on crut être un tombeau, connu dès longtemps sous le nom des Deux-Amants, comme nous tenterons de l'expliquer ci-après, et qui fut démoli, en 1707, pour élargir la voie publique. Il était situé sur le quai de Pierre-Scize, à peu près en face du numéro 2 actuel. Jacob Spon n'a pas pensé que ce fut un tombeau, parce qu'il n'y avait aucune inscription et jadis on en était prodigue, mais il a cru que c'était un autel païen dédié à quelque divinité qu'on adorait à l'entrée de la ville.

Le P. Colonia et Jacob Spon nous ont conservé la forme de cet antique monument, qui doit remonter jusqu'au second siècle de notre ère.

Le plan en était carré. Sur un vaste socle s'élevaient quatre pilastres qui supportaient un entablement couronné de deux côtés par un fronton : l'entrepilastre d'une des faces était muré : les trois autres faces étaient ouvertes.

Je le répète, aucune inscription n'était sur le monument ; la tradition seule justifie ce nom de tombeau des Deux-Amants.

Je ne cite ici que pour mémoire les romanciers, dont l'imagination a travaillé sur des conjectures. Les uns, comme dans le roman de l'Astrée, en ont fait une sorte d'autel où les amants sincères venaient se jurer un éternel amour ; les autres, comme dans la légende d'Aranthès et d'Aspasie, en ont fait le lieu d'une sépulture commune, afin que ceux-là ne soient pas séparés dans la mort qui s'étaient aimés pendant la vie.

Mais les historiens méritent davantage de fixer notre attention. Para-

Fig. 33. — Tombeau ou Laraire des Deux-Amants.

din prétend que ce fut le tombeau d'Hérode et d'Hérodiade ; cette opinion n'est guère soutenable, d'abord parce que ces proscrits de l'empereur n'ont pu avoir dans une ville impériale un tombeau si honorable ; ensuite parce que, d'après l'historien Josèphe, Hérode et Hérodiade moururent misérablement en Espagne. De Rubys croit que ce fut le tombeau de deux époux chrétiens qui vécurent ensemble dans une continence perpétuelle, et qu'on appelait des amants, *amantes* ; — c'est une supposition qui ne peut avoir de fondement que dans une histoire racontée par Grégoire de Tours, mais le fait s'est passé à Clermont et non à Lyon ; du reste, il n'y a pas même une croix sur ce monument, ce qui, en cette hypothèse, est un peu extraordinaire. D'autres ont prétendu que ce fut le tombeau de deux prêtres d'Auguste du nom d'Amandus. Spon pense que ce fut, non pas un tombeau, mais un petit temple, un laraire, comme on avait coutume d'en bâtir à l'entrée des villes, ce qui ne justifie en rien le nom que lui donne la tradition. C'est cependant cette dernière opinion qui de nos jours tend à prévaloir. Pour nous, nous y verrions plutôt un tombeau.

Ce monument n'avait pas d'inscription, avons-nous dit ; de là les hypothèses. Mais dans le voisinage de ce tombeau, on trouva une inscription dont le style concordait avec l'architecture du monument ; on en a conclu, mais sans autre preuve, qu'elle lui appartenait. L'avocat Brossette et le P. Colonia donnèrent du crédit à cette supposition. Cette inscription portait :

```
            D.       M.
       ET MEMORIÆ ÆTER
       NÆ OLIÆ TRIBVTÆ
        FEMINÆ SANCTIS
        SIMÆ ARVESCIVS
         AMANDVS FRATER
        SORORI KARISSIMÆ
       SIBIQVE AMANTISSIMÆ
            P. C.
     ET SUB ASCIA DEDICAVIT
```

« Aux Dieux Mânes et à la mémoire éternelle d'Olia Tributa, femme très grave. Son frère Arvescius Amandus à sa sœur très chère et très aimante, a fait élever ce monument et l'a dédié sous la hache. »

Soit parce qu'on a cru à tort que ce nom d'Amand — *Amandus* — était commun au frère et à la sœur, soit parce que l'inscription portait cette espèce de jeu de mots d'*Amandus* et d'*Amantissima*, le nom de Deux Amants est resté.

Quoiqu'il en soit, cet antique monument est détruit, et c'est à regretter.

Rue des Deux-Maisons
De la place Bellecour à la rue du Plat.

Cette rue, qui n'est pas longue, n'est formée que de deux maisons, dont chacune occupe un côté. Il n'y a même qu'une seule allée dans cette rue. Elle porte ce nom depuis 1723, par délibération du 30 décembre : le Consulat donne le nom de rue des Deux-Maisons à celle qui sépare la maison de M. de la Villette d'avec celle de M. le président Cholier.

Rue des Deux-Places

Cette rue, qui n'est qu'un trait-d'union entre la place Dumas-de-Loire et la place Saint-Didier, a reçu tout naturellement le nom qu'imposait cette situation topographique, mais c'est un peu puéril, car elles sont nombreuses en notre ville les rues qui pourraient porter ce même nom.

Rue Diderot
De la rue Pouteau à la place Colbert.

Cette rue portait, avant 1879, le nom de Sainte-Blandine, dans l'ancien clos Casati ; on l'a supprimé et l'on a bien fait, à cause de la confusion facile qu'elle pouvait créer avec le quartier Sainte-Blandine, au-delà des voûtes de Perrache.

Le nom de Diderot a succédé à celui de Sainte-Blandine ; la succession est tout au moins inattendue. Ceux-là seuls, connaissant l'esprit qui a présidé à ces changements de noms, peuvent se l'expliquer.

Diderot, fils d'un coutelier, naquit à Langres en 1713. Il devint un des chefs du mouvement philosophique au XVIIIe siècle : Voltaire était fin, ingénieux, brillant ; Diderot fut audacieux, emporté, violent.

Il fut l'âme de l'Encyclopédie, il y déploya une activité de premier ordre. Ses écrits dénoncent l'esprit paradoxal, matérialiste, athée, quelquefois panthéiste, et, hélas ! impur, qu'était Diderot. C'est l'être sans principe, sans maître et sans Dieu. J'en excepterai cependant ses *Salons*, son meilleur ouvrage, revue des expositions de peinture au Louvre.

Son style est impétueux et négligé ; on dirait qu'il improvise perpétuellement ; il fut incapable d'écrire un bon livre, il a cependant écrit de belles pages. Sa conversation était éblouissante. Ses œuvres comprennent vingt-cinq ou vingt-six volumes.

Diderot n'a rien de lyonnais ; il n'a pas ce génie ou ce talent incontesté qui impose à tous les pays le nom d'un personnage ; son nom n'est pas un encouragement au bien ; c'est un nom à changer.

Rue de Dijon

De la rue Chaumais à la place de la Boucle.

Cette rue s'appelait Lafayette. Un arrêté du préfet du Rhône, en date du 2 juillet 1879, a décidé qu'elle porterait désormais le nom de rue de Dijon. On a bien fait de changer ce nom pour éviter toute confusion avec le cours Lafayette, mais on a eu tort de lui donner le nom de Dijon. Ce n'est qu'une basse flagornerie à l'égard de Garibaldi, celui qu'on a appelé une héroïque ganache, si toutefois héroïque n'est pas de trop. Il ne mérite pas cet hommage, quelque indirect qu'il soit. Tout le monde sait, en effet, que la bataille de Dijon, pendant la guerre de 1870, ne fut qu'un rideau derrière lequel passa l'armée prussienne pour se rendre dans le Jura. Le *condottiere* n'y vit que du feu.

Rue des Docks

Du quai de la gare d'eau de Vaise au chemin de Saint-Rambert.

Ce nom anglais signifie de vastes magasins ou entrepôts de marchandises. Les docks sont habituels aux villes maritimes et aux ports de commerce. On les a établis aussi dans les gares dont le transit commercial est considérable. La gare de Vaise, étant sous ce rapport très importante, possède des docks, et la rue qui y conduit a pris ce nom.

Rue Donnée

De la rue Rozier à la rue Coysevox.

Au commencement de ce siècle, lorsqu'on ouvrit des rues à travers les anciens clos des Capucins et des Ursulines, situés au bas de la colline de Saint-Sébastien, les acquéreurs ouvrirent cette rue et la donnèrent gratuitement au public. De là son nom de rue Donnée.

A Vaise, il y avait aussi une place qui portait ce nom et qui avait la même origine; elle est devenue la place Saint-Didier.

Rue Dorée

De l'avenue du Doyenné à la rue Ferrachat.

La raison de cette appellation est tout à fait inconnue. Cependant, je ne crois pas m'éloigner beaucoup de la vérité en donnant les probabilités suivantes :

Il y a cinq ou six cents ans, cette rue s'appelait rue des Juifs, parce qu'elle était habitée exclusivement par eux. Or, on sait l'esprit commercial des enfants d'Israël et les fortunes prodigieuses qu'ils amassent ; nous le constaterons encore quand nous parlerons de la rue Juiverie. — V. ce nom. — Le peuple lyonnais a pu voir dans cette rue le Temple de la fortune et plus tard lui donner le nom de rue Dorée. Les Juifs restèrent là jusqu'en 1379 ; à cette date, ils en furent chassés par le Chapitre.

Mais voici une autre raison peut-être plus voisine de la vérité, parce qu'elle rappelle bien le laisser-aller de nos pères, qui ne brillaient pas toujours par la propreté. Cette rue étroite, sombre, peu fréquentée, dut servir souvent à des usages innommables ; par dérision, et peut-être aussi en mépris des Juifs, en associant les deux idées, on l'appela rue Dorée. Qu'on relise ce que j'ai écrit à propos de la rue Bourdy, qui elle-même s'appela Brenneuse, et même Dorée, pour cette même raison.

Avenue et rue du Doyenné

L'avenue : de la rue Jean-Carriès à la rue du Doyenné.
La rue : de l'avenue du Doyenné à la place Saint-Georges.

L'hôtel du Doyen du Chapitre de Saint-Jean était autrefois dans cette rue ; cette dénomination en rappelle le souvenir.

Ce nom est le seul souvenir populaire que nous ayons de l'ancien Chapitre des chanoines-comtes de Lyon, qui tient dans notre histoire lyonnaise une si large place. J'en ai parlé plus longuement autre part ; je n'y peux pas décemment revenir. Contentons-nous de quelques données.

Le Chapitre de Lyon fut une grande aristocratie sacerdotale ; les membres étaient tenus à des preuves sévères de noblesse ; le nombre en fut variable, il fut définitivement fixé à trente-deux. Ils étaient partagés en trois classes, les dignitaires, les hôteliers et les jeunes. Les hôteliers devaient recevoir à leur table les jeunes, dont ils devaient diriger la conduite.

Les dignitaires étaient au nombre de huit, auxquels toutefois il faut ajouter un neuvième, le maître de chœur ; on est obligé de mettre une différence entre celui-ci et ceux-là parce que cette dernière dignité était un personnat. Ces huit dignitaires étaient : le doyen, l'archidiacre, le précenteur, le chantre, le chamarrier, le sacristain, le grand-custode et le prévôt de Fourvière. Pour ne pas être trop long, nous ne parlons ici que du doyen.

Le doyen, dans un Chapitre comme celui de Lyon, était vraiment un grand personnage. Il était élu à vie par le Chapitre. Il avait la préséance générale, parlait, écrivait, agissait au nom du Chapitre, proposait les affaires, prononçait les décisions, signait la correspondance diplomatique, recevait et haranguait les souverains, nommait les Custodes de Sainte-Croix et dirigeait cette église, avertissait et punissait les délinquants de peines disciplinaires, faisait subir des examens aux diacres ordinands.

Les chanoines résidaient dans le cloître et certains dignitaires avaient des hôtels particuliers.

Rue Dubois

Du quai Saint-Antoine à la rue de la République.

La rue Dubois a absorbé les anciennes rues Chalamont et des Soufflctirs. Cette unification date de 1855.

Les renseignements ne manquent pas sur cette rue, et cependant pas un d'eux n'est certain. Les uns disent qu'il y avait jadis un bois sur cet emplacement ; les autres affirment qu'en 1524, au coin et au bout de la même rue du côté des Cordeliers, demeurait un maréchal-ferrant nommé Michel Duboys ; la manière d'écrire du Bois, dans la pétition du xvi⁰ siècle que nous donnons ci-après, ne permet guère d'admettre cette interprétation. — Le P. Ménestrier et Cochard croient plutôt qu'en cet endroit, limite de l'ancienne enceinte de la ville, on exposait du bois à vendre, c'était le marché du bois. — En 1576, les corroyeurs y étaient installés ; au mois de février, les habitants de la rue du Bois demandent qu'il plaise au Consulat d'ordonner aux corroyeurs d'avoir autre lieu que cette rue pour faire les engraissements de leurs cuirs, à cause de la grande infection que cela rend.

Rue de la Duchère

De la rue de Bourgogne au château de la Duchère.

Le château de la Duchère s'élève à mi-coteau, sur le penchant de la colline qui domine à l'ouest le faubourg de Vaise. Il est d'un bel effet et ne manque pas de caractère ; sa belle situation, la masse de ses bâtiments, les bois qui l'environnent, le rendent digne de la plus sérieuse attention.

Il a été possédé par de nombreuses familles qui s'y sont succédé ; les principales furent la famille Clapisson et la famille de Nérestang ; la première fit reconstruire le château, la seconde l'embellit de toutes les richesses de la peinture ; il appartient aujourd'hui à la famille de Varax.

Les souvenirs historiques que rappelle le château sont nombreux, je glane les principaux :

En 1600, Henri IV, venant à Lyon épouser Marie de Médicis, coucha au château de la Duchère : on y montre encore une chambre dite de Henri IV.

En 1619, on offrit, à la Duchère, une fête et une collation à Mᵐᵉ Christine de France, sœur de Louis XIII, lorsque cette princesse passa à Lyon pour se rendre à Turin, où elle allait épouser le prince héritier de Piémont. Cette malheureuse fille du Béarnais devait mourir misérablement par la vengeance de son époux.

Pendant le siège de 1793, les Lyonnais y conservèrent un poste et y firent des prodiges de valeur. Là encore s'effectua une fameuse sortie des Lyonnais. Nous reviendrons sur ces intéressantes circonstances. — V. *Louis Blanc*.

Non loin de la Duchère, sur le territoire de Balmont qui était de la juridiction d'Ecully, par conséquent du Chapitre, le Chapitre, en janvier 1468, avait fait élever des fourches patibulaires.

L'étymologie de ce nom ne me paraissait pas douteuse, je m'imaginais volontiers qu'un propriétaire du nom de Ducher avait dû lui laisser son nom. Un possesseur de cette maison, le premier peut-être qui soit connu, est appelé, vers l'an 1300, Bernard de Varey de la Duchère, conseiller de ville à Lyon. Est ce le propriétaire qui a donné son nom à la maison ? est ce la maison qui a donné son nom au propriétaire ?

J'en étais là de mes incertitudes, quand un article de M. Péan passa sous mes yeux. M. Péan est un celte du xixᵉ siècle, il trouve des formes celtiques un peu partout. Je n'ai pas à dire l'impression que j'éprouvai de cette lecture, j'apporte simplement un témoignage. Voici donc l'étymologie donnée par M. Péan sur le mot la Duchère :

« Duchère, dénomination celtique, peu altérée, faite du cymrique *du*, noir, et de notre *Karr*, roche, pierre, est venue d'une constitution extérieure du sol effacée par le travail accumulé par les générations. »

Rue Dugas-Montbel

Du quai Rambaud au quai Perrache.

Jean-Baptiste Dugas-Montbel n'est pas lyonnais de naissance. Il naquit à Saint-Chamond (Loire), le 11 mars 1776. Mais il est Lyonnais par tout le reste de sa vie. Il fit ses études chez les Oratoriens et s'occupa d'abord de commerce, mais il l'abandonna à l'âge de trente ans pour se livrer à la littérature. Auteur d'une bonne traduction d'Homère et de savants commentaires sur Homère et les poésies homériques, il devint membre de l'Académie de Lyon et associé libre de l'Académie des Inscriptions. Trois fois la ville de Lyon l'honora de sa confiance, trois fois Dugas-Montbel fut député du Rhône, en 1830, en 1831 et en 1834 ; à ses obsèques, son vieil ami Ballanche fit entendre des accents émus.

A Saint-Chamond, il y a une rue qui porte le nom de Dugas-Montbel, bienfaiteur de sa ville natale. Cette rue est celle où était située sa maison. — A Lyon, les quartiers naissants de Perrache sont à peu près contemporains de la mort de Dugas-Montbel ; cette rue en conserve le souvenir.

Rue Duguesclin

Du boulevard du Nord à la rue Rachais.

Le Panthéon populaire de la rive gauche du Rhône a enregistré le nom de Duguesclin, un des plus grands guerriers qu'ait connus la France. La rue qui est ainsi désignée est une des plus longues de Lyon ; la portion qui est au nord du cours Morand s'appelait, avant 1855, avenue Vauban. Un passage, qui porte ce même nom, fait communiquer la rue Duguesclin avec la rue Boileau.

Bertrand Du Guesclin naquit en 1314 ou 1320, à La Mothe-Broons, près de Rennes, en Bretagne. Il était laid de visage et avait un caractère intraitable. A seize ans, il faisait ses preuves dans un tournoi, en terrassant un adversaire jusque-là victorieux. Ses principaux exploits furent les victoires de Cocherel, de Montiel, de Pont-Valain, et le rétablissement de Henri de Transtamare en Castille. Il eut pour adversaire et pour émule le célèbre capitaine anglais Chandos, qui le fit prisonnier après les batailles d'Auray et de Navarette. Mais sa rançon, *pour laquelle auraient filé toutes les filles de France,* fut vite payée. Elevé à la dignité de connétable, Bertrand Du Guesclin mourut au siège de Châteauneuf-Randon. Il fut inhumé à Saint-Denis en 1380.

Il reprit aux Anglais la Guyenne, le Poitou, la Saintonge, le Rouergue, le Périgord, une partie du Limousin, et toute la Bretagne, moins Brest.

Ce vaillant homme de guerre, ce guerroyeur infatigable, avait des sentiments d'humanité remarquables pour son siècle : « En temps de guerre, disait-il, les gens d'église, les femmes, les enfants, le pauvre peuple ne sont pas des ennemis. » On n'en dit pas autant aujourd'hui.

Rue Duhamel
De la place Carnot au quai de la Charité.

Cette rue rappelle le souvenir d'un excellent homme, ancien colonel d'artillerie en retraite, qui fut maire du deuxième arrondissement de 1852 à 1861.

Claude-Marie-Joseph Duhamel était commandeur de la Légion d'honneur, membre du Conseil général, président du comité de réception de la statue équestre de Napoléon à Perrache. De son vivant, il eut quelque popularité ; il est complètement oublié. Si pour donner le nom d'un homme à une rue on attendait qu'il fût mort depuis vingt ans, jamais celui de Duhamel n'eût obtenu cette illustration.

Rue Dumas
De la rue Saint-Pierre de Vaise à la rue des Tuileries.

Ce nom est assez répandu pour inspirer quelque hésitation à qui veut chercher la cause de cette appellation. Il pourrait être simplement celui d'un propriétaire. Mais il est très probable, pour ne pas dire certain, qu'il s'agit ici de Charles-Louis Dumas, qui fut médecin à la Charité de Lyon et qui, après bien des péripéties, devint recteur de l'Université de Montpellier. C'était aussi un membre distingué de l'Académie de Lyon. Il a laissé des *Principes de physiologie* estimés.

Place Dumas-de-Loire
De la rue des Bains à la rue du Tunnel.

M. Joseph Dumas, propriétaire et maire de Loire, village au-dessous de Givors, ce qui le fit appeler Dumas de-Loire, était un agriculteur intelligent et un artiste potier très industrieux. Il entreprit de remplacer par le charbon de pierre le bois dont jusqu'à lui on s'était servi exclusivement pour la cuite des briques, des carreaux et des tuiles. Instruit que, dans d'autres établissements du même genre, on employait le bois et le charbon en parties égales, il s'empressa de les visiter. Il ne tarda pas à reconnaître que ce mélange n'opérait pas l'effet qu'on s'en était promis. Il revint au charbon de pierre menu, distribué avec intelligence et l'essai dépassa son espoir.

Voyant que l'industrie de la tuilerie baissait à Loire, et reconnaissant que la plaine de Vacques, à Vaise, avait des terrains propres à être utilisés, il se rendit, en 1822, acquéreur des prés dépendant de l'ancienne auberge du Chapeau-Rouge et vint, avec d'autres compatriotes, y installer des tuileries. De là le nom de place Dumas-de-Loire, et de là le nom de rue des Tuileries.

Rue Dumenge
De la rue du Mail à la rue Célu.

Cette rue portait avant 1892 le nom de Sainte-Rose, et nous en avons donné la raison. — V. *Célu.* — Mais depuis 1892, elle a pris le nom de Dumenge, qui est, m'a-t-on dit, celui d'un propriétaire de cette rue.

Rue Dumont
De la Grande-Rue de la Croix-Rousse à la Grande-Rue de Cuire.

Bien qu'il y eut, sur le plateau de la Croix-Rousse, de vastes propriétés, entr'autres celles de la famille Savaron, il n'y avait cependant, d'après l'atlas historique de Debombourg, qu'un seul fief, le fief Dumont.

En 1771, il appartenait à M. Boulard de Gâtelier. La rue Dumont a été ouverte sur cet ancien fief, qui a été éventré par le chemin de fer de Sathonay.

Rue Dumont-d'Urville
De la rue Célu à la rue du Sentier.

Dumont d'Urville n'est pas lyonnais, mais ce personnage fut si extraordinaire pour son époque et sa fin fut si tragique que la France tout entière a redit son nom avec attendrissement.

Jean-Sébastien-César Dumont-d'Urville naquit, en 1790, à Condé-sur-Noireau (Calvados). Navigateur célèbre, il fit trois fois le tour du monde. Chacun de ses voyages fut une bonne fortune pour la science, parce que partout il fit une riche moisson dont profitèrent la botanique, la zoologie et la minéralogie. Il fut créé contre-amiral en 1840, il avait alors cinquante ans. Deux ans après, il périt blessé et brûlé dans la fameuse catastrophe du chemin de fer de Versailles, le 8 mai 1842.

L'ouverture de cette rue est à peu près contemporaine de cette mort.

Rue Dumoulin
De la rue Croix-Jordan à la rue Saint-Lazare.

Voici une appellation qui tient à la fois du nom commun et du nom propre. Qui empêche, si c'est un nom commun, qu'un moulin se soit trouvé là jadis, et que le chemin qui y conduisait se soit appelé le chemin du moulin ?

Si c'est un nom propre, qui empêche que ce soit celui d'Antoine Dumoulin, valet de chambre de la reine Marguerite de Navarre, qui s'établit à Lyon au XVIe siècle, édita les œuvres de Marot et de Des Périers, et composa lui-même un grand nombre d'ouvrages ?

Qui empêche ?... Peu de chose en effet : il n'y eut jamais de moulin en cet endroit, Antoine Dumoulin est très ignoré, enfin, raison majeure, ce nom est celui d'un propriétaire de cette rue.

Rue Dunoir

Du quai de la Guillotière à la rue Garibaldi.

Cette rue a été ouverte à travers le petit domaine du Noir. On trouve ces deux appellations : Le Noir et Dunoir.

Rue Duphot

De la rue Villeroy à la rue de l'Epée.

Ce nom consacre le souvenir de Léonard Duphot, enfant de la Guillotière, né en 1770, et qui s'éleva par son seul mérite au grade de général de brigade qu'il avait à vingt-cinq ans. Il se distingua pendant les guerres de la grande Révolution. En 1797, il accompagna Joseph Bonaparte à Rome et tomba, dans une émeute, sous le poignard d'un assassin, la veille du jour où il devait épouser la belle-sœur de Joseph, Mlle Clary, qui devint plus tard l'épouse du général Bernadotte et reine de Suède. Si un crime n'était venu briser une carrière si brillamment commencée, cet enfant de la Guillotière pouvait accomplir les plus étonnantes destinées et peut-être s'asseoir sur un trône.

On s'étonnait de ne pas voir quelque part, dans notre populeuse Guillotière, la statue du général Duphot ; on a fini par réparer cet oubli. Depuis le mois d'août 1899, elle a été élevée dans le square de la Préfecture.

A cette occasion, je me permets de demander pourquoi nous n'aurions pas une rue qui porterait le nom du général Meunier-Saint-Clair, enfant de la Guillotière, comme Duphot. Né en 1779, il était simple soldat en 1787 et rapidement s'élevait aux plus hauts grades, en suivant tous les degrés de la hiérarchie militaire. De 1792 à 1815, il fut sur presque tous les champs de bataille, se distinguant partout par son intrépide vaillance. Il mourut à Lyon en janvier 1845.

Rue Duquesne

Du quai de l'Est au boulevard du Nord.

Après Duguesclin, voici Duquesne ; après le grand capitaine, voici le célèbre marin. Abraham Duquesne, fils d'un capitaine de vaisseau, se forma si bien à cette école qu'à vingt-sept ans il commandait un navire. Puis il prit du service près de Christine de Suède, qui le nomma vice-amiral de sa flotte. Rappelé en France, il combattit les Anglais et fut vainqueur. Il se mesura avec les amiraux hollandais Tromp et Ruyter, les meilleurs marins de ce temps-là ; Ruyter fut tué au combat d'Agousta, où Duquesne eut une belle part. Enfin il fut chargé de purger la Méditerranée des pirates qui l'infestaient et réussit admirablement dans cette noble tâche.

Il était né à Dieppe en 1610 ; il mourut à Paris en 1688.

Rue Duroc

Du cours des Chartreux à la rue Coudée.

Ce nom est celui d'un général comme on en trouve peu. Quoique des plus vaillants, Duroc n'a pas la réputation d'un sabreur. Il y a quelque chose de plus fin dans cette physionomie ; c'est l'homme sage, discret, intelligent, d'une irréprochable tenue ; c'est lui qui était choisi par l'Empereur pour les missions difficiles dans les diverses cours d'Europe ; c'est lui qui présidait à toutes les fêtes, à toutes les cérémonies, à tous les voyages de la cour. Et malgré cette exquise distinction de formes, c'était le vaillant soldat, l'intrépide guerrier d'Egypte, d'Austerlitz, de Wagram et d'Essling.

Gérard-Christophe-Michel Duroc naquit à Pont-à-Mousson en 1772. Au siège de Toulon, il était lieutenant d'artillerie, et là, il se lia avec le jeune Bonaparte, qui le prit bientôt pour son aide de camp. Il devint grand maréchal du palais, duc de Frioul, sénateur, général de division et fut décoré des principaux ordres de l'Europe. Il fut l'homme le plus aimé de Napoléon qui ne l'oublia jamais. Le 22 mars 1813, à Vurschen, sur la fin de la bataille de Bautzen, le dernier coup de canon ennemi le blessa mortellement. Les restes de Duroc ont été portés aux Invalides, sous le roi Louis-Philippe, à côté de ceux de l'Empereur, son ami.

Cette rue doit dater du second Empire.

Rue Dussaussoy
De la rue Cuvier à la rue Robert.

Claude-André Dussaussoy fut à la fois un remarquable chirurgien-major de l'Hôtel-Dieu, et un bienfaiteur des Hospices, auxquels il légua à sa mort, survenue en 1820, une somme de 6.000 fr.

Mais le nom de cette rue est destiné à honorer bien plus le fils que le père. Le 18 mai 1865, décédait, à Paris, un ancien magistrat, M. Claude Dussaussoy, fils de Claude-André, chirurgien-major de l'Hôtel-Dieu de Lyon. Privé d'héritier direct, M. Claude Dussaussoy de Champlecy institua l'Hôtel-Dieu son légataire universel. Les immeubles de cette succession ont été estimés, frais déduits, à la somme de 400.000 fr.

Rue Duviard
Du boulevard de la Croix-Rousse à la rue Jacquard.

Pierre Duviard naquit à Cassaigne, dans le Gers, en 1782. Il fut chirurgien militaire, puis vint s'établir à la Croix-Rousse en 1815, où il exerça la médecine. Ce fut un parfait homme de bien et un grand bienfaiteur des pauvres ; il donnait tout ce qu'il avait. Il fut pendant vingt ans médecin du bureau de bienfaisance sans vouloir accepter aucune rétribution. Il ne remplit jamais aucune fonction publique, jamais il ne fut honoré pendant sa vie d'aucune récompense. Il mourut en 1837. Son souvenir resté populaire fut consacré par le nom de cette rue, quand on l'ouvrit un peu plus tard.

Son fils, le docteur Duviard, qui vit encore, chevalier de la Légion d'honneur, a été adjoint au maire de la Croix-Rousse, sous l'Empire.

Rue des Écoles
De la montée de la Grande-Côte à la rue Vaucanson.

Au sommet de la Grande-Côte, on a bâti un groupe scolaire ; la rue méridionale qui longe ce groupe a gardé le nom de rue des Ecoles. Ce nom aurait pu être donné à beaucoup d'autres rues, voisines des nombreux groupes scolaires qu'on a élevés depuis trente ans, on a eu la sagesse de n'en qualifier qu'une seule.

Place Edgar-Quinet
Tout l'entour de l'église Saint-Pothin.

Quinet, voilà un nom bien connu des « gones » de Lyon, c'est celui d'un jeu qu'ils ont tous pratiqué dans leur prime jeunesse. Mais adorné du prénom d'Edgar, il devint pour eux quelque chose qui est presque un mystère. Aussi ont-ils été étonnés de voir un jour une belle place de la ville désignée par ce nom. Quelle qu'ait été mon attention, je ne me suis pas aperçu que les journaux aient annoncé ce changement, et je reste persuadé qu'un grand nombre de mes concitoyens ignorent encore à l'heure actuelle de quoi je veux parler ; si on leur demandait où se trouve la place Edgar-Quinet, ils avoueraient certainement leur ignorance.

Or, il s'agit de la place Saint-Pothin. Edgar Quinet avait toute espèce de droits à « tomber » un saint, et à patronner cette place où s'élève le lycée de filles. L'église Saint-Pothin est là, elle a donné son nom à la place, c'était logique ; mais le lycée de filles est là aussi, la place prendra le nom d'Edgar Quinet, ce sera logique aussi, aujourd'hui surtout où l'école laïque doit détrôner l'église, où l'instituteur doit dominer le curé, comme si ces deux personnages, ces deux institutions devaient être d'irréconciliables ennemis.

Edgar Quinet a eu quelques rapports avec Lyon, il faut le reconnaître : il fut professeur de littérature étrangère à la Faculté des lettres de notre ville. Mais il faut avouer aussi que pour cette sorte de naturalisation, c'est un titre plutôt insuffisant. Il doit en avoir d'autres.

Edgar Quinet, né en 1803, mort en 1875, fut plus allemand que français. A trois ans, il est en Allemagne, plus tard il fait ses études à Heidelberg ; son premier mariage fut allemand, son second fut moldave ; son esprit et ses œuvres seront toujours obnubilés des brouillards germaniques. Est-ce parce qu'il fut si peu français que son nom va patronner une de nos places ?

Est-ce son talent qui a consacré sa mémoire ? Il est permis d'en douter. Il est professeur au Collége de France, et il est incapable d'improviser une phrase ; tous ses cours sont écrits et appris par cœur. Toutes ses œuvres ne sont qu'un chaos, plus ou moins brillant, mais un chaos. Je soutiendrai aisément le pari que parmi les Lyonnais, même instruits, il n'y en a pas cent qui aient lu son *Ahasvérus*, son chef-d'œuvre, ose-t-on dire. C'est bien la lecture la plus laborieuse qu'on puisse affronter.

Est-ce du moins son caractère, qui lui a valu cette notoriété ? Jugez-en : il est fils d'une mère protestante, et il est élevé par un vieux prêtre que la Révolution avait chassé de la Trappe ; ce religieux est remplacé plus tard par un prêtre marié, avec lequel il prendra, on l'espère du moins, des idées religieuses et des pratiques tolérantes. Toute son enfance est ainsi ballottée entre des influences contradictoires, et toute sa vie s'en ressentira. Les inconséquences pratiques de sa vie sont des plus déconcertantes. Il sera notoirement protégé par la famille d'Orléans, et il en deviendra l'ennemi déclaré ; il se donnera des airs de tribun, et en public il sera toujours muet. Il fera un livre, à mon avis le meilleur de ceux qu'il a écrits, *la Révolution*, où il juge courageusement et honnêtement les monstres de la Terreur, et à la Chambre il n'ose pas dire un mot qui soit en conformité avec cette indépendance de jugement ; il reste le coryphée farouche et muet des partis les plus avancés. Certes, il n'y a pas là ce qui rend un nom populaire.

Détrompez-vous, voici ses titres : il a eu la haine obsédante et obsédée du catholicisme, il a fait une vigoureuse campagne contre les Jésuites, il a été condamné au silence par le gouvernement de Juillet, il a été exilé après le coup d'Etat, il est resté à l'étranger pendant tout l'Empire ; il a été enterré civilement et en grande pompe et accompagné par vingt mille citoyens, le 1er avril 1875.

Rue d'Egypte

Du quai des Célestins à la place des Célestins.

Cette rue s'appela d'abord Amédée, puis d'Egypte, puis, sous la Restauration, reprit le nom d'Amédée qui disparut définitivement pour faire place à celui d'Egypte.

Nous avons dit pourquoi cette rue prit le nom d'Amédée de Savoie. — V. *Célestins.* — Nous n'y revenons pas.

Ce nom d'Egypte, donné à une rue, rappelle un souvenir bonapartiste et lyonnais. On sait que le général Bonaparte fut envoyé dans ces lointaines contrées par le Directoire, qui voulait se débarrasser de ce jeune homme déjà trop couvert de gloire. Mais Bonaparte, apprenant les nouvelles de France, partit secrètement de l'Egypte, laissant le commandement à Kléber. C'est pendant ce retour, que le général Bonaparte, passant à Lyon, descendit à l'hôtel des Célestins. Une foule immense, avide de le voir et jalouse de lui témoigner son admiration, se rassembla autour de cet hôtel. Il ne tarda pas à se montrer, et d'une fenêtre donnant sur la rue, appelée aujourd'hui d'Egypte, il salua le peuple, qui répondit par les plus vives acclamations et manifesta un enthousiasme tel que jamais homme n'en a peut-être inspiré un plus grand.

Rue de l'Enfance

De la rue Denfert-Rochereau à la rue du Cimetière.

Il y avait jadis dans cette rue la maison de l'*Enfance*, destinée à recevoir les personnes du sexe tombées en démence. Cette maison fut donnée, en 1746, au Bureau des Petites Ecoles fondées par l'abbé Charles Démia, qui créa, pour les diriger, la congrégation de Saint-Charles. Le donateur était Philippe Bourlier d'Ailly, trésorier de France, et l'un des recteurs de ce bureau.

Trois mois après, ce Bureau des Recteurs fit l'acquisition d'une maison qu'il réunit à l'ancienne, et fit ensuite construire deux autres corps de bâtiments spacieux et séparés. Ce vaste immeuble devait servir de retraite aux Sœurs de Saint-Charles âgées ou infirmes, de local pour les écoles de garçons et de filles, et d'établissement pour un pensionnat de demoiselles. Et pour ne pas abolir l'œuvre première, on éleva un corps de bâtiment séparé, où les filles et les femmes aliénées continuèrent d'être reçues. A la tête de cette maison était une sœur économe.

La chapelle de cet établissement, dédiée à l'Assomption de la sainte Vierge, avait été bénite par l'évêque d'Egée, suffragant de Lyon, le 8 mai 1754.

Après la Révolution, cette maison recueillit encore des aliénés ; elle devint ensuite un pensionnat de jeunes gens justement estimé, où passèrent deux hommes bien dissemblables, Lamartine et Lacenaire. En 1840, elle devint un couvent des Religieuses de Nazareth. Aujourd'hui, elle est occupée par la communauté des Cinq-Plaies.

Petite rue de l'Enfer ou d'Enfer

De la rue Denfert-Rochereau à la rue de l'Enfance.

Qu'on veuille bien se rappeler ce que nous avons écrit plus haut. — V. *Denfert-Rochereau*. — La rue Denfert-Rochereau s'appelait, avant 1878, rue d'Enfer, mais ce vocable avait un air assez farouche, et nos édiles, qui ne sont pas tenus à en savoir bien long, le trouvant d'allure trop religieuse, n'ont rien trouvé de mieux que de lui substituer le nom du colonel Denfert, ce qui a toute l'apparence d'une gaminerie. Donc, il y avait une rue d'Enfer et une petite rue d'Enfer ; au moment de la substitution, il était logique d'avoir une rue Denfert-Rochereau et une petite rue Denfert-Rochereau, *pars major trahit ad se minorem*. Il n'en fut rien, cette dernière a conservé son vieux nom : petite rue d'Enfer.

Je suis convaincu que dans l'esprit de la majorité des Lyonnais, il se fait une association d'idées entre ce mot d'Enfer et le cimetière de la Croix-Rousse, qui en est cependant encore assez éloigné, et ils se disent avec raison que la mort par elle-même est déjà assez terrible sans y ajouter encore.

Eh bien ! non, ce mot d'Enfer n'est pas ce que l'on pense ; il est pris dans son sens absolu et étymologique, INFRA ; la rue d'Enfer est la rue inférieure, la rue qui est au-dessous. Cette vérité est rendue très sensible par l'observation. La grande rue de Cuire, la rue d'Enfer et le boulevard de la Croix-Rousse forment un vaste triangle ; les deux premières se réunissent à la hauteur de la rue Hénon et aboutissent au boulevard, mais comparez le point d'arrivée de celle-ci et de celle-là, et vous verrez que la rue d'Enfer a son niveau sensiblement moins élevé que celui de la rue de Cuire ; la rue d'Enfer est la rue inférieure, la rue au-dessous, INFRA.

Rue d'Enghien

Du cours du Midi à la rue Bourgelat.

Ce quartier, nous l'avons dit déjà, a été régénéré sous la Restauration, aussi presque toutes les rues rappellent-elles un souvenir royaliste. Ce nom consacre la mémoire de la sympathique victime de Bonaparte, en 1804.

Louis-Antoine-Henri de Bourbon, duc d'Enghien, était fils des princes de Condé. Il suivit son père et son grand-père à l'armée dite de Condé, et après le traité de Lunéville (1801), il vint se fixer à Ettenheim, dans le grand-duché de Bade. C'était l'époque des conspirations contre le pouvoir et la personne du premier consul Bonaparte. On persuada à celui-ci que le jeune duc était mêlé à ces complots. Il le fit arrêter sur le territoire étranger, au mépris du droit des gens, conduire à Vincennes, où il fut jugé, condamné et fusillé en quelques heures.

Le dernier prince de cette famille mourut en 1830. — V. *Condé*.

Rue de l'Épée

Du cours de la Liberté à la rue Moncey.

Ce nom m'inspire des doutes. Faut-il l'attribuer à une terre de ce nom, ou à une enseigne de ce quartier, ou à l'abbé de l'Epée ? Je sais que les très rares auteurs qui en ont parlé ont penché de préférence du côté des premières hypothèses. Jusqu'à preuve du contraire, je pense qu'il s'agit ici de l'abbé de l'Epée, le grand bienfaiteur de l'humanité, le fondateur de l'institution des sourds-muets. Il serait étonnant, en effet, que, entourée des rues qui ne portent que des noms d'hommes, Monsieur, Madame, Chartres, Bourbon, Moncey, Villeroy, Henri IV, celle-là fut une exception.

L'abbé de l'Epée, né à Versailles en 1712, d'un père architecte, donna dans les erreurs des Jansénistes alors en pleine vigueur, et après bien des tracas, fut interdit par Mgr de Beaumont, archevêque de Paris. C'est alors qu'il se chargea gratuitement de l'éducation de jeunes sourdes-muettes, ce fut le commencement de sa glorieuse carrière. Ses observations personnelles, dans ce contact et ce labeur journaliers, l'amenèrent à des conclusions pratiques, et il fonda le premier établissement de sourds-muets qui eût encore existé. L'abbé de l'Epée a eu des disciples, et Lyon possède des maisons qui soulagent cette misère. Allez les visiter et vous comprendrez tout le bien fait par l'abbé de l'Epée et vous bénirez sa mémoire.

Montée des Épies
De la rue Saint-Georges à la montée du Gourguillon.

Certains auteurs prétendent qu'il faut prendre ce mot dans son vieux sens et lire *espies*, qui signifie espion. Comme preuve, ils produisent un registre de ce temps-là (1580), qui appelle cette montée la ruette neuve des Trois-Espies. Ils expliquent cette appellation par quelque espionnage ou trahison politique, à l'époque des guerres de religion.

Des renseignements plus précis ne permettent pas de s'arrêter à cette première explication. Sur la pente de cette colline était une vigne, qu'on appelait la vigne de Fuer, peut-être avait-elle appartenu au chanoine-comte de ce nom. Claude Le Viste en était propriétaire en 1535 ; à cette date, il ouvrit un chemin à travers sa vigne, qu'il divisa en parcelles appelées *Pies*, pour la vendre comme terrain à bâtir : « *juxtà vineam... quæ nunc in pedas conversa* », est-il dit dans une pièce de ce temps-là. Ces parcelles furent au nombre de trente-deux, et cette montée fut ouverte pour les desservir, elle s'appela montée des Pies, et par corruption montée des Epies.

Il paraîtrait qu'elle a été aussi nommée rue Neuve-des-Dodières, mais j'estime qu'il y a confusion avec La Chana. — V. ce nom.

Rue d'Essling
De la rue Desaix à la rue des Champs.

Les casernes de la Part-Dieu ont été achevées sur la fin du second Empire ; le quartier avoisinant acheva de se former, et l'on donna à quelques rues des noms rappelant des souvenirs du premier Empire. Celui d'Essling est celui d'une victoire remportée par les Français sur les Autrichiens, en 1809 ; ce fut la plus terrible bataille de cavalerie du XIXe siècle ; ce nom convenait bien à une rue voisine d'une caserne de cavalerie.

Essling est un village de la Basse-Autriche, à onze kilomètres de Vienne, où le maréchal Lannes trouva la mort, et Masséna le titre de prince.

Quai de l'Est
De la place Morand à la place d'Helvétie.

L'ancien quai d'Albret a reçu le nom de quai de l'Est depuis 1872. Ce nom, qui ne dit rien, aura du moins l'avantage d'être immuable au milieu des changements politiques qui s'exercent jusque sur les noms de nos rues.

Pour cette appellation, comme pour toutes celles qui sont tirées de la topographie de la ville, Occident, Nord, Midi, il faut se rappeler qu'elles ne sont que relativement vraies, vraies seulement par rapport au centre de la ville. Les habitants des Brotteaux qui s'imagineraient que l'Est est du côté du quai de l'Est, mettraient Paris à Marseille.

Rue des Estrées
Du quai de l'Archevêché à la rue de la Bombarde.

Ce nom vient des hangars qui étaient jadis dans cette rue. Quel rapport existe-t-il entre ces hangars et ce nom ? On a appelé autrefois à Lyon *estres* des galeries appliquées contre les murs extérieurs des maisons. Or, les almanachs du milieu du XVIIIe siècle appellent cette rue, rue des Estres. On trouve dans les anciens actes : « les grands Estres de Saint-

Jean ». La rue des Estres longeait les chevets des trois églises de Saint-Jean, de Saint-Etienne et de Sainte-Croix. — Estrées est donc une corruption de estres ; par lui-même il ne signifie rien.

Rue Etienne-Dolet
De la rue Clos-Suiphon à la rue Du Lac.

Cette rue s'appelait antérieurement rue des Moines, du nom du domaine qu'elle traversait ; depuis 1879, elle porte le nom actuel.

Etienne Dolet était un savant imprimeur de Lyon. Il naquit à Orléans en 1508, et fut étranglé et brûlé à Paris, sur la place Maubert, en 1546. C'était un méprisable caractère et un vulgaire meurtrier. « Chez Etienne Dolet, la culture raffinée cachait la corruption brutale. » *(Steyert)*. — On en a fait, et c'est à ce titre qu'on a donné son nom à une rue, un martyr de la libre-pensée ; il ne mérite pas même cet honneur. Vingt fois, par la faveur de hauts personnages et même d'évêques, il échappa aux peines qu'il avait méritées. A la fin, accablé sous le poids des crimes qu'on lui reprochait justement, il adressa à François Ier une requête, où il protestait de son orthodoxie et repoussait comme des calomnies tout ce qu'on avait dit de ses doctrines ; le roi lui accorda d'abord sa faveur, mais dut ensuite laisser s'exercer sa justice.

En dehors de ses doctrines hardies, il s'était donné tout entier à la langue latine. On l'appelait le grand Cicéronien.

Quai et rue des Etroits
Le quai : du quai Fulchiron au quai J.-J. Rousseau.
La rue : de la rue de la Quarantaine au chemin de Choulans.

Le quai des Etroits s'appelait autrefois chemin des Etroits, et il se prolongeait jusqu'à la Mulatière. Plus tard, ce chemin est devenu un quai magnifique, et plus tard encore il fut scindé nominalement en deux parties : le quai des Etroits et le quai Jean-Jacques-Rousseau. — V. ce dernier nom.

La rue s'est appelée petite montée de Choulans.

Autrefois le chemin des Etroits était, comme l'indique ce nom, un chemin de peu de largeur. Aujourd'hui c'est une voie très belle dans un site unique au monde.

Les Etroits rappellent un passage de J.-J. Rousseau, que nous retrouverons plus loin. Ils rappellent aussi un souvenir historique bien triste. Après Waterloo, il y eut une réaction terrible. Comme le maréchal Ney, tombé à Paris sous les balles françaises, le général Mouton-Duvernet fut fusillé aux Etroits, le 19 juillet 1816.

Rue et montée des Fantasques

La rue : de la rue Philibert-Delorme à la montée Saint-Sébastien.
La montée : de la place Saint-Clair à la rue Philibert-Delorme.

La seule étymologie que l'on trouve de cette appellation est consignée dans l'Almanach de Lyon de 1745. « On nomme ainsi ce chemin, y est-il dit, parce que c'est un endroit fort écarté, servant de promenoir à des gens d'un caractère particulier qui veulent éviter la compagnie. »

Cette raison a pu être vraie jadis, quoiqu'il soit permis d'en douter, mais aujourd'hui elle n'existe plus et cette appellation devrait disparaître.

Rue des Farges

De la montée du Gourguillon à la porte de Saint-Just.

Farge signifiant forge, atelier, viendrait du latin *Fabrica*, ou de l'ancien provençal *Farga*. Paradin, en effet (*Hist. de Lyon*, p. 193, 254 et 438), donne à la porte, qui se trouvait à l'extrémité de la rue et formait l'entrée du faubourg de Saint-Just, le nom de *Porte des Forges*.

Ce nom de Farges n'est pas rare, et l'on a remarqué qu'il n'existe que là où étaient autrefois des forges.

On a de bonnes raisons de croire que cette rue était dans l'ancien Lugdunum la rue des Orfèvres, *de fabricis*.

Rue de Fargues
De la place Sathonay à la place des Carmélites.

Ce nom rappelle le souvenir de Jean-Joseph Méallet, comte de Fargues, qui fut très mêlé aux événements politiques de la fin de l'Empire et du commencement de la Restauration. Maire de Lyon en 1814, mis de côté pendant les Cent-Jours, réinstallé le 17 juillet 1815, il fut élu député en 1816 et mourut dans sa charge le 23 avril 1818. Il était neveu de M. de Sathonay. — V. ce nom.

Chemin et impasse de la Favorite
Le chemin : de la rue de Trion à l'avenue de l'Eglise.
L'impasse : sur le quai de Serin.

Le chemin et l'impasse de la Favorite sont loin, comme on le voit, d'être voisins, mais ici et là, la raison de cette appellation est la même.

Personne n'ignore que c'est une coutume de désigner les maisons de campagne qui avoisinent les villes de quelque nom poétique, qui semble résumer le programme du propriétaire. Tout le monde connaît La Retraite, La Paix, Mes délices, Sans-Souci, etc. Une maison de campagne de ces parages portait et porte encore le nom de Favorite, et le chemin qui y conduit a pris ce nom.

Rue Félissent
De la rue de Marseille à la rue Béchevelin.

Un des anciens propriétaires de ces terrains donna son nom au clos Félissent, qui fut traversé par une rue et qui garda ce nom.

Plusieurs Félissent ont figuré dans la municipalité de la Guillotière. Un membre de cette famille fut député.

Un Georges-Fleury Félissent fut un bienfaiteur de nos hospices, auxquels il légua, en 1840, une quarantaine de mille francs.

Avenue Félix-Faure

Du cours Gambetta au chemin de fer.

C'est l'ancienne avenue du Château, qui était ainsi appelée à cause de l'ancien château de la Buire, dont les terrains ont été employés à l'établissement des grands chantiers, où est fabriqué le matériel roulant des chemins de fer.

Son ancien nom vient de disparaître. Le conseil municipal de Lyon, par délibération du 24 avril 1900, a décidé que l'avenue du Château porterait désormais la dénomination de « avenue Félix-Faure ».

Félix Faure naquit à Paris en 1841. Son père, fabricant de fauteuils du faubourg Saint-Denis, lui fit donner un solide enseignement commercial à l'école Pompée, à Ivry.

Il débuta par être apprenti tanneur à Amboise, chez M. Dumée, et peu à peu s'initia à tous les détails de cette industrie. Deux ans après, il était en état de diriger une grande entreprise au Hâvre.

En 1870, il fit son devoir de soldat en qualité de commandant du 6e bataillon de mobiles de la Seine-Inférieure, formé au Hâvre sous sa direction. L'année suivante, il fut à Paris, luttant contre la Commune ; à la fin de mai, il fut fait chevalier de la Légion d'honneur.

Il fut élu député en 1881, puis devint sous-secrétaire d'Etat aux colonies ; on peut dire de lui qu'il fut le créateur du Département colonial.

Enfin, après la démission de M. Casimir-Périer, il fut élu Président en 1895. Il mourut inopinément en 1899, 16 février.

Voilà bien un fils de ses œuvres, et certes c'est un beau modèle à proposer à notre démocratie travailleuse.

Homme privé, il fut bienveillant, courtois, affable.

Président, il fut peut-être trop porté à ne voir dans sa haute situation que les devoirs décoratifs, dont il s'acquittait du reste à merveille ; il fit bonne figure dans les fêtes de l'alliance russe, que d'autres avaient préparée et qu'il eut l'heureuse fortune de consommer. Le grand apparat dont il aimait s'entourer le rendit populaire.

Comme politique, il a ménagé plus d'une déception à ceux qui l'avaient élu. Candidat des républicains modérés, adversaire manifeste du radicalisme et de la concentration, il eut recours à un radical, M. Bourgeois, et à un homme de concentration, M. Ribot ; la politique modérée ne fut représentée que par M. Méline.

La municipalité lyonnaise, daignant oublier que M. Félix Faure, lorsqu'il vint au camp de Sathonay donner son drapeau au 201ᵉ régiment qui partait pour Madagascar, ne voulut pas honorer Lyon de sa présence, a voulu conserver son nom. Il faut du reste savoir que le département du Rhône a une raison toute particulière d'agir ainsi, parce que le berceau de la famille du Président Félix Faure est à Meys, dans le canton de Saint-Symphorien-sur-Coise.

Rue Félix-Jacquier

Du boulevard du Nord à la rue Montgolfier.

M. Félix Jacquier entra dans le Conseil d'administration des Hospices civils de Lyon en 1850 ; il en devint le président le 6 janvier 1858 et garda cette fonction jusqu'au 31 décembre 1865. Il fut remplacé par M. Onofrio en 1866. Il était avocat. Son administration a laissé des traces de sa sollicitude.

Rue Fénelon

De la rue Molière à la rue Vendôme.

Autrefois on n'était pas exclusif comme aujourd'hui ; à côté du nom de Bossuet, on n'a pas craint de mettre celui de Fénelon, et de consacrer ainsi le souvenir des deux grands évêques du xvıɪᵉ siècle.

François de Salignac de Lamotte-Fénelon naquit en Périgord en 1651. Il fit sa théologie à Saint-Sulpice et fut ordonné prêtre à vingt-quatre ans. Successivement aumônier-directeur des Nouvelles-Catholiques, chef d'une mission dans le Poitou, précepteur du duc de Bourgogne, il devint archevêque de Cambrai en 1694. Son diocèse, après deux siècles, est encore tout parfumé du souvenir de ses vertus, de sa bonté, de son inépuisable charité. Il mourut en 1715, la même année que Louis XIV, qui était presque devenu son ennemi.

Fénelon a beaucoup écrit, et son style, à cette époque où le style était si parfait, était la perfection même. Sa grande œuvre fut son livre intitulé *Les aventures de Télémaque*, qui n'était pas destiné à la publicité et qui fut imprimé par l'indiscrétion d'un copiste. Ce poème en prose, comme on l'a si bien appelé, est une admirable étude épique d'après l'antiquité, c'est une peinture vigoureuse des mauvais gouvernements, c'est un traité de morale plein d'audacieux conseils. L'irritable Louis XIV ne put supporter cet enseignement osé, et plus que jamais Fénelon fut disgracié.

Il est aussi une circonstance de la vie de Fénelon qu'il faut connaître, c'est l'ardente controverse qui eut lieu entre Bossuet et lui, à propos de la doctrine du Quiétisme, que favorisa Fénelon. On vit alors ces deux illustres évêques, ces deux grands écrivains religieux, passionner la cour et la ville au spectacle de leurs débats. Fénelon fut condamné par la cour de Rome, il se soumit avec une admirable simplicité.

Comme évêque, Fénelon fut un saint ; comme politique, il fut le précurseur chrétien des idées du xviiie siècle et l'ennemi déclaré de la toute-puissance royale, à laquelle il aurait voulu qu'une puissante aristocratie imposât des limites.

Le cardinal de Bausset a publié une histoire de Fénelon très estimée.

Rue Ferrachat

Du quai Fulchiron à la place de la Trinité.

La raison de cette appellation est tout à fait inconnue ; on ne sait pas même ce que signifie ce mot, s'il n'est pas celui d'un propriétaire. On ne s'étonnera pas trop de ces obscurités qu'on rencontre parfois lorsqu'on saura qu'une rue prenait quelquefois son nom des motifs les plus futiles. Il suffisait qu'un événement eût fait rire un quartier, ou qu'un personnage fût plus ou moins bouffon et l'égayât de temps en temps, pour qu'un nom perpétuât ce souvenir.

Cette rue s'appela jadis, aux xiiie et xive siècles, rue du Juis (juif), rue de Lort, ou de l'Ort, ou du Jardin. Le nom qu'elle prit ensuite, dit M. Bréghot du Lut, fait allusion à quelque circonstance inconnue aujourd'hui.

Sous le bénéfice de ces observations, je veux ajouter une réflexion toute personnelle. Il existe, en certaines montagnes de l'Auvergne, une coutume bizarre, étrange, superstitieuse même, qui consiste à brûler les chiens avec un fer rouge pour les préserver de la rage. Cette opération s'appelle *ferratchin,* ferrachien ; de là à Ferrachat, il n'y a qu'un pas. Supposez qu'une farce de quartier ait fait brûler un chat, et nous aurons peut-être le mot de l'énigme.

Rue Ferrandière

De la rue Mercière au quai de l'Hôpital.

La portion de cette rue qui avoisine le quai s'appelait, avant 1855, rue Port-Charlet, à cause du port sur le Rhône qui était en face, et qui portait ce nom. Quant à la rue Ferrandière, M. Breghot du Lut dit qu'elle s'appelait antérieurement rue Raisin.

Cette rue Ferrandière fut probablement habitée, à une certaine époque, par des ouvriers travaillant sur le fer, ou par des marchands de ce métal. Autrefois chaque profession avait sa rue préférée ; la rue Mercière, la rue Grenette, le Puits-Pelu, etc., avaient leur spécialité. Les ouvriers ou marchands ferrandiers avaient probablement leur rue, qui prit naturellement le nom de Ferrandière.

Mais puisque nous n'avons ici qu'une supposition, ne pourrait-on pas en faire une autre ? Qu'un propriétaire de ces parages se soit appelé Ferrand, sa propriété a dû s'appeler la Ferrandière.

Grande et petite rue des Feuillants

La grande rue : de la place Croix-Pâquet à la place Tolozan.
La petite rue : de la montée du Griffon à la place Tolozan.

Au numéro 8 de la Grande-Rue des Feuillants, se trouve une large allée sans communication avec les étages supérieurs, et débouchant sur la rue de Thou. En face de ce passage, on aperçoit, au numéro 4, un portail donnant accès à un escalier monumental. Cette allée était une des entrées de l'ancien monastère des Feuillants, et l'escalier conduisait dans les bâtiments du couvent.

Les Feuillants naquirent d'une réforme de Cîteaux, qui fut elle-même une réforme de Cluny. Cette nouvelle famille religieuse naquit à l'abbaye de Notre-Dame de Feuillant, à cinq lieues de Toulouse. Ce nom provenait d'une image de la sainte Vierge, placée dans le feuillage. Dom Jean de la Barrière fut l'auteur de cette réforme, qu'il parvint à établir, après bien des contradictions, en 1587. Elle comportait les plus austères mortifications ; les religieux marchaient nu-pieds, sans sandales, avaient toujours la tête nue et rasée et dormaient entièrement vêtus sur le plancher. Ils ne mangeaient ni œufs, ni poisson, ni beurre, ni huile, ni sel, se contentant d'un potage aux herbes cuites seulement à l'eau, auxquelles on ajoutait du pain d'orge très grossier et très noir pétri avec le son.

Les Feuillants s'établirent à Lyon autour de 1620, sous l'administration archiépiscopale de Mgr de Marquemont. Ils eurent pour bienfaiteur Charles de Neuville, seigneur d'Halincourt, gouverneur de la province. Messieurs de la Ville ont aussi beaucoup contribué à la construction et à l'agrandissement de leur maison, pour raison de quoi, dit un auteur, ils ont été déclarés leurs fondateurs, et en reconnaissance, ces religieux, en qualité de leurs aumôniers, célèbrent tous les jours une messe dans la chapelle de l'Hôtel-de-Ville.

Cinq-Mars, après son exécution aux Terreaux, fut inhumé dans l'église des Feuillants, dans la chapelle de Saint-Irénée. C'est à tort que l'on a écrit que de Thou, son ami, y avait été également inhumé. — V. *de Thou*.

Cette chapelle de Saint-Irénée appartenait à la famille des Scarron, dont descendait le poète burlesque de ce nom. Cette famille, originaire du Piémont, s'était fixée à Lyon avant d'aller à Paris.

L'église des Feuillants avait une confrérie, celle des négociants de la ville de Lyon, et l'idée en était aussi utile que morale, car le but était de ne pas perdre la pensée du ciel au milieu des calculs mercantiles, et d'employer à l'égard des ouvriers une charité toute chrétienne. Cette confrérie était placée sous le patronage de saint Hommebon, négociant de Crémone, au XIIe siècle.

Le couvent des Feuillants fut vendu, en 1791, à M. Billion. De cette époque jusqu'en 1845, il y a eu plusieurs modifications de détail. Mais en 1845, on créa une place et un passage au milieu de l'ancien claustral des Feuillants, ce qui fut un véritable bienfait pour le quartier.

Rue de Flesselles
De la place Morel à la place Rouville.

Jacques de Flesselles naquit, en 1721, d'une famille noble de l'Amiénois. Il fut d'abord intendant de Bretagne pendant trois ans, puis il fut appelé à l'intendance de Lyon en 1768, fonction qu'il exerça jusqu'en 1784. Esprit délicat et homme du monde, il fut membre de l'Académie de Lyon, et recevait, au château de la Pape qu'il habitait, une société nombreuse et donnait des fêtes brillantes. Il fonda, en 1777, un prix pour le perfectionnement de la teinture des soies en noir. C'est à la fin de son séjour à Lyon que Montgolfier fit, aux Brotteaux, sa fameuse expérience, et l'Intendant de Lyon était un des ardents promoteurs de la découverte de Montgolfier.

M. de Flesselles fut une des premières victimes de la Révolution. Nommé Prévôt des marchands de Paris, il mourut assassiné lors de la prise de la Bastille, le 14 juillet 1789. Un jeune homme le tua d'un coup de pistolet, on coupa la tête de ce cadavre encore chaud, et la foule sanguinaire la promena dans les rues au bout d'une pique.

Cette rue fut ouverte vers 1830, à travers l'ancienne propriété des Carmélites.

Rue de Fleurieu
De la rue Laurencin à la place Grôlier.

Ce nom rappelle une famille célèbre, qui compta plusieurs membres distingués, dont le plus remarquable fut Charles-Pierre Claret de Fleurieu, né en 1738, mort en 1810. Entré dans la marine à l'âge de treize ans, il devint un des premiers hydrographes de France. Il fut ministre de la marine sous Louis XVI, gouverneur du Dauphin, membre de l'Institut et du Bureau des Longitudes, membre du Conseil des Anciens, Conseiller d'Etat, sénateur, intendant-général de la maison de l'Empereur et gouverneur des Tuileries. Il fut inhumé au Panthéon.

Cette rue fut ouverte en 1775, lors des travaux Perrache. M. de Fleurieu ayant été administrateur et un des principaux actionnaires de la Compagnie Perrache, on lui donna son nom.

Rue de la Fontaine
De la rue de Dijon à la montée de la Boucle.

En vérité, il y a une fontaine, et même une borne-fontaine dans cette rue ; mais cette rue s'appelait de la Fontaine bien avant l'existence de la Compagnie des Eaux, ce n'est donc pas elle qui lui a donné son nom. Depuis la grande canalisation qui a porté l'eau du Rhône partout, les fontaines sont nombreuses, elles ne nous paraissent pas extraordinaires ; il n'en était pas ainsi autrefois, et sûrement cette rue a dû en posséder une, qui était le rendez-vous du quartier.

Rue des Forces
De la rue de l'Hôtel-de-Ville à la rue de la Gerbe.

Nous avons eu souvent déjà l'occasion de signaler les futiles raisons qui déterminaient parfois l'appellation des rues. En voici une nouvelle preuve : au commencement du XVIIIe siècle, il y avait, à l'angle de la rue Gentil, une maison qui avait pour enseigne des *forces* à tondre les draps. Cette maison s'appela la maison des forces, et la rue devint la rue des Forces. Nul n'ignore que les *forces* sont des ciseaux d'un genre particulier.

Place Forez
De la rue Rosier à la rue Saint-Polycarpe.

La famille Forez — V. *Capucins* — a possédé l'enclos des Capucins, au XVe siècle ; elle y avait même sa demeure ; on en a conservé le nom. —

Les Capucins qui lui succédèrent furent même appelés les Capucins du Petit-Forez. — V. *Croix-Pâquet*.

Il serait convenable de maintenir l'ancien nom de Foreys, et non celui de Forez, des anciens comtes, qui peut induire en erreur.

Rue des Fossés de Trion
De la place de Trion à la place Saint-Irénée.

Nous verrons plus loin l'origine de ce mot de Trion ; qu'il suffise de savoir dès maintenant que la ville et son faubourg s'étendaient jusque-là et que de larges fossés en formaient les limites. Ce quartier s'appelant Trion, les fossés s'appelèrent Fossés de Trion, et la rue qui les longeait leur emprunta son nom.

Rue du Four à Chaux
Du chemin de Saint-Rambert au quai de l'Industrie.

Un four à chaux voisin, où conduit cette rue, lui a donné son nom. L'existence des fours à chaux dans le quartier de Vaise remonte déjà à une belle antiquité. Dès le 12 décembre 1542, on nous signale leur présence. « On projette d'éloigner les fours à chaux qui sont entre la porte de Bourgneuf et Vaise, afin d'obvier à la puanteur et fâcherie des habitants et des passants. » En 1829, ce même inconvénient de leur présence est signalé, les voisins renouvellent leurs plaintes, mais le propriétaire du four déclare qu'il se défendra et opposera la prescription. — Aujourd'hui les fours à chaux ne sont plus au même endroit, ils ont émigré sur les confins de la ville, mais Vaise est toujours leur patrie.

Rue Fournet
De la rue Ney au boulevard des Brotteaux.

Avant 1874, cette rue s'appelait des Emeraudes, à cause d'un domaine de ce nom sur lequel elle avait été ouverte ; ce nom poétique faisait allusion à la verte magnificence des prairies. Ce domaine des Emeraudes appartint aux Jésuites ; en 1735, les Hospices en firent l'acquisition.

Elle a pris le nom de M. Fournet, savant géologue et minéralogiste — nous l'appelions, dans notre jeunesse, *le papa Fournet* — professeur à la Faculté des sciences et très paternel interrogateur aux examens.

Joseph-Jean-Baptiste Fournet naquit à Strasbourg en 1801. Il était au lycée de Bonn, alors ville française, lorsqu'en février 1814, le général Sébastiani dut évacuer cette ville et emmena avec lui les élèves du lycée. Fournet était de ce nombre, il suivit le corps d'armée à travers la Belgique et arriva à Rouen.

Il se destina à l'Ecole des Mines, où il fut reçu en 1821. Au sortir de cette école, il fut appelé à la direction des mines de Kalzenthal (Bas-Rhin), puis à celle des mines de Pontgibaud (Auvergne).

La Faculté des sciences ayant été établie en 1834, Fournet y fut nommé professeur de géologie et de minéralogie ; on peut dire qu'il a illustré cette chaire. Il a laissé deux cent soixante-dix-neuf mémoires imprimés. C'est sur ses indications que des sondages furent opérés au Creusot, et qu'on y trouva de la houille.

Membre de l'Académie de Lyon et d'un grand nombre de sociétés scientifiques en France et à l'étranger, il était chevalier de la Légion d'honneur depuis 1841, et correspondant de l'Institut depuis 1853. — Il mourut en 1869.

Montée et place de Fourvière

La montée : de la rue Cléberg à la place de Fourvière.
La place : de la montée des Anges à la rue du Juge-de-paix.

Fourvière est un des endroits de Lyon qui a le plus sollicité l'attention et les recherches des archéologues et des savants, et comme on a fait sur ce sujet de nombreux et estimables travaux, nous nous contenterons de n'en dire que quelques mots.

Ce que nous appelons Fourvière, et ce qui lui a donné son nom, fut jadis, selon l'opinion la plus probable, un ancien forum, *Forum Vetus*, construit sous Trajan, l'an 98 de notre ère, et qui était d'une étonnante magnificence. On peut aisément se représenter quelle splendide ville s'étageait sur la colline à l'époque des Césars, dont plusieurs naquirent à Lyon ; des villas patriciennes, des temples, des palais, et dominant tout cet ensemble, ce forum si beau que l'auteur de la *Chronique de Saint-Bénigne de Dijon*, écrivain du ixe siècle, s'est cru obligé de consigner la chute de cet édifice comme un événement mémorable : *Memorabile et insigne opus, quod Forum Vetus vocabatur, Lugduni corruit ipso die intrantis autumni, quod steterat a tempore Trajani imperatoris per annos ferè septingentos* » : « Cette année (840), un ouvrage mémorable et insigne, appelé *Forum Vetus*, s'écroula à Lyon le premier jour de l'automne, après environ sept cents ans d'existence, depuis sa construction sous Trajan. »

Aujourd'hui, Fourvière est un lieu de pèlerinage très fréquenté où l'on honore la sainte Vierge avec une grande dévotion. La ville de Lyon eut toujours pour le culte de Marie un religieux empressement. Dès son berceau, la société chrétienne eut pour cette bonne Mère, que lui fit connaître son premier évêque, saint Pothin, un tout filial amour. Plus tard, les oratoires se multiplièrent, bien que Saint-Nizier restât toujours le siège principal du culte de la sainte Vierge. Il y eut, sans parler de Notre-Dame de Grâces, à l'Ile-Barbe, la chapelle de Notre-Dame de Confort, l'église de Notre-Dame de Bonnes-Nouvelles, l'oratoire de Notre-Dame de la rue Neuve, le sanctuaire de Notre-Dame de la Saônerie, l'oratoire de Notre-Dame de Lorette, celui de Notre-Dame de Béchevelin, l'église de Notre-Dame de Grâces, la chapelle de Notre-Dame de Fourvière. Celle-ci fut fondée par le chanoine Olivier de Chavannes, l'ami de Thomas Becket, au xiie siècle. Elle fut d'abord bien modeste, mais, au xve siècle, alors que le centre de la ville devint plus tumultueux, elle attira davantage l'attention. Dès cette époque, le Chapitre primatial s'y rendit en procession, et Louis XI y monta implorer Notre-Dame.

Mais ce n'est qu'en 1643 que cette dévotion à Notre-Dame de Fourvière commença à s'épanouir. Lyon avait été bien des fois ravagé par la peste, en 1582, en 1628, en 1630, en 1633, en 1638, en 1643. On avait déjà bien prié et, malgré les pieuses supplications, les maladies s'aggravaient de complications étranges. Au mois de mars 1643, les magistrats de la ville se vouèrent à Notre-Dame de Fourvière ; l'acte solennel de cette alliance, signé Mascrany, Chappuis, Boniel Le Maistre, Pillehotte, date du douzième jour de mars, et nous a été conservé dans les actes consulaires de Lyon. Dès lors la peste cessa et Lyon reconnaissant renouvelle son vœu chaque année à Marie. Chaque année, le 8 sep-

Fig. 34. — Abside de la basilique de Fourvière et ancien clocher.
Phot. de Neurdein, frères, Paris.

tembre, anniversaire du jour où les Consuls montèrent à Fourvière accomplir leur vœu, le peuple de Lyon, en foule compacte, attend religieusement la bénédiction qui descend sur la ville du haut de la colline.

En 1870, à cette époque néfaste où chaque jour amenait un désastre, où chaque matin on se sentait plus voisin de l'ennemi, les Lyonnais firent le vœu d'élever à la sainte Vierge une belle église, plus digne d'elle que l'ancienne chapelle, si les Allemands n'entraient pas dans nos murs. Déjà ils étaient dans le Jura, déjà ils avaient reçu plusieurs fois l'ordre de marcher sur Lyon, déjà ils avaient en mains des listes toutes préparées où étaient signalées les fortunes et les influences locales qu'ils devaient rançonner. La protection de Marie nous a protégés de cette invasion, et nous, reconnaissants, nous avons tenu notre parole, et notre parole se fera entendre aux générations les plus lointaines. Aujourd'hui une magnifique basilique s'élève au sommet de la colline ; au mois de mai 1896, elle a été solennellement consacrée.

Rue François-Dauphin

De la rue Victor-Hugo à la rue de la Charité.

Cette rue, avant l'existence de la Charité, allait jusqu'aux courtines du Rhône. Elle s'est appelée rue Laurencin, rue Neuve-Laurencin, rue de la Sphère, rue du Jeu-de-Paume de la Sphère, rue Gandy dans une partie. Depuis 1855, la rue de la Sphère a été absorbée par la rue François-Dauphin, nom qui lui a été donné par suite d'une erreur que nous allons expliquer.

En 1536, François, Dauphin de Viennois et duc de Bretagne, fils de François Ier et prince de la plus belle espérance, s'arrêta à Lyon en allant, à la suite de son père, dans la Provence, que menaçaient d'envahir les armées de Charles-Quint. On était alors au mois d'août ; il faisait très chaud. Le Dauphin François se livra un jour avec ardeur au jeu de paume. Altéré par la fatigue et par la chaleur, il demanda de l'eau froide que son échanson, le comte de Montecuculli, s'empressa de lui donner. Le prince but avidement et fut incommodé presque aussitôt. Il partit néanmoins de Lyon le 3 août, mais, forcé par la violence de la maladie de s'arrêter à Tournon, il y expira le 10 août, à l'âge de dix-neuf ans.

Il peut parfaitement se faire que le Dauphin soit mort d'une pleurésie. Mais on ne voulut pas voir dans ce trépas précipité une mort naturelle. On s'empara du comte de Montecuculli, on le convainquit d'empoisonnement. Mis à la question, le malheureux échanson avoua tout ce qu'on voulut. Pour comble d'infortune, on trouva chez lui un traité de l'usage des poisons ; il n'en fallut pas plus pour le perdre ; il fut condamné, par arrêt du Grand-Conseil, à être écartelé et démembré à quatre chevaux au lieu de la Grenette. Les quatre quartiers du corps furent pendus aux quatre portes de la ville, et sa tête, fichée au bout d'une lance, fut exposée sur le pont du Rhône.

Tel est le fait historique, il est vrai, mais où il y a une erreur, c'est qu'en donnant le nom de François-Dauphin à cette rue, on a cru que le fait s'était passé au jeu de paume de la Sphère qui existait là, mais l'acte d'accusation de Montecuculli dit formellement que le crime eut lieu dans la maison du « Plac ». Ce n'est donc pas au jeu de paume de la Sphère qu'il fut commis.

Il ne le fut pas davantage au jeu de paume d'Ainay. — V. *Sainte-Claire*. — La mort du Dauphin n'eut lieu qu'en 1536, et ce n'est qu'en 1548 que ce jeu de paume fut ouvert. Le Consulat en devint propriétaire et le revendit, en 1574, à Pierre de Palmier.

27 juillet 1574. — Le Consulat passe vente à Pierre de Palmier, sieur de la Bastie, gentilhomme ordinaire du roi et chambellan du duc d'Alençon, du jeu de paume d'Ainay appartenant à la ville, à la charge d'une pension de trois livres à l'abbaye d'Ainay, et de vingt-cinq livres à la ville.

Ce jeu de paume, situé entre le quai d'Occident et la rue Sainte-Claire, fut, plus tard, changé en église en faveur des Religieuses de Sainte-Claire — V. ce nom ; — la Révolution les en chassa et l'ancien jeu de paume devint un établissement de bains.

Quant à notre rue François-Dauphin, qui ne fut d'abord qu'une impasse, elle est contemporaine des rues de la Charité, Sala, Saint-Joseph, etc., vers le milieu du XVIe siècle. La maison de l'Intendant était dans cette rue, et il y a encore aujourd'hui la cour de l'Intendance, qui mérite d'être vue ; elle fait communiquer les rues Saint-Joseph et François-Dauphin.

Rue François-Garcin
De la rue Bonnel à la rue Mazenod.

François Garcin fut un bienfaiteur insigne des Hospices. En 1847, il fit un premier legs particulier de 6.000 francs à la Charité, legs destiné à fournir de linge cette maison hospitalière, puis un second legs universel de 600.000 francs en faveur de l'Antiquaille.

Rue Franklin
Du quai d'Occident au quai de la Charité.

Comme les régimes politiques, les noms de rues se suivent et ne se ressemblent pas : l'ancienne rue de la Reine est devenue, depuis 1879, la rue Franklin.

Benjamin Franklin naquit en Amérique, à Boston, en 1706. Fils d'un pauvre fabricant de savon, il fut un modèle de ce que l'on peut devenir, au point de vue intellectuel, par l'énergie de la volonté. Apprenti imprimeur, il devient imprimeur et maître-imprimeur à Philadelphie. Il fonde un club, il publie un journal, il édite le *Bonhomme Richard*, almanach populaire qui eut un énorme succès. Il apprend seul le français, l'espagnol, l'italien et le latin. Elu par les Etats de Pensylvanie, il devient directeur des postes de Philadelphie, plus tard directeur général des Postes. Devenu un personnage considérable, il est chargé de missions délicates en Angleterre ; enfin, il est élu membre du Congrès, et concourt avec Washington à l'indépendance des Etats-Unis. Il est envoyé en France pour solliciter son appui, et il obtient de Louis XVI, en 1778, un traité d'alliance offensive et défensive et un traité de commerce. Alors il reste en France comme ministre plénipotentiaire, et en 1783, il est un des signataires du traité de paix qui assure la liberté de son pays.

Pendant son séjour en France, Franklin vint à Lyon pour étudier la vie industrielle et les conditions sociales de notre cité. Il fut alors reçu membre de l'Académie de Lyon.

En 1786, il retourna en Amérique, où il mourut en 1790. A sa mort, l'Amérique prit le deuil pendant un mois, et l'Assemblée Constituante de France pendant trois jours ; c'est dire assez combien il était populaire.

Ses travaux eurent toujours un caractère pratique ; c'est lui qui est l'auteur du paratonnerre et de la cheminée à la Franklin.

Franklin était d'une incorruptible vertu ; partout il a combattu l'injustice, prêché la liberté. Mais rationaliste assez étroit, il eut le cœur fermé aux généreuses inspirations du christianisme, il ne connut pas le dévouement.

Sa vie a été assez bien résumée dans ce vers latin :

Eripuit cœlo fulmen sceptrumque tyrannis.

Rue de la Fraternelle

De la rue Gorge-de-Loup au chemin de l'Abattoir.

La loge maçonnique « la Fraternelle » se trouve dans cette rue ; elle est cause de cette dénomination ; c'est aussi la raison de la rue du Parfait-Silence, aux Brotteaux. — V. ce mot.

Rue de la Fromagerie

De la rue de l'Hôtel-de-Ville à la rue Paul-Chenavard.

Derrière l'église de Saint-Nizier se tenait un marché, auquel, en 1800, on donna plus de développement en établissant une place. Ceux qui ont déjà des cheveux blancs peuvent se rappeler les bancs des marchands et leurs immenses parasols disparus. C'était là qu'on vendait principalement le beurre et le fromage. Primitivement, la place avait même été appelée place du Fromage. Il reste encore quelque chose de la place, mais le marché a disparu depuis longtemps.

Ce coin de Lyon me rappelle de lointains souvenirs. Si d'un côté on aboutissait à la place de la Fromagerie par la rue de ce nom, de l'autre on y accédait par l'allée qui longe Saint-Nizier et qui existe encore. Une fois cette allée franchie, on s'engageait sous une voûte, qui supportait l'école cléricale de Saint-Nizier et qui, par un escalier intérieur, la faisait communiquer avec l'église. Latéralement, une première allée sombre communiquant avec la rue de la Poulaillerie, s'appelait *l'allée des Morts*. Un peu plus loin, une autre allée très claire, très fréquentée, s'appelait *l'allée des Images*. C'est là qu'enfant je me suis régalé de toute la littérature enluminée d'Epinal. Ce fut une de mes joies d'alors.

De cette petite digression il reste ceci, que le voisinage de la Fromagerie et de la Poulaillerie, indique qu'il y avait là un marché important.

Fig. 35. — Abside de Saint-Nizier et place de la Fromagerie. — Dessin de Leymarie.

Rue de la Fronde

De la rue Saint-Jean à la place du Petit-Collége.

Cette rue fut appelée d'abord rue de Romagny, parce qu'elle fut ouverte par noble Bletterens de Rivoyre, seigneur de Romagny, puis vers 1560, rue du Garillan. — V. ce nom. — Elle fut appelée ensuite rue de la Fronde, à cause du logis de la Fronde qui s'y trouvait, c'est-à-dire probablement une auberge qui avait une fronde pour enseigne, un enfant jouant de la fronde.

Quai Fulchiron

De l'avenue de l'Archevêché au chemin de Choulans.

M. Fulchiron était, dans une grande situation, l'incarnation de la bienfaisance et de la bonté. Député en 1830, il fut des deux cent vingt et un qui signèrent l'adresse à Charles X pour lui dire que le concours entre le Roi et les Chambres n'existait pas. Sous Louis-Philippe, il fut député et pair de France. Il était connu pour sa grande fortune, dont il faisait un noble emploi, et par l'aménité de son caractère qui le rendait très facilement abordable. Chaque soir il répondait de sa main à toutes les lettres et réclamations qui lui arrivaient journellement de tous les points de la ville et du département, et, détail caractéristique, à cette époque où l'on n'affranchissait pas les lettres, M. Fulchiron ne manquait jamais d'affranchir les siennes. Le nombre de ses obligés, dans les classes ouvrières, fut incalculable, et nos bibliothèques publiques lui doivent de splendides ouvrages qu'il allait quêter lui-même dans les fonds du ministère.

Son aïeul était greffier en chef de la cour des Monnaies, et sa famille, originaire de Saint-Chamond, y avait de grands comptoirs de marchands de soie.

Le quai, qui porte aujourd'hui son nom, fut élargi à ses frais (1840). Ce n'est donc que justice d'avoir conservé là le souvenir de cet homme de bien. Il est vrai qu'il a porté quelque temps le nom de quai Jean-Jacques, mais on a eu le bon esprit de rétablir celui de M. Fulchiron.

Rue de Gadagne

De la rue de la Loge à la place du Petit-Collège.

Les Gadagne était une famille originaire de Florence qui vint s'établir à Lyon au commencement du XVIe siècle. Thomas de Gadagne fut, dans notre ville, un Jacques Cœur au petit pied ; il fit la banque et le commerce en gros avec un grand succès. Aucune famille étrangère ne peut se flatter d'avoir acquis à Lyon autant de richesses ; aussi était-il passé en proverbe de dire : riche comme Gadagne. Faire le bien était pour lui un vrai plaisir ; il fit bâtir, à la Quarantaine, l'hôpital de Saint-Thomas, pour les pestiférés, et une chapelle magnifique dans l'église des Jacobins, où il fut enterré. De cette chapelle il reste un arc, qui sert actuellement d'entrée au numéro 4 de la rue Sully, aux Brotteaux. Plusieurs Gadagne furent sénéchaux et lieutenants du Roi dans nos provinces ; un autre fut chevalier de Malte et général des galères du duc de Florence ; Gabrielle de Gadagne, petite-fille de Thomas et fille d'une demoiselle de Sugny, fonda les Minimes à Saint-Chamond, le petit Collége et le premier monastère de l'Annonciade-Céleste à Lyon. Cette famille, plus tard, se retira dans le Comtat Venaissin, qui faisait alors partie des Etats de l'Eglise, et le pape donna aux membres de cette famille le titre de ducs.

Cette rue fut ouverte au milieu du xvie siècle ; l'hôtel de Gadagne y était situé. Elle s'appela d'abord de la Boissette, puis Pierrevive, des noms des possesseurs des maisons portant les n°s 10, 12 et 14, qui sont à visiter. Elle n'a pris le nom de Gadagne que lorsque les enfants de Thomas eurent acheté ce qui composa plus tard l'hôtel de Gadagne, dont l'entrée était sur cette rue. A remarquer, au n° 10, la grille qui existe toujours ; c'est en même temps une curiosité et un problème.

Cours Gambetta

De la place Raspail à la Grande-Rue de Montplaisir.

Ce cours s'appelait antérieurement cours de Brosses ; en 1848, il s'est appelé quelque temps cours d'Austerlitz, mais on est revenu à l'ancienne appellation. Depuis 1883, il est devenu le cours Gambetta.

Le Pont de la Guillotière allait autrefois jusqu'à la Grande-Rue de la Guillotière, on le coupa au milieu ; on exhaussa le terrain de cette partie de la rive gauche, et le cours de Brosses, qui n'alla d'abord que jusqu'à la place, remplaça le pont. Cette première partie du cours fut exécutée sous l'administration de M. le comte de Brosses.

Le comte de Brosses naquit à Dijon en 1771, et mourut à Chaillot, en 1834. Il était commandeur de la Légion d'honneur, gentilhomme honoraire de la chambre du Roi, maître des requêtes au Conseil d'Etat.

Il fut nommé préfet du Rhône en janvier 1824 et resta dans ces fonctions jusqu'au 2 août 1830. Il était de l'Académie de Lyon, et son père, premier-président du Parlement de Dijon, avait été agrégé à cette Compagnie.

Le cours actuel a une bien autre étendue que l'ancien cours de Brosses ; on a fait une immense percée qui continue cette première partie et s'étend jusqu'à la Grande-Rue de Montplaisir. Ces deux portions furent unies sous le même nom de de Brosses.

Le nom de Gambetta a succédé à celui du comte de Brosses. Dans l'esprit de beaucoup de gens, Léon Gambetta a tellement incarné la troisième République que presque toutes les villes ont une rue de ce nom-là.

Léon Gambetta naquit à Cahors, en 1838, d'un modeste épicier de cette ville, qui était génois d'origine. Il avait un oncle qui était chanoine et qui lui fit faire ses études. Un accident le priva d'un œil, mais cet accident ne nuisit pas à son avenir ; il vint à Paris faire ses études de droit, et ses contemporains parlent encore de sa faconde méridionale et de ses airs débraillés.

Une plaidoirie, dans le procès Baudin, le mit en lumière ; il fut élu député, il fit de l'opposition.

Surviennent la guerre et nos malheurs, Gambetta est parmi ceux qui s'emparent du pouvoir au 4 septembre 1870. Paris est assiégé, investi, Paris va être perdu et la France avec lui. Gambetta s'échappe en ballon et va à Tours, puis à Bordeaux, organiser le gouvernement de la Défense nationale. Il eut le grand mérite de rendre l'espoir au pays pendant une quinzaine de jours. Malgré lui, petit avocat qui jouait au généralissime en face de M. de Moltke, le vieux praticien, malgré lui qui voulait que la guerre durât toujours, lors même qu'il n'y avait plus moyen de résister, on fit la paix. Il avait cependant, autant qu'il l'avait pu, retardé et entravé les élections d'une Assemblée nationale.

Pendant la Commune, il alla respirer l'air frais et embaumé des orangers de Saint-Sébastien, en Espagne, — phrase consacrée qui fut souvent redite à cette époque ; après la Commune, il reparut à Paris.

C'est alors, pendant onze ans, la vie la plus étrange pour Gambetta et pour la France. Il n'est rien, et il mène tout ; il n'est que député, il est plus que le président ; il n'a pas le pouvoir, mais il a toutes les influences. Aussi est-il entouré d'une foule immense de clients. Il n'y a guère que Catilina qui puisse faire comprendre cette situation.

Il arrive au ministère, c'est ce que ses flatteurs appellent le Grand Ministère. Il ne reste pas longtemps au pouvoir, et la faveur des classes populaires commence à s'éloigner de lui. Il devient président de la Chambre, et il la traite comme un pédagogue traite une classe turbulente. Il attendait une autre présidence qu'il rêvait, quand il mourut dans les dernières minutes de 1882, d'une mort assez mystérieuse, dans la villa des Jardies, à Ville-d'Avray, villa qui avait appartenu autrefois à Honoré de Balzac. Qui sait de quelles catastrophes cette mort a préservé la France !

Gambetta était un être très complexe ; je ne fais que réunir ici certains traits de son caractère : forfanterie gasconne, astuce italienne, absence de scrupules et de sens moral ; humeur débonnaire, cœur exubérant, esprit abondant et jovial, amour de la flatterie ; bonté véritable, désintéressement réel, intarissable générosité ; du charme, quelquefois même de la grâce à côté de la trivialité et de la grossièreté. A la tribune, il était rhéteur, sophiste, déclamateur ; son langage était violent et incorrect, mais il avait le geste, la voix, la chaleur, le souffle, la puissance, les mots heureux, en un mot le tempérament des grands orateurs. Il n'a pas laissé une page digne d'être transmise à la postérité.

Gambetta n'a pas laissé d'indifférents autour de lui ; il a été vivement applaudi et violemment critiqué. L'appréciation que je formule sur son compte, bien que j'aie la conscience d'être impartial, sera trouvée par les uns au-dessus, par les autres au-dessous de la vérité. Je persiste à croire que l'homme politique fera assez mince figure lorsque l'éloignement de l'histoire aura corrigé notre optique. On verra qu'il n'avait point d'opinions nettes ni complètes, qu'il était d'une ignorance rare en histoire et qu'il vivait d'expédients. Ce fut un empirique de la politique.

On l'a appelé le César de Cahors ; il y avait un peu de vrai dans cette plaisanterie ; il était loin, certes, d'avoir quelque chose de César, mais il était despote par tempérament.

Ses funérailles, faites aux frais de l'Etat, furent presque une apothéose.

Rue de la Gare
Quai de la Gare d'eau de Vaise

La rue : de la rue de Bourgogne à la rue de la Duchère.
Le quai : du quai de l'Industrie au quai Jayr.

Le voisinage des gares rend facile à comprendre ces appellations. Remarquons seulement qu'il y avait le pont de la Gare, le quai de la Gare, bien avant l'établissement du chemin de fer ; c'est donc à la gare d'eau que doit se référer cette dénomination. Il faut faire exception toutefois pour la rue de la Gare, qui doit bien son nom au voisinage de la gare du chemin de fer.

Rue du Garet

De la rue Lafond à la rue de la Bourse.

Une portion de cette rue s'appelait autrefois rue Henri ; depuis 1855, les rues Henri et Du Garet ont été réunies sous le même nom.

Ces terrains, qui anciennement avaient appartenu aux Médicis, appartenaient à Guillaume Du Garet, qui ouvrit cette rue en 1570, pour communiquer des Terreaux à la place du Collége.

Rue Garibaldi

Du boulevard du Nord à la place de la Croix.

Les anciens Guillotins ont eu quelque peine à se faire à ce nom-là. Pour eux, cette rue est restée longtemps la rue Sainte-Elisabeth. Depuis 1871, elle porte le nom du général révolutionnaire italien.

Le nom de sainte Elisabeth avait été donné à cette rue en l'honneur de la pieuse Mme Elisabeth, sœur de Louis XVI, qui fut guillotinée.

Garibaldi fut un véritable aventurier. Né à Nice, en 1807, il fut successivement dans la marine sarde, puis au service du bey de Tunis, puis chef d'escadre de la marine de l'Uruguay.

En 1848, il revint dans sa patrie pour batailler contre l'Autriche en faveur de l'indépendance italienne.

En 1849, il combattit contre les Français, envoyés en Italie pour occuper Rome.

Puis nous le trouvons fabricant de chandelles à New-York, plus tard, capitaine d'un navire péruvien, puis commandant supérieur des troupes du Pérou ; enfin, rentré dans sa patrie, capitaine d'un paquebot appartenant à une compagnie de Gênes.

Telle fut la première partie de sa vie ; la seconde fut encore plus étonnante. Lorsque l'Italie, après les guerres de 1859, travailla à son unité sous le sceptre de la maison de Savoie, nous retrouvons le chef de bandes en Sicile, à Marsala, puis dans les Etats Pontificaux, à Mentana. Lui, le vieux républicain, se fait le lieutenant de Victor-Emmanuel.

Mais quel que soit tout ce passé, il nous est assez indifférent. Sa guerre contre les Français, en 1849, sa jactance personnelle toutes les fois qu'il parlait de la France, en se vantant d'avoir les mains couvertes de sang français, devraient nous avoir inspiré plutôt de la froideur.

Mais voici la guerre franco-allemande de 1870. Après la chute de l'Empire, il offrit son épée au gouvernement de la Défense nationale, qui eut la faiblesse d'accepter ses services. On organisa alors des bandes de garibaldiens, qui firent plus de tapage que de besogne, et qui se rendirent plus redoutables aux Français que les Prussiens eux-mêmes. Lyon, Autun, Dijon connurent les excès de ces fantoches. La bataille de Dijon, dont on a voulu faire un triomphe, fut une des preuves indéniables de l'incapacité de Garibaldi.

C'est pour ces hauts faits que la municipalité lyonnaise, reconnaissante, a consacré de ce nom la plus longue rue de la ville.

C'est sous la Restauration que furent ouvertes ces rues d'appellations royalistes ; la rue Sainte-Elisabeth est contemporaine de la place Louis XVI.

Montée du Garillan

De la place du Petit-Collége à la montée Saint-Barthélemy.

On a vécu longtemps avec cette idée que le mot Garillan était une onomatopée, tirée du bruit que font les cailloux roulant le long de la pente de la colline, lors des grandes pluies.

M. Paul Saint-Olive a soupçonné la vérité, mais il n'a fait que l'entrevoir. Voici ce qu'il dit : « Au commencement du xvi° siècle, cette rue s'appelait rue de Romagny, puis rue du capitaine Imbaud, du nom de Imbaud de Bletterens de Rivoyre, seigneur de Romagny, qui avait là sa demeure. Quelques années plus tard, cette rue change de nom pour prendre celui de Garillan, c'est justement alors que vient d'être écrite par l'épée de Bayart, en 1503, cette magnifique page d'épopée qui s'appelle la défense du pont du Garigliano. Et comme Bayart était très connu à Lyon et que ce fait d'armes avait eu un grand retentissement, serait-il surprenant que ce nom rappelât ce brillant combat ? »

La vérité est qu'il ne s'agit pas ici de Bayart, mais du susdit capitaine Imbaud, et c'est bien Le Garigliano qui est en question. Ce capitaine Imbaud de Bletterens fut un compagnon de Bayart dans cette défense fameuse, et s'y conduisit avec tant de vaillance que le surnom de Garillan lui resta. Le capitaine Imbaud et le Garillan sont le même personnage ; celui-ci a remplacé celui-là.

L'hôtel des Gadagne, dont l'entrée était dans la rue de ce nom, était au sommet de cette montée, ainsi que celui des Gondi, famille florentine, qui se fixa d'abord à Lyon, et dont un des descendants fut le fameux cardinal de Retz, élève de saint Vincent de Paul.

J'ai trouvé cette ordonnance du Consulat, que je me fais un devoir de reproduire.

1593. — Le Consulat désirant rendre, à Lyon, la rue du Garillan accessible, suivant le commandement qu'on en a de Mgr de Nemours, ordonne qu'elle sera réparée de telle façon que l'on y puisse aller à cheval de fond en cîme, et ce, aux dépens des propriétaires qui sont sur ladite rue.

On peut voir aujourd'hui que l'ordre du Consulat n'a guère été exécuté. La montée Saint-Barthélemy, ouverte par parties à diverses époques, y a suppléé.

Rue Gasparin
De la place des Jacobins à la place Bellecour.

Cette rue traverse les terrains de l'ancienne préfecture, on lui a donné le nom d'un ancien préfet. — V. pour les précédents de l'ancienne préfecture, le mot *Jacobins*.

M. le comte de Gasparin naquit à Orange, en 1783. Il fut attaché à l'état-major de Murat en qualité d'officier de cavalerie pendant la campagne de 1806. Une blessure reçue le força de quitter le service ; il rentra dans sa famille, où il devint un agronome distingué.

Plus tard, il entra dans l'administration ; il fut successivement préfet de la Loire, de l'Isère et du Rhône. Il était à Lyon du 21 décembre 1831 au 4 avril 1835, par conséquent pendant la sanglante insurrection de 1834 ; la fermeté qu'il déploya alors lui valut la cravate de commandeur de la Légion d'honneur et la dignité de pair de France. Il devint, par la suite, ministre de l'intérieur dans le cabinet Molé (1836), puis ministre de l'agriculture en 1839. — Il mourut en 1862.

Gaz et Gazomètre
Le passage du Gaz : de la Grande-Rue de la Croix-Rousse à la rue Janin.
L'impasse du Gaz : sur la route de Crémieu à la Guillotière-Villeurbanne.
La rue du Gazomètre, de la rue Paul-Bert à la rue Villeroy.

Le voisinage des fabriques de gaz hydrogène qui sert à l'éclairage de nos rues, fait comprendre ces appellations. La plus importante de ces fabriques est à Perrache, et rien dans les noms des rues de ce quartier n'en signale l'existence. Il n'en fut pas de même pour la Croix-Rousse et la Guillotière, qui, avant l'agglomération, formaient des villes à part, où la présence de ces vastes usines était d'une importance à signaler.

Rue du Général Miribel

De l'avenue des Ponts au chemin du Repos.

Cette rue est en formation et n'a pas encore beaucoup de maisons.

Né à Montbonnet (Isère), en 1831, le général de Miribel entre à l'Ecole polytechnique en 1851. Décoré à Magenta, blessé aux deux mains à Solférino, il devient capitaine d'artillerie en 1859. Il se distingue à la prise de Puebla, au Mexique ; il est blessé à la tête, cité à l'ordre du jour et nommé officier de la Légion d'honneur. Officier d'ordonnance du maréchal Randon, en 1866 ; chef d'escadron en 1867, c'est un officier remarquable et remarqué.

En 1870, il devient successivement lieutenant-colonel et colonel ; il combat vaillamment à Châtillon, à la Malmaison, au Bourget, à Champigny, à Buzenval. Enfin, il est général de brigade en 1875, divisionnaire, à Lyon, en 1880, puis inspecteur des travaux de l'artillerie, membre du Conseil supérieur de la guerre.

Il fut appelé à la tête de l'état-major général de l'armée par le général Berthaud, ministre de la guerre, presque aussitôt remplacé par le général Rochebouet. Le général de Miribel ne tarda pas à être remercié. Gambetta le rappela, mais le Grand-Ministère tombé, le chef d'état-major général fut remercié encore et laissé trois ans à l'écart. Enfin, M. de Freycinet l'envoya commander le 6ᵉ corps d'armée à Nancy, et de là, le remit à la tête de l'état-major général. On prête à Gambetta cette parole : « Miribel est le Moltke français » ; toujours est-il qu'il a rendu les plus grands services à l'armée et à la France.

Le général de Miribel a commandé à Lyon. Il est mort en 1893.

Montée des Génovéfains

De la montée Saint-Laurent à la place Saint-Irénée.

Après la mort de sainte Geneviève *(Genovefa)*, la patronne de Paris, on éleva sur son tombeau une église que l'on dédia à saint Pierre et à saint Paul, et l'on y établit une communauté de prêtres qui suivaient la règle de saint Augustin. En 1147, ces prêtres furent remplacés par douze chanoines réguliers de l'abbaye de Saint-Victor, qui, à leur tour, devinrent chefs d'une congrégation florissante. Au xviii° siècle, cette Société des Chanoines réguliers de Sainte-Geneviève comptait cent sept monastères. Les fonctions de ces Religieux consistaient à desservir les paroisses, à diriger les séminaires, et à administrer les hôpitaux et les maisons de charité.

Les Génovéfains vinrent s'établir à Lyon en 1702.

Au haut de la montée qui nous occupe, et à droite de l'église de Saint-Irénée où ils étaient établis, les Génovéfains élevèrent leur prieuré, aussi remarquable par la régularité de son architecture que par le goût et la magnificence. C'était, du reste, une œuvre de Soufflot, qui a laissé à Lyon d'impérissables monuments de son talent, et qui, forcé de retourner à Paris, en confia l'exécution à l'architecte Loyer. — Pendant le siège de Lyon, le prieuré fut brûlé par un boulet rouge tiré d'une des batteries des assiégeants à la Guillotière. Cette maison ne fut restaurée et agrandie qu'en 1814. Aujourd'hui, c'est une maison de préservation pour les jeunes filles, connue sous le nom de Refuge Saint-Michel. — V. plus amples détails dans les *Anciens Couvents de Lyon*.

Place Gensoul

A l'extrémité méridionale de la rue Vaubecour.

Cette place s'appelait autrefois place Suchet, mais ce nom de Suchet existait déjà aux Brotteaux et même à Perrache ; on l'a supprimé et remplacé par celui de Gensoul (1866).

Joseph-Ferdinand Gensoul, négociant à Lyon, naquit à Connaux, près de Bagnolles (Gard), en 1766, et mourut à Lyon en 1833. Il inventa divers perfectionnements dans la fabrication des étoffes de soie, et dans la manipulation de la soie elle-même ; c'est lui qui trouva le chauffage à la vapeur pour la filature des cocons (1806).

La famille Gensoul est honorablement connue dans notre ville : un membre de cette famille fut un chirurgien distingué de l'Hôtel-Dieu.

La maison portant le n° 11, sur le quai d'Occident, et le n° 42, sur la rue Vaubecour, est la maison Gensoul ; elle a donné son nom à la place voisine, dont tout un côté est occupé par elle.

Rue Gentil
De la rue de l'Hôtel-de-Ville au quai de Retz.

Cette rue était appelée anciennement rue de l'Archidiacre, parce qu'elle avait été ouverte sur un terrain dépendant de la directe de l'Archidiacre de Saint-Jean. Quant à l'origine du nom actuel, il nous est inconnu. C'est probablement un nom de famille.

Rue de la Gerbe
De la rue Gentil à la rue Poulaillerie.

Deux opinions discutent cette appellation : les uns prétendent que ce nom provient d'un bas-relief en marbre blanc, qui représentait des enfants tenant des gerbes de blé et servait d'enseigne à une maison ou à un magasin de cette rue. D'autres disent que ces lieux étaient des champs, des vignes, des broussailles, des granges, etc., et que les rues Dubois, Buisson, de la Gerbe sont les derniers vestiges de cet ancien état de choses. — Nous avons déjà vu que cette dernière opinion est erronée.

Tous ces terrains étaient possédés par la confrérie de la Trinité. Mais un édit de François Ier ayant ordonné que les fonds des confréries seraient employés à des bonnes œuvres, les échevins traitèrent cette affaire avec la confrérie. Sur les instances de Symphorien Champier et de Claude de Bellièvre, l'établissement d'un Collége fut décidé par le Consulat. Ce Collége prit le nom de la Trinité, du nom de la confrérie fondatrice. — Nous donnerons d'autres détails, en parlant du Petit-Collége.

Rue et chemin de Gerland

La rue : de la place du Prado à l'avenue de Saxe.
Le chemin : de l'avenue des Ponts au chemin de Champagneux.

Il y avait, dans le voisinage, un château de Gerland, qui a donné son nom au chemin, et le chemin à la rue. Quant à la signification du nom de Gerland, si ce n'est pas celui d'une famille, elle m'est inconnue.

Puisque le nom de Champagneux paraît ici et que nous ne le retrouverons pas, disons en passant que l'ancien château de Champagneux est occupé aujourd'hui, et depuis 1824, par les Frères hospitaliers de Saint-Jean-de-Dieu, qui y ont établi un hospice pour les hommes aliénés.

Place Gerson

Du quai de Bondy à la rue Saint-Paul.

Jean Charlier ou Lecharlier naquit à Gerson, près Rethel, dans les Ardennes, en 1363. Selon l'habitude des étudiants pauvres, il prit plus tard le nom de Gerson, le nom de son pays. Il commença ses études à Reims, et les termina à Paris. A vingt-neuf ans, il était docteur en théologie, et dès lors se faisait une large place dans le monde intellectuel de son temps. Il aimait beaucoup les *simples gens*, et s'élevait avec force contre les fautes des grands. Il joua un grand rôle au moment du schisme d'Occident et composa alors un traité hardi. Il fut un des grands promoteurs de la dévotion à saint Joseph, et de très sérieux esprits le considèrent comme l'auteur de l'Imitation de Jésus-Christ. Il mourut le 12 juillet 1429.

Telle est, en abrégé, sa vie publique, mais par les dix dernières années de sa vie, il appartient à notre cité. Jean-sans-peur, duc de Bourgogne, ayant fait assassiner le duc d'Orléans, Gerson fit le panégyrique de la victime et s'éleva avec force contre l'instigateur du crime. Le duc de Bourgogne fit légitimer sa conduite par un docteur, Jean Petit, homme de savoir, mais âme vénale. Gerson fit condamner la doctrine de Jean Petit par le Concile de Constance. Après le Concile, et pour se soustraire aux poursuites du duc Jean, il se retira à Lyon, qui était sous l'autorité de l'Archevêque, et où son frère était prieur au couvent des Célestins. Il passa les dernières années de sa vie à instruire le simple peuple et à faire le catéchisme aux enfants de la paroisse Saint-Paul. Il fut enseveli dans l'église Saint-Laurent, voisine de la collégiale de Saint-Paul, et dont la démolition a formé la place Gerson.

Gerson a pu errer sur certaines opinions, qui n'étaient alors que des opinions, il n'en fut pas moins un grand caractère et un vaillant serviteur de Dieu.

Cette place, dans le voisinage de la Saône, a fait disparaître la rue Six-Grillets, dont le nom était dû à l'enseigne d'une hôtellerie.

La statue de Gerson devrait s'élever sur cette place ; elle existe, mais jusqu'ici elle est reléguée dans une niche creusée dans le soubassement du terre-plein de la gare de Saint-Paul.

Rue Gigodot

De la rue de Belfort à la petite rue des Gloriettes.

Nom d'un entrepreneur et propriétaire de terrains, sur lesquels cette rue fut ouverte.

Rue Gilibert

De la rue Dugas-Montbel à la rue Casimir-Périer.

Jean-Emmanuel Gilibert, célèbre médecin et naturaliste distingué, naquit à Lyon le 21 juin 1741. Appelé en Pologne, sur la désignation du célèbre Haller, il y fut professeur. Le roi Stanislas le combla de faveurs, il voulut être parrain d'un de ses enfants né en Pologne, et plaça dans une de ses galeries le buste du père. Rentré en France, il fut nommé médecin de l'Hôtel-Dieu, à Lyon. Jouissant d'une grande autorité et mêlé aux événements de la grande Révolution, il fit partie de la municipalité, puis fut emprisonné, finalement contraint de fuir. A son retour, il fut professeur d'histoire naturelle à l'Ecole centrale du Rhône, professeur de botanique au Jardin des Plantes, membre de l'Académie de Lyon. Il fut un observateur judicieux de l'épidémie des fièvres malignes ; il fut enfin auteur de plusieurs ouvrages, entr'autres d'un traité de botanique fort estimé. Il mourut le 2 septembre 1814.

Petite rue des Gloriettes
De la rue Joséphin-Soulary à la rue Richan.

La rue des Gloriettes avait donné lieu d'appeler cette rue petite rue des Gloriettes ; la rue des Gloriettes a changé de nom, elle s'appelle aujourd'hui rue Joséphin-Soulary, mais la petite rue a conservé celui de Gloriettes.

Autrefois, les maisons de la ville n'allaient pas au-delà de la porte du Griffon ; l'espace qui s'étendait au-delà était exploité en cultures. Une de ses fermes isolées avait le nom de Gloriette. Si cette interprétation était exacte, nous aurions eu la rue de la Gloriette et non la rue des Gloriettes ; on en peut dire autant de l'explication donnée par Bunel, dans son petit opuscule sur la Croix-Rousse : un petit belvédère, dit-il, était nommé la Gloriette.

Nous pensons qu'on avait plus généralement donné le nom de Gloriettes à de petites maisons des champs sans importance ; la gloriette, c'est le cabanon, le mas, le bastidon de certains autres pays. Ces petites maisons, étant devenues assez nombreuses dans ce quartier, firent donner à la rue et à la petite rue le nom des Gloriettes.

Rue Godefroy
Du quai de l'Est à la place Morand.

J'ai cru longtemps qu'il s'agissait ici d'un vulgaire propriétaire de ce nom. Je me trompais, il s'agit bel et bien de Godefroy de Bouillon, le chef de la première Croisade, le premier roi de Jérusalem. M. Vitton, voulant faire des noms de rues un petit cours d'histoire, a jugé à bon droit que les Croisades devaient y avoir leur place. Le nom de Godefroy de Bouillon s'est présenté à son esprit ; malheureusement, il était un peu long à prononcer, il l'abrégea. Mais quelle partie du nom retrancher ? la première ou la seconde ? En retranchant la première, il ne restait que Bouillon, qui prêtait à rire ; en retranchant la seconde, on n'avait plus que Godefroy, qui était obscur. M. Vitton préféra l'obscurité, et il a si bien réussi que personne aujourd'hui ne s'avise à penser à Godefroy de Bouillon.

Ne trouvez-vous pas que M. Vitton, tout en restant fidèle à son programme, aurait mieux fait d'appeler cette rue simplement rue des Croisades ?

Rue Gorge-de-Loup

De la rue du Tunnel au chemin de Saint-Just à Saint-Simon.

Le site de Gorge-de-Loup est un des plus attrayants de Lyon et ne mérite certainement pas ce nom terrible. On a écrit que ce nom venait soit de la forme de la vallée, soit des ombres épaisses qui, le soir, s'y étendent de telle sorte, qu'on se croirait, sinon dans un four, du moins dans une gorge de loup. Il n'en est rien. Il y exista autrefois une maison de campagne qui portait le nom de Gorge-de-Loup. On y remarquait des fontaines avec une statue de Méduse. Plusieurs tuyaux, dont le principal avait fait donner à cette propriété, à cause de la forme qu'il présentait, le nom sous lequel elle était connue, distribuaient l'eau de tous les côtés.

Chemin du Goulet

Du quai Rambaud au cours Charlemagne.

Ce nom de Goulet est assez voisin de goulot, et, en effet, le goulot d'une bouteille donne une idée assez exacte de ce qu'est un goulet. Le Goulet de Brest est renommé. C'est un passage étroit s'amorçant à une masse d'eau plus étendue. Le goulet, dont il est ici question, est un canal resserré par où l'eau de la Saône coule pour remplir la gare d'eau. Une chaussée le longe au nord, et c'est cette chaussée qui a pris le nom de rue ou chemin du Goulet.

Montée du Gourguillon
De la place de la Trinité à la rue des Farges.

Ce mot est une onomatopée, tirée du bruit des eaux pluviales, comme le *gurges* des Latins, ou le *gargouille* du français. Je ne signale que pour mémoire le *gurges sanguineus* de certains auteurs, dans l'opinion où ils étaient que le sang des Martyrs avait coulé à flots le long de ce chemin. La vraie explication est bien celle que je donne plus haut, c'est-à-dire décharge d'eau, parce que toutes les eaux de ce côté de la colline se réunissaient sur la place de la Trinité, s'y engouffraient en quelque sorte, puis s'écoulaient par des canaux dans la Saône.

Le Gourguillon est aujourd'hui une des voies les plus vulgaires de Lyon, mais si l'on veut bien se rappeler qu'avant 1652, le Chemin-Neuf n'existait pas, qu'avant 1535, la montée des Epies n'était pas ouverte, on comprendra facilement que la montée du Gourguillon, voie unique reliant le chapitre et le cloître de Saint-Jean au chapitre et au cloître de Saint-Just, a eu jadis une très grande importance. Là ont passé les princes, les rois, les papes ; là s'est livrée une guerre longue et acharnée entre les bourgeois de Lyon, d'une part, et, d'autre part, l'archevêque et les chanoines.

Nous ne pouvons pas entrer dans les détails de cette espèce de guerre civile, mais, à propos du Gourguillon, il faut au moins savoir que lorsque les citoyens lyonnais eurent attaqué, pris et saccagé le cloître de Saint-Jean, abandonné par les chanoines et l'archevêque qui s'étaient réfugiés à Saint-Just, les premiers se retranchèrent vers la recluserie de la Madeleine, située un peu au-dessus de la place de Beauregard. Ils y construisirent un véritable fort surmonté d'une tour. Ce fort fut pris et repris plusieurs fois avec grande effusion de sang. Ces événements se passaient au milieu du XIIIe siècle. — Au commencement du XIVe siècle, le fort du Gourguillon n'était pas entièrement démoli ; il en restait des restes considérables. C'est une des murailles de ce fort qui s'écroula sur Clément V, quand il allait de Saint-Just à Saint-Jean, le jour de son couronnement. Il fut renversé de sa monture, sa tiare roula sur le pavé, il s'en détacha une escarboucle estimée 6.000 florins d'or. Le P. Colonia, s'en tenant au témoignage de Ptolémée de Lucques, dit qu'elle fut retrouvée.

C'est aussi au Gourguillon que se trouvaient les Religieuses du Verbe Incarné, dans une grande maison de vingt-sept mètres de façade, dont l'entrée était sur la place Beauregard et qui avait appartenu aux Orlandini, famille florentine. Cette maison a été occupée il y a un demi-siècle par un pensionnat de jeunes gens renommé.

Place du Gouvernement
Dans la rue Saint-Jean.

A la tête de l'administration de la ville, il y avait un Gouverneur ; la maison de ce Gouverneur s'appelait le Gouvernement, et la place où elle était située prit aussi ce nom-là. Les Gouverneurs y eurent leur domicile de 1562 à 1734. Nicolas de Neuville agrandit cet hôtel. Le maréchal de Villeroy y est mort en 1730. — A partir de 1734, les Gouverneurs habitèrent l'Hôtel-de-Ville.

Il y avait là autrefois le Grand et le Petit-Palais. La place actuelle du Gouvernement était le plâtre du Petit-Palais, et ce qui est aujourd'hui la place de la Baleine était la place du Grand-Palais. Les numéros 9 et 11 de la rue Saint-Jean étaient des dépendances de l'Hôtel du Gouvernement, mais, malgré les apparences, on peut dire qu'il n'existe à peu près plus rien ni du Grand ni du Petit-Palais.

Montée de la Grande-Côte
Du boulevard de la Croix-Rousse à la rue des Capucins.

Remarquons qu'à Lyon on prononce Grand'Côte, comme grand'mère, grand'messe. Cette montée tire son nom de sa longueur et de sa déclivité. C'est ici, encore plus qu'au Gourguillon, l'endroit typique du Lyonnais ; c'est là que commençait jadis la patrie du *canut*.

Le sommet était remarquable par les Pierres Plantées, alignement de bornes en pierres fichées en terre, interdisant le passage des voitures. La rue des Pierres-Plantées, qui était à ce sommet, a été absorbée par la montée de la Grande-Côte.

Rue de la Grange
De la rue Saint-Pierre-de-Vaise au chemin de Vaise à Champvert.

Dans la solitude champêtre d'autrefois, et il n'est pas nécessaire de remonter très haut dans le passé, il y avait ici une grange dont on a conservé le souvenir.

Puisque le nom de Champvert se rencontre ici et quoiqu'il soit en dehors de nos investigations, disons cependant en passant que Champvert, le bien nommé, est une petite Provence, un des endroits les plus agréables de Lyon ; on y jouit d'une vue ravissante sur le cours et les rives de la Saône.

Rue Grataloup
De la rue Denfert-Rochereau à la place Tabareau.

Nom d'un propriétaire de terrains sur lesquels on ouvrit cette rue. La maison Grataloup, où habite encore cette famille, est celle qui porte le n° 6.

Place des Graviers
De la rue Delandine à la rue Smith.

Ce nom s'explique par lui-même. Presque tout le quartier qui s'étend des voûtes de Perrache jusqu'au confluent, a été conquis sur le Rhône, avec des remblais de tous genres et des graviers du fleuve. Cette place, longtemps nue, n'était littéralement qu'une place de graviers. Ce nom n'est qu'un nom d'attente ; la place qui, aujourd'hui, se trouve devant l'église de la Rédemption, et qui s'appelle Puvis-de-Chavannes, s'est appelée place des Hospices et auparavant place des Graviers, elle a fait son chemin, *habent sua fata... viæ.*

Chemin et montée du Greillon

Le chemin : de la montée de la Sarra à la montée de l'Observance.
La montée : du quai de Pierre-Scize au chemin du Greillon.

Le greillon d'autrefois est le grillon d'aujourd'hui ; le grillon est considéré comme un porte-bonheur pour le foyer qu'il habite. Il n'est donc pas étonnant qu'on ait donné ce nom propice à une maison de campagne de cette montée. Elle appartenait, en 1612, à André Pestalozzi, mais elle était beaucoup plus ancienne. Ce fut aussi la maison de campagne de Chinard. — V. ce nom.

Rue Grenette

Du quai Saint-Antoine à la rue de la République.

Avant 1350, la ville se groupait autour de Saint-Nizier et était fermée au sud par une muraille qui passait tout au long du chemin devenu plus tard la rue des Albergeries, à cause des nombreuses auberges qui y étaient établies, et plus tard encore rue Grenette, parce qu'elle aboutissait à la Halle aux blés. Cette halle appartenait à l'Archevêque et au Chapitre de Lyon. Ils percevaient sur tous les grains qui s'y vendaient un droit de cartelage et de coponage. Ce droit fut aboli plus tard, mais non sans révolte préalable du populaire. — V. *Champier.* — La Halle a été vendue au commencement de la Révolution.

Dans la rue Grenette, qui fut, à son heure, une des plus belles de Lyon, eurent lieu des tournois.

C'est dans la rue Grenette que fut écartelé le comte de Montecuculli. — V. *François-Dauphin.*

Rue ou chemin des Grenouilles

De la rue du Bourbonnais au chemin de Gorge-de-Loup.

Si ce quartier de Vaise devient populeux un jour, ce nom de chemin des Grenouilles ne manquera pas de saveur. Il rappellera aux habitants que le sol était autrefois occupé par des cressonnières, des prairies sillonnées de ruisseaux se divisant en innombrables ruisselets, que les rues animées et bruyantes étaient une plaine humide, où seul le croassement des grenouilles se faisait entendre.

Rue et place du Griffon

La rue : de la place Croix-Pâquet à la rue Puits-Gaillot.
La place : de la rue Saint-Claude à la rue du Griffon.

Il est à croire que le nom de cette rue vient d'une enseigne représentant un griffon ou griffoz, comme on écrivait autrefois, animal fabuleux, moitié aigle, moitié lion.

La porte du Griffon était un peu plus haut que la rue Terraille, elle fut démolie en 1539.

Les rues du quartier du Griffon ont été ouvertes au milieu du XIVe siècle. Dès le commencement, on y trouve beaucoup de fabricants et d'ouvriers en soie. Il résulte de ce renseignement que l'industrie de la soie à Lyon existait avant l'arrivée de Turquet, en 1536.

Rue Grillet

De la rue de la Thibaudière à la rue des Trois-Pierres.

Jérôme Grillet est un de ces hommes qui, avec les Bouchardy, les Suiphon, les Combalot, ont fait surgir des quartiers populeux sur les terrains qui leur appartenaient et à travers lesquels ils firent ouvrir des voies nouvelles. — Il fut conseiller municipal de la Guillotière, et, en 1830, adjoint au maire. Son fils fut également adjoint.

Rue Grobon

De la rue des Augustins à la rue d'Algérie.

Cette rue, ouverte en 1658, par les religieux Augustins, dont le couvent était l'école actuelle de la Martinière, — V. *Augustins* — s'est appelée Sainte-Monique jusqu'en 1892. Sainte Monique, mère de saint Augustin, était un nom qui cadrait bien avec le voisinage de ces religieux. Depuis 1892, elle a reçu le nom du peintre Michel Grobon, né à Lyon en 1770, et mort, montée Saint-Laurent, 13, dans sa maison, en 1853. Ce fut un peintre habile, et l'un des fondateurs de l'école de peinture de Lyon.

On possède peu de renseignements sur lui, tant cet artiste aima à s'effacer. Grognard lui apprit les premiers éléments du dessin, et Déchazelle favorisa ses premiers essais. Il a fait d'estimables tableaux de genre et quelques portraits, mais il fut, au dire de Clair Tisseur, le rénovateur du paysage.

Après avoir étudié la figure à l'école de Prudhon, qui le mit en garde contre le coloris terne et pâle alors en vogue, il étudia les maîtres hollandais et s'assimila leur manière. Le coloris, la finesse d'exécution, la vérité d'imitation sont ses traits distinctifs.

Il a été aussi graveur et a laissé quelques fines estampes supérieurement touchées. Il avait reçu des leçons de J.-J. de Boissieu.

Rue Grognard

De la rue des Fantasques à la rue Audran.

Ce nom a été porté par deux frères d'inégale notoriété. François Grognard, ancien négociant, avait, voyageant dans les cours étrangères, obtenu des lettres de noblesse et le titre de conseiller de commerce du roi de Pologne.

Alexis Grognard, son frère, se voua à la peinture. Né à Lyon, il alla à Paris et y fut le condisciple de David. Il acheva ses études à Rome et revint à Lyon, où il fut quarante ans professeur à l'Ecole des Beaux-Arts. Il fut un véritable bienfaiteur des arts. C'est pour conserver sa mémoire que son nom a été donné à cette rue, vers 1830.

Rue Grôlée

De la place des Cordeliers à la rue Childebert.

Ce nom rappelle une des plus nobles et des plus anciennes familles de Lyon, qui eut son hôtel situé dans cette rue. Ils furent les bienfaiteurs des Cordeliers, dont ils furent regardés comme les seconds fondateurs. En 1325, Jacques de Grôlée fit rebâtir l'église de ces religieux, et plus tard fut inhumé dans cette nouvelle église, qui n'était pas encore achevée. En 1360, Jean de Grôlée, seigneur de Bressin, fut envoyé en Angleterre pour traiter de la liberté du roi Jean ; peu de temps après, il traita de la paix de Brignais, au nom du Dauphin Charles, depuis Charles le Sage. En 1429, Humbert de Grôlée, sénéchal de Lyon, remporta une grande victoire près d'Anthon, en Dauphiné, et le prince d'Orange échappa avec bien de la peine à sa poursuite. En 1531, Antoine de Grôlée, chevalier de Saint-Jean de Jérusalem, était porte-étendard au siège de Rhodes ; il fut envoyé à Soliman en ambassade ; en 1535, il conduisit la flotte contre Barberousse et plus tard fut chargé par tout l'ordre de demander à Charles-Quint l'île de Malte. — Cette famille a compté aussi de nombreux chanoines-comtes de Lyon.

En 1871, cette rue a eu une certaine notoriété à cause d'un club de citoyens professant en politique des idées avancées.

La transformation de ce quartier, en 1895, a singulièrement modifié l'ancienne rue Grôlée, qui, avant 1855, comprenait aussi la rue Blancherie.

Place Grolier

Du quai de la Charité à la rue de Fleurieu.

Ce nom est encore celui d'une très ancienne famille de Lyon. Les Grolier étaient originaires de Vérone, en Italie, mais ils s'établirent en notre cité au XIIe siècle. Ils y ont rempli les charges les plus honorables : des Grolier furent notaires à l'Arbresle, dès le XIVe siècle ; nous en voyons à la tête du Consulat et du Bureau des Finances. Ils comptent parmi leurs membres des Evêques, des Archevêques, des Cardinaux, des

Maréchaux de France, des Chanceliers, des Ducs, des Ambassadeurs ; on suit leur trace dans l'histoire à toutes les époques. — Un Jean Grolier — 1480-1565 — ambassadeur de François Ier à la cour de Rome, fut le Mécène des gens de lettres de son temps. Il avait une riche bibliothèque, et sur le plat de la plupart de ses livres, on lisait *Joannis Grolerii et amicorum.*

Cette rue fut ouverte en 1775, et son nom rappelle un Grolier qui fut un des plus ardents promoteurs de l'entreprise Perrache, en même temps qu'un des principaux actionnaires et administrateurs.

Place Guichard

De la rue Vendôme à la rue Créqui.

On a donné à cette place le nom d'un député du troisième arrondissement, né à la Guillotière en 1827 et mort à Paris le 15 juillet 1895.

Claudius Guichard fut un ouvrier compositeur-typographe fort habile. Sans parler des autres situations qu'il occupa, je me contente d'évoquer ce souvenir qui indique assez en quelle estime professionnelle il était tenu ; il fut en effet appelé, en qualité de prote, à la direction de l'imprimerie Louis Perrin.

Fils d'un père mort des suites de blessures reçues pendant les journées d'avril 1834, il garda au cœur un vif ressentiment contre la monarchie de Juillet et salua avec transport la République de 1848.

Elu conseiller municipal avant l'âge légal, il en fut constamment le secrétaire jusqu'au Deux-Décembre.

Arrêté, incarcéré dans les casemates de la Vitriolerie, il fut jugé par une commission mixte et condamné à l'internement à Tain, avec interdiction de séjour dans le Rhône et les départements voisins.

Nous le retrouvons, en 1881, au Conseil municipal de Lyon, adjoint du IIIe arrondissement, membre du bureau de bienfaisance. En 1883, il est conseiller général, membre de la commission départementale, administrateur des hospices civils de Lyon, administrateur de l'Ecole normale d'instituteurs du Rhône, administrateur de la Caisse d'épargne, etc.

Claudius Guichard fut élu député de la Guillotière, le 30 mars 1890, en remplacement du capitaine Thiers, décédé. Il siégea à la gauche radicale. Il fut élu de nouveau en 1894, et mourut l'année suivante.

Il put avoir des idées que tout le monde ne partageait pas, car il fut surtout un républicain d'avant-garde, mais on ne saurait ne pas reconnaître qu'il fut un esprit sagace, un caractère droit, un citoyen intègre et dévoué.

Grande-Rue, pont et quai de la Guillotière

La Grande-Rue : de la place du Pont au boulevard des Hirondelles.
Le quai : de la rue Rabelais à la place Raspail.

Le quai s'est appelé successivement quai Joinville et quai Castellane. La Grande-Rue de la Guillotière a absorbé, en 1855, les rues de la Croix, d'Ossaris, des Hirondelles et la route de Grenoble.

La Guillotière forme aujourd'hui une ville populeuse d'environ cent cinquante mille âmes. La ville tend à s'étendre beaucoup de ces côtés, et si M. Vitton, ancien maire de la Guillotière, revenait sur la terre, il constaterait que la parole qu'il répétait souvent est en voie de devenir une réalité : « On écrira un jour, disait-il, Lyon, près de la Guillotière, et non la Guillotière, près de Lyon ».

Comme l'existence de ce quartier se relie étroitement au pont qui le fait correspondre avec la ville, il est bon d'en dire un mot, car ce pont a son histoire.

Sous la domination romaine, il y eut certainement entre les deux rives du Rhône des moyens de communications, mais il n'est pas fait mention d'un pont fixe.

Plusieurs auteurs ont répété, après le P. Ménestrier, que sur ce pont, le 25 août 383, le jeune empereur Gratien, qui avait partagé l'empire avec Valentinien, son frère, fut assassiné par Andragathe, l'un de ses chefs. Le savant jésuite, en marge de son récit, vise saint Jérôme et Prosper d'Aquitaine, mais ni saint Jérôme ni Prosper d'Aquitaine ne disent rien de semblable.

En 1190, Philippe-Auguste et Richard Cœur-de-Lion, avant de partir pour la Terre-Sainte, s'arrêtèrent à Lyon. Quand ils en sortirent, ils traversèrent le pont de la Guillotière ; à peine l'eurent-ils franchi, que le pont se rompit et un grand nombre de personnes furent noyées. Ce pont n'occupait pas l'emplacement actuel. Cinquante ans plus tard (1245), on commença un peu en amont la construction d'un pont en pierre ; Paradin l'attribue à saint Benezet, le fondateur des Frères pontifes, Papire Masson à Innocent IV, qui séjourna plusieurs années dans notre ville. On y établit un péage — V. *La Barre* — et plus tard on élargit la construction première.

En 1711, il se produisit sur le pont et aux abords une formidable bagarre, dont je parlerai plus loin. — V. *Servient.*

Avant la Révolution, le milieu du pont était défendu par une tour ; il s'en trouvait deux autres à l'entrée du côté de Lyon.

En 1815, au retour de l'île d'Elbe, le pont de la Guillotière avait été barricadé, mais dès que l'Empereur parut, tous les obstacles tombèrent, et Napoléon Ier fut accueilli avec un enthousiasme indescriptible.

Le 30 avril 1871, le pont de la Guillotière sépara deux armées ennemies, l'émeute fut promptement réprimée.

J'ai dit déjà — V. *Gambetta* — que ce pont était deux fois plus long que le pont actuel, et rappelé les travaux qui furent faits par Combalot d'une part et le comte de Brosses de l'autre.

L'origine de ce mot Guillotière est à peu près établie aujourd'hui, mais par curiosité, je donne les explications fournies par les anciens auteurs. Les uns veulent que ce nom dérive de *Guy l'hostière*, l'hostière en ancien romain voulant dire hôtel, hôtellerie, ce qui revient à dire hôtel du Gui. En voici l'explication : les Druides partaient jadis de l'Ile-Barbe pour aller dans les forêts du Dauphiné chercher le gui sacré. Après l'avoir trouvé, ils l'apportaient dans un temple situé sur le bord du Rhône, en attendant que les préparatifs de la réception officielle fussent terminés. — Le Père Ménestrier a parfaitement réfuté cette gratuite assertion, mais il a donné du mot une singulière explication : Les anciens titres, dit-il, donnent le nom de Grillotière, à cause de la multitude de grillets ou grillons qu'on y trouvait. — Paradin retient aussi ce mot de Grillotière et soutient qu'en 1500, le faubourg avait été ainsi nommé, à cause des grillets, grelots et sonnettes de mulets et de voitures, dont il n'est jamais dégarni. — D'après M. Beaulieu, un moine d'Ainay, nommé l'*Agrillotier*, aurait cédé, en 1350, le mandement de Béchevelin à son monastère, d'où il serait possible qu'il eût donné son nom au faubourg, qui s'appela l'Agrillotière, la Grillotière. Malheureusement, cette assertion n'est qu'une assertion sans preuve. Bunel prétend qu'il y avait, à l'entrée du faubourg, une grange où son propriétaire, nommé Grillot, servait à boire et à manger ; nous touchons ici de très près à la vérité. — D'autres affirment qu'il y avait, dans les temps reculés, une auberge tenue par deux associés, Guillot et Tière ; ici, la vérité est dépassée, Tière

Fig. 36. — Le pont de la Guillotière et l'Hôtel-Dieu. — Phot. de Neurdein, frères, Paris.

est de trop ; tout le monde sait que la terminaison *ière* donne l'idée de demeure : la Thibaudière, la demeure de Thibaud ; la Mulatière, la demeure de Mulat. Cochard, et surtout M. de Valous, et celui-ci avec preuves à l'appui, disent qu'il y avait au bout du pont, par conséquent au commencement de la Grande-Rue, une auberge tenue par un homme nommé Guillot, où les Lyonnais se rendaient le dimanche. Cette appellation doit remonter jusqu'au milieu du XIIIe siècle.

Au n° 119 de la Grande-Rue de la Guillotière, il y avait l'hôtel de la Table-Ronde, où saint Louis logea au retour de sa première croisade ; aux n°s 99 et 101, l'hôtel de l'Ecu de France, où descendirent, en 1470, les enquêteurs chargés de fixer les limites de la Guillotière ; l'hôtel de la Couronne, plus rapproché du pont, reçut plus tard Louis XI et Marie de Médicis. — V. aussi *Abondance* et *Trois-Rois*.

Toute cette rive gauche du Rhône forme les deux grands quartiers de la Guillotière et des Brotteaux, séparés par l'axe du cours Lafayette. Les rues y sont nombreuses, larges, bien percées, formant un vaste damier. Jusqu'en nos temps, à part quelques coins privilégiés, c'était pauvre et mesquin. Deux inconvénients graves empêchaient un développement normal, le péage des ponts du Rhône et la propriété des terrains aux Hospices, qui consentaient bien à les louer, mais non à les vendre. Les ponts ont été affranchis par Napoléon III, en 1865, et aussitôt la rive gauche s'est prodigieusement peuplée. En 1892, les Hospices ont renoncé à leur système et une véritable transformation s'est faite. — Comme services publics, la Préfecture, le Mont-de-Piété, le Lycée de filles, les grandes casernes de la Part-Dieu y sont installés.

La Guillotière, avant 1852, était la ville de la Guillotière et avait son autonomie propre. En conséquence, les barrières de l'octroi étaient à l'extrémité des ponts.

Logiquement, nous devrions consigner ici tout ce qui a trait à la Guillotière, mais nous retrouverons ces détails en leur lieu.

Rue Guitton

De la rue de Dijon à la rue Mascrany.

Rue relativement récente ; elle n'existe pas dans la nomenclature de 1839, mais elle est citée dans celle de 1849, que j'ai toutes deux sous les yeux. Ce ne peut être que le nom d'un propriétaire des terrains où cette rue a été ouverte.

Place et rue d'Helvétie

La place : à l'extrémité orientale du pont Saint-Clair.
La rue : de la place de ce nom à l'avenue de Noailles.

Un plan du Rhône de 1700 signale, à la hauteur de ce qui est aujourd'hui le quai Saint-Clair, la grande île Chevaline, que l'on voit encore en partie, et au-dessous d'elle, l'île du Consulat, que l'on ne voit plus et qui se trouvait sur l'emplacement actuel de la place qui nous occupe. La place du Consulat tenait donc son nom de l'île, et l'île s'appelait de la sorte parce qu'elle était propriété municipale, comme les îles des Comtes et de l'Archevêque, vers Pierre-Bénite, appartenaient aux chanoines et à Monseigneur.

Ce serait sans doute le lieu de parler du Consulat et de l'ancienne Administration, mais devant trouver sur notre chemin une autre occasion de le faire, nous y reviendrons plus loin. — V. *Smith.*

Cette place portait, avant 1870, le nom de place du Consulat. Vous qui connaissez un peu d'histoire romaine, il vous semble que ce nom de Consulat, étant très républicain, ne pouvait être suspect ; vous qui connaissez un peu d'histoire lyonnaise, il vous semble que ce nom était à garder, puisqu'il venait de l'ancienne Ile du Consulat, qui était à peu près à cette place avant la rectification du Rhône, et que ce nom représentait quelque chose de nos vieilles libertés municipales, dont le Consulat lyonnais — le Conseil municipal d'alors — était le gardien. Mais non, les conseillers n'y voyaient pas si loin. Ce nom les horripilait. Pourquoi ? Parce qu'il fleurait trop le régime déchu, parce qu'un certain Bonaparte, assez peu connu dans l'histoire de France, avait été consul aux temps de la première République. C'était sinistre. Bonaparte n'était pour rien dans cette appellation de Consulat, n'importe, elle fut condamnée.

Il fallut la remplacer, mais par quoi ? Là, il faut admirer le génie des réformateurs. Cette place était sur les bords du Rhône ; en remontant le Rhône, on va en Suisse : la Suisse, c'est la terre hospitalière qui a reçu nos soldats internés ; la Suisse, c'est la patrie de la liberté, c'est la République. Seulement — il y a un tout petit *seulement* — ce mot Suisse sonnant d'une façon équivoque à certaines oreilles, ou donnant trop facilement prise à de misérables calembours, qui auraient pu déconsidérer les *lieux*, on poétisa le mot, la Suisse, de son nom latin, devint l'Helvétie, et la place du Consulat la place d'Helvétie.

Mais l'histoire n'est pas finie, et cette fin mérite d'être racontée pour exciter l'admiration de la postérité. Un conseiller municipal, qui d'aventure s'était fait adjuger les travaux nécessités par les changements des noms de rues, et qui de sa vie, le pauvre ! n'avait entendu parler d'Helvétie, crut bien faire en y apportant une modification de son crû. « Au moins, se disait-il, ce sera intelligible ». La place d'Helvétie fut pendant deux ou trois jours ornée de carrés bleus, qui portaient en lettres blanches ces mots : Place des Vessies.

Rue Hénon

De la Grande-Rue de la Croix-Rousse à la rue Chazière.

Cette rue est l'ancienne rue Saint-Denis, qui était ainsi appelée parce qu'elle aboutissait à l'église paroissiale placée sous ce vocable ; cette rue Saint-Denis s'arrêtait à la rue de Cuire. Mais, depuis 1896, elle a été prolongée jusqu'à la rue Chazière et a pris le nom d'Hénon.

M. Hénon, qu'on appelait assez familièrement le père Hénon, était un médecin doublé d'un botaniste très distingué. Sous l'Empire, il fut député du Rhône et fit partie de l'opposition des Cinq ; ce fut donc un républicain de la veille et de l'avant-veille. Après les élections du 16 septembre 1870, le Conseil municipal fut constitué, et M. Hénon fut, sous cette troisième République, le premier maire de Lyon.

M. Hénon était sans conteste le meilleur homme du monde, mais depuis qu'il fut maire, il a signé, de gré ou de force, toutes sortes d'actes iniques que sa conscience repoussait à coup sûr, mais que son nom a autorisés.

En donnant ce nom à cette rue, on a voulu honorer plus l'homme populaire et le vieux républicain, le docteur bienfaisant qui n'exerçait la médecine que pour guérir les pauvres, le savant qui fut à la fois un grand botaniste et le directeur de la pépinière départementale, plus, dis-je, que le maire et le député.

Rue Henri IV

De la place Ampère à la place Carnot.

Nous avons déjà constaté qu'un grand nombre de rues de ce quartier, construites ou percées sous la Restauration, ont porté des noms rappelant les familles royales. Les noms de Bourbon, Louis-le-Grand, la Reine, Condé qui a survécu, en sont des preuves manifestes. Il faut y joindre celui d'Henri IV.

Henri IV est un des princes les plus populaires qui soient montés sur le trône de France ; aussi ses paroles ont-elles été conservées, ses actes consignés, ses désirs même connus, et une sorte d'affection inconsciente s'attache à ce nom-là. C'était un brave cœur et un brave soldat ; aussi les trois villes de Lyon, de la Guillotière et de la Croix-Rousse avaient-elles une rue Henri IV.

Ce n'est pas le lieu d'analyser son règne, mais cependant il faut savoir qu'il eut, pour monter sur le trône, à surmonter les plus grandes difficultés. Il eut à vaincre la Ligue, parti puissant organisé par les Guises, et à conquérir la France pied à pied. Son règne réparateur fut un grand et beau règne, et pourtant il périt sous le poignard d'un fanatique, Ravaillac, en 1610.

Mais ce qui nous intéresse davantage et ce qu'il faut signaler ici, c'est l'affection que ce roi portait à sa bonne ville de Lyon. Lyon donna un instant dans cette erreur malheureuse de la Ligue, mais elle ne tarda pas à reconnaître Henri IV pour son vrai et légitime souverain. Elle racheta même son attitude passagère par tant de preuves d'attachement et de fidélité que ce prince ne craignit pas de proclamer dans un édit « que « n'ayant pas la moindre défiance des Lyonnais, il ne voulait au milieu « d'eux de citadelles que dans leurs cœurs, qu'il ne pouvait avoir de « sujets plus fidèles, ni l'Etat de meilleurs citoyens. » — Il s'agit ici de la démolition de la Citadelle. — V. ce nom.

Cours d'Herbouville

De la montée Bonafous à la Grande-Rue de Saint-Clair.

Si nous remontons un peu loin dans le passé, les quais n'étaient guère que des exceptions : ou bien le fleuve était endigué et l'on construisait alors des maisons sur la digue même et pour ainsi dire sur l'eau, ou bien le fleuve coulait librement, et dans ce cas, il y avait une grève qui séparait le lit proprement dit du fleuve des maisons que l'on construisait sur les bords. C'est dans ce dernier état qu'on voyait cette portion du quartier Saint-Clair qui est baignée par le Rhône. En 1769, une voie très large fut établie le long de ce fleuve, mais le Rhône, battant continuellement la berge, y occasionnait de temps à autre des dégradations. M. le marquis d'Herbouville, qui fut préfet du 25 juillet 1805 au 7 août 1810, résolut de mettre un terme à ces méfaits du fleuve. Convaincu de la nécessité de mettre la voie publique à l'abri de toute atteinte, il sollicita des fonds et l'on se mit à l'œuvre. Il est résulté ce beau cours qui porte le nom de cet administrateur intelligent, et dont le bord, planté d'un double rang d'arbres, comme du reste tous les quais du Rhône, forme aujourd'hui une très agréable promenade.

Rue d'Heyrieu

De la Grande-Rue de la Guillotière au boulevard des Hirondelles.

De l'autre côté des anciens fossés d'enceinte, à peu près remplacés par le boulevard des Hirondelles, de l'autre côté même de la voie ferrée de Lyon à Genève, il y a une route d'Heyrieu, ainsi appelée parce qu'elle conduit à la localité de ce nom, dans l'Isère.

Mais du côté de la ville, il y a la rue d'Heyrieu, qui doit être considérée comme l'amorce de la route d'Heyrieu.

Place de l'Hippodrome

Du cours Charlemagne à la rue Smith.

L'Hippodrome était dans l'antiquité le lieu où, comme son nom l'indique, se faisaient les courses de chevaux. Or, cette place, créée en 1830, au centre de la presqu'île Perrache, a eu primitivement cette destination. De fait, quelques courses y ont eu lieu sous le règne de Louis-Philippe, mais plus tard l'étendue du champ de courses a été réduite des deux tiers, et le *turf* a été transféré au-delà du Parc de la Tête-d'Or.

Cette place s'est successivement appelée Charles X, Louis-Philippe, des Gaules, Champ-de-Mars, place de l'Hippodrome.

Tous les samedis s'y tient un marché de chevaux. Ce marché a un nom particulier bien spécial au langage lyonnais : on l'appelle Charabarat. Le mot est étrange, et la signification est obscure. Ménage donne une étymologie peu satisfaisante, *carus* et *barat*. Cochard semble être dans le vrai, il le fait venir de *caro* chair, et de *barat*, tromperie, chair trompeuse, chair sur laquelle on est trompé. On sait en effet qu'il n'est pas de marché où l'on soit plus exposé à être trompé que dans celui des chevaux.

Rue Hippolyte Flandrin
De la rue du Sergent-Blandan à la rue d'Algérie.

Au plan de 1540, cette rue est appelée rue des Auges, parce qu'elle se confondait avec les deux petites rues qui portaient ce nom ; au plan de 1740, elle s'appelait rue Neuve des Carmes, à cause du voisinage de l'ancien couvent des Carmes, et des travaux qui en firent une rue nouvelle ; elle s'appela ensuite rue des Bouchers, à cause des gens de cette profession, plus nombreux dans cette rue, à raison du voisinage de la Boucheries des Terreaux ; enfin, en 1866, elle reçut le nom du grand peintre, Hippolyte Flandrin, qui y habita, et dont Lyon a le droit d'être fière.

Il naquit en 1809, d'un habile miniaturiste, dont l'exemple influa beaucoup sur la vocation artistique de ses trois enfants : Auguste, Hippolyte et Paul. Hippolyte entra à seize ans à l'école Saint-Pierre, puis, après avoir obtenu le laurier d'or, il alla à Paris se mettre sous la direction de M. Ingres. En 1832, il obtint le grand prix de Rome, et il eut l'heureuse chance, après s'être installé à la Villa Médicis, d'y voir arriver M. Ingres comme directeur. Cette continuité d'une même influence a contribué beaucoup à conserver à Flandrin l'unité de manière qu'on remarque en ses œuvres. Travailleur infatigable, il produisit beaucoup. Le musée de Lyon a de lui *Euripide composant ses poésies* et *Le Dante introduit par Virgile dans le Purgatoire*. Fort remarqué à tous les salons, il fut vite classé parmi les artistes hors ligne, et entra à l'Institut, en 1853. Il faut citer aussi ses admirables peintures murales à Saint-Germain-des-Prés et à Saint-Vincent de Paul, à Paris ; à Saint-Paul, à Nîmes ; l'abside d'Ainay, à Lyon ; la chapelle de Saint-Jean, dans l'église Saint-Séverin, à Paris. Il usa sa vie à décorer nos temples. Son dessin est très pur, sa composition savante, son expression élevée ; on pourrait peut-être demander plus de vivacité dans le coloris.

Il mourut en 1864, et tous ceux qui l'ont connu s'accordent à célébrer cette belle âme, si modeste dans sa gloire et si aimante pour tous. Sa statue est une des quatre qui ornent la fontaine des Jacobins.

Ses frères, Auguste et Paul, furent aussi des peintres de grand mérite, qui ont laissé des œuvres de valeur.

Boulevard des Hirondelles

Du cours Gambetta à l'avenue des Ponts.

A l'époque où la Guillotière n'était pas si peuplée, où, par conséquent, les moindres faits étaient des événements, on voyait, à l'extrémité de la rue d'Ossaris, une maison solitaire, dont une façade était peinte en bleu clair représentant un ciel quelconque, et sur ce ciel voletait une nuée d'hirondelles semblant chercher leur nid. Cette maison prit le nom de maison des Hirondelles, le quartier s'appela de même, et par la suite, le boulevard qu'on y créa, pour remplacer l'ancien chemin de ronde, reçut la même dénomination. La maison des Hirondelles existe encore.

Quant au mot Ossaris, que nous trouvons ici, disons en passant que le consul d'Aussery ou d'Ossaris avait été un bienfaiteur du couvent de Picpus. Cette famille habitait au n° 235 de la Grande-Rue de la Guillotière.

Montée Hoche

Du quai Saint-Vincent au cours des Chartreux.

C'est l'ancienne montée Bonaparte. Elle n'a pas toujours été ce que nous la voyons aujourd'hui. C'était, sans remonter bien loin dans le passé, une rampe abrupte, un chemin, moins qu'un chemin, un sentier montant, caillouteux, malaisé, très escarpé, que les piétons avaient beaucoup de peine à gravir. En 1805, dit-on, l'Empereur Napoléon, qui était le meilleur cavalier de son temps, escalada à cheval cette rampe difficile pour se rendre de Lyon à la Croix-Rousse. Il ne put être suivi que par un seul cavalier de son escorte. Et l'on ajoute que, en mémoire de cet exploit équestre, cette montée s'appela montée Bonaparte. — A côté de cette légende, il en est une autre qui prétend que Bonaparte, simple officier, aurait habité le pavillon qu'on voit à mi-côte.

Depuis 1879, elle s'appelle montée Hoche.

Lazare Hoche naquit à Versailles, en 1768, d'un garde du chenil de Louis XV. Engagé à seize ans, il était sergent aux gardes-françaises quand éclata la Révolution. Nommé, en 1792, lieutenant au régiment de Rouergue, il se distingue devant Thionville et Nerwinde. Accusé d'incivisme, il montre à ses accusateurs un plan de campagne et est nommé général de brigade. Après la belle défense de Dunkerque, il devient commandant de l'armée de la Moselle, et force les Autrichiens d'évacuer l'Alsace (1793). — En butte à la haine de Saint-Just, il est arrêté et jeté en prison ; il n'en sort que le 9 thermidor. Il commande alors une armée de l'Ouest, puis toute l'armée des côtes de l'Océan, environ 30.000 hommes. Il bat les émigrés à Quiberon, s'empare de Charette et de Stofflet, et arrive à pacifier la Vendée. Il tente alors une descente en Irlande, mais sa flotte est dispersée par la tempête.

En 1797, il commande l'armée de Sambre-et-Meuse et va de succès en succès. L'amnistie de Léoben arrête sa marche, et Barras en profite pour appeler à Paris le jeune général, à qui il réservait un rôle pour le 18 fructidor. Hoche s'indigne de cette préférence, repousse les offres de Barras et repart pour l'Allemagne. Il y meurt bientôt après une courte maladie. L'autopsie fit soupçonner un empoisonnement dont on ne devine pas le motif.

Hoche fut un grand soldat, un grand esprit et un grand cœur. En Vendée, il adoucit, autant qu'il le put, les rigueurs de la guerre civile. Il mourut à vingt-neuf ans (1797), après avoir été général en chef à vingt-quatre. En cinq ans, il acquit toute la gloire qui le rendit un de nos plus illustres généraux.

Toute sa vie peut se résumer dans cette épitaphe vraiment digne de sa mémoire :

« Vissembourg, Quiberon, le passage du Rhin, Altenkirchen, la route
« de Vienne et la côte d'Irlande diront à la postérité la plus reculée ses

« vertus guerrières et ses grands desseins. Mort trop tôt pour la France ;
« s'il eût vécu, sa gloire toujours croissante n'eût jamais rien coûté à la
« liberté de sa patrie ».

Place, rue et quai de l'Hôpital

La place : de la rue de l'Hôpital à la rue Bellecordière.
La rue : de la place de la République à la place de l'Hôpital.
Le quai : de la place des Cordeliers à la rue de la Barre.
(Depuis 1855, le quai de l'Hôpital a absorbé le quai Bon-Rencontre.)

L'Hôpital de Lyon est le plus ancien établissement de ce genre que possède la France. Au vi^e siècle, un pieux évêque de Lyon, saint Sacerdos, ému des misères du peuple, conçut l'idée d'un asile hospitalier constamment ouvert aux pèlerins, aux pauvres, aux malades, aux infirmes.

Vers cette époque, en 542, Childebert, roi de France, et sa femme la reine Ultrogothe — V. au mot *Childebert* — passèrent à Lyon et acceptèrent le patronage de ce futur hôpital. Sept ans plus tard, se tenait le cinquième concile d'Orléans, présidé par saint Sacerdos. Ce Concile national s'occupa de cette nouvelle fondation : il traita d'assassins des pauvres, ceux qui contribuaient à la destruction de l'œuvre et les frappa d'un anathème irrévocable.

Nous avons déjà vu — V. *Childebert* et *Ancienne Douane* — que le premier hôpital fut, comme on dit à Lyon, de l'autre côté de l'eau, c'est-à-dire à Notre-Dame de la Saônerie ; il ne fut transféré dans le lieu qu'il occupe aujourd'hui qu'en 1180.

Cet établissement a eu bien des alternatives de prospérités et d'épreuves. Six fois l'administration a changé. La première époque, qui forme une période de 762 ans (546-1308), est celle qui se conforme aux statuts de saint Sacerdos : l'œuvre est régie par des laïques A cette dernière date, l'administration est cédée à une congrégation religieuse du grand ordre de Saint-Benoît, aux Bénédictins de Haute-Combe, qui ne la gardèrent que six ans et la cédèrent, en 1314, aux religieux de La Chassagne. En 1478, ceux-ci n'ayant pas de ressources suffisantes pour l'entretien de l'hôpital, la cédèrent aux consuls-échevins qui la gardèrent plus d'un siècle. Mais en 1583, cette direction fut modifiée, ce ne sont plus les seuls échevins qui administrent l'Hôpital, mais un certain nombre de notables, réélus chaque année, qui prirent le nom de Recteurs. En 1792, la municipalité se chargea de l'administration, mais elle ne la garda que cinq ans ; après ces cinq années, on revint, sous le nom de commission administrative, encore en exercice aujourd'hui, avec les

Fig. 37. — Entrée de l'Hôtel-Dieu et sa chapelle. — Dessin de Leymarie.

modifications nécessitées par les changements sociaux, décrétées en 1802, à l'ancienne forme des administrateurs-recteurs. D'autres modifications partielles ont été apportées en 1822, 1845 et 1879.

Le service de santé a toujours été fait par des médecins et des chirurgiens distingués. Le service des malades est assuré par des frères servants et par des religieuses hospitalières, institution très particulière aux hôpitaux lyonnais. Celles-ci et ceux-là sont sous la direction spirituelle du premier aumônier, et sous la direction temporelle de l'économe, délégué de l'administration.

Comme monument, le Grand-Hôpital a des parties fort remarquables. Les constructions les plus anciennes remontent aux xv⁰ et xvi⁰ siècles, mais ce qui commande l'attention, c'est le grand dôme et la façade du Rhône ; aucune ville de France ne possède quelque chose de plus somptueux. Ils ont été commencés, en 1741, par Soufflot, et continués, en 1761, par l'architecte Loyer, qui fut plus particulièrement chargé de la construction du grand dôme ; la façade a 325 mètres de développement.

Les bâtiments en retour sur la rue de la Barre, du quai de l'Hôpital à la rue Bellecordière, ont été construits, en 1894, sur les plans et sous la surveillance de l'architecte en chef des Hospices, M. Paul Pascalon.

Le Grand-Hôpital, ou l'Hôtel-Dieu, renferme aujourd'hui 1.065 lits. Il y a plus de 250 religieuses hospitalières.

L'ancien quai de Bon-Rencontre, dont le nom a disparu depuis 1855, devait son nom à une ancienne chapelle de Notre-Dame de Bon-Rencontre, dans le voisinage des Cordeliers, où l'on faisait le catéchisme aux petits enfants.

C'est sur ce quai qu'existait l'ancien Port-Charlet.

Rue de l'Hospice des Vieillards

De la Grande-Rue de la Guillotière à la rue du Béguin.

Avant 1863, cette rue s'appelait rue de Provence. Il y avait autrefois, à Saint-Clair, une rue du comte de Provence ; je crois qu'à la Guillotière cette rue avait la même signification.

Cette rue, qui existe derrière l'église Saint-Louis, à la Guillotière, longe un Hospice de Vieillards contigu à l'église paroissiale. Cette simple donnée suffit pour expliquer cette appellation, mais comme cet hospice a été établi dans un ancien couvent, il est opportun de rappeler ce souvenir.

Les religieux du Tiers-Ordre de Saint-François, vulgairement appelés Picpus ou Tiercelins, vinrent s'établir à la Guillotière, en 1606. Le terrain, fourni par le duc et la duchesse de Mayenne, faisait partie de la baronnie de Loyette, en Bresse, recueillie par les Mayenne dans la succession du maréchal de Trivulce. Les autorisations royale et archiépiscopale obtenues, on éleva le couvent, grâce à la libéralité de quelques bourgeois de Lyon. Le consul d'Aussery (on lit aussi d'Ossaris) bâtit la chapelle. Cette chapelle, construite en 1626, occupait le même emplacement, moins la partie septentrionale, ajoutée en 1844, qu'occupe de nos jours l'église paroissiale de la Guillotière ; elle était dédiée à saint Louis, roi de France. Le couvent était fait pour une quarantaine de religieux.

A la Révolution, le couvent fut vendu, comme propriété nationale, à M. Janvier, qui y établit une fabrique d'acides ; M. Creuzet, comme nous l'avons déjà vu, — V. ce nom — en devint ensuite propriétaire, puis la commune de la Guillotière. En 1823, le Conseil municipal de cette commune comprit la nécessité de créer un hospice pour les vieillards nécessiteux, dont le nombre allait toujours croissant. Ce nouvel hospice demeura la propriété du bureau de bienfaisance jusqu'en 1828, époque à laquelle il fut affranchi de sa tutelle et devint hospice municipal. Par suite de l'annexion de la commune de la Guillotière à la ville de Lyon, en 1852, il fut confié à l'administration des hospices civils de Lyon.

Cet hospice contient aujourd'hui cent cinquante-cinq lits, répartis entre les vieillards des deux sexes. Les sœurs, au nombre de vingt, ne sont pas les sœurs hospitalières de nos hôpitaux, mais des sœurs de Saint Charles, qui déjà desservaient l'hospice avant son union avec les hôpitaux de Lyon, et qui y ont été maintenues.

La cure de Saint-Louis occupe une portion de l'ancien couvent.

Rue de l'Hôtel-de-Ville

De la place des Terreaux à la place Bellecour.

Cette rue, toute moderne puisqu'elle n'a pas un demi-siècle d'existence, fut ouverte sous l'Empire et porta tout d'abord le nom de l'Impératrice. A la chute de Napoléon III, et après les événements du 4 septembre 1870, on l'appela rue de l'Hôtel-de-Ville, parce qu'elle aboutit à ce magnifique monument.

L'Hôtel-de-Ville de Lyon est un des plus remarquables, non pas de France, mais de l'Europe tout entière. On le place après ceux de Paris et d'Amsterdam. Il fut construit sur les dessins de Simon Maupin, qui fut aidé dans cette œuvre par les conseils du Lyonnais Gérard Désargues. La première pierre en fut posée, en 1646, par Mgr Camille de Neuville, qui était alors lieutenant du roi et archevêque de Lyon.

L'œuvre de Simon Maupin ne fut pas ce que nous avons aujourd'hui

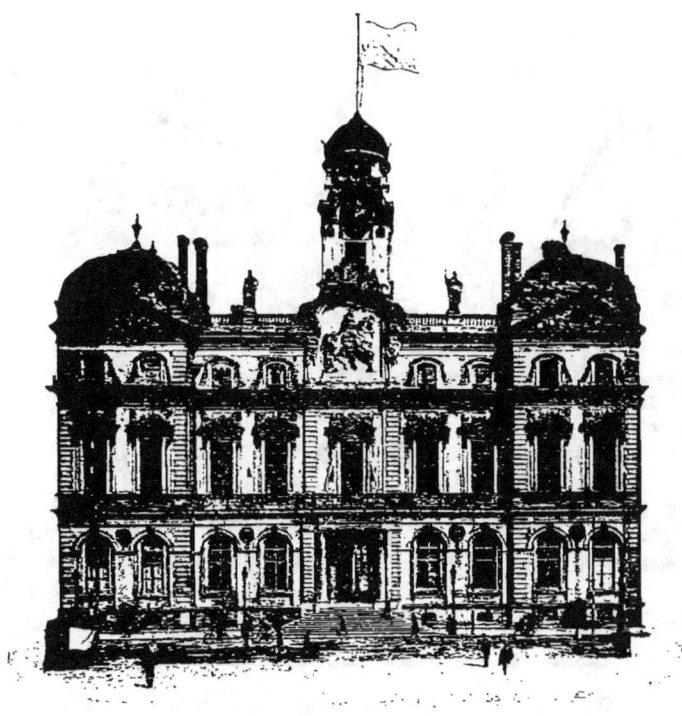

Fig. 38. — L'Hôtel-de-Ville.— Phot. de Neurdein, frères, Paris.

sous les yeux. Le monument était moins élevé et il se terminait par des toits aigus à une seule pente. Le célèbre Mansard refit la façade occidentale, celle qui fait face à la place des Terreaux, et qui avait été gravement endommagée par un incendie. Il éleva l'édifice et convertit en dôme la toiture des pavillons. En 1701, Decotte, d'après les indications de Mansard, fournit les plans du beffroi, qui fut construit cette année-là. Enfin, en 1854, sous l'administration de M. Vaïsse, on restaura l'Hôtel-de-Ville, et on le mit dans l'état où nous le voyons aujourd'hui.

Tout ce palais est richement décoré, mais ce qu'il y a de plus beau à voir, c'est le vestibule, dont la voûte surbaissée est fort hardie, et dont les extrémités sont ornées de deux chefs-d'œuvre, le *Rhône* et la *Saône*, par deux sculpteurs lyonnais, Guillaume et Nicolas Coustou. Ces deux merveilles ornaient autrefois, à Bellecour, la statue de *Louis-le-Grand*.

Il n'est pas sans intérêt de savoir où se tenaient les séances de l'admi-

Fig. 39. — Côté oriental de l'Hôtel-de-Ville, sur la place de la Comédie. — Photog. de Neurdein, frères, Paris.

nistration municipale avant la construction du présent Hôtel-de-Ville. Avant que Lyon fût érigée en commune, alors que la ville était sous la puissance directe du Chapitre et de l'Archevêque, il faut bien admettre que les Lyonnais avaient parfois besoin de se réunir pour parler de leurs intérêts. Ils se réunissaient en effet, et le lieu de leurs réunions était la salle du Grand-Comtal, sur la place du Petit-Change, à l'angle du quai de Bondy, dans une maison qui n'est plus. Ce n'est qu'en 1228 que les bourgeois s'érigèrent en commune, et ce n'est qu'en 1320 qu'ils eurent le droit incontesté de s'administrer eux-mêmes. — V. *Smith*. — Les séances de la municipalité se tinrent d'abord dans la chapelle Saint-Jacquême, sur la place Saint-Nizier, puis dans la maison du Lion, dans la rue Grenette, puis dans la rue Longue, puis dans la rue de la Poulaillerie, au n° 13 actuel, dans une maison qui ne manque pas de caractère. Enfin, en 1652, elles se tinrent à l'Hôtel-de-Ville dont nous parlons.

Tous les mouvements de nos crises révolutionnaires ont eu leur retentissement à l'Hôtel-de-Ville. Chaque parti tour à tour y a siégé et en a fait le centre de son action. Depuis le dernier Consulat qui avait pour chef M. Tolozan de Montfort, jusqu'en 1871, après l'échauffourée du 30 avril, chaque mouvement populaire a pris pour théâtre de son action l'Hôtel-de-Ville. Je ne fais que rappeler quelques dates : juillet et octobre 1789, 29 mai 1793, juillet 1830, novembre 1831, avril 1834, février 1848, décembre 1852, septembre 1870, et les six mois qui ont suivi. La vie politique est alors livrée à l'envahissement, et le sang lyonnais rougit les rues de la cité.

Il me paraît convenable de placer ici la liste des maires de Lyon depuis 1790 jusqu'à nos jours :

MM.

Fleury Palerne de Savy, ancien avocat général à la sénéchaussée de Lyon, installé maire le 12 août 1790 ;
Louis Vitet, médecin, 23 décembre 1790 ;
Antoine Nivière-Chol, 5 déc. 1792 ;
Antoine-Marie Bertrand, négociant, 1ᵉʳ avril 1793 ;
Jean-Jacques Coindre, chirurgien, maire provisoire depuis le 30 mai 1793 jusqu'au 10 octobre suivant, jour où Bertrand est réintégré dans ses fonctions.
Salomon, maire de Montélimar, août 1794 ;
Bossu, maire du Nord,
Manteville, maire du Midi, } 1796
Bertholet, maire de l'Ouest,
La mairie est divisée en 3 sections ;

Parent, maire du Nord,
Sain-Roussel, maire du Midi, } 1800
Bernard-Charpieux, maire de l'Ouest,
remplacés par un seul maire ;
Fay de Sathonay, 25 septembre 1805 ;
André Suzanne, comte d'Albon, mars 1812 ;
Jean-Joseph Méallet de Fargues, 22 novembre 1814 ;
Gabriel Jars, du 30 avril au 17 juillet, jour où M. de Fargues est réintégré dans ses fonctions ;
Le baron Pierre-Thomas Rambaud, juin 1818 ;
Jean de Lacroix-Laval, 31 janvier 1826 ;
Gabriel Prunelle, août 1830 ;
Christophe Martin, conseiller, 9 mai 1835 ;

Jean-François Terme, 1840-1847 ;
Reyre, premier adjoint, remplit les fonctions de maire pendant les premiers événements de 1848 ;
Laforest, février 1848 ;
Edouard Reveil, 9 octobre 1848 ;
Sous l'Empire, une commission municipale, à la tête de laquelle est le Préfet, remplace l'ancienne mairie, qui ne renaîtra qu'à la chute de l'Empire.
Hénon, 1870 ;
Barodet, 1872 ;
Commission municipale, 1874, avec six arrondissements et six maires ;
Gailleton, 1881 ;
Augagneur, 1900, actuellement en fonctions.

Nous donnerons plus loin la liste des Préfets. — V. *Liberté.*

Passage de l'Hôtel-Dieu
De la place de la République au quai de l'Hôpital.

Avant 1840, ce passage était occupé par une Boucherie, qui assurait des revenus considérables à l'Hôtel-Dieu. Mais à cette date, elle fut supprimée, et l'on construisit le passage actuel. Dans les premiers temps de l'existence de ce passage, alors que nos grandes artères n'existaient pas, c'était un lieu de promenade assez fréquenté, aujourd'hui il est presque désert.

Rue de l'Humilité
De la rue de la Vigilance à l'avenue de Saxe.

J'ai déjà dit — V. *Bonnefoi* — que M. Rachais, ayant fait percer trois rues sur ses terrains, leur donna le nom des trois vertus qui lui semblaient les fondements de la vie sociale et des relations nécessaires. L'humilité, dans son esprit, était une de ces trois vertus.

Passage d'Igre
De la Grande-Rue de la Croix-Rousse à la rue Mazagran.

J'ai mis, sous une même rubrique, tous les noms de passages — V. *Passages* — ; leur appellation a presque toujours la même origine, ou le voisinage ou le propriétaire. Ici, c'est encore cette dernière raison qui a fait donner ce nom au passage, mais c'est en vain qu'on chercherait le nom d'Igre parmi ceux des propriétaires ; il est l'altération, la déformation du nom de Guigue.

Rue Imbert-Colomès

De la montée de la Grande-Côte à la montée Saint-Sébastien.

Ce nom rappelle une belle et intéressante figure de la municipalité lyonnaise, au commencement de la Grande Révolution. A ce moment-là, après s'être signalé par son dévouement pour la population, pendant le rigoureux hiver de 1788, ce citoyen se rendit peut-être plus recommandable encore par son courage et son énergie. En deux mots, voici son histoire :

Jacques Imbert-Colomès naquit à Lyon en 1725. Il fut élevé à la magistrature et, en 1789, il fut premier échevin et commandant de Lyon. Il fut plus tard député au Conseil des Cinq-Cents, puis déporté le 19 fructidor an V. Il mourut à Bast, en Angleterre, en 1809, à l'âge de quatre-vingt-quatre ans.

Voici quelques exemples de l'énergie apportée par M. Imbert-Colomès dans l'exercice de ses fonctions :

Au mois de juin 1789, une bande de malfaiteurs insulte le premier échevin et brûle les bureaux de l'octroi et de la ferme. Mais M. Imbert-Colomès, à la tête du Consulat et des électeurs, appelle la garde bourgeoise, refuse le secours d'un régiment qui était en marche, et rétablit par la force l'ordre et la perception de l'impôt.

Au mois d'août de la même année, en l'absence de M. Tolozan, prévôt des marchands, homme ondoyant et divers, M. Imbert se trouvait entouré d'une garde d'honneur de volontaires, que le peuple appelait *Muscadins*, et qu'on croyait dévoués à une contre-révolution. Le 12 août, le peuple excité murmure, se mutine, et bientôt demande à grands cris la tête de M. Imbert Colomès. Mais l'énergie de l'échevin et la bonne contenance des volontaires rendirent impossible le succès d'une insurrection. Le 11 janvier 1789 était le jour d'ouverture de la session générale du département. Imbert-Colomès, vice-président, prononce un discours dans lequel il attaque la Révolution ; il est interrompu et hué, il poursuit avec la même calme énergie.

Enfin le 7 février, une nouvelle émeute brise les portes de l'arsenal, pille les fusils, repousse les volontaires, et, après du sang répandu, se rend à l'Hôtel-de-Ville pour demander la tête de l'échevin. Imbert-Colomès ne put se sauver que par la fuite, et le lendemain il fit afficher sa démission. Il tint tête le plus longtemps possible à l'orage révolutionnaire ; après lui, le mouvement se précipite pour aboutir bientôt à la Terreur.

Quai de l'Industrie
Du quai de la Gare-d'Eau-de-Vaise à Saint-Rambert.

Ce quai, qui a absorbé l'ancien quai des Tuileries qui lui faisait suite, s'appelle à bon droit quai de l'Industrie, car de grands ateliers de tous genres s'y sont établis.

Rue d'Isly
De la place Tabareau à la rue Jacquard.

Avant l'agglomération (1852), la Croix-Rousse, comme la Guillotière, formait une ville à part. Cette rue, ouverte à l'époque de nos glorieuses conquêtes d'Afrique, s'appela d'abord rue Constantine. Mais après l'agglomération, une rue de l'intérieur de la ville portant déjà ce nom, la commission municipale donna à celle de la Croix-Rousse (1855), le nom d'Isly, qui rappelle le maréchal Bugeaud si populaire, — V. ce nom — et aussi une des plus belles pages de nos annales militaires. Le maréchal Bugeaud fut créé duc d'Isly.

En 1844, quarante mille Marocains attaquèrent les Français, sur les bords de l'Isly ; mais bientôt défaits, ils furent mis en pleine déroute. Horace Vernet, en 1846, a représenté cette bataille sur une vaste toile qui se trouve au musée de Versailles.

Rue d'Ivry

De la Grande-Rue de la Croix-Rousse à la petite rue des Gloriettes.

La mémoire d'Henri IV, qui aimait notre cité d'une affection singulière, est chère aux Lyonnais. Avant l'agglomération, il y avait une première rue Henri IV à Lyon, une seconde à la Guillotière, et une troisième à la Croix-Rousse. En 1855, celle de la Croix-Rousse prit le nom de rue d'Ivry, qui n'est du reste qu'un synonyme d'Henri IV, puisque Ivry est une des journées décisives de ce roi.

Ivry est une petite bourgade du département de l'Eure, où se livra une célèbre bataille entre Henri IV et les Ligueurs, commandés par le duc de Mayenne (1590). Jamais Henri IV ne fut plus abondant en mots heureux que dans cette journée. C'est avant cette action qu'il prononça cette parole célèbre : « Si les cornettes et les guidons vous manquent, rattachez-vous à mon panache blanc, il sera toujours au chemin du devoir et de l'honneur ». Le lendemain, la cavalerie des Ligueurs fut écrasée, et l'infanterie forcée de se rendre.

Place des Jacobins

A l'une des extrémités de la rue Centrale.

Les religieux dominicains, ou Frères-Prêcheurs, occupaient la maison, aujourd'hui disparue, de l'ancienne préfecture. Le nom de Jacobins leur vint de ce que leur établissement de Paris fut dans la rue Saint-Jacques. Pendant la Grande Révolution, leur couvent devint un club fameux où furent proposées les motions les plus sanguinaires, ce qui fit donner le nom de Jacobins aux plus farouches révolutionnaires.

Les Jacobins de Lyon s'établirent dans notre ville, vers la fin du XIIIe siècle, du vivant de saint Dominique. Ils se logèrent d'abord à la montée du Gourguillon, puis à la Rigaudière, enfin on leur donna la chapelle de Notre-Dame de Confort, avec un très grand tènement de fonds adjacents, sur lequel ils bâtirent leur monastère et une église. Il occupait tout l'espace compris entre la rue de la République, la place Bellecour, la rue Saint-Dominique et les rues Mercière et Confort. Les Florentins et les Gênois, tels que les Orlandini, les Gadagne, les Gondi, les Capponi, les Salviati, les Bartholi, et une foule d'autres, firent construire plusieurs monuments superbes dans cette église, qu'ils avaient choisie pour le lieu de leurs assemblées chrétiennes.

Le couvent rappelait, avant sa destruction, plusieurs événements remarquables. En 1316, vingt-trois cardinaux y furent enfermés par le comte de Poitiers, pour procéder à l'élection papale sans cesse retardée ;

Fig. 40. — Fontaine des Jacobins. — Phot. de Neurdein, frères, Paris.

ce conclave élit Jean XXII, qui fut couronné à Lyon. — C'est là qu'Humbert II, dernier Dauphin de Viennois (1348), fit cession de ses Etats à Charles, fils aîné du duc de Normandie, et après cette donation, il s'y fit dominicain. — En 1495, Charles VIII et la reine son épouse logèrent dans ce monastère. — En 1507, le cardinal d'Amboise y donna le Chapeau à René de Prie, évêque de Bayeux ; Louis XII assistait à la cérémonie.

Pendant la Révolution, ce couvent ne fut pas vendu, la ville en resta propriétaire. L'église devint comme une sorte de théâtre en disponibilité, à l'usage des bateleurs et des écuyers de passage ; elle servit ensuite de remise aux voitures. Un instant il fut question d'y rétablir le culte et d'y créer une paroisse sous le vocable de saint Pothin, ce qui eut lieu en effet, mais ne dura pas. Mgr Fesch fit à son tour de grands efforts pour obtenir l'ancien claustral, il n'y put réussir. Plus tard, le mont de piété y fut provisoirement installé. Sous l'administration de M. de Bondy, préfet du Rhône, on résolut d'en faire un hôtel de la Préfecture, mais ce ne fut qu'en 1818 que les bureaux y furent définitivement installés. Enfin en 1854, lors de la régénération de la cité par la création de grandes et belles rues, la Préfecture fut transférée à l'Hôtel-de-Ville, et l'on ouvrit, à travers l'ancien monastère, la rue Gasparin.

Cette place était autrefois fermée de murailles ; elle fut rendue publique sous François Ier. Le Consulat y fit alors élever une pyramide triangulaire, qui, en 1609, fut consacrée à la sainte Trinité. Elle portait le nom de Dieu écrit en vingt-quatre langues.

Elle s'est appelée successivement place Confort, des Jacobins, de la Préfecture, de l'Impératrice, pour revenir, en 1870, à son ancien nom de Jacobins, que certainement bien des Lyonnais ne comprennent pas.

Elle est aujourd'hui ornée d'une belle fontaine avec quatre Lyonnais célèbres : Philibert Delorme, Gérard Audran, Guillaume Coustou et Hippolyte Flandrin.

Rue Jacquard

De la ruelle des Tapis à la rue Saint-Pothin.

Ce nom est celui d'un Lyonnais qui n'eut guère que des persécutions à subir pendant sa vie, et qui, après sa mort, ne trouva que peu de gloire ; et pourtant, ce nom est un des plus populaires et des plus universellement connus.

Joseph-Marie Jacquard naquit à Lyon, en 1752, d'un père ouvrier à la grande-tire et d'une mère liseuse de dessins. Lui-même connut, dès ses plus tendres années, les souffrances du tireur de lacs. Cette première occupation de son enfance fera longtemps travailler sa pensée, il cherchera une machine qui puisse remplacer le tireur de lacs. Entre temps, il invente une machine pour confectionner des filets, ce qui lui valut, à Paris, où il s'était rendu, la faveur de Carnot et du premier Consul. En 1804, il revint à Lyon et poursuivit son idée première. Il parvint enfin à monter un métier de sa façon et la ville lui acheta son privilège moyennant une rente viagère de trois mille francs. Jacquard aurait pu s'enrichir, mais rien n'égalait son désintéressement ; l'Angleterre

Fig. 41. — Jacquard, actuellement sur la place de la Croix-Rousse. — Phot. Victoire, Lyon.

lui fit les offres les plus avantageuses, il les repoussa avec fermeté. Il fut nommé chevalier de la Légion d'honneur en 1819. Enfin, jouissant d'une aisance bien modeste, il se retira à Oullins, où il mourut le 7 août 1834.

L'invention de Jacquard fut d'abord mal accueillie. Elle simplifiait le travail, diminuait la main-d'œuvre, par conséquent le nombre des ouvriers, auxquels elle enlevait leur gagne-pain. Il est vrai que les santés étaient appauvries et la production restreinte. On ne voulait pas comprendre qu'au point de vue du bien-être, c'était un progrès, et que, d'autre part, simplifier le travail, c'était augmenter la production. Cependant on revint assez vite de cette erreur, et aujourd'hui le métier Jacquard est connu non seulement en France, mais en Suisse, en Allemagne, en Angleterre, en Italie, en Amérique, et même en Chine. Du reste, voici des chiffres qui seront plus éloquents : du temps de Jacquard, il y avait 18.000 métiers, aujourd'hui il y en a plus de 30.000. En Angleterre, Birmingham et Manchester ont vu leur population ouvrière sextuplée depuis les machines à la Jacquard.

Un modeste tombeau, œuvre de M. Clair Tisseur, lui a été élevé à Oullins, et en 1840, on lui éleva une statue sur la place Sathonay, parce qu'en 1804, dans la rue Saint-Marcel qui est voisine, et qui porte aujourd'hui le nom du Sergent Blandan, fut installé le premier métier Jacquard. C'est une œuvre de Foyatier, l'auteur du beau Spartacus, mais ici le sculpteur est resté au-dessous de lui-même ; la statue de Jacquard est lourde et sans caractère. Elle a été remplacée, en 1900, par celle du Sergent Blandan — V. plus loin, *Sergent Blandan* — elle a été replacée sur la place de la Croix-Rousse, le 29 septembre 1901 ; elle est mieux à sa place au milieu des travailleurs de la soie.

Rue Jacques-Moyron

Du boulevard du Nord à la rue de Sully.

Jacques Moyron, baron de Saint-Trivier, seigneur de Chavagnieu, fut un bienfaiteur insigne de la Charité. Il naquit à Lyon en 1564, mourut en 1656, et fut inhumé aux Cordeliers de l'Observance. Il était fils d'un pauvre fripier, et nous savons qu'il fut enfant de chœur à Saint-Nizier, et ensuite à Saint-Paul. Il devint, par ses talents et son application à l'étude, un avocat célèbre d'abord, plus tard un lieutenant-général de la sénéchaussée de Lyon et conseiller d'Etat.

La maison des Deux-Amants — V. ce nom — était sa maison de plaisance. Comme il légua ses biens à la Charité (250.000 fr.), cet hospice vendit dans la suite cette maison aux religieuses de Sainte-Elisabeth, dont le couvent est aujourd'hui occupé par l'Ecole Vétérinaire. Sur la place de l'Hôpital, une grande maison porte sur sa façade une table de marbre qui témoigne, elle aussi, de la générosité de Jacques Moyron. La baronnie de Saint-Trivier était également dans cette hoirie, c'est pourquoi la Charité mit, à partir de cette époque, le tortil de baron dans ses armes. Lorsque les Hospices furent réunis, les armoiries des Hospices réunis conservèrent cette distinction.

Le buste de Jacques Moyron est dans l'église de la Charité, près de l'entrée principale.

Rue Jangot
De la rue de Marseille à la rue Sébastien-Gryphe.

Il y a bien, dans la liste des bienfaiteurs des Hospices, un Gaspard Jangot, qui leur lègue une somme de 1.200 fr., mais il n'est pas possible de croire qu'il s'agisse ici de ce donataire. En effet, cette rue doit son nom à un propriétaire des terrains.

Rue Janin
De la Grande-Rue de la Croix-Rousse à la rue de Belfort.

Nom d'un propriétaire de terrains. Le chemin se terminait en sentier.

Rue du Jardin-des-Plantes
De la rue Terme à la rue Burdeau.

Les jardins de l'ancien couvent de la Déserte furent convertis en Jardin des Plantes, par un arrêté du représentant du peuple, Poullain-Grandpré, en date de l'an V. Jean-Marie Morel, lyonnais, le grand jardinier du prince de Conti, et l'émule, disait-on, de Le Nôtre, dressa, en 1804, le plan des différents travaux qu'on y dut exécuter. L'impératrice Joséphine donna son nom à ce jardin. Le buste de l'abbé Rozier —

V. ce nom — était placé à l'entrée du jardin, laquelle était sur la place Sathonay.

Lorsqu'on eut établi un jardin botanique au parc de la Tête-d'Or, on supprima celui-ci ; on perça à travers le jardin une rue qui relia la rue Terme à la rue de l'Annonciade, et l'on prolongea la rue du Commerce, qui, autrefois, aboutissait à la Grande-Côte et à la cour du Soleil, jusqu'à la montée des Carmélites ; le reste est devenu un square qui ne manque pas d'agrément et qui va recevoir le buste de Burdeau.

La rue du Jardin-des-Plantes conserve le souvenir de cet ancien état de choses.

Rue des Jardins

De la rue des Bains à la rue Trois-Maisons.

Il y a une rue Desjardins, à Perrache, nous l'avons vu, et nous avons ici, à Vaise, une rue des Jardins, ce qui doit probablement occasionner de nombreuses confusions. Celle-ci s'appelle de ce nom à cause des petits jardinets qu'on y trouvait. Les Lyonnais aiment à avoir un petit coin de verdure pour aller s'y reposer le dimanche.

Rue de Jarente

De la rue Vaubecour à la rue Saint-Joseph.

L'abbaye d'Ainay formait jadis une vaste clôture d'un accès peu facile. En 1772, le dernier abbé d'Ainay, Lazare-Victor de Jarente, céda, sur une partie des jardins de l'abbaye, le terrain nécessaire à l'établissement d'une rue nouvelle. Cette rue reçut le nom de ce généreux bienfaiteur ; la rue Roger, qui était autrefois une partie de cette rue, fut, par décret préfectoral de 1855, absorbée par la rue Jarente, mais, à cette date, ce nom de Roger avait déjà, en fait, disparu depuis plusieurs années.

Quai Jayr

Du quai de Vaise au quai de la Gare-d'Eau.

En novembre 1840, une inondation de la Saône exerça ses ravages, et le souvenir en est encore vivant ; on parle encore des inondations du Rhône en 1856, et tout de suite après de celles de la Saône en 1840 ; les plus jeunes entendent ce triste et funèbre récit de la bouche des anciens, et l'on montre encore sur les quais, à Serin et à Vaise, la hauteur, encore aujourd'hui prodigieuse malgré les remblais du quai, de cette crue dévastatrice, c'est surtout ce dernier quartier qui eut à souffrir. Il y eut deux cent trente-neuf maisons renversées ; on eut dit vraiment que l'ange de la dévastation avait passé par là. Dans ces circonstances difficiles, M. Henri Jayr, alors préfet du Rhône, se signala noblement. Il s'efforça de réparer les nombreuses ruines causées par le fléau, et ce quai fut fait sous son administration. Plus tard, il fut créé pair de France, et, en 1847, il devint, dans le cabinet Guizot, ministre des travaux publics. Il se retira de la vie publique lors de la Révolution de février, et vécut plus d'un demi-siècle encore, dans la solitude du sage, à Cézériat (Ain), où il mourut en 1900.

Rue Jean-Baptiste-Say

Du boulevard de la Croix-Rousse à la rue Pouteau.

Adam Smith créa la science économique en Angleterre, Jean-Baptiste Say la vulgarisa en France. Il naquit à Lyon, en 1767, d'une famille protestante de négociants. Il se livra d'abord au commerce, qu'il abandonna bientôt pour se livrer aux lettres et aux sciences. Publiciste et tribun, il quitta la politique en 1804 pour revenir à ses chères études. Dans une science aussi nouvelle, aussi compliquée que l'économie politique, il fut remarquable par la méthode, la clarté, l'observation. Il la sépara avec soin de la politique, en fit une science d'application, en déterminant le véritable rôle du capital et du travail, réhabilitant les savants, établissant les bases du crédit. Il démontra qu'une nation n'achète les produits étrangers qu'avec ses propres produits, et qu'elle est d'autant plus sûre de vendre qu'elle a plus de liberté d'acheter. En résumé, c'est l'expérience qui parle, c'est le simple bon sens qui s'adresse au simple bon sens, et l'on arrive à la connaissance des parties les plus cachées du mécanisme social sans la moindre fatigue. Son *Traité d'Economie politique* est le véritable code commercial des nations civilisées.

Il a sur les idées religieuses, qu'il regarde comme inutiles, des opinions absolument blâmables, mais, ces réserves faites, Jean-Baptiste Say se montra toujours l'ami de la vérité et de l'indépendance.

Il devint professeur au Collège de France, et mourut en 1832.

Cette rue n'a reçu ce nom qu'en 1858 ; elle s'appelait auparavant rue Clos-Flandrin.

Rue Jean-Carriès

De l'avenue du Doyenné à la rue Tramassac.

Cette rue s'est appelée successivement rue de Thiers et rue des Deux-Cousins. Elle s'est appelée aussi, longtemps auparavant, rue de la Pionnière, dont je ne vois pas la signification.

La rue de Thiers a tenu ce nom d'un chanoine-comte de Lyon, qui fut prévôt de Fourvière et précenteur. Sa réception date de 1259 ou de 1261. Il était d'une famille d'Auvergne. Il avait sa demeure dans cette rue. La maison passa ensuite aux d'Albon, qui la firent reconstruire au xviie siècle.

Elle prit ensuite le nom des Deux-Cousins, à cause d'une auberge renommée qui s'appelait ainsi par suite de la parenté des deux propriétaires.

Depuis 1895, elle s'appelle rue Jean-Carriès.

Jean-Joseph-Marie Carriès naquit à Lyon en 1855. Elevé dans un orphelinat, il fut placé, à l'âge de treize ans, comme apprenti chez un mouleur, fabricant d'articles religieux, dont l'atelier était dans la rue des Deux-Cousins. Son maître lui fit suivre les cours annexes qui existaient alors à l'Ecole des Beaux-Arts pour les ouvriers d'art.

A dix-neuf ans, il partit pour Paris avec une subvention qui lui permit d'entrer à l'Ecole des Beaux-Arts. Il eut une manière très personnelle d'entendre la sculpture. Il voulait arriver à rendre le duveté de la peau, l'humidité des lèvres, la pénétration du regard.

Il patina ses bustes et ses médaillons, il recourut aux procédés de la céramique. Il avait, en Nivernais, une véritable usine, d'où sont sortis de superbes grès flambés, aussi délicats que ses cires et ses terres cuites. Il créa même des vases et des carreaux, d'où lui vint le nom de « potier lyonnais ».

Jean Carriès mourut en pleine jeunesse, en 1895.

Rue Jean-de-Tournes
De la place des Jacobins à la place de la République.

La typographie lyonnaise a toujours été une des gloires de notre cité. Les Gryphes, les de Tournes ont livré des éditions recherchées. Aujourd'hui, ils ont de dignes successeurs.

La famille des de Tournes était originaire de Noyon, en Picardie ; elle vint s'établir à Lyon. Jean Ier de Tournes se distingua par la beauté et la netteté de ses caractères, par l'exactitude de sa correction, par le bon choix et le grand nombre de livres qu'il publia. Son symbole était deux vipères entrelacées, avec ce mot fameux : *Quod tibi fieri non vis, alteri ne feceris*, et quelquefois un ange debout avec cette anagramme : *Son art en Dieu.*

Ses fils et petits-fils continuèrent son commerce et sa réputation. Leur maison était située rue Raisin, 7 et 9. Elle a disparu en 1861, quand on ouvrit la rue dite alors de l'Impératrice, et la rue qui porte leur nom depuis 1863.

Quai Jean-Jacques-Rousseau
Du quai des Etroits à la Mulatière.

Jean-Jacques Rousseau, né à Genève en 1712, fut un bon écrivain, un piètre philosophe et un petit caractère. Sa vie ne fut qu'une longue suite d'aventures, où l'amour coupable joua toujours un grand rôle. Il est impossible de donner une notice courte et complète sur ce personnage, le plus bizarre assemblage de contradictions qui se soit trouvé dans un homme. C'est à lui toutefois qu'il faut faire remonter le sentiment naturaliste en littérature ; il est regardé comme le prédécesseur de Chateaubriand, par conséquent comme le grand-père du romantisme.

Ses œuvres complètes comprennent vingt-cinq volumes. Parmi elles, ses *Confessions* le révèlent tout entier. A travers plus d'une page écœurante, je détache du IV° livre de ses *Confessions*, une page très poétique, qui nous donnera l'explication du nom donné à ce quai. Jean-Jacques Rousseau fit au moins cinq voyages à Lyon ; dans l'un de ces voyages, il dirigea un jour sa promenade du côté des Etroits. Il se connaissait en beaux sites ; voici comment il exprime l'impression heureuse qu'il éprouva :

« Je me souviens d'avoir passé une nuit délicieuse hors de la ville, « dans un chemin qui côtoyait le Rhône ou la Saône, car je ne me rap- « pelle pas lequel des deux. Des jardins élevés en terrasses bordaient le « chemin du côté opposé. Il avait fait très chaud ce jour-là ; la soirée « était charmante, la rosée humectait l'herbe flétrie ; point de vent, une « nuit tranquille, l'air était frais sans être froid ; le soleil après son cou- « cher avait laissé dans le ciel des vapeurs rouges, dont la réflexion « rendait l'eau couleur de rose ; les arbres des terrasses étaient chargés « de rossignols qui se répondaient de l'un à l'autre. Je me promenais « dans une sorte d'extase, livrant mon cœur et mes sens à la jouis- « sance de tout cela, et soupirant un peu du regret d'en jouir seul. « Absorbé dans une douce rêverie, je prolongeai fort avant dans la nuit « ma promenade, sans m'apercevoir que j'étais las. Je m'en aperçus « enfin. Je me couchai voluptueusement sur la tablette d'une espèce de « niche ou de fausse-porte enfoncée dans un mur de terrasse ; le ciel de « mon lit était formé par les têtes des arbres ; un rossignol était préci- « sément au-dessus de moi ; je m'endormis à son chant, mon sommeil « fut doux, mon réveil le fut davantage. Il était grand jour ; mes yeux, « en s'ouvrant, virent l'eau, la verdure, un paysage admirable. »

Une plaque de marbre avec inscription rappelle ce fait et signale cet endroit. Mais, comme correctif, ajoutons en finissant que ce n'est pas dans la grotte qui porte son nom qu'il passa la nuit, mais sous une arcade du mur de soutènement d'une maison de campagne, bien plus loin.

Rue Joséphin-Soulary
De la rue Belfort à la place de la Boucle.

Cette rue s'appelait autrefois des Gloriettes, nom qui a été conservé à une petite rue voisine, dont j'ai déjà parlé. Depuis la mort de Joséphin Soulary (1891), qui demeurait dans cette rue, elle a reçu le nom du poète lyonnais.

Joséphin Soulary, (1816-1891) a eu sa petite heure de gloire. Son œuvre est aimable et distinguée. Il n'a pas fait de morceaux de longue haleine, mais de charmantes petites pièces, et surtout des sonnets, qui, parfois, valent de longs poèmes.

Joséphin Soulary fut surtout l'homme d'un sonnet : les *Deux Cortèges*, dont Jules Lemaître s'est si cruellement moqué. Ses amis, au contraire, ont épuisé, pour le louer, toute la série des métaphores de l'art des orfèvres.

Fig. 42. — Buste de Joséphin Soulary. — Phot. Victoire, Lyon.

Il ne fut cependant qu'une célébrité locale. Il ne visa guère à la gloire des grands hommes ; il en eut toutefois quelques reflets.

Son buste est sur sa tombe au cimetière de la Croix-Rousse, mais la ville de Lyon a voulu, elle aussi, lui rendre hommage, et a placé son buste, non pas au bas de l'ancienne rue des Gloriettes, ce qui aurait été plus logique, mais dans un petit square de la place Saint-Clair.

Rue Jouffroy
De la rue de la Pyramide à la rue du Bourbonnais.

Que dit ce nom au souvenir des Lyonnais? Rien, sans doute, et cependant il évoque un personnage que la reconnaissance devrait poursuivre, un personnage qui aurait donné à Lyon, sa cité adoptive, un lumineux rayon de gloire, s'il eût trouvé parmi ses contemporains d'autres hommes que des indifférents et des jaloux.

Claude-Dorothée d'Abbans, marquis de Jouffroy, naquit à Roche-sur-Rognon, en Franche-Comté, le 30 septembre 1751. A vingt ans, il fut sous-lieutenant au régiment de Bourbon ; mais ayant eu avec son colonel une affaire d'honneur, il fut exilé deux ans aux îles Sainte-Marguerite. Comme il avait étudié avec soin, en 1773, la fameuse machine à vapeur, dite la Pompe à feu, de Chaillot, il mit à profit, pendant son exil, les conséquences pratiques de ses études ; il observait les manœuvres des galères à rames ; l'idée lui vint d'employer la vapeur comme force motrice dans la navigation. Cette idée grandira dans son esprit et l'absorbera tout entier jusqu'à ce qu'il réussisse à la mettre à exécution.

Il serait superflu de faire connaître toutes les épreuves que Jouffroy rencontra. Disons seulement qu'il parvint, en 1776, à construire une machine qu'il adapta à un bateau. Ce premier pyroscaphe avait treize mètres de longueur et il fonctionna sur le Doubs, à Baume-les-Dames, entre Montbéliard et Besançon.

Jusqu'ici il n'y a rien de bien lyonnais dans la vie de Jouffroy, mais vers l'année 1780, il vint s'établir dans notre ville et ne tarda pas à s'y fixer définitivement, en s'unissant à une des familles les plus honorables du pays, par son mariage avec Mlle Françoise Madeleine de Pingon de Vallier, célébré à Ecully, le 10 mai 1783.

De plus, il fit, sur la Saône, une seconde expérience de sa découverte avec un bateau de 46 mètres de longueur et de 4 mètres 50 de largeur.

Elle eut lieu, en juillet 1783, en présence de milliers de spectateurs ; cet énorme bateau remonta de Lyon à l'Ile-Barbe. Jouffroy demanda un brevet, le ministre de Calonne renvoya la demande à l'Académie des Sciences ; là, malheureusement, l'inventeur comptait un rival, Périer, qui fit enterrer la découverte. — En 1816, Jouffroy fit une nouvelle tentative, et le *Persévérant* fit quelques voyages de Lyon à Chalon, mais la Société, qui s'était constituée dans ce but, ne réussit pas, et le pauvre Jouffroy alla mourir à l'Hôtel des Invalides, à Paris. Arago, Cauchy, Fulton même, lui ont rendu justice et l'ont proclamé l'inventeur de la navigation à vapeur. Etant connus son mariage à Ecully, et surtout ses expériences nautiques sur la Saône, il ne faut pas s'étonner de voir cette rue se trouver dans le quartier de Vaise. Avant 1855, elle s'appelait rue de la Paix.

Rue du Juge-de-paix

De la place de Fourvière au chemin de Loyasse.

Il semblerait qu'au début on ait appelé cette rue au nombre pluriel rue des Juges-de-Paix.

Le décret qui a institué les juges de paix est du 24 août 1790. Ce fut une réforme radicale dans nos institutions judiciaires. La municipalité lyonnaise d'alors voulut, en donnant, en 1791, cette appellation à une de nos rues, consacrer le souvenir d'une innovation importante.

Rue Juiverie

De la montée des Carmes-Déchaussés à la rue de la Loge.

Cette rue s'est appelée rue Porcherie, à cause d'un marché de porcs qui se tenait à cette place. Elle s'est appelée rue Juiverie, peut-être tout simplement parce que nos anciens ne faisaient aucune difficulté à prendre ces deux mots pour synonymes, et aussi parce que ce quartier aurait été habité par des juifs. Mais qu'on n'aille pas se représenter un ghetto sordide et repoussant, où des juifs en haillons se cachaient pendant le jour et s'enfermaient pendant la nuit. Non : au commencement du ix⁰ siècle, car on signale leur présence dès l'époque carlovingienne, les juifs, à Lyon, étaient nombreux et puissants ; ils firent bâtir une synagogue au-dessus du Change, à mi-coteau, dans un endroit longtemps appelé du nom de Bréda. On sait qu'un fameux édit de 1394 les chassa de Lyon ; un grand nombre prit alors le chemin de l'exil, beaucoup cependant restèrent, sous la condition de se faire baptiser ; c'est ce qui explique que beaucoup de noms catholiques à Lyon sont d'origine hébraïque.

Les Juifs habitaient donc entre la Saône et la montagne, mais ils ne furent pour rien dans la somptueuse élégance de ce quartier. La maison qui porte le n° 22 s'appelle maison des Juifs, mais elle fut bâtie cent ans après que les Juifs l'habitaient.

La rue Juiverie est devenue une belle rue, mais non pas par les Juifs. Aujourd'hui encore, c'est une de celles qui ont conservé le plus de caractère. Une grande magnificence y brillait, le luxe y était installé en permanence. C'est peut être à raison de ce grand air qu'on pourrait expliquer la note suivante :

1576. — Le Consulat veut établir le marché de la *cuiraterie* dans la rue Juiverie ; les Recteurs de l'Aumône s'y opposent ainsi que quelques particuliers. La contestation est portée au Parlement de Paris *(Hist. de l'Hôtel-Dieu)*.

Dans cette belle rue Juiverie, Charles VIII et Louis XII donnèrent des fêtes et des tournois.

Aujourd'hui on y voit encore des maisons bâties avec beaucoup de goût. Il faut signaler entr'autres l'hôtel Paterin, l'ancienne habitation de Stella, et la maison des Lions ; ces trois maisons portent les numéros 4, 8 et 23.

Rue de Jussieu

De la rue Président-Carnot au quai de l'Hôpital.

Ce n'est pas un homme de ce nom, mais toute une famille, qui se distingua dans les sciences et parvint à la gloire. Trois frères, Antoine

(1686-1758), Bernard (1699-1777) et Joseph de Jussieu (1704-1779), suivis d'un neveu et d'un petit-neveu, Antoine-Laurent-Bernard (1748-1836) et Adrien de Jussieu (1797-1853), furent des médecins, des botanistes et des naturalistes de premier ordre.

Les plus illustres membres de cette illustre famille furent Bernard et son neveu Antoine Laurent-Bernard. Bernard de Jussieu, démonstrateur au jardin botanique de Paris, membre de l'Académie des sciences, fut l'inventeur d'une méthode nouvelle et complètement opposée à celle que Linné venait d'introduire. La méthode de Jussieu est toute fondée sur les affinités naturelles, c'est-à-dire sur le groupement des espèces qui se rapprochent par le plus grand nombre de caractères. Son œuvre fut précieusement poursuivie par son neveu, qui n'avait pas sans doute la portée de vues de son oncle, mais qui avait un esprit exact et méthodique et un jugement droit.

Cette famille était originaire de Bessenay, mais, si mes souvenirs ne me trompent pas, à Lyon, la maison des Jussieu était dans cette rue.

Fig. 43. — Bernard de Jussieu. — Phot. Victoire, Lyon.

Cette rue s'est appelée rue du Petit-Soulier; une partie de cette rue qui, autrefois, tendait de l'allée de l'Argue au quai Bon-Rencontre, s'appelait rue Mouricaud, que l'on trouve écrit Mourico, Maurico, Morico; à partir de 1855, cette dernière appellation disparut.

Place Kléber

Sur le cours Morand.

Cette place a porté quelque temps le nom de Montgolfier. — V. ce nom. — Après les expériences d'aérostation pratiquées aux Brotteaux par Montgolfier, on donna son nom à une place du nouveau quartier. Ce nom fut un peu plus tard remplacé par celui de Kléber, un des plus illustres généraux de la première république.

Il naquit à Strasbourg, d'un ouvrier maçon, en 1753 ; il s'engagea d'abord au service de l'Autriche, qu'il quitta pour s'enrôler en France, et, en 1792, à l'âge de trente-neuf ans, il défendit Mayence comme adjudant-général. Il se battit en Vendée, puis dans le Nord et tomba dans la disgrâce du Directoire. Mais à ce moment Bonaparte partait en Egypte, il emmena avec lui Kléber, qui, là, se couvrit de gloire. Quand Bonaparte quitta l'Egypte, il céda le commandement en chef à Kléber qui sut montrer que le général était doublé d'un administrateur. Victime de la mauvaise foi d'un amiral anglais, Kléber répondit à des insolences par la grande victoire d'Héliopolis et par la reprise rapide de la Haute-Egypte. Il consolidait son œuvre, quand il tomba, au Caire, sous le poignard d'un fanatique (1800).

Voici le portrait qu'en a tracé M. Thiers :

« Kléber était le plus bel homme de l'armée. Sa grande taille, sa noble figure où respirait toute la fierté de son âme, sa bravoure à la fois audacieuse et calme, son intelligence prompte et sûre en faisaient sur les champs de bataille le plus imposant des capitaines. Son esprit était brillant, original, mais inculte. Il lisait sans cesse et exclusivement Plutarque et Quinte-Curce, il y cherchait l'aliment des grandes âmes, l'histoire des héros de l'antiquité. Il était capricieux, indocile et frondeur. On avait dit de lui qu'il ne voulait ni commander ni obéir, et c'était vrai. Il obéit sous le général Bonaparte, mais en murmurant ; il commanda quelquefois, mais sous le nom d'autrui, sous le général Jourdan, par exemple, prenant par une sorte d'inspiration le commandement au milieu du feu, l'exerçant en homme de guerre supérieur, et après la victoire, rentrant dans son rôle de lieutenant qu'il préférait à tout autre. Il était licencieux, mais intègre et désintéressé ».

Rue du Lac

De la rue Mazenod à la rue Neuve-Villardière.

Le *Moniteur* de 1812 s'exprimait ainsi : Un phénomène physique assez extraordinaire s'est manifesté aux Brotteaux. Derrière le jardin de Paphos, une espèce de lac s'est formé tout à coup au milieu d'une terre à blé. Cette mare d'eau limpide a environ 26 toises (50 mètres) d'étendue et 8 toises (15 mètres) de large. Sa profondeur est de 5 à 6 mètres.

Ce lac, je l'ai encore vu dans ma jeunesse ; il était dans le voisinage du couvent actuel des Dominicains. C'était, chaque dimanche, le rendez-vous de toute la jeunesse folle et bruyante de notre ville. Chaque dimanche, comme disaient alors les Lyonnais, c'était la vogue au Lac.

Il y avait des prairies, des guinguettes, des danses, des jeux, les foules y accouraient. Les réjouissances des Brotteaux étaient renommées ; le père Thomas, grimacier célèbre, y avait acquis une réputation qui dure encore. Aujourd'hui, ce passé n'est plus. Si les plans de M. Crépet avaient été réalisés, le lac aurait été utilisé et serait devenu un embellissement de ce quartier, mais il a été comblé par les remblais provenant des démolitions de la rue Impériale, aujourd'hui de la République.

On a conservé par un nom le souvenir du lac, c'est bien ; mais ce nom, on l'a rejeté au-delà des casernes, on a eu tort.

Cours Lafayette

Du quai des Brotteaux à la rue d'Alsace, et sous le nom de *Cours Lafayette prolongé*, de la rue d'Alsace à la place de la Mairie-Villeurbanne.

Le marquis de Lafayette fut, à un certain moment, le personnage le plus célèbre de la France. Il naquit au château de Chaviniac, près de Brioude, en Auvergne, au mois de septembre 1757. Il partit comme volontaire en Amérique pour prendre part à la guerre que les Etats-Unis déclarèrent à l'Angleterre afin de conquérir leur indépendance. Il fut nommé major-général, et quand il revint en France, il jouissait déjà d'une immense popularité. Pendant la Révolution, il fut compromis plusieurs fois en faveur de la Royauté, et dénonça les Jacobins à la tribune. Nommé général en chef de l'armée du centre, il ne désespéra pas encore de sauver la royauté. Mais il fut décrété d'accusation et se retira en pays neutre. Il fut cependant arrêté près de Namur ; emprisonné en Prusse d'abord, en Autriche ensuite, il ne rentra en France qu'après

Fig. 44. — Le pont Lafayette. — Phot. de Neurdein, frères, Paris.

le 18 brumaire. Pendant toute la durée de l'Empire, il se tint à l'écart, mais dès les Cent-Jours, il revint à la vie publique ; puis, considérant les Bourbons comme radicalement absolutistes, il se crut obligé de seconder tous les projets ayant pour but leur renversement. A la Révolution de 1830, il fut chef du gouvernement provisoire ; il mourut en 1834.

Des hommes comme le marquis de Lafayette sont exposés à être très diversement jugés. Voici l'appréciation de Mirabeau : « C'était un caractère moins beau que singulier, plus raide que véritablement fort, généreux, noble, mais se nourrissant d'hypothèses, vivant d'illusions sans vouloir tenir compte des faits ». — D'autres, au contraire, disent que « Lafayette fut la personnification la plus complète et la plus constante du principe révolutionnaire de 1789 ; il mourut en butte au mécontentement de tous les partis dont il avait repoussé les tendances exclusives, il y avait de l'antique dans cet homme, dont l'existence fut consacrée tout entière, avec une unité rare, au service de la liberté et de l'égalité civile et politique, au milieu de l'extrême mobilité des opinions contemporaines et du scepticisme politique qui a succédé à nos agitations révolutionnaires ; c'était un beau caractère. » — Quoiqu'il en soit, il n'est pas sans grandeur, pour un marquis du vieux régime, d'abjurer les préjugés de caste et les erreurs d'un passé despotique pour chercher à faire prévaloir les idées de liberté et d'égalité ; et ce qu'il y a de certain et ce qui est le plus bel éloge, c'est que tous les partis ont reconnu la droiture et l'honnêteté de Lafayette.

Un jour cet homme populaire entre tous arriva à Lyon. C'était le 5 septembre 1829. Il fut reçu par une foule immense qui remplit bientôt tout l'espace compris du pont Morand au Moulin-à-Vent.

C'est dans ces lieux, limite du département du Rhône, que la députation attendait le général. Il y fut reçu solennellement, et le cortège d'honneur rentra à Lyon par le pont Charles X. Le séjour de Lafayette à Lyon fut une suite de fêtes, où les acclamations surpassèrent de beaucoup celles qu'avaient obtenues les membres de la famille royale sur leur passage.

Lyon conserva le souvenir de cette pompeuse réception. Voici un arrêté en date du 1er septembre 1830, signé Prunelle, maire de Lyon, qui en donne une preuve : « Il sera écrit à M. le Préfet du département du Rhône, pour le prier de prendre les mesures convenables, afin que le pont sur le Rhône, connu jusqu'à présent sous le nom de pont Charles X, porte désormais le nom de pont Lafayette, nom justement acquis à ce pont par l'entrée triomphale de ce grand citoyen dans la ville de Lyon, le 5 septembre 1829 ».

Et le pont et le cours ensuite s'appelèrent de ce nom. Nous avons vu déjà que la Croix-Rousse avait aussi donné ce nom à une de ses rues, qui est devenue la rue de Dijon.

Rue Lafont

De la place des Terreaux au quai de Retz.

Mathieu de La Font naquit de parents pauvres et devint bientôt orphelin, mais il sut par son intelligence conquérir les premières charges de la cité et arriver par le commerce à une brillante fortune. Successivement recteur de la Charité, juge de police, juge à la Conservation, il parvint à l'échevinage en 1690. A la suite de son échevinage, il fut mis à la tête de la commission de l'Abondance. Malgré les réclamations de de La Font, la disette vint à se faire sentir et Mathieu de La Font partit pour la Provence faire des achats considérables de blé. Recteur de l'Hôtel-Dieu, il signala encore son passage dans cette administration par des bienfaits. Il aida enfin l'intendant d'Herbigny, dans la taxe des impôts, avec une telle prudence qu'il satisfit en même temps et la cour et le peuple. Outre ces actes de bienfaisance qui suffiraient par eux-mêmes à recommander cet homme de bien à la postérité, Mathieu de La Font a un autre titre de valeur à la reconnaissance de ceux qui vinrent après lui, c'est lui en effet qui le premier a mis en ordre les archives de la Charité.

Eu égard aux services rendus par Mathieu de La Font, la rue où il demeurait fut appelée de son nom.

C'est en cette rue que se fit, en 1817, le premier essai de pavés plats, comme, il y a quelques années, elle fut aussi la première qui eut un pavage en bois.

Rue Lainerie

De la place Saint-Paul à la rue de la Loge.

Ici, deux opinions : les uns disent que cette rue s'appelait autrefois de l'Asnerie, et que le nom actuel est une corruption de cet ancien nom ; les autres, que les marchands de laine y avaient établi leur demeure. La première opinion nous paraît la plus probable.

Rue Lanterne

De la rue d'Algérie à la rue Longue.

Cette rue, dit Cochard, avait pris son nom d'un bas-relief représentant un lion tenant sous sa griffe une lanterne.

Je crois, dit M. Paul Saint-Olive, ce nom plus ancien que l'enseigne, dont l'existence est due à la dénomination antérieure de cette rue. Une porte de la ville lui donnait issue, car autrefois la ville ne s'étendait que jusqu'à la Boucherie des Terreaux, où étaient les fossés, les murailles et la porte. Il est très probable qu'une lanterne distribuait un peu de clarté aux passants qui entraient dans la ville ou en sortaient. — Et comprenant combien cette lanterne éclaire peu la question, il ajoute : on ne s'étonnera pas trop qu'une simple lanterne ait mérité les honneurs de la renommée, si l'on veut bien se rappeler qu'autrefois l'éclairage des rues, pendant la nuit, était tout à fait inconnu.

Ni l'une ni l'autre de ces explications n'est la bonne. Voici le témoignage de M. Vermorel :

« Une muraille défendait la ville de ce côté-là. Elle allait du Rhône à la Saône. Cette muraille était flanquée de dix tours rondes et carrées. On pénétrait en ville par deux portes précédées de ponts-levis, celle de la Pêcherie ou de Chenevrier, et celle de la Lanterne. Au pied de la muraille étaient les fossés de la Lanterne qu'on remplissait d'eau à volonté ; cette eau était amenée du Rhône par un canal de dérivation qui commençait à Neyron. — La lanterne était un belvédère établi sur la plate-forme de la plus haute tour attenante à la porte. Là se tenait la sentinelle du guet ; là aussi était la cloche qui annonçait la fermeture des portes. »

La rue Lanterne a, depuis 1855, absorbé les rues Boucheries-des-Terreaux et de l'Enfant-qui-pisse, la première appelée ainsi à cause du voisinage de la boucherie, la seconde à cause d'un bas-relief représentant un bas-relief que je n'ai pas besoin d'expliquer.

Rue Laporte
De la rue du Pont-de-la-Gare à la rue de Bourgogne.

Cette rue, parallèle à la rue de la Claire, longe l'église de l'Annonciation.

Dans la déconfiture de M. de la Roquette. — V. ce nom. — M. Laporte, négociant en toiles et rouenneries, devint acquéreur de la Grande-Claire, qui forme le quartier neuf de la gare de Vaise. Cette rue a donc été ouverte sur ses terrains.

Rue Lassalle
De la rue de Dijon à la rue Sainte-Marie.

Philippe Lassalle, habile dessinateur et mécanicien, fit faire de grands progrès à l'industrie lyonnaise de la soierie. Il naquit à Seyssel, en 1723, et mourut à Lyon, en 1804. On l'avait récompensé en lui donnant le cordon de Saint-Michel et une pension de 6.000 livres. Ce nom est bien placé dans le quartier des ouvriers en soie.

Rue Laurencin
De la rue de Fleurieu au quai de la Charité.

Cette rue, entièrement conquise sur les eaux du Rhône, fut ouverte en 1775 ; elle s'appela d'abord rue Perrache, et plus tard rue Laurencin, parce qu'un des principaux actionnaires et administrateurs de la Compagnie des travaux Perrache fut un Laurencin, distingué par ses talents et jouissant d'une haute considération.

Paradin fait remonter l'origine de cette famille jusqu'aux temps des Romains ; ce qu'il y a de sûr, c'est qu'elle fut une des plus anciennes de la cité.

La famille des Laurencin, barons de Riverie et seigneurs de Chanzé, a fourni de nombreux sujets à l'Ordre de Saint-Jean de Jérusalem et aux principaux Chapitres nobles du Lyonnais et du Dauphiné.

Cette famille s'éteignit, en 1833, dans la personne de François-Aimé de Laurencin, maréchal de camp, membre de l'Académie de Lyon, député du Rhône, mort dans sa terre de La Chassaigne, près de Villefranche. Il ne laissa qu'une fille, mariée au fils de M. le duc de Mortemart.

Rue Lebrun

De la montée du Boulevard à la montée Rey.

Le prince Lebrun ne fut pas Lyonnais, mais il fut associé honoraire de l'Académie de Lyon, et fonda, en 1805, un prix destiné aux inventeurs de procédés utiles au perfectionnement des manufactures lyonnaises, ou aux auteurs de découvertes intéressant l'industrie en général, et celle de la soie en particulier. C'est donc à bon droit que son nom est rappelé dans ce quartier.

On sait que Lebrun fut le collègue, pendant le Consulat, de Bonaparte et de Cambacérès.

Avant 1855, cette rue s'appelait Sainte-Catherine.

Rue Lemot

De la rue Pouteau à la place Colbert.

François-Frédéric Lemot naquit à Lyon, le 4 novembre 1771, dans la rue Noire, aujourd'hui rue Stella — V. ce nom — et fut baptisé dans l'église Saint-Nizier. Son père, qui était menuisier, partit pour Paris en 1783, et emmena son enfant avec lui. Là, le jeune Frédéric suivit les cours de dessin et devint l'élève de Déjoux. A l'âge de dix-neuf ans, il concourut pour le grand-prix de sculpture, et l'obtint ; le sujet était *Le Jugement de Salomon*. Pensionnaire de France, il étudia successivement à Rome, à Naples et à Florence. Il était en Italie lorsque éclata la Révolution ; il s'empressa de rentrer en France et fut pendant quelque temps enrôlé dans les armées de Pichegru, mais bientôt, sur l'ordre du Gouvernement, il fut rappelé à Paris. Il eut alors de nombreuses comman-

19

des de tous les gouvernements qui se succédèrent. Il entra à l'Institut en 1805 et remplaça Chaudet en 1810, comme professeur à l'Ecole des Beaux-Arts. Parmi ses ouvrages, il faut citer les statues de *Cicéron*, de *Lycurgue* et de *Brutus*, le modèle en plâtre de *Numa* et de *Léonidas*. Ses deux chefs-d'œuvre sont la statue de *Henri IV* sur le Pont-Neuf, à Paris, et celle de *Louis XIV*, sur la place Bellecour, à Lyon. Il est une légende lyonnaise qui prétend que l'auteur du *Louis XIV* de Bellecour oublia les étriers dans son œuvre, et que, s'en étant aperçu, il s'alla noyer. Je n'ai rien trouvé de semblable dans les biographies de notre compatriote. Il mourut baron, officier de la Légion d'honneur et chevalier de Saint-Michel, le 6 mai 1827. — La rue qui porte son nom fut ouverte quelque temps après sa mort.

Place Le Viste

Entre les rues de la Barre et de la République.

Pendant longtemps cette place a été improprement appelée Léviste ; le véritable nom est celui de la très ancienne famille Le Viste. Elle avait en propriété le fief et tènement de Bellecour. Nous avons vu, quand nous avons parlé de cette place, que la famille Le Viste fut mêlée aux diverses revendications dont elle fut l'objet. Pernetti nous dit : « La petite place qui termine la rue Bellecordière, du côté de la place Louis-le-Grand, porte encore le nom de cette famille à laquelle elle appartenait. » Cette famille existe encore en la personne de Vincent-Louis-Marie Le Viste, comte de Montbrian.

Cours de la Liberté

De la rue Rabelais au cours Gambetta.

C'est l'ancien cours Bourbon, qui reçut ce nom parce qu'il fut fait sous la Restauration. Il porta quelque temps, sous la République de 1848, le nom de cours de l'Egalité, puis on revint à la première appellation. Mais par décret préfectoral, en date du 5 septembre 1878, ce nom monarchique de Bourbon, qui ne porta pas ombrage à l'Empire, a fait place à celui de la Liberté, plus en rapport avec les institutions politiques qui nous régissent.

C'est sur ce cours de la Liberté que s'élève depuis dix ans la nouvelle

Fig. 45. — La Préfecture. — Phot. de Neurdein, frères, Paris.

Préfecture ; c'est là que le président Carnot a rendu le dernier soupir, après avoir été frappé à mort par l'Italien Caserio.

Comme nous avons donné le nom des maires en parlant de l'Hôtel-de-Ville, nous donnons ici la liste des préfets :

Raymond Verninac de Saint-Maur, 2 mars 1800 ;
Le comte de Najac, 15 août 1801 ;
Jean-Xavier Bureaux de Puzy, 30 juillet 1802 ;
Charles-Joseph-Fortuné d'Herbouville, 25 juillet 1805 ;

Le comte Taillepied de Bondy, août 1810 ;
Le comte Chabrol de Crussol, 22 novembre 1814 ;
Le baron Jean-Baptiste-Joseph Fourier, 6 avril 1815 (Cent-jours) ;

Pons de l'Hérault, 17 mai 1815 (Cent-jours) ;
Chabrol de Crussol, réinstallé, juillet 1815 ;
Le comte Lezay de Marnézia, 17 octobre 1817 ;
Le comte de Tournon, 9 janvier 1822 ;
Le comte René de Brosses, 8 janvier 1823 ;
Paulze d'Ivoy, 2 août 1830 ;
Bouvier Dumolart, 7 mai 1831;
Le comte Adrien de Gasparin, 21 décembre 1831 ;
Charles Rivet, 4 avril 1835 ;
Henri Jayr, 1840 ;
Chaper, 1847 ;
Emmanuel Arago, commissaire de la République, 1848 ;
Martin-Bernard, 1848 ;
Ambert, 1848 ;
Victor Tourangin, 1849 ;

Darcy, 1849 ;
De Lacoste, commissaire extraordinaire, 1849 ;
Le baron Vincent, 1852 ;
Vaïsse, sénateur, 1853 ;
Henri Chevreau, 1864 ;
Sencier, 1870 ;
Challemel-Lacour, 1870 ;
Valentin, 1871 ;
Pascal, 1872 ;
Cantonnet, 1872 ;
Ducros, 1873 ;
Welche, 1875 ;
De Valavielle, 1877 ;
Berger, 1877 ;
Oustry, 1878 ;
J. Massicaut, 1882 ;
J. Cambon, 1886 ;
Rivaux, 1891 ;
Larousse, 1899 ;
Alapetite, 1900.

Rue de la Loge

De la montée du Change à la place du Change.

Cette rue doit son nom à la Loge du Change — V. ce dernier nom — dont nous avons déjà parlé.

Avant la Loge construite par Soufflot, aujourd'hui le Temple protestant, une première loge, beaucoup plus petite, était établie à l'angle de la place et de la rue Porcherie, aujourd'hui Juiverie.

Rue de la Lône

Du quai Claude-Bernard au chemin de Gerland.

Voici un mot tout lyonnais, qui a tout le parfum de son terroir. Une lône est un délaissé d'une grande rivière ou d'un fleuve ; sur les bords du Rhône, les lônes sont assez fréquentes. Il n'y a pas très longtemps, il y avait, en aval du pont de la Guillotière, de l'ancienne cristallerie à la Mouche, la Grande Lône, séparée du Rhône par une digue qui est devenue le quai Claude-Bernard ; à la Mouche, il y avait d'autres petites lônes qui n'étaient autre chose que des dépressions de terrains couvertes par les eaux du fleuve. C'est là que les Lyonnais, autrefois nageurs célèbres, avant que d'affronter le *Grand Rhône*, allaient faire leur apprentissage de natation. On allait à la Mouche, quand on était *gone*, faire *peter ses agotiaux*. Aujourd'hui, cette passion juvénile me paraît diminuée, et ce dialogue légendaire, inventé jadis pour faire comprendre la passion aquatique des Lyonnais, ne serait plus guère vrai aujourd'hui :

— Es-tu de Lyon, mon petit ami ? — Oui, M'sieur. — Sais-tu écrire ? — Non, M'sieur. — Sais-tu lire ? — Non, M'sieur. — Sais tu nager ? — Oh ! oui, M'sieur.

Rue Longue

Du quai de la Pêcherie à la rue de l'Hôtel-de-Ville.

Cette rue comprend l'ancienne Grande-Rue Longue et la rue Tête-de-Mort qui était dans le voisinage du quai. Il y avait une Grande-Rue Longue parce que, malgré le contre-sens, il y avait une Petite-Rue Longue. Avant 1604, c'est-à-dire avant son transfert dans la rue de la Poulaillerie, l'Hôtel-de-Ville était dans cette rue.

Cette rue a dû jadis son nom à sa conformation, elle était étroite, mal bâtie et relativement longue. La partie comprise entre la rue Centrale et la rue de l'Hôtel-de-Ville a été rebâtie, mais l'autre partie peut encore aujourd'hui donner une idée de ce qu'elle était autrefois. Par respect pour le passé, on peut bien conserver ce nom-là, comme aussi il n'y aurait pas grand dommage à le changer.

Rue de Lorette

De la rue Saint-Claude à la montée du Griffon.

En 1658, des Lyonnais ayant fait le pèlerinage de Notre-Dame de Lorette, en Italie, résolurent entr'eux de former, avec la permission des supérieurs, une Congrégation sous le nom de Pénitents de Lorette. Ils s'établirent d'abord au Gourguillon, puis près de la porte du Rhône, puis enfin, au commencement du xviii⁰ siècle, sur la montée et vis-à-vis de la Croix-Pâquet, derrière le couvent des Feuillants, où ils bâtirent une belle chapelle, qui fut consacrée par Mgr de Neuville-Villeroi, archevêque de Lyon, et dont il ne reste plus aujourd'hui le moindre vestige. Nous avons déjà vu que l'atelier du sculpteur Chinard fut installé dans cette chapelle qu'il avait achetée.

Rue Louis-Blanc

De la rue Duguesclin au boulevard des Brotteaux.

C'est l'ancienne rue de Précy, le nom d'un brave dont je salue le souvenir. Un moment il fut question de substituer à ce nom celui de Raspail, mais comme celui-ci hérita de l'ancienne place des Squares, on donna à cette rue le nom de Louis-Blanc.

La plupart des biographes du général de Précy s'expriment ainsi : Louis-François Perrin, comte de Précy, naquit à Semur en 1742. C'est une erreur, corrigeons-la : Louis-François Perrin, sieur (et non pas comte) de Précy, naquit à Anzy-le-Duc, canton de Marcigny (Saône-et-Loire), en 1742. Il servit dans la guerre de Sept ans, puis en Corse, et devint, en 1783, commandant du bataillon des chasseurs des Vosges. Il entra ensuite comme lieutenant-colonel dans la garde constitutionnelle de Louis XVI. Après la mort du roi, il se retira à Semur en Brionnais.

Il était dans sa retraite, quand les Lyonnais, qui ne voulaient pas se soumettre à l'oppression de la Convention, résolurent de se défendre par les armes. Ils confièrent le commandement de leurs troupes au général de Précy, homme d'un jugement sain, d'une volonté ferme, d'un courage froid et d'une valeur à toute épreuve. Les troupes de la Convention étaient aux portes de la ville : les Lyonnais défendirent leur patrie avec héroïsme : la Duchère, le cimetière de Cuire, les avant-postes de Sainte-Foy, la Croix-Rousse furent les théâtres de leurs exploits. Les révolutionnaires bombardèrent Lyon et incendièrent l'arsenal. La ville reçut pendant ce siège 27.700 bombes, 11.700 boulets, 4.600 obus, 826.000 cartouches de fusil. Les Lyonnais n'étaient que 8.000 hommes, ils durent céder au nombre, mais ils ne se rendirent pas ; ils décidèrent une dernière sortie. Ils étaient quinze cents, mais ils furent poursuivis et massacrés du côté de Tarare et dans les bois d'Alix. Une cinquantaine d'hommes seulement parvinrent à s'échapper ; Précy fut du nombre. Il sortit de France et n'eut la permission d'y rentrer qu'en 1810. Sous la première Restauration, il fut nommé lieutenant-général, et il prit le commandement de la garde nationale de Lyon. Il mourut à Marcigny-sur-Loire, le 25 août 1820. Les Lyonnais ont recueilli ses restes, et les ont placés dans le caveau sépulcral du monument religieux, élevé aux Brotteaux à la mémoire du glorieux siège soutenu par leur ville en 1793, et des victimes fusillées dans le voisinage. En entrant dans le monument, à droite, dans une petite chapelle, se trouve une urne sur laquelle on lit ces mots : Au fidèle Précy. Cette chapelle va disparaître incessamment, mais il est hors de doute que les reliques de l'ancienne seront transférées dans la nouvelle.

Ce nom de Précy a existé sous l'Empire, il a même existé sous notre République. Ce n'est qu'en 1884 qu'il a été remplacé par celui de Louis Blanc.

Louis Blanc fut un républicain de l'avant-veille. Le 23 février 1848, Louis-Philippe, ayant abdiqué en faveur de son petit-fils, le comte de Paris, partit pour l'Angleterre, où il devait mourir deux ans après. Le 24, la République fut proclamée, et un gouvernement provisoire immédiatement formé ; il se composait de MM. Dupont (de l'Eure), François Arago, Lamartine, Ledru-Rollin, Crémieux, Marie, Garnier-Pagès. Tous se rendirent à l'Hôtel-de-Ville, et, sur la place de Grève, leur nombre fut grossi par MM. Louis Blanc, Ferdinand Flocon, Armand Marrast et l'ouvrier Albert.

Mais ce gouvernement parut trop tiède à ceux qui formaient le parti avancé, et qui avaient été trompés dans leur attente par les élections de l'Assemblée Constituante. Le 15 mai, on fit une nouvelle révolution, et un nouveau gouvernement provisoire fut proclamé. Il était composé de Louis Blanc, Barbès, Albert, Blanqui, Raspail, Huber, Caussidière, Pierre Leroux, Cabet, Proudhon. Ce nouveau gouvernement dura à peine quelques heures, il fut chassé à son tour par la garde nationale et la garde mobile. Louis Blanc, décrété d'accusation, se retira en Angleterre.

Louis Blanc, né en 1811, n'est mort qu'en 1882.

Chemin et montée de Loyasse

Le chemin : de la porte de Fourvière à la montée de la Sarra.
La montée : de la rue de Trion à la porte de Fourvière.

L'étymologie de ce nom de Loyasse est pour moi un problème dont je cherche la solution depuis longtemps. Ce mot s'écrivait Loyace autrefois ; est-ce que le mot *locus* n'y entre pas pour quelque chose ?

C'est à Loyasse que se trouve le grand cimetière de la ville. Les terrains furent achetés sous l'administration de M. Fay de Sathonay ; jusqu'à lui, il n'y avait pas de cimetière général. On y voit de beaux monuments funéraires ; c'est notre Père-Lachaise, mais avec un caractère plus religieux que celui de Paris.

Rue des Macchabées

De la rue de Trion à la place Saint-Irénée.

On lit sur le frontispice de l'église de Saint-Just cette inscription latine : *Primo Macchabæis, deindè sancto Justo*, dédiée d'abord aux Macchabées et ensuite à saint Just ; c'est-à-dire aux martyrs d'abord, à saint Just ensuite.

Dès l'origine du christianisme, il y eut des oratoires secrets, mais après la grande persécution où saint Irénée et dix neuf mille martyrs confessèrent leur foi en Jésus-Christ, une paix relative fut accordée à l'Eglise naissante, et saint Zacharie, successeur de saint Irénée et troisième évêque de Lyon, fit bâtir une crypte pour recueillir les ossements des martyrs. On a prétendu que l'église actuelle de Saint-Just a été bâtie sur l'emplacement de cette crypte, on n'en a pas de preuve décisive. Disons même qu'après les travaux de M. Ch. Guigue, cette opinion n'est plus soutenable ; l'église de Saint Patient fut construite sur l'emplacement de Saint-Nizier, et non à Saint-Just. On a écrit et on a cru longtemps qu'elle fut dédiée aux Macchabées, aux martyrs.

Mais quels Macchabées ? quels martyrs ? Le P. Colonia prétend que saint Zacharie avait dans sa pensée les martyrs lyonnais. Sans doute sa pensée réflexe a bien dû être celle-là, mais y a-t-il quelque témérité à penser que sa pensée première allait aux Macchabées de l'Ancien-Testament, modèles des martyrs ? N'oublions pas que le culte des sept frères martyrs était très développé dans les premiers siècles de l'Eglise : ils avaient subi la mort à Antioche, ils y étaient très vénérés, et saint Zacharie était d'Antioche. Il n'est donc pas étonnant que l'évêque de Lyon, à l'occasion de nos martyrs, ait rappelé les martyrs de sa lointaine patrie et que le même nom ait désigné ceux-ci et ceux-là. Malheureusement il n'est pas prouvé que cette église ait jamais été dédiée aux Macchabées. M. Steyert le nie, je crois, avec raison.

Rue de la Madeleine

De la Grande-Rue de la Guillotière à la route de Vienne.

Cette rue, formée des anciennes rues Saint-Louis, Saint-Lazare et de la Madeleine, s'appelle de son nom actuel depuis 1855. Nous retrouverons plus loin les noms de Saint-Lazare et de Saint-Louis.

Une ancienne chapelle portait ce titre de Sainte-Madeleine, vulgairement appelée la Madeleine ; c'était une succursale de l'église paroissiale de Saint-Michel, à Ainay. Elle était devenue, depuis la Révolution, une habitation particulière, mais elle avait donné son nom au cimetière qui est voisin, et le cimetière à la rue et au quartier.

Le cimetière de la Madeleine a été longtemps le lieu de sépulture de tous les hôpitaux, de tous les dépôts et de ceux que la justice avait frappés. Autrefois, c'était de plus le lieu de sépulture des pauvres. Aujourd'hui il n'en est plus ainsi.

La Madeleine rappelle un souvenir lyonnais. C'était là, dans la plaine de la Madeleine, que se faisait jadis la fête des Brandons. Le premier dimanche de Carême, les Lyonnais y allaient célébrer le retour du printemps ; ils coupaient des branches vertes, auxquelles ils attachaient des fruits, des gâteaux, etc., et rentraient ainsi parés dans la ville. Ce même jour, les cultivateurs parcouraient leurs vergers avec des torches de paille enflammées, appelées *Brandons*, pour brûler les nids d'insectes attachés aux arbres, ou bien ils brûlaient, sur le soir, les branches mortes et les feuilles sèches, en faisant tout autour une joyeuse farandole.

Il y avait aussi une léproserie, habituellement appelée léproserie de la Madeleine, mais son vrai nom était léproserie de Saint-Lazare, — V. ce nom — nous le retrouverons plus loin.

Rue Magneval

De la montée Saint-Sébastien à la rue Philibert-Delorme.

Gabriel-Barthélemy de Magneval fut un négociant de Lyon, qui eut de son vivant une certaine notoriété. Né en 1751, il fut député en 1815-17 et en 1820. Il mourut à Paris en 1821. Cette rue fut ouverte vers 1828.

Rue du Mail

De la place de la Croix-Rousse à la rue Pailleron.

Le Mail est une sorte de maillet à manche long et flexible ; le jeu du mail consiste à pousser une boule de buis avec ce maillet selon des règles déterminées ; l'endroit où l'on joue à ce jeu s'appelle simplement le Mail.

Or, autrefois le Mail était sur la promenade des Tapis, le long des Remparts de la Croix-Rousse ; cette rue, qui s'amorce sur la place de la Croix-Rousse, conserve le nom de cet ancien divertissement.

Rue Maisiat

Du boulevard de la Croix-Rousse à la rue Pierre-Dupont.

Etienne Maisiat, né à Lyon, en 1794, mort à Charly, en 1848, fut professeur de fabrication à l'Ecole spéciale de commerce, plus tard, de 1836 à 1848, à l'Ecole de la Martinière.

Il réalisa d'importants et nombreux progrès dans l'art du tissage des étoffes de soie ; une de ses plus importantes innovations fut le montage à tringles, qui permet d'obtenir de très grands dessins avec un petit nombre de crochets, tout en conservant des armures par fil simple.

Il fut l'auteur du remarquable tableau tissé qui reproduit *Le Testament de Louis XVI*. Ce tableau a figuré à l'Exposition du Louvre, en 1827, à la suite de laquelle on décerna à l'auteur une médaille d'or de première classe.

Il fut un élève de notre Ecole des Beaux-Arts, où il obtint le premier prix de fabrique.

Le Testament de Louis XVI, chef-d'œuvre de fabrication, est aujourd'hui déposé dans une vitrine spéciale de notre musée d'art et d'industrie, où il fait l'admiration de tous les connaisseurs.

Chemin de la Maladière

De la rue de Bourgogne à la rue de Saint-Cyr.

Ce nom rappelle l'ancienne léproserie de Balmont. — V. ce nom.

Rue Malesherbes

De la place d'Helvétie à la place Morand.

On avait entouré l'ancienne place Louis XVI des rues de Sèze et Malesherbes, comme pour perpétuer à jamais le souvenir de ces deux courageux défenseurs de la Royauté malheureuse. C'étaient un hommage et une bonne action. Aujourd'hui que le nom de Louis XVI a disparu, on comprend moins la présence de ces deux noms.

Chrétien-Guillaume de Lamoignon de Malesherbes, né à Paris en 1720, fils du chancelier de Lamoignon, embrassa la carrière de la magistrature. Il fut, dans toute la rigueur de l'expression, un homme de bien. Il apporta dans l'exercice de ses diverses fonctions l'amour de l'humanité et de la justice, le respect des droits des citoyens, le sentiment de la liberté de la pensée. En disgrâce sous Louis XV, il fut deux fois ministre sous Louis XVI. Demandant des réformes et ne les obtenant pas, il rentra dans la solitude. Mais aux jours du danger, il quitta la Suisse, où il s'était retiré, pour venir se mettre à la disposition du roi. Le 13 décembre 1792, il demanda au Président de la Convention et il obtint le périlleux honneur d'assister le roi comme conseil. Il ne le quitta qu'au dernier moment. Quinze mois plus tard, il montait lui-même sur l'échafaud révolutionnaire, avril 1794.

Rue Mandelot

De la rue de la Bombarde à la rue Saint-Etienne.

Le personnage que ce nom rappelle ne fut pas lyonnais, mais tint dans notre histoire une place considérable. Il n'a pas eu d'historien, aussi les jugements les plus divers sont-ils portés sur son compte ; les uns le louent de sa fermeté, les autres le blâment de sa faiblesse et font retomber sur lui les horreurs sauvages d'une Saint-Barthélemy lyonnaise. Sans entrer dans de grands développements, nous allons le faire connaître, et peut-être verrons-nous que Mandelot, gouverneur de Lyon à l'époque peut-être la plus difficile de notre histoire locale, ne s'en tira pas sans gloire.

François de Mandelot, seigneur de Passy, de Lorne et de Vireaux, vicomte de Chalon, chevalier des ordres du roi, gouverneur et lieutenant-général du Lyonnais, Forez et Beaujolais, naquit à Paris le 20 octobre 1529. Son enfance et sa jeunesse se passèrent avec Jacques de Savoie, duc de Nemours, dont il fut page et écuyer. A cette époque déjà, il guerroya beaucoup autour de notre ville, qui était sous la domination du fameux baron des Adrets. Il succéda à Nemours en 1571, devint gouverneur de Lyon, et joua alors un grand rôle dans les guerres de religion qui désolèrent notre ville.

Pendant cette abominable boucherie, qu'on appela les Vêpres lyonnaises, quelle fut la conduite du gouverneur? Les portes de la ville furent soudain fermées, et l'on surprit ainsi une foule de protestants ; pour les soustraire aux fureurs du peuple, Mandelot les fit enfermer dans les prisons. Ceux qui ne furent pas saisis tout d'abord furent activement recherchés, et l'on dévasta et pilla leurs maisons.

Sur ces entrefaites, arriva de Paris un courrier royal assurant à Mandelot que la volonté du roi était que tous les hérétiques fussent exécutés sur-le-champ. Mandelot, qui avait des sentiments modérés, reculait devant cette atrocité, mais le courrier royal avait communiqué à la foule les ordres de Paris, et elle vociférait dans la rue. Mandelot, intimidé, laissa faire, et aussitôt on courut au meurtre et au pillage. On alla d'abord au couvent des Cordeliers, où l'on avait enfermé une partie des protestants, et de là aux Célestins, massacrant tous les hérétiques qu'on y gardait. Et tandis que, sur le bruit d'une nouvelle émeute, le gouverneur se rendait à la Guillotière, où l'on allait pendre, disait-on, quatre ministres protestants, les assassins se dirigèrent rapidement vers le palais archiépiscopal où étaient enfermés trois cents des protestants des plus notables, qui furent impitoyablement égorgés. Le massacre terminé, Mandelot revint de la Guillotière, l'indignation qu'il ressentit ne pouvait réparer le mal, du moins elle était sincère, et doit faire considérer comme des calomniateurs ceux qui font de ce voyage à la Guillotière une échappatoire hypocrite, arrangée par Mandelot pour esquiver toute responsabilité. On porte à huit cents personnes de tout âge et de tout sexe le nombre des personnes inhumainement massacrées dans ces jours de malheur. C'étaient les représailles à jamais regrettables des

Fig. 46. — Rue Mandelot. — Dessin de Girrane.

horreurs commises dix ans auparavant par les Calvinistes, sous la conduite du sanguinaire baron des Adrets.

Lyon fut aussi désolé par la famine et par la peste ; Mandelot se distingua par son dévouement dans ces circonstances douloureuses, et après la peste, Henri III vint à Lyon et habita chez Mandelot.

Puis survint la Ligue, cette faction audacieuse des princes de la maison de Lorraine, cherchant à supplanter les Bourbons et à monter sur le trône de France. Alors le pays est profondément divisé. Les uns crient : Vive le Roi ; les autres : Vive la Ligue ; et l'on se bat et l'on se tue avec ces mots de ralliement. Mandelot travailla de toutes ses forces à maintenir les Lyonnais dans la fidélité au Roi, mais la mort le surprit le 24 novembre 1588. Cette mort fut cause en partie que Lyon un instant arbora l'étendard de la Ligue.

Bellegrève, la maison de Mandelot, était située sur la colline de Fourvière, en haut de ce qui est aujourd'hui la montée des Chazeaux, et en face du passage du Rosaire. Au-dessus de la large porte qui s'ouvre sur la montée Saint-Barthélemy, on voit encore les armes de Mandelot, accostées de celles d'Eléonore de Robertet, son épouse. Cette maison devint l'abbaye royale des Chazeaux, dont nous avons parlé.— V. ce nom.

La rue Mandelot a été percée à travers une partie de l'emplacement de l'ancienne église de Sainte-Croix.

Rue du Manteau-jaune

De la rue des Fossés-de-Trion au chemin de Pommières.

Je n'ai pas de données positives sur cette rue ; elle est déjà ancienne, et très probablement doit son nom à une auberge ou à quelque enseigne ainsi appelée.

Rue Marc-Antoine-Petit

De la rue Gilibert au quai Perrache.

Marc-Antoine Petit (1766-1811), ancien chirurgien-major de l'Hôtel-Dieu, se fit une réputation brillante par l'étendue de ses connaissances et son habileté dans la pratique des grandes opérations chirurgicales. Eloquent professeur, il ne contribua pas peu à élever l'école lyonnaise de médecine au premier rang. Membre de l'Académie de Lyon, il était littérateur et poète à ses heures ; il a laissé un poème *Onan ou le tombeau du Mont-Cindre*. Il a légué à la bibliothèque de la ville sa collection du *Moniteur*. Mais il fut surtout l'ami des pauvres et des malheureux ; on le vit à sa mort, arrivée à Villeurbanne, où il s'était retiré sur la fin de sa vie.

On s'est souvenu de lui, comme aussi de Gilibert, son contemporain, lorsque, vers 1830, on ouvrit les rues de ce quartier.

L'éloge de Marc-Antoine Petit a été prononcé par MM. Cartier et Parat.

Rue Marceau

De la rue d'Alsace au quai Saint-Clair.

Cette rue Marceau est l'ancienne rue de Berry, elle ne prit le nom du général républicain qu'en 1879. Il y a eu, en 1848, une rue Marceau aux Brotteaux, mais cette appellation a été de courte durée.

La rue de Berry fut ouverte en 1763. Louis XVI, alors duc de Berry, voulut bien permettre qu'elle reçût son nom. Nous avons vu et nous verrons se reproduire cette même explication pour les rues Dauphine, de Provence et Royale. Les noms de ces dernières n'ont pas changé ; la rue de Berry est devenue la rue Marceau.

François-Séverin Marceau des Graviers naquit à Chartres en 1769, et mourut à vingt-sept ans, en 1796. Engagé à quinze ans, sergent à vingt ans, il est à vingt-deux ans élu commandant du bataillon des volontaires d'Eure-et-Loir. Il va guerroyer en Vendée, où il devient général de division à vingt-quatre ans. Plusieurs fois suspect, accusé, arrêté même, il est épargné. Il se distingue à l'armée des Ardennes, à celle de Sambre-et-Meuse ; à Fleurus, il décide la victoire. Dans les campagnes de 1795 et 1796, il bat l'archiduc Charles, qui avait battu Jourdan, mais près d'Altenkirchen, il reçoit une balle d'un chasseur tyrolien et meurt trois jours après.

Marceau avait un grand sang-froid, une remarquable justesse de coup-d'œil, qui lui permettait de changer avec discernement un plan de bataille sur le terrain même de l'action.

Au milieu des horreurs de la guerre, il montra de nobles sentiments d'humanité.

Marchés

Il y a eu, aux Brotteaux, une place du Marché, elle n'existe plus ; en haut du Chemin-Neuf et du Gourguillon, il y a eu une place du Marché de Saint-Just, qui conserve simplement le souvenir de l'ancien marché de porcs qui s'y tenait autrefois ; il y a, à Vaise, une rue du Marché, qui s'amorce sur la Grande-Rue et aboutit à la place du Marché, dont l'appellation n'a pas besoin d'être expliquée.

Allée Marchande

Du quai Saint-Antoine à la rue Mercière.

Il y a quelque temps, cette allée était, plus qu'aujourd'hui, bordée de magasins assez achalandés qui étaient cause de cette dénomination, proche parente de sa voisine, la rue Mercière.

Rue Marignan

De la place du Pont à la rue Villeroy.

Avant 1855, cette rue s'appelait rue Bayart, mais comme ce nom existait déjà dans la ville de Lyon, on le changea et on le remplaça par celui qu'elle porte aujourd'hui, nom du reste qui n'est qu'un synonyme, puisque la bataille de Marignan rappelle une des plus grandes actions de ce héros.

Rue des Marronniers
De la rue de la Barre à la place de la Charité.

30 décembre 1723. — Le Consulat donne le nom de rue des Marronniers à la rue tendant de celle de Belle-Cordière à l'église de la Charité.

L'emplacement de cette rue, avant la construction des façades de Bellecour — V. ce nom — faisait partie de la place, et était planté de marronniers destinés à masquer l'irrégularité et à cacher la laideur de quelques vieilles masures qui la bordaient de ce côté. On coupa les arbres pour bâtir les façades et on laissa derrière celle du Levant, l'espace d'une rue qui prit le nom des marronniers disparus.

Rue de Marseille
De la place du Pont à l'avenue des Ponts.

Cette rue de Marseille s'est appelée Cours Saint-André, du nom de la paroisse et de l'église de ce nom, érigées en 1846. L'église ne fut d'abord qu'une pauvre masure, aujourd'hui c'est un beau monument, que commença M. l'abbé Cluzel, et que vient d'achever, non sans mérite, M. l'abbé Laurent, curé actuel de Saint-André.

Par délibération du 6 juillet 1855, la Commission municipale de Lyon décida que le cours Saint-André prendrait le nom de rue de Marseille.

A cette époque, en effet, les voyageurs en destination du Midi s'embarquaient à la gare de la Mouche, qu'on appelait gare de Marseille. La rue qui y conduisait devenait bien alors la rue de Marseille. Cette gare est aujourd'hui réservée aux marchandises. C'est dans cette rue qu'en 1870, à la suite de fouilles pratiquées là, on découvrit le mausolée d'Acceptius, un peu semblable à celui des Deux-Amants.

Rue Martin
Du quai Tilsitt à la place Saint-Michel.

Claude Martin, fils d'un tonnelier, naquit à Lyon, en 1735, dans la rue qui porte aujourd'hui le nom de rue-de-la-Tunisie. Il s'enrôla très jeune dans les guides du général Lally, qui se rendait dans les Indes. On dit que ce soldat français passa à l'ennemi devant Pondichéry, assiégé par les Anglais ; longtemps on eut cette conviction, on l'a peut-être encore. M. Octave Sachot a pris la défense de Claude Martin : « Il n'y a, dit-il, aucune preuve qu'il ait déserté. Claude Martin s'était engagé à seize ans, (d'autres disent à vingt), pour un nombre d'années limité ; le temps écoulé, il était libre et se mit au service de la Compagnie des Indes. » — Il se fit remarquer et devint successivement sous-lieutenant et capitaine. Plus tard, il devint major-général, et l'ami et le confident du nabab d'Aoude. Cette situation lui permit de faire une fortune considérable, qu'on a évaluée à douze millions. Il mourut à Lucknow, dans le Bengale, en 1800, partageant sa fortune entre le pays qui l'avait enrichi et celui qui l'avait vu naître. Nous allons voir ci-après ce qui revint à Lyon.

Aussitôt qu'elle eut connaissance du legs fait par le major-général Claude Martin à sa ville natale, l'administration s'empressa de donner son nom à une des rues nouvellement ouvertes, la rue Martin actuelle. On se demande vraiment comment on n'a pas donné ce nom à l'ancienne rue Luizerne.

Un des neveux de cet insigne bienfaiteur, M. Martin, fut maire de la ville de Lyon de 1835 à 1840. En qualité de premier magistrat, d'exécuteur testamentaire et d'héritier enrichi de son oncle, il s'efforça de faire placer la statue de son parent sur la place Saint-Pierre, mais le Conseil municipal s'y opposa.

Place et rue de la Martinière

La rue : de la place Saint-Vincent à la rue des Auges.
La place : au milieu de cette rue.

Cette rue fut ouverte vers 1830, derrière le claustral des Augustins.

Le major-général Martin, dont nous venons de parler, laissa à la ville de Lyon une somme considérable, à la charge par elle de fonder une école professionnelle pour les garçons et une autre pour les filles. La somme léguée était de 750.000 roupies, elle était devenue en 1826, quand elle fut reçue, 1.700.000 fr.

La *Martinière* des garçons a été établie en 1831, dans l'ancien cloître des Augustins ; elle est très prospère et a acquis une certaine célébrité. La statue du bienfaiteur s'élève dans la cour de l'école.

La *Martinière* des filles n'a été établie qu'en 1879, rue Royale, 20, dans le local légué à l'Institution par le docteur Gilibert. Il est fort possible, que, dans la restauration actuelle de ce quartier, on lui réserve quelque chose de mieux. Ainsi l'œuvre du major-général ne serait plus divisée.

La place de la Martinière, marché très fréquenté des *coqueliers* de la région, occupe une partie de l'ancien jardin des Augustins, dont deux ou trois arbres sont les derniers survivants. Ce jardin lui-même était

Fig. 46. — Place de la Martinière. — Dessin de Girrane.

sur l'emplacement de l'ancienne vigne de Saint-Hippolyte, dont il est souvent question dans les titres de Saint-Paul. En 1840, deux halles y ont été construites, à l'intérieur desquelles on peut voir une reproduction en bronze du Mercure de Jean de Bologne, semblable à celui de l'allée de l'Argue. Ce quartier subit en ce moment une complète transformation.

Rue Mascrany

De la rue Lassalle à la rue Joséphin Soulary.

Les Mascrany ou Mascarani étaient originaires du pays des Grisons et y jouissaient d'un grand crédit. Ils vinrent s'établir à Lyon, en 1580, appelés par la famille de Gondi, et naturalisés français en 1622. Ils furent négociants en soieries et ainsi accrurent leur fortune. Ils étaient propriétaires d'une grande partie du coteau de Fourvière, car ce fut un Paul de Mascrany qui, en 1667, « vendit aux Lazaristes la maison où ils sont logés et les fonds dépendants, qui occupent un grand terrain, jusqu'au sommet de la montagne ». (Descript. de Lyon.) — L'église de Saint-Laurent, aujourd'hui disparue, était un monument des Mascrany, qui l'avaient fait rebâtir à leurs dépens, en 1639.

Alexandre Mascrany, fils de celui qui vint s'établir à Lyon en 1580, fut prévôt des marchands. En 1643, à l'époque de la peste, il signa l'acte consulaire qui vouait Lyon à la sainte Vierge.

Cette rue fut ouverte vers 1830, et son premier nom fut rue Camille-Jordan ; mais une rue de ce nom existant déjà au flanc de la colline, elle devint, en 1855, la rue Mascrany. Ce nom de négociants en soieries n'est pas trop mal placé dans ce quartier, il serait cependant mieux à sa place dans le quartier Saint-Paul ou sur la colline de Fourvière.

Rue Masséna

Du cours Lafayette au boulevard du Nord.

Cette rue, ainsi que tant d'autres, fut ouverte par M. Crépet, architecte-voyer de la ville de la Guillotière, et reçut le nom de l'illustre général du premier Empire.

André Masséna naquit à Nice, en 1758, d'un modeste marchand de vins. Il guerroya pendant tout l'Empire et toujours avec distinction. Napoléon Ier disait de lui qu'il était un des rares généraux capables de commander à cent mille hommes. Ses plus brillants faits d'armes sont la bataille de Rivoli (1797), celle de Zurich (1799), la défense de Gênes (1800), et les batailles de Wagram et d'Essling. Il avait les titres de duc de Rivoli et de prince d'Essling.

Ce grand homme devait plus à la nature qu'à l'éducation ; le canon éclaircissait ses idées, lui donnait de l'esprit et de la pénétration ; le trait distinctif de son caractère était l'opiniâtreté.

En revenant des Alpes, le 1er janvier 1800, Masséna fit à Lyon une entrée triomphante. Il mourut en 1817.

Rue Masson

De la rue du Bon-Pasteur à la montée des Carmélites.

La rue Masson était autrefois celle qui porte aujourd'hui le nom de Bon-Pasteur ; celle qui nous occupe s'appelait alors Petite rue Masson. Depuis 1858, la rue Masson ayant changé de nom, la Petite rue Masson devint la rue Masson. Mais d'où vient ce nom ?

Il y a non loin de là une impasse Citadelle — V. ce nom — seul reste d'un passé disparu, qui m'a permis de parler de cette question controversée. Ici, je rappelle seulement qu'une citadelle avait été construite sur les ordres de Charles IX en 1564, et qu'elle fut démolie en 1595. A ce moment, la rue Masson ne fut qu'un chemin pratiqué pour le charroi des matériaux provenant de la démolition de la Citadelle. A ce travail furent convoqués et employés tous les maçons de la ville. Ce chemin fut donc le chemin des Massons ; la différence d'orthographe n'est pas une différence de sens. Ce chemin fut ensuite conservé comme nécessaire au public.

Dans cette ancienne rue Masson étaient situés la petite maison et le jardin du célèbre abbé Rozier.

Impasse Matafalon

Dans la montée Saint-Barthélemy.

Les impasses et les passages portent presque tous les noms d'un propriétaire ou du voisinage. J'ai signalé quelques exceptions. Le nom de Matafalon a quelque chose d'étrange qui sollicite un arrêt.

Ce nom est écrit de diverses manières dans les anciens titres : Montafalon, Montafulon, Montafelon, Matafelon.

« Il existe, dit M. Paul Saint-Olive, derrière les constructions qui bornent le coteau, au-dessous de la maison Pilata, une ruelle excessivement étroite, à laquelle on avait donné le nom de Matafelon, inscrit sur un plan de 1777, dressé à l'occasion d'un procès. »

Cette constatation ne dit rien sur la signification de ce nom. Y a-t-il quelque rapprochement à faire entre cette appellation et une famille de Matafelon, dans le Bugey, dont la généalogie est citée par Guichenon ? C'est possible. C'est presque sûr.

Dans le procès de 1777, on parle du tènement de Matafelon, d'où il est bien permis de croire qu'il s'agit d'un nom de famille.

Montée et rue Mazagran

La rue : de la rue Montesquieu à la rue des Trois-Pierres (Guillotière).
La montée : de la rue Ste-Marie au passage d'Igre (Croix-Rousse-St-Clair).

La montée et la rue sont dans deux quartiers différents, c'est une anomalie qui ne devrait pas exister. L'une et l'autre doivent leur nom au fait d'armes suivant :

En 1840, au mépris du traité de la Tafna, Abd-el-Kader reprit les armes. Tous ses efforts et ceux de 12.000 Arabes vinrent se briser contre l'héroïque résistance de cent vingt-trois Français, commandés par le capitaine Lelièvre, derrière les murs de Mazagran. Après quatre jours d'attaque, les assaillants se retirèrent (2, 3, 4, 5 février 1840). Ce combat eut en France un retentissement immense et électrisa le courage de nos soldats.

A Malesherbes, patrie du capitaine Lelièvre, on avait élevé un monument à sa mémoire, je ne sais par quelle aberration il a été renversé.

La montée Mazagran est plus ancienne que la rue Mazagran, qui est relativement récente.

Rue Mazard

De la rue de la Charité au quai de la Charité.

La chapellerie de Lyon est renommée, tout le monde le sait. Mais ce que beaucoup de gens ignorent, c'est que cette célébrité est due en grande partie à Etienne Mazard, dont le nom de cette rue consacre le souvenir.

Etienne Mazard naquit à Taluyers en 1660. Jusqu'à lui les manufactures de chapeaux n'employaient, à Lyon, que de la laine ordinaire ; il entreprit d'établir l'usage du castor, qui avait si bien réussi à Londres. Il se transporta en Angleterre, y étudia la fabrication, ramena des ouvriers et arriva bien vite à la fortune.

Mais ce n'est pas parce qu'il fut un fabricant intelligent et heureux qu'une rue du quartier de la Charité porte son nom, c'est parce qu'il mérita, par son testament, la reconnaissance de ceux qui viennent après lui. Il légua à la Charité (1735), une somme de cent cinquante mille francs, à la charge de doter tous les ans, de cent cinquante livres chacune, trente-trois pauvres filles, dans des conditions déterminées.

Etienne Mazard mourut en 1836. — V. *Lyon et ses OEuvres*.

Rue Mazenod

Du quai de la Guillotière à la rue du Lac.

Il y a, dans notre histoire lyonnaise, un Marc-Antoine Mazenod, sieur de Pavézin, échevin de la ville de Lyon, qui légua, en 1659, sa bibliothèque à la ville, à la condition qu'elle serait publique. Mais ce n'est pas de lui qu'il s'agit ici.

Nous verrons plus loin que ce nom est inséparable de celui de Servient — V. ce nom — qui a été donné à une rue voisine. C'est en effet Catherine de Mazenod, veuve de Maurice-Amédée de Servient, qui fit aux Hospices la donation dont nous parlerons.

Rue de la Méditerranée

Du quai Claude-Bernard à la rue Bancel.

On sait que la grande ligne de chemin de fer qui relie Paris et Marseille s'appelle ligne de Paris-Lyon-Méditerranée ; le voisinage de cette rue avec le chemin de fer du Midi lui a valu son nom. Il faut avouer qu'on aurait pu trouver mieux.

Place Meissonnier

En face de l'église de Saint-Pierre.

Avant la restauration du quartier Grolée, il y a eu une rue Meyssonnier, qui a disparu et qui n'avait rien de commun avec le nom de cette place.

Cette place est l'ancienne place Saint-Pierre ; ce fut autrefois un cimetière ; pendant les troubles de 1562, les protestants en firent une place publique, ce fut même pour eux un lieu d'assemblée. En 1586, le Consulat permet aux paroissiens de l'église Saint-Sorlin (S. Saturnin, église attenante à celle de Saint-Pierre), de clore le cimetière qui, avant les troubles de 1562, était devant cette église et avait été réduit en place publique. Cette clôture ne persista pas.

En 1891, presque aussitôt après la mort de Meissonnier, elle reçut le nom du grand peintre lyonnais.

La carrière artistique de Meissonnier fut une des plus glorieuses et des plus heureuses. Il n'eut pas à lutter, comme Millet, contre l'hostilité du public. Il fut immédiatement apprécié et compris.

Ce qui caractérisa le talent de Meissonnier, c'est qu'il traversa, sans s'y mêler, la lutte des classiques et des romantiques. Il fut un artiste froid et un dessinateur impeccable, pour lequel rien n'était jamais achevé.

A travers tous ses chefs-d'œuvre, il faut citer *1814* et *les Cuirassiers*.

Il était de l'Académie des Beaux-Arts. Il a laissé en héritage quelques toiles à sa ville natale.

Cette place est ornée du buste de Pléney, que nous retrouverons. L'emplacement choisi s'imposait de lui-même, puisque la maison Pléney était sur cette place.

Il y a toutefois, dans ce changement de nom, à regretter que celui de Saint-Pierre ait maintenant complètement disparu, depuis que la place a pris le nom de Meissonnier et la rue celui de Paul-Chenavard. Rien, dans les noms de rues, ne rappelle aujourd'hui l'abbaye de Saint-Pierre, qui a été mêlée à toute notre vieille histoire lyonnaise.

Rue Ménestrier

De la rue de la Bourse au quai de Retz.

Il est à Lyon une rue que tout le monde connaît, mais dont presque tout le monde ignore le nom, parce qu'il disparaît devant une appellation populaire. On connaît, en effet, la Voûte du Collége, bien peu de personnes savent qu'elle s'appelle la rue Ménestrier. Et cependant ce nom est celui d'un Lyonnais, qui fut peut-être le plus étonnant savant de son époque.

Claude-François Ménestrier naquit en 1631. A quinze ans, il entra au noviciat des Jésuites, et dès lors il commença ses immenses travaux. L'histoire, le blason, les devises, les médailles, les inscriptions, les décorations trouvèrent en lui un chercheur passionné et un écrivain de mérite. Il fut longtemps professeur au collége de la Trinité, aujourd'hui le lycée ; il n'avait que trente et un ans quand on peignit sur ses dessins la grande cour du collége ; on n'en voit plus aujourd'hui que des traces. Son grand titre de gloire auprès de la postérité et des savants est l'*Histoire civile et consulaire de la ville de Lyon*, histoire absolument nécessaire à quiconque veut connaître et posséder nos vieilles institutions. Eloquent prédicateur il eut de grands succès à Paris, où il mourut en 1705. Son portrait est dans la grande salle de la bibliothèque de la ville.

Rue Mercière

De la rue des Bouquetiers à la rue Centrale.

La rue Mercière était primitivement un quai ; un rang de maisons construites sur pilotis aux dépens de la Saône, en fit une rue qui se raccordait avec l'entrée du pont de Pierre. En 1711, la démolition d'une maison et la construction d'un nouveau quai créèrent un passage direct le long de la Saône.

Ce mot est synonyme de *marchande*, c'est qu'en effet la rue Mercière fut une des plus longues, des plus fréquentées et des plus marchandes de l'ancien Lyon. Ce fut la rue historique et littéraire, la rue des bibliophiles, des imprimeurs et des bouquinistes, la rue des Jean-Baptiste Girin, des Antoine Boudet, des Tournachon-Molin, des Périsse. Aujourd'hui que le quai voisin est bien aménagé et que d'admirables rues, les rues Centrale, de l'Hôtel-de-Ville, de la République, ont été ouvertes, la rue Mercière ne mérite plus guère son nom. En 1583, on se plaignait de ce que la rue Mercière était trop étroite ; aujourd'hui on la trouve assez large.

Au XVI° siècle, un hôpital se trouvait au bout de la rue Mercière, du côté de la place des Jacobins. En 1542, Jean Dodieu et sa sœur, Isabelle Ciron, fondèrent, hors la ville, au bout de la rue Mercière, proche de Notre-Dame de Confort, un hôpital pour les veuves infirmes et les pauvres femmes. Claude Dodieu, évêque de Rennes, et nobles Claude et André Dodieu, chanoines de Saint-Just, comme héritiers de Jean et d'Isabelle, en remirent l'administration aux échevins de l'an 1584.

Le Grand fit jouer à Lyon, en 1694, une comédie intitulée : *La rue Mercière ou les maris dupés* ; la scène se passe en cette rue.

Détail particulier : cette rue et la rue Saint-Côme sont les seules qui, au lieu d'être pavées, soient bitumées.

Cours et ponts du Midi

Le cours : de la place Gensoul au quai Perrache.
Les ponts : aux deux extrémités de ce cours.

Avant l'Empire, ce cours s'appelait déjà cours du Midi, il s'est appelé ensuite cours Napoléon, et les ponts ont pris ce nom également. Depuis 1870, on est revenu à l'ancienne dénomination. Je n'ai pas besoin de faire remarquer qu'elle n'est que relativement exacte ; ce n'est ici le midi que pour le centre de la ville.

Les deux ponts ont été construits, en 1848, par M. Seguin ; ils prirent alors, celui du Rhône, le nom de pont Seguin ; celui de la Saône, celui de pont du Cours du Midi ; sous l'Empire, tous deux prirent celui de Napoléon.

Le pont du Midi sur le Rhône a été reconstruit en 1896 ; il est très élégant.

Place des Minimes
De la rue de l'Antiquaille à la rue des Farges.

Saint François, né à Paule, en Calabre, fonda l'ordre des Minimes. Cet ordre, sur l'autorité du pape Sixte IV, s'appela de ce nom parce que l'humilité en était l'essentiel fondement. Des religieux de cet ordre ayant été appelés à Lyon pour annoncer la parole de Dieu, le P. Simon Guichard y prêcha avec tant de succès qu'il y fit désirer un couvent de son ordre. Des religieux Minimes furent donc appelés par Théodore de Vichy de Champron, doyen du Chapitre de Saint-Jean, qui les établit sur la colline de Saint-Just. Un couvent y fut bâti en 1554, et c'est de cette époque que date l'appellation de cette place. — Pour de plus amples détails, voir les *Anciens Couvents*.

Cette colline, où s'étendait l'ancien Lugdunum, est un des endroits les plus riches en antiquités romaines ; il suffit de creuser pour en trouver. On y a découvert une conserve d'eau et de nombreuses inscriptions lapidaires ; dans la vigne du couvent on a retrouvé les restes d'un théâtre, et récemment encore, lorsque pour des besoins nouveaux, l'ancien couvent étant transformé en maison d'éducation, on fut obligé de faire des fouilles et de creuser des fondations, on découvrit le pavé d'une voie romaine et une belle mosaïque.

Il y avait aussi jadis, sur cette place des Minimes, une croix sur laquelle les anciens auteurs ont beaucoup écrit. Elle s'appela *de Colle*, croix de la colline ; le peuple l'appela plus tard par corruption la croix des Décollés, c'est-à-dire la croix des martyrs. Comme la tradition du lieu du martyre était devenue très vague, on s'imagina que cette place avait été arrosée du sang des martyrs. Grâce aux découvertes de M. Lafont, nous sommes aujourd'hui mieux renseignés. — La croix ancienne a disparu et une croix plus moderne lui a succédé.

Place de la Miséricorde
De la rue d'Algérie à la rue des Auges.

A l'occident de cette place, et sur les terrains occupés autrefois par le couvent des Carmes, existait une chapelle des Pénitents de la Miséricorde.

César-Laure, riche teinturier et charitable bourgeois de la ville, la fit construire en 1625, mais on ne s'y installa qu'en 1636.

Ces Pénitents appartenaient à la meilleure société de la ville, et, comme ils s'occupaient spécialement, dans leur charité, des prisonniers et des condamnés à mort, ils étaient placés sous le patronage de saint Jean-Baptiste, qui eut la tête tranchée. La fête de la Décollation était leur fête patronale.

Il n'est pas sans intérêt de suivre ces Pénitents dans leurs œuvres de charité. Les lundis et les jeudis, ils allaient à la prison et distribuaient à chaque prisonnier une chopine de vin et un pain d'une livre et demie. Deux visiteurs, plusieurs fois la semaine, délivraient aux prisonniers des souliers, des vêtements, des couvertures, et souvent s'entendaient avec leurs créanciers pour leur procurer la liberté en payant leurs dettes avec l'argent de la Compagnie. Ils délivraient ainsi annuellement de cent à cent cinquante prisonniers. — Ils contribuaient aux distributions de bouillon et donnaient des remèdes et un médecin aux malades. — Lors du passage de la chaîne des forçats, ils leur distribuaient des aumônes. — Quand un criminel était condamné au dernier supplice, ils allaient l'exhorter dans sa prison, l'accompagnaient en priant jusqu'au dernier moment, puis, après la mort, ensevelissaient le supplicié, le portaient sur leurs épaules jusqu'à la chapelle des Pénitents où l'on continuait les prières, et on l'inhumait dans un caveau destiné aux criminels.

Que l'on compare cette charité compatissante avec le dernier supplice, tel qu'il est pratiqué de nos jours.

En 1792, la chapelle des Pénitents de la Miséricorde devint magasin à fourrages, puis entrepôt de marchandises. Elle fut démolie en 1836. — V. les *Carmes* dans les *Anciens Couvents*.

Rue Molière

De la place Morand à la rue Villeroy.

Cette rue est l'ancienne rue Monsieur, dont une partie était autrefois ce qu'il y avait de plus mal famé à Lyon. On sait que ce nom de Monsieur, pris dans un sens absolu, désignait, depuis le XVIe siècle, l'aîné des frères du Roi de France. Le dernier qui a porté ce titre fut le comte d'Artois, qui devint Charles X.

Cette appellation persista sous l'Empire, elle devait changer avec le régime républicain ; depuis 1879, cette rue a pris le nom de Molière, notre plus grand poète comique.

Jean-Baptiste Poquelin, connu sous le nom de Molière, naquit à Paris, le 16 janvier 1622, et y mourut en 1673. Il était fils et petit-fils de valets de chambre tapissiers du roi, et était destiné à remplir la même charge. Mais le goût des lettres et du théâtre l'emporta. Il fit ses études et devint plus tard chef d'une troupe d'acteurs. Alors commença pour lui une vie un peu vagabonde : on le suit à Bordeaux, à Avignon, à Béziers, à Pézenas, à Lyon, à Grenoble, à Rouen.

Enfin le voilà à Paris, où bientôt il eut les encouragements de Louis XIV. Le talent de Molière ne fit dès lors que grandir, disons mieux, son prodigieux génie ne fit que se développer.

Il nous reste de Molière trente ouvrages, dont les chefs-d'œuvre sont le *Tartufe*, l'*Avare*, les *Femmes Savantes*, et surtout le *Misanthrope*.

Molière est surtout remarquable par un grand fonds de bon sens, par la mesure dans les idées, par un naturel parfait.

Il mourut sur la scène, en jouant le *Malade imaginaire*, à l'âge de cinquante-un ans.

Molière, malgré tout son génie, ne fut pas de l'Académie, sa profession de comédien l'en écarta, mais, en 1778, l'Académie fit placer dans le lieu de ses séances le buste du grand poète, avec ce vers :

« Rien ne manque à sa gloire, il manquait à la nôtre. »

Telle est, en abrégé, l'histoire de Molière ; mais disons un mot de ses rapports avec Lyon.

Il vint plusieurs fois dans notre ville (1653-1654-1657). C'est à Lyon que fut représentée la première pièce de son théâtre, qui ait été imprimée, l'*Etourdi* (1653). Il faut dire à sa louange qu'il abandonna le montant de la première représentation qu'il donna au profit de l'Hôpital de la ville. Comme il n'y avait pas de salle de théâtre, il s'installa dans la salle du Jeu de Paume, qui était située dans la rue de l'Angile.

C'est pendant un de ses séjours à Lyon que Molière un jour aperçut, sur le seuil de sa boutique, un apothicaire dont la figure le frappa. — Monsieur, monsieur, comment vous nommez-vous, lui dit-il en l'abordant? — Pourquoi? — Mais... Molière insiste. — Eh bien ! je m'appelle

Fleurant. — Ah ! je le pressentais, que votre nom ferait honneur à l'apothicaire de ma comédie. On parlera longtemps de vous, M. Fleurant.

Jusqu'à ce jour on avait écrit que cet épisode comique s'était passé rue Saint-Dominique, mais M. Bleton vient de découvrir qu'il n'y a pas eu à cette époque d'apothicaire du nom de Fleurant dans la rue Saint-Dominique, mais bien dans la rue Saint-Jean, vers la place du Gouvernement.

Place et rue Moncey

La rue : de la place du Pont au boulevard des Brotteaux.
La place : dans la rue Moncey, à la hauteur de la rue Ney.

Le maréchal Moncey, duc de Conegliano, eut une longue carrière militaire sous la première République, l'Empire, la Restauration et la Monarchie de Juillet. Né à Moncey, près de Besançon, en 1754, il s'engagea à quinze ans. Capitaine en 1791, général de division en 1794, il contribua pour une bonne part à la victoire de Marengo. En 1814, il défendit héroïquement Paris. En 1815, nommé pour présider le conseil de guerre qui devait juger le maréchal Ney, lui, maréchal depuis 1804, il refusa de présider et même de siéger. Il fut destitué et emprisonné au château de Ham, où il resta trois mois. Il reprit ensuite le cours de sa vie militaire et publique. Rétabli maréchal, il entra à la Chambre des Pairs en 1819, puis fit la guerre en Espagne. Il accueillit avec joie la Révolution de 1830, et devint gouverneur des Invalides. C'est lui qui reçut les cendres de Napoléon Ier. Il mourut en 1842. De cette rapide analyse il ne ressort pas que le maréchal Moncey ait eu un de ces caractères qui s'imposent à l'admiration ou à l'estime de la postérité.

Cette rue, que j'ai plus particulièrement connue qu'aucune autre, ne portait ce nom que jusqu'à *la Femme sans tête*, restaurant autrefois renommé, qui existe encore, mais qui n'a plus sa réputation d'antan. Depuis 1855, elle s'étend de la place du Pont au boulevard des Brotteaux, ayant absorbé l'ancien chemin des Charpennes, l'ancien chemin des Emeraudes, et partie de l'ancien chemin de la Part-Dieu, et coupant en biais toutes les rues qu'elle traverse.

Tout récemment, ce quartier a été transformé ; les chétifs immeubles d'autrefois ont disparu, et la rue Moncey, qui a eu une si triste réputation autrefois au point de vue de la morale publique, a perdu cette triste physionomie.

Rue de la Monnaie
De la rue Mercière au quai Saint-Antoine.

Henri IV, en 1600, acheta, en échange de la terre de La Salle, à Quincieu, la maison de Grollier de Servières pour en faire l'Hôtel de la Monnaie ; la rue qui y conduisait fut appelée rue de la Monnaie ; auparavant elle s'appelait rue Port-du-Temple ; ce n'est que plus tard qu'on fera revivre cette appellation en la transportant ailleurs.

L'hôtel de la Monnaie fut dans la suite transféré dans la rue de la Charité, et enfin supprimé sous l'Empire. Les monnaies fabriquées à Lyon étaient marquées de la lettre D.

Chemin de Montauban
De la montée des Anges à la montée de la Sarra.

On a cherché l'origine de ce nom-là. Il est celui d'une propriété de cette colline. Mais pourquoi ce nom plutôt qu'un autre ? Peut-être en remontant dans le passé, trouverait-on un propriétaire de ce nom ou de ce titre. Quand il s'agit de noms de propriété, nous en sommes le plus souvent réduits aux conjectures. Nous l'avons vu pour La Bannière, nous le verrons pour la Sarra, et même pour le suivant.

Rue Montbernard
De la place d'Helvétie au boulevard du Nord.

Cette rue a traversé un domaine qui portait ce nom ; pourquoi portait-il ce nom ? Il y avait tout auprès le domaine des Balmes, le domaine Buisson, pourquoi Montbernard a-t-il été choisi et les autres délaissés ? Pourquoi les autres auraient-ils été préférés ? Il n'y a eu là que le libre vouloir de la commission des Hospices.

Rue du Mont-d'Or

Du quai Jayr à la Grande-Rue de Vaise.

Le 17 février 1855, la Commission municipale arrête que la rue des Pattes prendra le nom de rue du Mont-d'Or. Ce dernier nom avait précédé l'arrêté, car dès 1848, la rue des Pattes a fait place à la rue du Mont-d'Or. Cette petite rue n'est ainsi nommée que par approximation ; ce serait une erreur de croire qu'en suivant cette rue qui n'a que cent cinquante mètres de longueur, on arriverait au Mont d'Or. Le Mont-d'Or est dans le voisinage, et c'est tout.

Le Mont-d'Or a été ainsi appelé à cause de la fertilité de son sol et la richesse de sa végétation. Dion cependant donne sur cette appellation un récit, dont on peut suspecter la véracité, mais qu'il est intéressant de connaître. Le voici :

Licinius ou Licinus, lieutenant d'Auguste, s'était installé à Lissieux, sur le Montors, ou Mont-d'Or ; on prétend même qu'on y voit encore des traces de ce campement (Mont-Luzin). Il avait levé sur le peuple des contributions énormes. Ses exactions lassèrent ses victimes qui le dénoncèrent à Auguste. L'Empereur voulut par lui-même se rendre compte de la situation. Mais Licinius prévenu se conduisit en homme habile : il invita Auguste, et Auguste se rendit à cette invitation avec une cour nombreuse. A l'arrivée de l'Empereur, Licinius mit en évidence tous ses trésors, déclara toutes ses richesses et la manière dont il les avait acquises : « Seigneur, dit-il ensuite, ces trésors sont à vous. » Ebloui et touché de la générosité de Licinius, Auguste fut reconnaissant et se servit de cet argent pour récompenser ses troupes et ses officiers, qui débaptisèrent cette montagne et au lieu de *Mons-Licinius*, lui donnèrent le nom de Mont-d'Or.

Il y a eu aussi une puissante famille qui a porté ce nom ; Le Laboureur la fait descendre du paladin Roland. Le cor de Roland, ou du moins ce qui passait pour tel, était possédé par cette famille, qui plus tard en fit don au Chapitre de Saint-Jean.

C'est de là, enfin, que sont originaires les fameux fromages qui ont une si grande renommée.

Rue Montebello
De la place Raspail au Cours de la Liberté.

Cette rue, ouverte sous le premier Empire, ainsi que la rue Mortier et la place de la Victoire, rappelle un des plus brillants faits d'armes de notre histoire militaire. C'est à cette bataille que se distingua le général Lannes (1800), qui fut fait plus tard duc de Montebello.

Sous le second Empire, les Français se retrouvèrent sur le champ de bataille de Montebello, où le général Forey remporta une nouvelle victoire. Mais je n'ai pas besoin de dire que ce second fait d'armes n'est pour rien dans l'appellation de cette rue.

Rue Montesquieu
Du quai Claude-Bernard à la rue de la Madeleine.

Cette rue, dans toute sa longueur, comprenait, avant 1855, les rues Montesquieu, Félissent et de la Renaissance. Le nom de Félissent a été conservé, mais transporté ailleurs.

Montesquieu n'a aucun rapport avec notre histoire, c'est un grand homme, dont le nom n'est déplacé dans aucune ville de France.

Charles Secondat, baron de la Brède et de Montesquieu, naquit près de Bordeaux, en 1689. Il appartenait à une famille de robe qui le destina de bonne heure à la magistrature. A vingt-sept ans, il était président à mortier au parlement de Guyenne.

Il resta dix ans dans cette charge qu'il vendit en 1726. Il s'adonna surtout aux études littéraires et philosophiques. Ses principaux ouvrages furent *Les lettres persanes*, le plus profond des livres frivoles, mais qui n'en est pas moins frivole; l'*Esprit des lois* que l'on a dit être de l'esprit sur les lois, mais qui est le mieux composé et le plus lu de ses ouvrages ; les *Considérations sur les causes de la grandeur et de la décadence des Romains*, où il pénétra tout le génie de la République romaine et toute la bassesse du peuple.

Montesquieu avait le plus noble caractère, bon, indulgent, bienfaisant. Il mourut à soixante-six ans, admiré de toute l'Europe et regretté jusque dans les pays étrangers.

Rue Montgolfier
Du quai de l'Est au boulevard du Nord.

Cette rue s'appelait Pichegru avant 1855. On a remplacé ce nom par celui de Montgolfier, qui rappelle des souvenirs lyonnais.

Joseph-Michel Montgolfier, mécanicien et fabricant de papier, fut inventeur, avec son frère Etienne, des machines aérostatiques, ou ballons. Ils perfectionnèrent la fabrication du papier et inventèrent le bélier hydraulique. Joseph naquit à Vidalon-lès-Annonay, en 1740, fut élu membre de l'Institut en 1807, et mourut à Balaruc en 1810.

C'est dans la plaine des Brotteaux, alors à peu près déserte, que le 19 janvier 1784, Montgolfier fit sa première ascension aérostatique, qui lui valut, de la part de la ville de Lyon, des lettres de bourgeoisie. Il reçut dans sa nacelle M. de Saussure, le comte de la Porte d'Anglefort et le prince Charles, fils aîné du prince de Ligne, venus exprès à Lyon pour assister à cette expérience, où presque tous ils faillirent perdre la vie.

On serait tenté de croire que ce fut dans cette rue Montgolfier qu'eut lieu l'ascension du 19 janvier. Il n'en est rien. Le théâtre de cette ascension fut la masse de terrain limitée par les rues Duguesclin et de Créqui, Bugeaud et de Vauban, c'est-à-dire, là où sont aujourd'hui, derrière l'église Saint-Pothin, les passages Vendôme et Saint-Pothin. — Une seconde ascension, à Lyon, eut lieu le 4 juin suivant, en présence de Gustave III, roi de Suède ; le gonflement du ballon eut lieu sur l'emplacement de l'ancienne Rotonde, entre les rues Duguesclin et Créqui et les rues Bossuet et de Sèze.

Montée du Mont-Sauvage
De la rue Ozanam à la rue du Bon-Pasteur.

Le plateau jurassique vient se terminer de la Croix-Rousse aux Terreaux par une pente très rapide. C'est cette pente que l'on appelle le Mont-Sauvage. Bien que cet escarpement soit considérable, cette dénomination est cependant exagérée. Mais, cette exagération mise à part, on peut dire que cette partie de la colline resta longtemps inculte et dépourvue d'habitations. C'est en 1822 que commença à se former ce quartier, entre le rempart et la rue Masson, devenue la rue du Bon-Pasteur.

Pont, place et cours Morand

La place : entre le quai des Brotteaux et le quai de l'Est.
Le cours : de la place Morand au cours Vitton.

La place Morand s'appelait, avant février 1871, place Louis XVI ; elle s'est appelée quelque temps, sous la République de 1848, place Béranger. Elle est ornée d'une belle fontaine, représentant la ville de Lyon avec

Fig. 47. — Place Morand. — Phot. de Neurdein, frères, Paris.

la couronne murale, et d'un beau square, dont un côté sert de marché aux fleurs. Une portion même du cours a été convertie en jardin.

Il est inutile d'insister sur ce nom de Louis XVI, qui fut donné à cette place sous la Restauration ; sa triste histoire est assez connue.

M. Morand, architecte, élève de Servandoni et de Soufflot, naquit, en 1727, à Besançon. Il vint à Lyon, et plus tard se rendit à Paris pour y apprendre le dessin. A l'âge de trente ans, il construisit la salle de spectacle, puis il fut appelé à Parme. A son retour, il trouva la ville demandant des projets d'agrandissement. Deux projets furent en présence : celui de M. Morand, qui créait une ville nouvelle de l'autre côté du Rhône et celui de M. Perrache, qui reculait le confluent d'une demi-lieue et prolongeait la ville même. Celui-ci prévalut, c'est ce qui a un peu retardé le développement de la rive gauche. Néanmoins, à cette époque, M. Morand fut chargé de bâtir un pont sur le Rhône. Ce pont était la traduction extérieure d'une pensée de génie : chaque pile était formée d'une seule travée de poteaux, espacés les uns des autres, de sorte que

Fig. 48. — Entrée de l'ancien pont Morand. — Dessin de Leymarie.

chaque pile n'opposait au cours rapide du Rhône que l'épaisseur d'un poteau, les avant-becs étaient garnis de fers triangulaires.

Ce pont était d'une grande solidité ; le 14 janvier 1789, le Rhône gela ; on craignit la débâcle, mais le pont résista sans dommage, et les Lyonnais couronnèrent de lauriers un poteau placé au milieu du pont et y placèrent cette inscription : *Impavidum ferient ruinæ*, « il ne tremble pas au milieu des ruines qui le frappent ». Les arches du pont étaient d'abord au nombre de dix-sept, mais il y eut des modifications en 1817. Il a affronté bien des inondations ; une seule l'a endommagé, celle de 1828. Mais celles de 1830, 1836, 1840 et 1856 sont venues à nouveau témoigner de sa solidité.

M. Morand, en 1793, défendit Lyon contre la Convention, aussi mourut-il sur l'échafaud en 1794. Sa digne et honorable famille existe encore à Anse, près de Lyon.

Le pont Morand a été reconstruit il y a une dizaine d'années ; c'est certainement le plus beau que nous ayons à Lyon.

Fig. 49. — Pont Morand. — Phot. de Neurdein, frères, Paris.

Place Morel

De la montée des Carmélites à la rue Tourrette.

Dans mon ouvrage sur les *Anciens Couvents de Lyon*, j'avais dit, en parlant de l'ancien Jardin des Plantes, qu'il avait été dessiné par un Lyonnais du nom de Morel, et que pour conserver son souvenir, on avait donné son nom à la petite place qui est un peu plus haut.

Plusieurs fois j'étais allé à l'Administration de la Voirie, pour savoir si cette affirmation, qui n'était qu'une conjecture, était exacte, je ne pus jamais obtenir aucun renseignement. J'eus même l'occasion de parler à M. Grisard, à qui ces questions étaient très familières, je ne fus pas plus heureux. Je peux même ajouter, puisque l'occasion s'en présente, que pour ce présent travail sur les rues de Lyon, je n'ai jamais trouvé à la Voirie, qui pouvait me donner sûrement des renseignements précieux, aucune facilité.

Le lendemain du jour où mon ouvrage était offert au public, j'apprenais par un vieillard du quartier que la maison, occupée aujourd'hui par les Servantes du Saint-Sacrement, était l'ancienne maison Morel. Ce fut pour moi un trait de lumière et je recommençais mes recherches dans le sens qui m'était indiqué. Je profite de ce nouveau travail pour rectifier moi-même ma première assertion.

La création de cette place date de 1841. La rue Tourrette, fort étroite et très raide, devait être élargie, ainsi que le carrefour existant à l'intersection des rues Tourrette et des Chartreux et de la côte des Carmélites. M. Morel, propriétaire d'un jardin en cet endroit, céda à un prix modique l'emplacement nécessaire ; la place fut créée et prit le nom de Morel.

Le sol de la rue Tourrette fut abaissé, ce qui explique la présence du perron devant la maison Morel ; la rue des Chartreux fut au contraire remblayée, ce qui explique le contre-bas de certains magasins.

M. Joseph Morel (1777-1860), était agent de change. Il fit partie du Conseil municipal de Lyon, du Conseil général du Rhône et de l'administration des Hospices. Il ne tint qu'à lui d'être, en 1835, maire de Lyon ; il n'accepta pas les offres qui lui furent faites à ce sujet ; mais il fut adjoint au maire de Lyon.

A la mort de Joseph Morel, sa maison passa à l'une de ses filles, Mme Gourd, qui la légua à ses deux filles, lesquelles, devenues religieuses, en firent don, en 1871, aux Servantes du Saint-Sacrement ; celles-ci en prirent possession en 1874.

Rue Mortier

De la rue Basse du Port au Bois au cours Gambetta.

Cette rue a reçu le nom du maréchal Mortier, duc de Trévise, sous l'empire des mêmes préoccupations qui ont fait donner à des rues du voisinage les noms de Moncey, Montebello, la Victoire.

Mortier naquit à Cateau-Cambrésis en 1768. Engagé en 1791, il assista à presque toutes les batailles de la République et de l'Empire, de Jemmapes au siège de Paris. Lui aussi refusa de juger le maréchal Ney, comme Moncey. Il accueillit avec enthousiasme la Révolution de 1830, puis fut quelque temps ambassadeur en Russie, ministre de la guerre, grand-chancelier de la Légion d'honneur. Il fut mortellement atteint, en 1835, par la machine infernale de Fieschi. Mortier avait une qualité rare chez les officiers de Napoléon : il était modeste, plein de bon sens et nullement jaloux.

Rue Mottet-de-Gérando

De la place Bellevue à la montée Saint-Sébastien.

Ce nom est celui d'une famille lyonnaise qui a donné à la cité une part de gloire. C'est un Mottet de Gérando, architecte, qui, en 1745-1748, construisit le pont d'Ainay en bois, emporté par les eaux en 1793. Un autre, son fils probablement, fut architecte de la ville, et mourut en 1809. Il fut le père de Marie-Joseph, qui a été le membre le plus remarquable de cette famille.

Marie-Joseph Mottet de Gérando faillit périr en 1793, en défendant la ville contre la Convention. Il fut Conseiller d'Etat dès 1812 et élevé à la pairie en 1837. Il était membre de l'Académie des Inscriptions et Belles-Lettres et de celle des Sciences morales et politiques. Il a écrit plusieurs bons ouvrages, dont le meilleur est l'*Histoire comparée des systèmes de philosophie*; c'est la seule histoire digne de ce nom que la France ait produite. Il étudia aussi l'Economie politique; dans son ouvrage *De la Bienfaisance publique*, il semble n'avoir eu souci que de chercher avant tout le soulagement des classes pauvres.

Il faut citer aussi Dominique Mottet de Gérando, qui fut président de la Chambre de Commerce de Lyon, Conseiller du Roi, membre du Conseil municipal et du Conseil général en 1825. Il était né en 1771 et mourut en 1828.

Rue des Moulins
De la rue de Saint-Cyr au quai de l'Industrie.

Les moulins Vachon, qui ont une si grande notoriété dans le monde commercial, ont imposé ce nom à la rue qui les dessert.

Rue des Moulins à vapeur
Du quai Rambaud à la rue d'Alger.

A l'extrémité de la presqu'île de Perrache, existent depuis longtemps déjà des moulins à vapeur. La création du premier de ces moulins remonte à 1828. Ils ont donné le nom à cette rue.

Rue Mouton
De la rue Saint-Georges au quai Fulchiron.

Anciennement la rue Mouton portait le nom de rue Constantin. M. Breghot du Lut dit qu'il ne connaît pas l'origine de l'ancienne ni de la récente appellation.

Il ne doit pas cependant y avoir grande hésitation, car on la trouve désignée sous le nom de rue du Mouton, il y a un demi-siècle, ce qui nous induit à croire qu'il s'agit d'une enseigne.

En remontant la Saône, nous rencontrerons, à Vaise, le pont Mouton, ainsi appelé de l'ancien port Mouton, son voisin. Mais cet ancien port Mouton tenait son nom de l'ancien logis du Mouton, la plus importante auberge de Vaise qui avait autrefois grande réputation, et où Henri II descendit quand il vint à Lyon. Elle était à l'extrémité de l'ancienne Grande-Rue de Vaise, dont elle fermait l'issue au nord. Sa grande cour, entourée de galeries, lui donnait un air seigneurial. Je crois qu'une raison à peu près semblable a fait donner le nom de Mouton à cette rue.

S'il s'agissait ici d'un nom de personne, on serait peut-être très embarrassé de trouver le vrai parrain de cette rue ; ce nom propre en effet est assez commun. Je veux cependant citer Gabriel Mouton, né à Lyon vers

1618 et mort en 1694, mathématicien, astronome, écrivain estimé, mécanicien habile. Il avait fait une pendule astronomique, au bas de laquelle on lisait ce distique :

> *Dùm parvæ momenta rotæ fugientia cernis,*
> *Pars abiit vitæ, non reditura, tuæ.*

Montée de la Muette
Du quai Saint-Vincent au cours des Chartreux.

Ce nom doit probablement se rapporter à une légende, mais il m'a été impossible de trouver rien qui puisse être signalé.

Pont de la Mulatière
Au Confluent.

Le quartier de la Mulatière doit son nom à la maison de campagne de Clément Mulat, qui était notaire à Lyon.

Rue Mulet
De la rue de l'Hôtel-de-Ville à la rue de la Bourse.

Cette rue s'appelait antérieurement rue Montribloud. On prétend qu'une des maisons de cette rue portait au XVIe siècle une enseigne représentant un mulet, qui a donné son nom à cette rue. On a dit aussi que les muletiers de Provence, venant dans notre ville, y allaient ordinairement loger. C'est bien peu probable.

Rue du Musée
De la rue Montbernard à la rue Tronchet.

M. Guimet ayant rapporté de ses voyages en Extrême-Orient des collections très intéressantes, fit bâtir, dans le voisinage du Parc, un monument de forme originale pour les recevoir et les mettre à la portée du public. Cette construction prit le nom de Musée Guimet, et la rue qui y aboutit celui de rue du Musée.

M. Guimet a plus tard transporté son musée à Paris ; aujourd'hui la maison qui lui donnait asile est déserte, et le musée n'a plus de musée que le nom.

Rue Nérard

De la rue de la Pyramide à la rue de Bourgogne.

Nom sans doute d'un propriétaire, sur les terrains duquel cette rue fut ouverte.

Rue Neuve

De la rue de l'Hôtel-de-Ville à la rue de la Bourse.

Rue Neuve ! — Eh ! oui, elle a été rue Neuve ; et elle a des siècles d'existence, et c'est toujours la rue Neuve ! J'enrage quand je prononce ces mots de Pont-Neuf à Paris, de Chemin-Neuf à Lyon, rue Neuve, place Neuve, etc. C'est un nom à changer. J'ai déjà proposé celui de Bonafous, — V. ce nom — où pendant plus d'un demi-siècle ont été les messageries dirigées par cette famille.

Place Neuve Saint-Jean

Entre la rue Saint-Jean et la rue du Bœuf.

C'est entendu, c'est une place Neuve, elle ne date que du commencement du xvii° siècle. A cette époque, il n'y avait là qu'une ruelle étroite qui s'était appelée successivement rue Chalan, rue Cholet, rue du Faucon, rue du Bœuf. Cette dernière appellation fut donnée, en 1764, à une portion de la rue Tramassac. On abattit alors une vaste maison, qui tenait toute la longueur de ce qui est aujourd'hui la place, et venait en retour, aux deux extrémités, sur la rue du Bœuf et la rue Saint-Jean. Cette maison était la maison Chaponay, dit Bréghot du Lut ; non, dit M. Desvernay, elle appartenait à Athiaud de Boissat. Cette démolition fit la place, et assura une large communication entre la rue du Bœuf et la rue Saint-Jean. Il ne faut pas oublier que c'était alors le beau quartier de Lyon : d'un côté, l'Archevêque et le Chapitre ; de l'autre, le Gouvernement et ses officiers, et, entre l'un et l'autre, les hôtels des meilleures et des plus illustres familles se trouvaient dans la rue du Bœuf et dans la rue Saint-Jean. Cette large ouverture a dû être pratiquée pour rendre ce quartier plus accessible aux équipages princiers qui l'habitaient.

Rue Neuve-Villardière
De la rue de l'Arquebuse au boulevard de la Part-Dieu.

Cette rue récente a un nom qui s'explique de lui-même. — V. *Villardière*.

Port Neuville
Sur le quai Saint-Vincent.

Le port Neuville fut construit, en 1684, sous l'administration de l'archevêque de Lyon, Camille de Neuville, qui était en même temps lieutenant du Roi, charge qu'il garda jusqu'à sa mort (1693). Il était frère du duc de Villeroy, et les biographes et les panégyristes ne lui ont pas manqué. Il préserva Lyon des troubles de la Fronde, favorisa les sciences, les lettres et les arts. Il fut le grand bienfaiteur et le transformateur de la petite ville de Vimy, qui depuis prit le nom de Neuville. — Massillon prononça son oraison funèbre.

Rue Ney
Du boulevard du Nord au boulevard des Casernes.

Il est peu de généraux du premier Empire qui soient aussi populaires que le maréchal Ney, duc d'Elchingen et prince de la Moskowa. Dans l'armée, on l'appelait le Brave des Braves. Fils d'un tonnelier, il s'engagea à dix-huit ans; à trente ans, il était général de division ; à trente-cinq ans, maréchal de l'Empire. Il se distingua dans presque toutes les batailles de ce temps-là. Après la campagne de France, Ney conseilla à Napoléon d'abdiquer, et après l'abdication, Ney fut comblé de faveurs par Louis XVIII. Survint le retour de l'île d'Elbe ; Ney fut envoyé à la rencontre de l'Empereur pour l'arrêter, mais en face de cet homme si grand, si malheureux, si audacieux, Ney fut entraîné et fit cause commune avec celui qui avait été si longtemps son bienfaiteur et son maître. Waterloo mit le sceau à sa brillante réputation de valeur et de courage, mais Waterloo fut une défaite. Napoléon fut emmené à Sainte-Hélène, Louis XVIII reprit le chemin de Paris. On ne pardonna pas à Ney sa défection, il fut traduit devant un conseil de guerre, qui se déclara incompétent. Il comparut alors devant la chambre des Pairs, et fut condamné à mort. Il fut fusillé le 7 décembre 1815, près de l'Observatoire, dans une avenue où s'élève aujourd'hui sa statue en bronze.

Montée et rue Neyret

La montée : de la rue Neyret à la rue du Bon-Pasteur.
La rue : de la montée des Carmélites à la Grande-Côte.

Cette rue fut percée, en 1619, sur une partie du tènement du sieur Neyret. Ce Neyret est appelé Claude Neyret, marchand. Les Neyret étaient sieurs de Bellevue, nom du petit château qui était dans cette rue leur maison de famille, et qui fut occupé plus tard, d'abord par les Annonciades de Saint-Amour et ensuite par les filles du Bon-Pasteur. C'est aujourd'hui une caserne. Les Neyret appartenaient à une ancienne famille lyonnaise, connue dès le XIVᵉ siècle, et jouissant d'une grande considération. Cette rue a acquis une certaine popularité par un couplet fantaisiste de la chanson de Cadet-Roussel. Mais ce qui est plus sérieux, c'est qu'une modeste maison de cette rue portait sur sa façade une petite statue de la sainte Vierge avec cette inscription : *Ejus præsidio non ultrà pestis, 1628 :* grâce à sa protection, la peste de 1628 n'alla pas plus loin. Sur la foi de ce document lapidaire, on a cru longtemps qu'il n'y avait pas eu de pestiférés à la Croix-Rousse.

La nouvelle église du Bon-Pasteur aura son entrée sur cette rue, si, ce qui est inévitable dans un avenir plus ou moins prochain, la caserne salpêtrée et malsaine du Bon-Pasteur est un jour démolie. Ce sera alors un ravissant coup-d'œil.

Rue Nivière-Chol

De la rue Terrasson au quai Perrache.

Antoine Nivière-Chol fut maire de Lyon, le 5 décembre 1792 ; il avait succédé à Louis Vitet et fut remplacé par Bertrand. Il eut le grand mérite de déjouer les projets de Chalier, qui voulait faire de Lyon un vaste cimetière. Le 16 juillet, c'était Chalier qui montait sur l'échafaud.

Chalier avait une grande influence au club central de Lyon. Le 28 janvier, il vint avec trois cents hommes armés de piques prononcer, au pied de l'Arbre de la Liberté, le serment d'exterminer tous les aristocrates, feuillantins, modérés, égoïstes, agioteurs, accapareurs, usuriers, et toute la caste sacerdotale et fanatique. Le lendemain, ce serment fut affiché par toute la ville. Le 4 février, autour d'un sarcophage élevé à Bellecour en l'honneur de Lepelletier, assassiné à Paris la veille du supplice de Louis XVI pour avoir voté sa mort, il prononça une oraison funèbre haineuse et sanguinaire. Le 5 février, nombreuses visites domiciliaires et nombreuses arrestations. Le 6, convocation par Chalier, au son d'une cloche qui fut promenée dans toutes les rues de Lyon, d'une assemblée générale au club central. Là, il demanda et obtint le serment de garder le secret sur les propositions qui seraient faites ; de là, la diversité des narrations sur ce qui se passa en cette séance ; il résulte cependant des témoignages les plus dignes de foi qu'il s'agissait du massacre des prisonniers et de l'installation de la guillotine sur le pont Morand.

Nivière-Chol, instruit de ce qui se passe, fait battre la générale, les bataillons et les canons sont amenés devant le club, les clubistes se dispersent ; les projets sanguinaires de Chalier sont déjoués, Nivière-Chol est proclamé le sauveur de Lyon.

Quelques jours plus tard, le club déclare à la Commune que le maire avait perdu la confiance des citoyens, Nivière-Chol donne sa démission ;

il est réélu. Les patriotes se préparent à protester contre son élection, mais quelques jeunes gens se portent au club central et le dévastent. Nivière-Chol resta maire jusqu'à la fin de mars 1793 ; on conviendra qu'il fallait avoir une singulière énergie pour exercer la première magistrature de la ville à cette terrible époque.

Avenue de Noailles
De l'avenue du Parc au cours Morand.

La maison de Noailles, une des plus nobles de France, remonte au x° siècle. Elle a donné au pays des généraux célèbres et d'habiles diplomates. Un de Noailles fut cardinal-archevêque de Paris. Mais celui dont cette rue rappelle le souvenir est le second fils du duc de Mouchy. Le vicomte de Noailles naquit en 1756. Il partagea avec Lafayette l'admiration de la France, en allant combattre avec lui, sous les yeux de Washington, dans la guerre de l'Indépendance américaine. Il accueillit avec ardeur la Révolution de 1789, mais en 1792, il passa en Angleterre. Il revint prendre du service sous le Consulat, et mourut à la Havane, en 1804, d'une blessure reçue en capturant une corvette anglaise.

Boulevard et Rues du Nord
A la Croix-Rousse, à Vaise et aux Brotteaux.

A la Croix-Rousse, il y a une rue du Nord, l'ancienne rue Caquerelle, de la Grande-Rue à la rue de Cuire ; à Vaise, il y a une rue du Nord de la Gare, de la rue des Docks à la rue Saint-Cyr ; aux Brotteaux, il y avait une rue du Nord, qui heureusement, depuis 1893, a changé de nom et s'est convertie en rue du Commandant-Faurax, mais il y a toujours le boulevard du Nord, de l'avenue du Parc au cours Vitton. La situation de ces diverses rues par rapport au quartier explique ces appellations. Mais s'il y a un vœu légitime à déposer, c'est le changement de tous ces noms, à raison de leur insignifiance et des erreurs qu'ils peuvent causer.

Rue des Nouvelles-Maisons

De la rue Saint-Pierre de Vaise à la rue Cottin.

A Villeurbanne, il y a le quartier des Maisons-Neuves ; à Vaise, nous voici en face d'une rue des Nouvelles-Maisons, nouvelles en effet, car sur le plan de Lyon que j'ai sous les yeux et qui est très récent, cette rue n'est pas même indiquée. J'estime que cette appellation est simplement un nom d'attente.

Rue de Nuits

De la rue du Mail à la petite rue des Gloriettes.

C'est l'ancienne rue de la Visitation. Nous verrons plus loin que saint François de Sales — V. ce nom — fut le fondateur des religieuses Visitandines, qui vinrent de son vivant s'établir à Lyon. A la Révolution, ces religieuses se réfugièrent à Mantoue, à Gùrk, à Krumau, et définitivement à Venise. En 1809, quelques anciennes religieuses se réunirent dans l'ancienne maison des Lazaristes, et peu à peu rétablirent leur couvent ; elles restèrent là jusqu'en 1838, année où elles s'établirent à la Croix-Rousse ; elles y restèrent dix-huit ans, avant d'aller s'établir à Saint-Just. De cet ancien couvent de la Croix-Rousse, vendu d'abord, puis démoli, il ne reste rien aujourd'hui.

Un vœu du Conseil municipal, en date du 19 novembre 1878, a été formé pour substituer à cette appellation celle de rue de Nuits.

Pendant la guerre de 1870, les Prussiens furent un jour maîtres de Dijon. Lyon dès lors fut menacée. Notre ville, qui avait organisé des légions de marche, les envoya au-devant des Prussiens qui avançaient toujours. Ils se rencontrèrent à Nuits (Côte-d'Or), et là se livra une bataille où un grand nombre de nos compatriotes perdirent la vie.

On a élevé à Nuits un monument funéraire à la mémoire des Lyonnais tombés sur ce champ de bataille. A Lyon, on a voulu garder aussi ce patriotique souvenir.

Montée de l'Observance

Du quai Pierre-Scize au fort Blandan.

Sur les terrains occupés aujourd'hui par l'Ecole Vétérinaire, existait avant la Révolution un couvent, fondé par Charles VIII et Anne de Bretagne, en 1493, pour les Religieux cordeliers de la stricte Observance.

Ces Religieux étaient appelés Observants, parce que, réformés de la

Fig. 50. — Ancienne chapelle des Cordeliers de l'Observance. — Dessin de Leymarie.

famille franciscaine, ils s'engageaient à observer la règle monastique dans toute sa rigueur. — V. *Anciens Couvents*.

L'église fut bâtie en 1494. Aujourd'hui, le vieux couvent et sa chapelle ont disparu. La chapelle qui a succédé à l'ancienne, et qui est connue encore sous le nom de chapelle de l'Observance, dépend de la paroisse de Saint-Paul et servait autrefois aux exercices religieux de l'Ecole vétérinaire.

Quai d'Occident

Du pont d'Ainay à la place Gensoul.

Ce quai, créé vers 1830, tire approximativement son nom de sa situation géographique par rapport à la ville. Je renouvelle ici le vœu que tous ces noms d'orientation soient changés.

Rue Octavio-Mey

Du quai de Bondy à la place Saint-Paul.

Cette rue a été refaite et considérablement élargie lors de la construction de la gare de Saint-Paul, vers 1873. Avant de s'appeler Octavio-Mey, l'ancienne rue s'était appelée de la Poulaillerie de Saint-Paul.

Quant à Octavio Mey, c'est un nom qu'on est heureux de rencontrer ; il mérite de passer à la postérité la plus reculée ; ce personnage était lyonnais et descendait d'une famille florentine. Il se livra au commerce et à la fabrique de la soie. Une mauvaise affaire lui ayant occasionné une perte considérable, il était à réfléchir aux moyens de réparer ce désastre, quand, machinalement, il prit un brin de soie et le porta à sa bouche. Il le mâchonna un instant sans y prendre garde, mais quand il le tira de ses lèvres, il remarqua que la soie était plus brillante, avait plus d'éclat et de lustre. Ce fut pour lui un trait de lumière, il allait révolutionner la manufacture lyonnaise, il allait découvrir l'industrie du lustrage de la soie. Il comprit que ce lustrage provenait de deux agents, l'eau et la chaleur, et il appliqua le système en grande proportion. Il réussit et son secret lui fit acquérir des richesses considérables.

Devenu riche, il forma un cabinet très curieux de médailles et d'antiquités. Il était, en particulier, possesseur d'un petit bouclier en argent, sur lequel était admirablement rendu la continence de Scipion ; il en fit don au roi Louis XIV.

Octavio Mey mourut en 1690. Il était le beau-père de Guillaume Pilata, dont la maison est celle qu'habitent aujourd'hui les Pères Maristes, à la montée Saint-Barthélemy ; c'est pourquoi cette rue est dans ce voisinage. Nous avons vu — V. *Artaud* — que, jusqu'en 1863, il y a eu une rue Octavio-Mey à la Croix-Rousse, dans le quartier des ouvriers en soie.

Rue de l'Oiselière
De la rue de la Pyramide à la rue du Bourbonnais.

Cette rue a pris son nom du ruisseau de l'Oiselière, qui descend d'Ecully. Comme son nom l'indique, l'Oiselière, quand il y avait encore un peu de solitude dans cette région, devait être un ruisseau très fréquenté par les oiseaux ; les arbres et les buissons qui le bordaient devaient être tout frémissants de chants et de gazouillements.

Place Ollier

Par délibération municipale du 2 avril 1901, approuvée par un décret présidentiel du 2 mai suivant, l'emplacement compris entre la Faculté de droit, la rue Cavenne, la rue des Trois-Pierres et le quai Claude-Bernard, deviendra une place et prendra la dénomination de place Ollier. Le pont des Facultés unira ainsi la place Grolier et la place Ollier.

Léopold Ollier de Verneuil, connu sous le simple nom d'Ollier, naquit aux Vans (Ardèche), le 2 décembre 1830. Il est mort en 1900.

Très jeune, il obtint le grand prix de chirurgie ; très jeune, il fut professeur à la Faculté de médecine de Montpellier, et à Lyon, il occupa la chaire de chirurgie aussitôt que fut fondée la Faculté de médecine.

Il succéda, sous le second Empire, au docteur Desgranges, comme chirurgien-major des Hôpitaux de Lyon. Dès lors, sa renommée ne fit que grandir. Commandeur de la Légion d'honneur, membre associé de l'Institut, membre associé de toutes les sociétés de médecine de l'Europe, président de l'Académie de Lyon, il était, même de son vivant, l'honneur de notre cité.

C'est lui qui donna les derniers soins de sa science et de son dévouement au malheureux président Carnot, dans la fatale soirée du 24 juin 1894.

Le professeur Ollier a attaché surtout son nom à une découverte capitale, celle de la régénération des os par le périoste, qui assura désormais la prééminence de la chirurgie conservatrice sur la chirurgie ablative.

Rue d'Oran
De la rue d'Algérie à la rue Constantine.

Oran, Algérie, Constantine, ces trois noms de trois rues voisines sont une date. La rue d'Oran fut ouverte en 1839, lors de la démolition de la boucherie des Terreaux. A cette époque, notre œuvre militaire était grande en Afrique ; chaque jour amenait l'annonce d'un exploit nouveau. Le nom d'Oran a consacré le souvenir d'un de nos glorieux faits d'armes.

Rue Ornano
De la rue Tourette à la rue des Chartreux.

Ce nom est celui d'un Corse qui ne fut pas étranger à notre histoire lyonnaise. Il devint maréchal de France, chevalier des ordres du Roi et lieutenant-général en Dauphiné. Il vivait au milieu des troubles de la Ligue, fut fidèle à Charles IX et à Henri III, et fut un des premiers à reconnaître Henri IV. C'est lui qui remit sous l'obéissance d'Henri IV les villes de Lyon, Grenoble et Valence. Il prit possession de la ville de Lyon, au nom d'Henri IV, en 1594. A notre humble avis néanmoins, ces faits ne constituent pas des titres tels qu'une ville en garde le souvenir reconnaissant.

Rue de l'Ours
Du quai de Bondy à la place Saint-Paul.

On voit encore aujourd'hui, dans le mur de la maison de cette rue qui porte le n° 8, et sur la place Saint-Paul le n° 11, un bas-relief représentant un ours, qui tout naturellement a donné son nom à cette rue.

Rue Ozanam
Du boulevard de la Croix-Rousse à la montée du Mont-Sauvage.

Quoique Frédéric Ozanam soit né à Milan et mort à Marseille, il est considéré comme Lyonnais, et s'il faut tout dire, comme le plus parfait des Lyonnais. C'était un chrétien et un savant, toute son histoire est dans ces deux mots.

Il fit ses études au collége de Lyon et à dix-huit ans (1831), il publiait une brochure pour réfuter le Saint-Simonisme. Il alla à Paris, où il conquit avec une rare distinction le grade de docteur en droit, et où il fonda cette magnifique œuvre de charité qui s'appelle la Société de Saint-Vincent-de-Paul. Il revint à Lyon (1839), pour être avocat et professeur de droit commercial. Ces cours étaient nouveaux, ils furent très brillants et assidûment suivis. Puis il fut docteur ès-lettres et agrégé, puis, à la Faculté des Lettres de Paris, il suppléa Fauriel, qu'il remplaça bientôt dans la chaire de littérature étrangère. Ses principaux ouvrages sont *Le Dante, ou la philosophie catholique au XIIIe siècle* ; les *Etudes germaniques pour servir à l'histoire des Francs* ; les *Poètes franciscains au XIIIe siècle*. Tous ces travaux ont grandement contribué à la réhabilitation du moyen-âge jusqu'à Ozanam très injustement décrié. Ozanam mourut en 1853, il n'avait que quarante ans.

Rue Pailleron

De la Grande-Rue de la Croix-Rousse à la rue Belfort.

M. Pailleron fut un propriétaire et un entrepreneur de la Croix-Rousse, qui a donné son nom à cette rue. Je ne sais s'il y a un lien de parenté entre lui et un Pierre Pailleron qui fut adjoint au maire en 1848, mais ce qu'il y a de sûr, c'est qu'il fut l'oncle d'Edouard Pailleron, l'académicien, le célèbre auteur du *Monde où l'on s'ennuie*.

Rue de la Paix

De la place de la Miséricorde à la rue Terme.

Cette rue occupe le sol de la nef septentrionale de l'église démolie des Carmes ; son abside venait s'appuyer sur la rue Terme. L'ouverture de cette rue fut imposée à l'acquéreur de l'église.

Pourquoi est-elle appelée de la Paix ? La création de cette rue coïncidat-elle avec un traité mémorable, celui de Tilsitt par exemple, en 1809 ?

Est-ce à cause de la tranquillité qui y régna toujours? Est-ce parce qu'elle occupe l'emplacement d'une ancienne chapelle de couvent? C'est une des rues les plus ignorées de Lyon.

Rue du Palais-de-Justice
Du quai de l'Archevêché à la rue Saint-Jean.

Dans l'hôtel dit de Roanne, Charles V établit la justice royale en 1435. Cet hôtel, déjà très ancien, fut reconstruit en 1660, et ce dernier a fait

Fig. 51. — Le palais de justice. — Phot. de Neurdein, frères, Paris.

place au nouvel édifice dont les plans furent dressés par l'architecte Baltard, et dont la première pierre fut posée le 28 juillet 1835. La colonnade qui décore ce palais est majestueuse, elle est malheureusement écrasée par un entablement trop élevé ; peut-être cet inconvénient disparaîtrait-il, si l'on pouvait, sur cet attique grec, aligner une rangée de statues. L'immense perron aboutit à une salle des Pas-Perdus qui mérite une visite. Quant à la prison qui lui fut adjointe, nous en parlerons plus loin. — V. *Roanne*.

Rue Palais-Grillet

De la rue Grenette à la place de la République.

M. Bréghot du Lut, qui ne l'a certainement pas inventé, nous apprend que cette rue fut ainsi nommée d'une maison qui portait l'enseigne du Palais Grillet. Il n'y a qu'à s'incliner avec déférence devant cette assertion, mais néanmoins il est permis de se demander ce que peut être une pareille enseigne. Ne serait-il pas plus probable que la Françoise de Grillet, qui s'allia aux Grollier, ou d'une manière plus générale la famille de Grillet eût donné ce nom?

C'est dans cette rue, à l'angle de la rue Ferrandière, que se trouvait un puits malpropre, mal entretenu, couvert de mousse, appelé le Puits Pelu. Ce vieux nom, les vrais, et l'on peut ajouter aujourd'hui les anciens Lyonnais le connaissent seuls. Le souvenir en a été longtemps conservé par une enseigne, après qu'il eut été détruit. Il avait donné son nom à la rue et au quartier, et comme la rue et le quartier n'étaient peuplés que de gens exerçant la même industrie, la vente des étoffes et des meubles d'occasion, on y voyait une très grande variété d'objets disparates et assez peu d'ordre. Aussi, pour indiquer quelque confusion, disait-on autrefois : C'est un Puits-Pelu, comme on dit aujourd'hui, c'est un Capharnaüm.

Avant 1855, l'extrémité de cette rue qui débouche sur la rue Grenette s'appelait rue du Charbon-Blanc, laquelle s'était antérieurement appelée rue de la Croisette et rue des Farges. A cette date, les deux rues furent unies sous le même nom.

Chemin de la Pape

En dehors de Lyon.

Guillaume Pape, bourgeois de Lyon, jouissait d'un grand crédit à la cour du comte de Savoie, Philippe, qui, en 1487, lui donna concession du droit de construire un petit hâvre sur le Rhône, car les possessions du comte venaient jusqu'aux portes de Lyon. Peu à peu ce domaine prit de l'importance et fut connu sous le nom de la Pape, mais il changea plusieurs fois de maîtres. M. de Flesselles y donna des fêtes magnifiques.

Ce chemin est en dehors de Lyon, nous ne devrions pas nous en occuper. Nous n'en parlons que parce que le château de la Pape se relie étroitement à l'histoire de Lyon. Dubois-Crancé, Gauthier, Javogues, le général Kellermann y établirent leur quartier général, le 7 août 1793. C'est de là qu'ils virent Lyon incendié par leurs obus.

Rue Paradis
De la rue Confort à la rue Childebert.

La transformation de tout ce quartier, qui fut pris entre les rues Impériale et de l'Impératrice, ne laisse plus qu'une idée inexacte et incomplète de ce qu'étaient les anciennes rues.

Cette rue Paradis fut primitivement appelée rue Chanu et rue Etienne. Aujourd'hui elle est fort réduite.

Pour son nom, deux opinions sont ici en présence pour l'expliquer. Elle fut ouverte, disent les uns, au commencement du XVIe siècle, par Nicolas Chanu, sur un emplacement de terrain qui avait appartenu à Pierre Paradis, épinglier. — Elle fut ainsi nommée, disent les autres, parce que les Huguenots y eurent un temple qu'ils appelèrent le Paradis, et ils l'appelèrent ainsi parce que, à l'intérieur, il était pourvu d'une galerie saillante, qu'ils appelaient le paradis. A notre avis, la première opinion est la seule sérieuse. Car la rue Paradis existait avant l'ouverture de ce temple; Rubys le dit expressément. Quand le temple que les protestants avaient « dessus les Terreaux » eut été mis par terre, ils « achetèrent certaines maisons et jardins en une rue appelée la rue Paradis, où ils firent bâtir un temple, qu'ils nommèrent le temple de Paradis à cause de la rue ».

Le tènement de Paradis s'étendait approximativement de la rue Ferrandière à la rue Tupin. C'est là que les Protestants établirent leur temple qui fut saccagé par les Lyonnais le 29 septembre 1567. Les maisons qui portent dans la rue actuelle de l'Hôtel-de-Ville les n°s 56 et 58, occupent une partie du tènement de Paradis. Plus tard, ce nom conservé fut donné à une rue située plus au sud.

Avenue du Parc

Du parc de la Tête-d'Or à la place d'Helvétie.

Avant 1871, cette avenue portait le nom de M. Vaïsse, sénateur et préfet du Rhône. Ce n'était que justice. C'est à lui qu'on doit la création des abattoirs, c'est sous son administration que la rénovation de Lyon eut lieu par la création des rues Impériale et de l'Impératrice, c'est lui qui fit endiguer le Rhône et la Saône, sage mesure qui depuis nous a sauvés de plus d'une terrible inondation ; c'est lui enfin qui, pour paralyser les misères d'un chômage prolongé, décida, en 1856, la création d'un immense parc, au nord-est de Lyon. Je ne sais pour quelles raisons les Lyonnais ont été à son égard d'une dédaigneuse ingratitude. Cette ancienne avenue Vaïsse s'appelle simplement aujourd'hui avenue du Parc, depuis 1871.

Rue Pareille

Du quai Saint-Vincent à la rue Bouteille.

Cette rue, qui s'appelait antérieurement rue Ravier et ruette Neuve, tire son nom actuel d'une maison où pendait pour enseigne *la Pareille*. La pareille est une plante dont le nom vulgaire est patience. Ce mot est encore conservé dans salsepareille. — La maison dont il s'agit ici était sans doute celle d'un droguiste ou d'un apothicaire.

Rue du Parfait-Silence

De la rue Garibaldi à la rue Tête-d'Or.

Le nom des rues touche à tant de choses que nous voici amenés à parler de la Franc-Maçonnerie. La Franc-Maçonnerie est une société secrète répandue dans toutes les parties du monde, et dont les membres, divisés en rites et en loges, ont pour but avoué l'étude de la morale universelle et l'exercice de la bienfaisance, et pour but inavoué la pratique de la politique révolutionnaire et antireligieuse. Chaque loge porte un nom particulier; nous avons déjà rencontré la *Fraternelle* à Vaise, celle des Brotteaux s'appelle la loge du *Parfait-Silence*, et ce nom est resté à la rue.

L'origine de la Franc-Maçonnerie est restée fort obscure. Les uns la font remonter jusqu'à Hiram, l'architecte du Temple de Salomon, les autres disent avec plus de vraisemblance qu'une association fraternelle de maçons ou constructeurs se forma vers le vIII^e siècle dans la Haute-Italie et se répandit de là dans le reste de l'Europe.

Son organisation est à peu près partout la même. Tous les membres sont frères. Chaque loge est présidée par un Vénérable, assisté de plusieurs dignitaires. Il y a des épreuves — terribles en paroles, burlesques en réalité — pour arriver aux grades maçonniques d'apprenti, de compagnon et de maître. En plus de ces grades de début, il y a toute une hiérarchie de dignitaires jusqu'au 33e degré, la plus haute dignité. Les Francs-maçons ont des ornements, des cérémonies, une langue à part, puériles et baroques. La haute direction de la secte est confiée à un Grand-Conseil, qu'on appelle le Grand-Orient.

Rue et Place de Paris

La rue : du quai Jayr à la gare de Vaise.
La place : de la rue de Paris à la rue de la Claire.

La gare de Perrache n'étant pas encore terminée, les gares de Vaise et de la Mouche furent avant elle livrées au public ; celle-ci fut appelée la gare de Marseille, de là le nom de rue de Marseille donné à la rue qui y conduisait ; l'autre, gare de Paris, de là, pour la même raison, la rue de Paris.

Rue Parmentier

Du quai Claude-Bernard à la rue Bancel.

Ce nom est celui d'un bienfaiteur des classes laborieuses, et par là même son nom est bien placé partout. Il naquit à Montdidier, dans la Somme, en 1737. Fait cinq fois prisonnier dans les guerre de Hanovre, il fut réduit à se nourrir de pommes de terre. Ce légume était inconnu en France et tenu pour suspect ; on disait qu'il engendrait la lèpre. Parmentier l'introduisit en France et consacra sa vie à triompher des préjugés qu'on avait contre la pomme de terre ; il en vint à bout. Aujourd'hui la consommation de la pomme de terre est telle qu'on se demande comment autrefois on pouvait se nourrir sans ce tubercule.

C'est dans cette rue que, depuis 1894, est établi l'hôpital franchement catholique de Saint-Joseph, dû à l'initiative des évêques de la région universitaire de Lyon.

Boulevard et rue de la Part-Dieu

Le boulevard : du cours Lafayette au cours Gambetta.
La rue : Du quai de la Guillotière à la rue Garibaldi.

Toutes les terres de ces environs formaient autrefois un vaste domaine, appartenant à Mme Servient, — V. ce nom — dame de la Part-Dieu. La Part-Dieu était un fief qui existait dès le xvie siècle. La maison-forte de la Part-Dieu est devenue dans notre siècle la ferme de la Part-Dieu ; elle servit longtemps de dépôt central aux omnibus et aux fiacres de la Compagnie Lyonnaise. Depuis la donation de la dame Servient, ce domaine appartient aux Hospices de Lyon, qui en retirent un revenu considérable. La Part-Dieu, c'est la part donnée à Dieu dans la personne des pauvres. On pourrait croire que ce nom lui est venu en raison de la donation faite à l'Hôpital ; il n'en est rien, puisque ce nom existait auparavant, nous n'avons rien trouvé qui explique la raison de cette appellation.

Passages

Il y a Lyon une trentaine de passages qui n'ont pas encore été élevés à la dignité de rues.

Quelques-uns de ces passages portent le nom d'une rue avoisinante : les passages Chaponnay, Duguesclin, Dumont, des Gloriettes, Montgolfier, Pazzi, Saint-Pothin, des Terreaux, Vendôme, Vieille-Monnaie ; dans cette catégorie entre aussi le passage Tolozan, quoiqu'il ne soit pas dans le voisinage de la rue qui porte ce nom. Il n'y a rien de particulier à dire sur eux, puisque nous les retrouvons et les expliquons en leur lieu.

D'autres portent les noms des propriétaires de terrains sur lesquels ils ont été ouverts ; nous n'avons rien à en dire, nous ne pouvons que signaler cette qualité de propriétaire. Ces passages sont les passages Benoît, Bièdrix, Cazenove, Coste, Donat, Gonin, Igre (altération de Guigue), Lamure, Mas, Mermet, Sybille-Bergeon, Thiaffait.

Trois de ces passages sont couverts, les passages de l'Argue, de l'Hôtel-Dieu et des Terreaux.

Trois passages ont une appellation qui ne s'explique ni par le nom du propriétaire, ni par le voisinage d'une rue de même nom : les passages de l'Argue, de l'Hôtel-Dieu et du Gaz ; pour ces deux derniers, le voisinage de l'Hôtel-Dieu et de l'usine à Gaz les font suffisamment comprendre.

Enfin, trois autres passages sont propriétés particulières, qu'on ne peut traverser qu'après rétribution : le passage Gay, qui porte le nom de son propriétaire, le passage du Rosaire, ainsi appelé de quinze petits monuments qui ornent la montée et qui représentent les mystères du Rosaire, et le passage de Sainte-Philomène qui doit son nom à la petite chapelle de Sainte-Philomène, qui est au bas de la montée.

Ce que nous disons ici des passages, s'applique à peu près aux impasses ; quand ils présentent des exceptions, nous les signalons.

Rue des Passants

De la Grande-Rue de la Guillotière à la rue Villeroy.

Quiconque aurait vu la rue des Passants il y a une cinquantaine d'années, se serait demandé sans doute pourquoi une rue si solitaire portait un tel nom. Aujourd'hui, elle est plus fréquentée, mais pas assez cependant, si l'on ne connaît pas notre vieux Lyon, pour se l'expliquer mieux. Il faut donc savoir qu'il y avait là jadis une dépendance de l'Hôtel-Dieu, appelée l'Hôpital des Passants. On y donnait à souper et à coucher, pour une nuit seulement, à toutes les personnes, mendiants ou étrangers, qui, le soir, arrivant à Lyon, après la fermeture des portes, ne pouvaient pas pénétrer dans la ville.

Rue Passet
De la place Raspail à la place du Pont.

Nom d'un propriétaire des terrains sur lesquels a été percée cette rue.

Rue Paul-Bert
De la place du Pont à la place des Maisons-Neuves.

Cette rue autrefois portait deux noms : la première partie, la plus rapprochée de la place du Pont, s'appelait rue de Chartres ; la seconde partie, de l'autre côté de ce qui est aujourd'hui la place Voltaire, portait le nom du Sacré-Cœur.

Elle s'appela de Chartres parce que, vers 1840, à l'époque de la naissance du duc de Chartres, frère du comte de Paris, on voulut en consacrer le souvenir. Elle s'appelait auparavant Dieudonné, qui était un des noms du jeune comte de Chambord.

La seconde partie s'appela du Sacré-Cœur, à cause du magnifique établissement qui donna son nom au quartier. En 1818, Mme Barrat, fondatrice de la Congrégation du Sacré-Cœur, voulut fonder à Lyon une maison de son ordre. On acheta La Ferrandière, sur les bords de la Rize, dans une belle position. En 1819, Mme de Portes vint s'y installer et fut la première supérieure. Cette maison prospéra et devint un brillant établissement d'éducation pour les jeunes filles.

En 1887, ces deux noms furent confondus sous le nom de Paul Bert.

Paul Bert fut le plus fidèle disciple et le plus fervent admirateur de Gambetta. Il occupa une chaire de physiologie à la Sorbonne, où il se fit une réputation de savant. Pour surprendre mieux les phénomènes vitaux, il fit de la vivisection, et le nom de vivisecteur lui resta longtemps.

Les hasards de la politique en firent un préfet, puis un député. Pour lui aussi, le cléricalisme fut l'ennemi ; il déclara la guerre à tout ce qui tenait à la religion, il fit un manuel de morale civique pour aider à cette œuvre. Ce sont des titres sérieux, comme on le voit, à l'admiration et à la reconnaissance de la postérité. De député, il devint ministre, de ministre, résident-général à Hué. Il partit pour sa vice-royauté en 1886, et ne tarda pas à y mourir.

Né en 1833 à Auxerre, mort à Hanoï en 1886, enterré dans sa ville natale.

Rue Paul-Chenavard

De la place des Terreaux à la rue de la Fromagerie.

Cette rue portait le nom de Saint-Pierre ; depuis 1891, date où la place de ce nom fut appelée place Meissonnier, il ne restait plus que cette rue pour rappeler l'antique abbaye des Bénédictines de Saint-Pierre. Ce nom, à son tour, a disparu en 1896 ou 1897, pour faire place à celui d'un peintre lyonnais. On a trouvé que le voisinage du palais des Beaux-Arts, comme à Meissonnier, devait lui convenir. Nous renvoyons à plus tard une courte notice sur saint Pierre, son église et son abbaye. — V. *Valfenière*.

Paul Chenavard naquit en 1815, il mourut en 1895, à l'âge de quatre-vingts ans. Il fut travaillé, pendant les cinquante dernières années de sa vie, par une mélancolie jalouse, qui fit de lui, je n'ose pas dire un *raté*, il avait trop de talent pour cela, mais un révolté.

Lorsqu'en 1848, le Panthéon fut affecté à la sépulture des grands hommes, Ledru-Rollin, alors tout-puissant, chercha un peintre capable d'orner ce temple et jeta les yeux sur Paul Chenavard. Celui-ci imagina un vaste poème pictural représentant l'*Humanité en marche vers la lumière et le progrès*. Dans cet immense défilé, on voyait successivement l'âge pastoral, l'âge guerrier, les conquêtes du génie de l'homme, puis toutes les théogonies païennes, puis le triomphe de la Foi. Au centre, c'était le sermon sur la montagne, et la lumineuse figure du Christ, entourée de tous les penseurs, de tous les savants, de tous les esprits d'élite. Chenavard travailla quatre ans à faire les cartons de cette œuvre immense.

Et voici qu'un soir M. de Montalembert alla à l'Elysée, et il fit remarquer au chef de l'Etat que les conceptions de Chenavard n'étaient guère orthodoxes, il ajouta même qu'il serait peut-être décent de rendre au culte cette église désaffectée. M. de Montalembert sortit avec un décret replaçant le Panthéon sous le patronage de Sainte-Geneviève. Ce décret emportait au vent l'œuvre de Chenavard. Il n'en fallait pas tant pour aigrir son humeur, et l'on devine ce que durent être ses sentiments à l'égard de l'Empire.

Lorsque la République fut proclamée en 1870, il crut qu'elle allait le dédommager. Hélas ! le Panthéon fut confié à d'autres mains. — V. *Puvis de Chavannes*.

Faut-il le regretter? Non. Sa peinture est grise et monotone, elle pèche par le coloris et le mouvement. Il avait de vastes pensées, mais il avait l'œil et la main d'un peintre de second ordre.

Paul Chenavard a légué à la ville de Lyon sa collection de vingt à trente mille gravures des meilleurs auteurs, ce qui met notre collection du palais des Arts, déjà si belle, tout à fait hors pair.

Rue Paul-Michel-Perret

De la rue Duquesne à la rue Montgolfier.

Mme Perret, née Dupont de Latuillerie, ayant perdu son fils Paul-Michel, voulut consacrer la mémoire de ce cher enfant en faisant en son nom des œuvres de bienfaisance ; c'est ainsi qu'elle fonda à Longchêne l'asile Paul-Michel-Perret, c'est ainsi que, juste retour de la reconnaissance, une rue du domaine des Hospices, nouvellement créée, porte le nom de ce bienfaiteur.

L'asile de Longchêne n'était destiné qu'à recevoir des convalescents adultes. En 1895, l'asile, dont nous parlons ici, fut construit sur les terrains de Longchêne, aux frais de Mme Perret et au nom de son fils, pour recevoir les enfants convalescents, garçons ou filles. Le pavillon des garçons a cinquante lits, celui des filles, cinquante-quatre.

Rue du Pavillon

De la rue d'Austerlitz à la rue Dumenge.

Ce nom est un peu synonyme du mot Gloriettes, que nous avons déjà rencontré. A l'époque où toute cette portion de la Croix-Rousse n'était que des jardins, l'un d'eux fut remarqué à cause d'une petite maisonnette, d'un pavillon, qui s'y élevait et qui fut conservé encore lorsque la rue fut ouverte.

Passage et rue Pazzi

La rue : du passage Pazzi à la rue d'Ambroise.
Le passage : de la rue Port-du-Temple à la rue Pazzi.

Avant de s'appeler ainsi, le passage Pazzi s'appelait passage Perrache, à cause d'une maison qui s'y trouve encore, dans laquelle Perrache demeurait et qu'il avait fait bâtir.

Ce nom de Pazzi va nous donner une heureuse occasion de détruire une légende trop longtemps admise parmi nous.

Plusieurs fois déjà nous avons parlé de l'immigration florentine. Or, les Pazzi de Florence étaient rivaux des Médicis, ils succombèrent dans la conjuration, pendant que les Médicis restaient maîtres de la situation. Et c'est ici que commence la légende :

Forcés de s'expatrier, les Pazzi vinrent à Lyon, ils y vinrent en grands seigneurs et furent les bienfaiteurs des religieux Célestins. Leur tombeau était dans l'église de ce couvent, et l'on raconte à ce sujet une anecdote singulière. Marie de Médicis, reine de France, avait, comme tous les membres de cette famille, conservé dans son cœur un violent ressentiment contre les conjurés de Florence et contre les Pazzi en particulier. Se trouvant à Lyon et par hasard ayant vu ce tombeau, elle ordonna qu'on le détruisît sur-le-champ, ne voulant pas qu'il restât rien qui pût perpétuer le souvenir d'un nom si odieux à sa maison.

Or, ce qui précède n'est qu'une légende ne s'appuyant sur aucun fonds de vérité. En 1882, M. de Valous a prouvé que les Pazzi n'ont jamais résidé dans notre ville.

Lorsque les Célestins disparurent, — V. ce nom — on ouvrit des rues sur l'emplacement de l'ancien couvent et de ses dépendances, celui de Pazzi fut donné à l'une d'elles.

Quai de la Pêcherie
De la rue d'Algérie au pont du Change.

Très anciennement, la Pêcherie était établie sur la rive droite de la Saône, au bas et en amont du pont du Change. On arrivait aux bateaux de poissons, appelés *bachuts*, par une ruelle qui descendait à la rivière, en face de la maison qui porte aujourd'hui le n° 25 du quai de Bondy.

La rue de la Pêcherie commençait à la descente du pont et se terminait vers la place actuelle de l'Ancienne-Douane.

Cette Pêcherie cesse d'être mentionnée à partir de 1371. C'est probablement vers cette date qu'elle a été transférée sur la rive gauche de la Saône, en face de la Platière. La rue de la Veyssellerie (de *Veyssiaux*, douelles de tonneaux, dont cette rue avait, paraît-il, la spécialité), prit alors le nom de rue de la Pêcherie. Nous disons rue et non pas quai, parce qu'alors il y avait une rangée de maisons construites sur le bord même de l'eau. Quand on démolit ces maisons, la rue devint un quai, le quai de la Pêcherie, qui s'est appelé successivement du duc de Bordeaux, d'Orléans, du Peuple, d'Orléans, de la Pêcherie.

Rue Pelletier
De la Grande-Rue de Cuire à la rue Denfert-Rochereau.

Nom d'un propriétaire de terrains sur lesquels cette rue fut ouverte.

Place des Pénitents-de-la-Croix
De la place Saint-Clair à la rue d'Alsace.

Cette place, située au débouché des rues Royale et d'Alsace, doit son nom à une chapelle anciennement construite sur la partie de la maison à l'angle de la place, portant le n° 10, et adossée à la Balme. On peut voir encore, en pénétrant dans les appartements, des arcs à plein cintre, dont la forme indique une construction postérieure à la Renaissance. Cette chapelle, appelée des Pénitents de la Croix, servait de lieu de réunion aux membres de cette confrérie ; elle fut démolie sous le premier Empire, après avoir été réparée et agrandie en 1767, avec l'agrément de Mgr de Montazet.

Cette confrérie, fondée sous Mgr Camille de Neuville, fut approuvée par lui en 1690. C'était plutôt pour un but d'édification commune que pour un but d'utilité publique que se réunissaient les Pénitents.

Rue du Pensionnat
De la rue Vendôme au boulevard de la Part-Dieu.

Cette rue doit avoir été ouverte vers 1830, mais il n'y a que quatre ou cinq ans que le tronçon, qui aboutit à la rue Vendôme, est ouvert. Ce nom indique assez la présence d'un ancien pensionnat dans cette rue.

Rue de Penthièvre
De la place Gensoul à la place Carnot.

Nous avons constaté déjà que souvent les noms de rue sont des dates, et que plusieurs des noms donnés aux rues du quartier de Perrache sont des noms royalistes. On ne pouvait omettre le nom du duc de Penthièvre, célèbre par ses vertus.

Il fit ses premières armes sous le maréchal de Noailles. Plus tard, il se retira dans son château de Rambouillet, et ensuite à Sceaux, où il se livra à la piété. Une partie de ses immenses revenus était distribuée en aumônes, ou destinée à fonder des établissements d'utilité publique. Sa popularité était telle qu'elle le mit à l'abri de tous les excès des révolutionnaires. Il mourut en 1793, âgé de soixante-huit ans. Il était le grand-père maternel de Louis-Philippe. — En 1765, il séjourna quelques jours à Lyon.

Quai Perrache

Du pont du Midi au pont de la Mulatière.

Perrache est le nom de cet ingénieur hardi qui conçut le projet d'éloigner de nos murs le confluent et de le porter à une demi-lieue plus loin. Ce confluent a varié aux divers âges de l'histoire ; au XVIII° siècle, le Rhône et la Saône se réunissaient près d'Ainay ; Perrache recula leur jonction jusqu'à la Mulatière. Ses plans furent proposés, en 1769, à l'administration municipale, qui ne crut pas devoir en entreprendre l'exécution. Une Compagnie s'en chargea et obtint, en 1770, des lettre patentes du roi ; en 1771, les travaux commencèrent. Il s'agissait de joindre à la terre ferme la petite île Moignat [1] et de dessécher le lit qu'occupait le fleuve impétueux. Ce projet paraissait téméraire, et les railleries ne manquèrent pas [2]. Mais enfin on en vint à bout ; de magnifiques chaussées prolongèrent les quais, les terrassements furent faits, et le Rhône indocile dut se contenter du lit resserré qu'on lui laissait. C'est à l'extrémité de la presqu'île qu'on devait, sous le premier Empire, construire un château impérial. Ce projet fut abandonné. Aujourd'hui, la presqu'île de Perrache, malheureusement coupée par ce qu'on appelle les Voûtes de Perrache, qui en ont paralysé le développement, est occupée par le Gaz, les Prisons, les Entrepôts, l'Arsenal, la Gare et un vaste réseau de voies ferrées, etc.

Perrache était fils de Michel Perrache, sculpteur, qui ne fut pas sans mérite. Il était sculpteur lui-même, mais assez médiocre. Il naquit en 1726 et mourut en 1779.

---

[1] Cette petite île eut son heure de célébrité, car le propriétaire avait eu déjà maille à partir avec le domaine royal, s'il faut en croire ce quatrain bien connu, envoyé par lui à Louis XIV :

> Qu'est-ce pour toi, grand Monarque des Gaules,
> Qu'un peu de sable et de gravier ?
> Que faire de mon île ? Il n'y croît que des saules
> Et tu n'aimes que le laurier.

[2] On publia à cette époque, contre le sieur Perrache, un libelle intitulé : *Projet de desséchement de la Méditerranée, par un compagnon maçon.*

Rue Perrod

De la place des Tapis à la rue d'Isly.

Jean-François Perrod, médecin, fut le promoteur d'une idée heureuse, qui fut réalisée. Notre grand hôpital méritait bien son nom, et cependant il devenait insuffisant ; l'idée d'en construire un second commençait à germer. Le docteur Perrod fit tous ses efforts pour obtenir que cette construction se fît à la Croix-Rousse, et pour aider à cette construction, il légua aux Hospices plusieurs immeubles évalués à 5o.ooo francs.

Place du Perron

De la rue des Tables-Claudiennes à la rue Burdeau.

Le Perron, qui fait communiquer cette place aux deux rues ci-dessus, lui a fait donner le nom qu'elle porte. C'est là, ou dans le voisinage immédiat, qu'on doit, par des fouilles intelligentes, trouver le plus d'antiquités romaines. — V. *Tables Claudiennes*.

Ce n'est qu'en 1841, que M. Donzel s'engagea à faire à ses frais le susdit perron. En retour, il se réserva pour un nombre d'années déterminé la location des habitations construites dans les murs qui le soutiennent.

Place du Petit-Change

Entre le quai de l'Archevêché et le quai de Bondy.

La place du Petit-Change, située en avant de la place du Change — V. ce nom — avec laquelle elle communique, n'est en résumé qu'une prolongation de celle-ci. Les opérations du change s'y faisaient autrefois, comme tout autour de la Loge des Changeurs. L'appellation du Petit-Change prête à l'équivoque, il ne s'agit pas d'un change de moindre valeur, mais du local qui était plus restreint ; le mot *petit* s'applique moins au mot change qu'au mot place.

Au siècle dernier, la place du Petit-Change était beaucoup moins grande qu'aujourd'hui, car elle occupe de plus l'emplacement des maisons qui s'élevaient à la descente du pont, et qui ont été démolies en 1794.

Cette première place même n'était pas très ancienne. Ce sol était primitivement occupé par diverses constructions, notamment par une maison appelée *la Friperie*, laquelle, ayant été détruite par un incendie, n'a pas été rebâtie ; son emplacement a formé une place publique qui, à cause de son origine, a pris le nom de *Place de la Friperie brûlée*, ou simplement *de la Friperie*. Cet incendie eut lieu vers le milieu du xve siècle.

Pendant plusieurs années, les marchands ont tenu leur change sur cette place nouvelle. En 1685, la place de la Friperie prit le nom de place du Petit-Change.

Mais voici un détail que l'on ne connaît pas assez : à l'angle du quai de Bondy et de la place du Petit-Change, il y avait la maison du « *Grand Comtal* » « *aula Comitatûs* », dont aucun historien n'a parlé, et qui nous a été révélé par les travaux de M. Vermorel. C'était probablement l'endroit où se réunissaient les bourgeois pour délibérer sur les affaires communes, pendant la domination temporelle des archevêques et des chanoines, lieu de délibération auquel succéda la chapelle Saint-Jacquême, vers Saint-Nizier.

Il ne reste rien de cette maison ; en 1685, elle fut démolie ainsi que ses deux voisines, et ces trois maisons furent rebâties de fond en comble.

Place du Petit-Collége

De la rue de Gadagne à la rue du Bœuf.

Aucun des noms de rue de Lyon ne nous a permis de parler du Grand Collége, appelé aujourd'hui le Lycée, et qui a son entrée dans la rue de la Bourse. Nous profitons de l'occasion qui nous est offerte ici d'en dire un mot.

Les terrains qui s'étendaient du chevet de Saint-Nizier jusqu'au Rhône avaient été achetés, en 1306, par une association pieuse connue sous le nom de Confrérie de la Trinité. Cette Confrérie jouit paisiblement de ses acquisitions jusqu'en 1529. A cette époque, un édit de François Ier ordonna que les fonds possédés par les confréries fussent employés à des colléges ou à des hôpitaux. Les échevins de la ville et les principaux de la Confrérie traitèrent à l'amiable pour la fondation et l'entretien d'un collége public. Une des conditions était que le collége s'appellerait Collége de la Trinité. Les instances de Symphorien Champier et de Claude de Bellièvre ne contribuèrent pas peu à cette création.

Fig. 52. — Le Petit-Lycée à Saint-Rambert. — Phot. de Neurdein, frères, Paris.

Le nouveau collége fut donc construit sur les terrains de la Confrérie et remis à des professeurs séculiers, dont le plus célèbre fut Barthélemy Aneau. — En 1567, le Consulat y appela les Jésuites, qui y furent professeurs pendant près de deux siècles. Les plus distingués et les plus connus d'entre eux furent le P. de la Colombière, le P. Ménestrier, le P. Colonia. — Après l'expulsion des Jésuites, vers 1763, les Pères de l'Oratoire furent appelés au Collége, qu'ils gardèrent jusqu'à la Révolution. Depuis lors, il a eu successivement les noms d'Institut, Ecole Centrale, Lycée.

Le Petit Collége fut fondé peu de temps après le Grand. Gabrielle de

Gadagne, veuve de Jacques Mitte de Chevrières-Miolans, marquis de Saint-Chamond, donna aux Jésuites du Collége de la Trinité une somme de vingt-quatre mille francs, pour fonder un second collège du côté de Fourvière, dans lequel on enseignerait trois basses classes. Le legs fut accepté et le collége fut fondé au bas de la colline. Le célèbre Père de la Chaise y a été recteur en 1668. Comme au Grand-Collége, les Oratoriens remplacèrent les Jésuites, mais la Révolution fit fermer les classes et chassa tout ce qui était religieux. Après la tempête, en 1802, les Frères des Ecoles Chrétiennes, au nombre de vingt-six, voulant y former le centre de leur congrégation, y habitèrent avec leur supérieur-général. Plus tard ils achetèrent l'ancienne maison des Lazaristes qui est au-dessus du Petit-Collége. Plus tard encore, le noviciat fut transféré à Caluire et la maison-mère fut établie à Passy, près de Paris. Quant au Petit-Collège, ce n'est plus qu'un souvenir. Mais l'idée première qui présida à sa fondation, abandonnée pendant longtemps, a été reprise il y a une trentaine d'années. On a établi, pour les classes inférieures, une succursale du Lycée, à Saint-Rambert-l'Ile-Barbe, dans une situation délicieuse où les élèves ont de l'air et de l'espace. Ce n'est pas le Petit-Collége, c'est le Petit-Lycée. Quant au Grand-Lycée, il va très probablement avant peu être transféré ailleurs.

Rue Petit-David

Du quai Saint-Antoine à la rue de la Monnaie.

Cette rue s'appela d'abord rue Saint-Antoine, à cause du couvent des Antonins, qui était voisin. Mais en 1660, elle changea de nom et s'appela Petit-David, parce que sur la porte d'une maison de cette rue, on voyait un ouvrage du sculpteur Bidaud, représentant une statue de David enfant, un petit David, appuyé sur une épée, et tenant sous ses pieds la tête du géant Goliath vaincu. Elle était placée sur la porte de la maison Bouchard, à côté de l'église Saint-Antoine. La tête du Goliath a été conservée et reproduite plusieurs fois dans les ouvrages qui traitent du vieux Lyon.

Rue du Peyrat

Du quai Tilsitt à la place Bellecour.

Je ne saurais mieux faire que de transcrire ici une page de M. Morel de Voleine :

La ligne de maisons qui s'étend au midi de la place Bellecour, de l'église de la Charité jusqu'à la rue du Plat, était appelée rue du Peyrat. Depuis quelque temps on l'avait englobée dans la désignation générale de place Louis-le-Grand, et le nom de du Peyrat n'avait été conservé qu'à la ruelle servant de communication avec la rue du Plat et la place des Colonies. Par suite de la démolition de l'hôtel de la Valette et de l'élargissement qui en est résulté, toute la longueur de cette voie, de la place Bellecour au quai Tilsitt, garde ce nom. Nous devons féliciter l'administration de ne pas avoir sacrifié un nom historique à un nom insignifiant, et aussi de lui avoir restitué son orthographe véritable. — (On avait en effet jusqu'alors écrit du Pérat.)

Voici les quatre principaux membres de cette famille :

Jean du Peyrat, qui fut marchand et citoyen de Lyon, fut conseiller de ville (1478), et fit construire la chapelle du Crucifix, à Saint-Paul.

Jean du Peyrat, son fils, fut lieutenant-général de la sénéchaussée de Lyon, président au Parlement de Dombes, lieutenant au Gouvernement du Lyonnais. Il acheta le tènement du Plat, en 1527, et ouvrit sur ce terrain cette rue qui porte aujourd'hui le nom de du Peyrat. Ce Jean du Peyrat laissa deux fils, Maurice et Jean.

Maurice du Peyrat, seigneur du Plat et d'Yvours, eut la bassesse de demander à Charles IX la commission d'apporter à Lyon l'ordre de massacrer les Huguenots le jour de la Saint-Barthélemy. On lui donna pour récompense la lieutenance du Roi au Gouvernement de Lyon.

Jean du Peyrat, fiancé à Clémence de Bourges, la perle des demoiselles lyonnaises, fut mis à la tête des troupes de Lyon, qui furent envoyées contre le baron des Adrets. Il les poursuivit avec le sire de Maugiron jusqu'à Beaurepaire, en Dauphiné, dont ils firent le siège et où du Peyrat fut tué. Clémence ne lui survécut pas.

Rue Philibert-Delorme

De la rue Magneval à la rue des Fantasques.

On ignore la date précise de la naissance de Philibert Delorme. Elle eut lieu, croit-on, vers 1518. Il étudia l'architecture et devint remarquable en son art. Appelé à Paris par nos rois, disent les uns, présenté à Henri II par le cardinal du Bellay, disent les autres, il fut chargé de travaux importants, et était pourvu de bénéfices ecclésiastiques, car il était d'église ; il était abbé de plusieurs riches abbayes et fut aumônier des rois Henri II et Charles IX. Ses travaux furent très nombreux : il construisit le château des Tuileries, la grande cour en fer à cheval de Fontainebleau, les châteaux de Meudon, de Saint-Maur, de la Muette[1], de Villers-Cotterets, etc. A Lyon, nous avons de lui le portail de l'église de Saint-Nizier, une maison remarquable dans la rue Juiverie, et un puits dans la cour de la maison qui, dans la rue Saint-Jean, porte le n° 37. Par délibération du 2 mars 1876, le Conseil municipal a voté les fonds nécessaires pour l'acquisition et l'enlèvement de ce puits.

Philibert Delorme fut aussi l'inventeur d'un système de charpente qui porte son nom et qui réunit la simplicité et la solidité. Il mourut en 1577. Philibert Delorme est un des quatre personnages de la fontaine des Jacobins. — V. aussi plus loin rue *Tavernier*.

Rue Philippeville

De la rue des Trois-Enfants à la rue de la Fontaine.

Alors que nos troupes étendaient chaque jour en Afrique la domination française, chaque jour apportait l'annonce d'un exploit nouveau, tantôt c'était une victoire, tantôt c'était la création d'une ville. L'ancienne *Rusicada* des Romains devint, en 1838, sous le règne de Louis-Philippe, la ville de Philippe ou Philippeville. On a donné ce nom à cette rue créée un peu après cette date.

---

[1] Ce château de la Muette n'a aucun rapport d'appellation avec la montée de la Muette, dont nous avons parlé plus haut. La Muette ou la Meute était particulièrement réservée au service des chasses. On y conservait les *mues*, ou bois que les cerfs laissent tomber à certaines saisons.

Rue Pierre-Blanc

De la montée des Carmélites à la rue Flesselles.

C'est l'ancienne rue Tolozan, qui, par décision municipale du 19 mars 1901, a pris ce nom nouveau. Il n'y a pas à le regretter, puisque le nom de Tolozan est conservé d'autre part et que ce changement supprime une cause facile d'erreur.

M. Pierre Blanc, qui est mort au commencement de l'année 1901, était originaire de la Savoie. Ses études faites, il fut pharmacien et s'établit dans la rue Tolozan. Très bon, très serviable, et républicain de la veille, il obtint l'estime de tous ceux qui le connurent. Il fut maire du premier arrondissement après le Quatre Septembre 1870 ; plus tard, il devint vice-président du bureau de l'Assistance publique, président du Conseil d'administration de l'orphelinat municipal de la rue Chazière, etc...

Dans les dernières années de sa vie, M. Pierre Blanc se retira et habita le n° 100 du boulevard de la Croix-Rousse, où il mourut. — V. *Tolozan.*

Rue Pierre-Corneille

De la rue de Sèze à la rue Moncey.

Cette rue est l'ancienne rue Madame. Ce nom de Madame, pris dans son sens absolu, était porté, sous l'ancienne monarchie, par la femme de Monsieur, frère du Roi, ou par la fille aînée du Roi. Avec nos institutions actuelles, ce nom devait disparaître ; on lui a substitué, en 1879, le nom du grand tragique, Pierre Corneille.

Pierre Corneille naquit à Rouen, en 1606, et mourut à Paris, en 1684. La poésie l'enleva au barreau, auquel il s'était d'abord destiné. Il débuta par des comédies qui eurent un grand succès ; il aborda ensuite le genre tragique, où, malgré ses envieux, il se fit un nom immortel. Nommons seulement le *Cid*, *Horace*, *Cinna*, *Polyeucte*, qui nous paraît la plus parfaite de ses œuvres.

Il était doué de plus de génie que de goût ; il avait la force de la pensée et toucha souvent au sublime. Mais le sublime fut son écueil, comme il fut aussi son triomphe. De là, des œuvres inférieures où ses grandes qualités deviennent, par l'exagération, de véritables défauts ; mais les plus médiocres, il faut le reconnaître, ont encore de la grandeur. Il mourut dans la misère ; il était alors le doyen de l'Académie française, où il avait été élu en 1647.

Rue Pierre-Dupont

Du cours des Chartreux à la rue des Chartreux.

Cette rue est l'ancienne rue du Clos-des-Chartreux. — V. ce dernier nom. — Sous l'Empire, on lui donna le nom du cardinal Fesch, oncle maternel de Napoléon Ier, nom qu'elle garda jusqu'en février 1871.

Le cardinal Fesch (1763-1839), d'origine suisse, fut d'abord archidiacre d'Ajaccio. Pendant la Révolution, il fut commissaire des guerres et ne rentra dans les ordres qu'au moment du Consulat. Il devint archevêque de Lyon en 1802, et cardinal en 1803. Sous la Restauration, il se retira à Rome sans vouloir se démettre de son archevêché.

Ce n'est pas sans raison qu'on avait donné son nom à cette rue. C'est lui, en effet, qui, par acte du 19 octobre 1810, avait acheté du sieur Perret, le grand bâtiment à combles *à la française*, avec la terrasse, les jardins, allées, terres, vignes et prés affectés à ce lot, pour en faire sa maison de campagne. En 1813, il augmenta cette première acquisition par l'achat d'un lot contigu, appartenant au sieur Nivet, puis il céda le tout en propriété au diocèse de Lyon, comme le reconnaît l'ordonnance royale de 1824. C'est dans cette propriété qu'est établie la Société des Prêtres de Saint-Irénée, connus sous le nom de Chartreux.

En 1871, cette rue reçut le nom du célèbre chansonnier, Pierre Dupont qui mourut, en 1870, dans cette rue et chez son frère, où il vint passer les derniers mois de sa vie.

Pierre Dupont naquit en 1821, de pauvres artisans, originaires de Provins. Il fit ses études au Petit-Séminaire de l'Argentière (Rhône). Ayant peu de goût pour l'état ecclésiastique, il devint apprenti canut, clerc de notaire, employé dans une maison de banque. Plus tard, à Paris, il obtint une place d'aide au *Dictionnaire*, qu'il occupa de 1842 à 1847. A cette époque, sa chanson des *Bœufs* et celle des *Paysans* lui firent une très grande popularité. Après 1848, grâce à sa naïve bonté, il eut des tendances socialistes qui le rendirent suspect lors des événements de

Fig. 53. — Buste de Pierre Dupont, dans le jardin des Chartreux. — Phot. Victoire, Lyon.

1851. Il se cacha pendant six mois. puis fut découvert et condamné à sept ans d'exil à Lambessa, mais on obtint la grâce du poète, qui resta dès lors à l'écart de la politique.

Pierre Dupont fut surtout le chantre bucolique, le poète des paysans ; *Les Bœufs, Les Louis d'or, La mère Jeanne, La Promenade du paysan*, et surtout *Les Sapins*, sont ses chansons les plus connues. Il s'est placé en France, sans doute au-dessous, mais à côté de Béranger.

On lui a élevé, dans les jardins du cours des Chartreux, un gracieux monument, œuvre de Gaspard André et de Suchetet.

Impasse des Pierres-Plantées
Dans la montée de la Grande-Côte.

Le quartier des Pierres-Plantées était célèbre autrefois ; c'était la patrie du vrai *canut* de la Croix-Rousse. Les Pierres-Plantées ont disparu aujourd'hui, on n'en a conservé que le nom donné à cette impasse. Comme le nom l'indique, c'étaient, au sommet de la Grande-Côte, une rangée de pierres plantées en terre et espacées entr'elles, de façon à laisser passer les piétons et à empêcher la circulation des voitures.

On trouve encore, dans les campagnes, des limites de propriétés ainsi faites.

Quai Pierre-Scize
De la place Gerson au quai de Vaise.

Un rocher énorme s'avançait autrefois jusque dans la Saône et ne laissait aucun passage le long de cette rivière. Agrippa le fit couper pour y établir l'une des quatre grandes voies militaires qu'il ouvrit dans les Gaules, et dont Lyon était le centre. Il fut de là appelé *Petra incisa*, pierre encize, et par contraction, Pierre-Scize.

Pierre-Scize devint la propriété des archevêques de Lyon, et, comme ils avaient juridiction temporelle, ils y firent construire un château et une forteresse, le château pour leur servir d'habitation, la forteresse pour servir de prison. Ce fut l'œuvre de l'archevêque Burchard, frère de Rodolphe III et fils de Conrad le Pacifique, roi des Deux Bourgognes, lequel céda ses Etats à l'empereur Conrad le Salique.

Les archevêques furent maîtres de ce château jusqu'en 1625. A cette date, l'archevêque de Lyon, qui était le cardinal de Richelieu, le frère du grand ministre, reçut cent mille francs d'indemnité et la forteresse devint prison d'Etat. C'est là que furent enfermés le baron des Adrets, le duc de Nemours, Cinq-Mars, de Thou. Cette prison fut démolie pendant la grande Révolution.

Ce quai comprenait autrefois dans son parcours le quai de la Peyrollerie, le port de l'Epine, le quai du Puits-du-Sel, la place Kléberg ou de l'Homme-de-la-Roche, le quai de Bourgneuf, le quai de Pierre-Scize et le quai de l'Observance. Depuis 1855, il n'y a plus que le quai de Pierre-Scize.

Rue et petite rue Pizay

La rue : de la rue de l'Hôtel-de-Ville à la rue du Garet.
La petite rue : de la rue Pizay à la rue de l'Arbre-sec.

On trouve qu'en 1353, un Philippe de Pizeys, courrier (*corrector* et non *cursor*) de la ville pour le roi, y possédait une maison connue sous le nom de Pizeys.

L'almanach de 1745 donne une autre raison de cette dénomination : il prétend que la plupart des maisons de cette rue étaient autrefois bâties en pisé.

Rue du Plat

Du quai des Célestins à la place Saint-Michel.

Une section de cette rue du Plat était la rue de l'Arsenal, qui fut absorbée en 1855.

Les Du Peyrat — V. ce nom — achetèrent le tènement du Plat, *Plateum Athanatense*. Le Plat était une vaste seigneurie qui embrassait tout le quartier. Celui qui la créa, en achetant le territoire, était un riche patricien milanais, dit-on, nommé Piatto, de l'antique famille des Piatti, et prétendait descendre en ligne directe du grand Platon.

On trouve assez fréquemment dans les auteurs l'expression le *Puits d'Ainay*, et si l'on n'a pas une notion préalable sur ce qu'elle signifie, on est exposé à l'erreur. Etant donné que *Podium*, puy, veut dire une hauteur, on se demande ce que peut bien signifier *Podium Athanalense*, puisque le quartier d'Ainay est un pays plat. Il faut donc savoir que le Puy d'Ainay comprenait la hauteur où sont assis la porte des Farges ou de Saint-Just, l'église de Saint-Just, le Grand-Séminaire. Il y a lieu, dès lors, de se demander si cette appellation ne nous mettrait pas sur la voie d'une solution nouvelle à donner à un problème ancien ; ne serait-il pas ici le lieu du martyre de ceux qui furent appelés les martyrs d'Ainay? Le baron Raverat a eu cette idée, mais il ne parvint pas à la faire admettre. Du reste, toutes les difficultés, nous le reconnaissons bien, ne seraient pas résolues. — Le Plat d'Ainay, *Plateum Athanalense*, était la plaine en face, de l'autre côté de la Saône. Le Plat d'Ainay s'appela plus tard Villeneuve-le-Plat (1560), lorsque Claudine de Laurencin eût fait ouvrir des rues dans ce vaste tènement.

Au commencement de cette rue, l'hôtel du Palais-Royal occupe l'emplacement de l'ancien hôtel de la Franchisserie, qui fut plus tard appelé de Rontalon. Pierre de Chaponay-Feyzin le fit reconstruire au commencement du XVIIe siècle, et lui donna ce nom de Palais-Royal, sous lequel il est encore connu aujourd'hui.

Rue de la Platière

Du quai de la Pêcherie à la place Meyssonnier.

Avant 1855, cette rue comprenait la rue de la Palme et la place de la Platière.

Les traditions lyonnaises nous rapportent que saint Pothin, le premier missionnaire de Lyon, nous apporta, dès l'origine du christianisme, le culte de la sainte Vierge. Là où s'élève aujourd'hui l'église de Saint-Nizier, il n'y avait que des terrains vagues, coupés de canaux et habités par des pêcheurs. C'est là que saint Pothin aurait fait ses premières prédications. Plus tard, il y eut un peu plus haut, sur la rive gauche de la Saône, une très ancienne chapelle dédiée à la sainte Vierge. Elle s'appelait Sainte-Marie au Bois, *Sancta Maria in Bosco*, parce qu'elle avait été bâtie au milieu des arbres. Leydrade, sur la fin du VIIIe siècle, remplaça la chapelle par une église. Saint-Jubin, archevêque de Lyon, en fit un prieuré en 1080 et y appela les chanoines de Saint-Ruf. Mais la ville s'étant étendue sur les rives de la Saône, il fallut songer à constituer une paroisse et à reconstruire l'église. On coupa une partie des arbres qui environnaient la chapelle et la nouvelle église se trouva sur une place, *platea*, d'où lui est venu le nom de Notre-Dame de la Platière, ce qui ne veut pas dire autre chose que Notre-Dame de la Place.

On pourrait s'en tenir là pour l'explication du mot, mais il y a aussi, se rattachant à la Platière, des souvenirs historiques intéressants.

Innocent IV, après de nombreux démêlés avec l'empereur Frédéric II, résolut de le déposer. Mais, de son côté, l'empereur résolut d'enlever le Pape. Innocent IV l'ayant appris, quitta Rome secrètement, gagna Civita-Vecchia, s'embarqua pour Gênes, sa patrie, puis vint à Lyon ; cette ville, étant sous la juridiction temporelle de l'archevêque, lui offrait une hospitalité toute naturelle. Ce fut lui qui convoqua le premier concile œcuménique de Lyon, lequel se tint dans l'église de la Platière, sous la présidence du Souverain Pontife, bien que d'autres auteurs disent que les sessions de ce concile se tinrent à Saint-Jean. Ce Concile de 1245 est remarquable par la sentence de déposition de Frédéric II qui y fut prononcée.

Dans ce même Concile, un décret ordonna la célébration annuelle de la fête de la Nativité de la sainte Vierge, avec Octave. On dit que le Pape lui-même en composa l'office. C'est dans l'église de la Platière que, pour la première fois, fut célébrée cette solennité, et chaque année cet anniversaire y était fêté avec une grande pompe. Voilà pourquoi l'église de Notre-Dame-Saint-Vincent célèbre aujourd'hui avec une grande solennité la fête et l'octave de la Nativité.

Pendant l'occupation protestante de 1562, l'église de la Platière fut préservée parce qu'on y installa le poids public, mais, pendant la Révolution, l'église de Notre-Dame de la Platière et ses dépendances furent vendues comme biens nationaux, puis démolies. On en trouve quelques restes engagés dans les murs de l'ancien hôtel de l'Ecu de France.

Rue du Plâtre

De la rue Paul-Chenavard à la rue de l'Hôtel-de-Ville.

Ce mot de Plâtre est, lui aussi, un dérivé de *platea*, place. C'est, qu'en effet, le Plâtre était autrefois une place. Vers la rue Vaudrey, à la Guillotière, il y avait autrefois le quartier du Plâtre ; Villeurbanne a aussi son Plâtre.

Une grange, appelée le Plâtre, et qui appartenait à la Confrérie du Saint-Esprit, donna, disent certains auteurs, son nom à cette place : « le plâtre du Saint-Esprit au-devant du puits de Malconseil ». Je crois qu'il y a là une légère erreur ; on comprend très bien cette locution « la grange du Plâtre » ou cette autre « le plâtre du Saint-Esprit », mais on a peine à se figurer qu'une grange s'appelle le Plâtre, sinon par métaphore, ce qui rentre dans notre explication.

Il est impossible de parler de la place du Plâtre sans rappeler une réjouissance du temps de nos pères. M. Le Gris, curé de Saint-Pierre et de Saint-Saturnin, pour marquer sa joie causée par la réunion des Grecs et des Latins, touchant la doctrine du Saint-Esprit, au deuxième concile général de Lyon, en 1274, donna deux maisons, sises sur la place du Plâtre, pour fonder à perpétuité deux processions pendant les fêtes de la Pentecôte, l'une à l'Ile-Barbe, l'autre à la Chapelle-du-Pont-du-Rhône, et aussi pour subvenir aux frais d'une feuillée qu'on construirait sur la place du Plâtre, sous laquelle on danserait, et l'on distribuerait une certaine quantité de pain aux pauvres. — C'est déjà bien joli de voir un curé subvenir, par une fondation, aux frais d'une danse populaire, mais on est allé plus loin, on a prétendu que c'étaient l'abbesse de Saint-Pierre et le curé qui ouvraient le bal. J'ai cherché longtemps un document qui pût servir de preuve à cette étrange tradition. Je ne l'ai pas trouvé. Je considère donc la légende comme inspirée par un mauvais esprit. Le treizième siècle est, au point de vue religieux, une trop belle époque pour que l'on puisse faire intervenir la simplicité des mœurs de nos aïeux qui l'expliquerait. Quoiqu'il en soit, cette fête fut abolie par le Consulat, en 1730.

Rue Pléney

De la rue du Plâtre à la rue de la Fromagerie.

M. Pléney, négociant, fit par testament une fondation dont l'objet est de distribuer chaque année des livrets de caisse d'épargne d'une somme de 500 francs aux jeunes gens des deux sexes, âgés de vingt ans au moins, qui sont indiqués par le Tribunal des Prud'hommes et le Conseil Général des Hospices de Lyon, comme ayant soutenu par leur travail et leur dévouement prolongé leurs frères et sœurs orphelins ou leurs parents malheureux.

Les magasins de M. Pléney étaient à l'angle de la rue Paul-Chenavard et de la place Meissonnier, au milieu de laquelle s'élève le buste de cet homme de bien.

La rue Pléney est non loin de là ; elle s'appelle ainsi depuis 1875 ; auparavant c'était la Petite-Rue Longue. — V. ce nom.

Fig. 54. — Buste de Pléney, place Meissonnier. — Phot. Victoire, Lyon

Je n'ai pas besoin de faire remarquer ce qu'il y a d'anormal à mettre, fussent-ils rapprochés dans un voisinage plus ou moins étroit, un nom d'un côté et un buste de l'autre. La place Meissonnier logiquement aurait dû s'appeler place Pléney, soit à cause des anciens magasins de ce commerçant qui sont tout auprès, soit à cause de la présence de son buste.

Rue Poivre

De la place Sathonay à la rue Savy.

Cette rue, ouverte vers 1830, est une des trois ou quatre rues qui, à Lyon, ne sont pas en ligne droite, mais contournent un immeuble, comme la rue du Bélier, à Perrache, la rue Pomme-de-Pin qui suit, la rue Saint-Jacques, à la Guillotière.

Le nom de Poivre est celui d'un Lyonnais trop peu connu et dont nous avons bien le droit d'être fiers. Pierre Poivre naquit en 1719. Il voulut se faire missionnaire, et, jeune encore, partit pour la Chine sans être engagé dans les ordres. Esprit observateur, il recueillit des renseignements sur la géographie du pays et les ressources qu'il offrirait. En revenant en France pour se faire ordonner, le vaisseau fut attaqué par les Anglais, et Poivre prit chaudement part à l'action. Il perdit un bras pendant le combat. Cet événement changea son avenir. Revenu en France, Poivre exposa ses vues commerciales et ses vues furent goûtées, et on l'envoya, comme ministre du roi de France, auprès du vice-roi de Cochinchine, dont il gagna les faveurs. La ruine de la Compagnie des Indes qui survint empêcha les résultats heureux qui devaient couronner cette difficile entreprise, et Poivre rentra en France. Quelques années plus tard, il fut nommé intendant des îles de France et de Bourbon, que son habile administration rendit florissantes ; il y naturalisa l'arbre à pain, et y établit la culture du giroflier et du muscadier. Il revint à Lyon en 1773 et rentra dans la vie privée. Il habita, sur les bords de la Saône, la maison appelée la Frêta. Il mourut en 1786. Le Gouvernement lui avait accordé une pension de douze mille livres et le cordon de Saint-Michel.

Rue Pomme-de-Pin

De la rue du Plat à la rue Sala.

Une enseigne, représentant une gigantesque pomme de pin, existait autrefois dans cette rue. L'enseigne a disparu, mais le nom est resté. — V. *Poivre.*

Avenue des Ponts

Du quai Claude-Bernard à la route d'Heyrieu.

Au midi de Lyon, sur le Rhône et sur la Saône, existent deux ponts, appelés Ponts-du-Midi, à cause de leur situation topographique. Ces deux ponts sont reliés entre eux par un beau cours qui porte lui aussi le nom du Midi. Au-delà du Pont du Rhône, ce cours prend le nom d'avenue des Ponts.

Place du Pont

Sur le cours Gambetta.

A une distance relativement considérable du pont de la Guillotière, cette place porte un nom qui pourrait étonner, si l'on ne se rappelait ce que nous avons déjà dit. — V. *Gambetta*. — Le pont actuel de la Guillotière n'est que la moitié de l'ancien pont qui aboutissait à cette place ; de là son nom.

Cette place est très irrégulière ; autrefois on la considérait comme formant deux places distinctes ayant deux noms différents, l'une, la place du Pont, l'autre, de la Grande-Rue à la rue Béchevelin, la place des Repentirs. Depuis 1855, elles ont été réunies sous le même nom.

Rue du Pont-de-la-Gare

Du quai Jayr à la rue de la Claire.

Ce nom se comprend facilement. Il y a sur la Saône un pont de la Gare, la rue qui lui fait suite est la rue de la Gare, et cette rue de la Gare aboutit à la gare de Vaise ; rien de plus naturel, c'est donc la gare de Vaise qui a donné son nom à cette rue. Tel est le sens obvie pour un Lyonnais d'aujourd'hui.

Mais voici qui va corriger un peu ces idées ; ce sont les termes de l'adjudication du pont de la gare :

8 février 1828. — L'entreprise du pont de la gare a été adjugée à une

Compagnie, qui, dans sa soumission, a fixé la durée de la perception du péage sur le pont à quatre-vingt-dix-huit ans et six mois.

Or, en 1828, il n'était pas question ni de chemin de fer, ni de la gare de Vaise. Il est donc manifeste qu'il s'agit ici de la gare d'eau, qui a précédé de beaucoup la gare de terre.

Rue Port-du-Temple
Du quai des Célestins à la place des Jacobins.

Les terrains sur lesquels nous nous trouvons, avant d'appartenir aux religieux Célestins, appartenaient aux Chevaliers du Temple. — V. *Célestins* et *Templiers*. — La Saône, qui baignait ces propriétés, avait certains lieux d'abordage, appelés Ports. Il y en avait un près des Templiers, c'était le Port du Temple ; cette rue en conserve le souvenir. — Nous avons déjà constaté — V. *Monnaie* — qu'autrefois la rue Port-du-Temple n'était pas là, mais dans la rue de la Monnaie.

Avant 1855, la rue qui nous occupe s'appelait Ecorche-Bœuf, et ce nom fait allusion à une ancienne fête populaire. Il y avait autrefois une fête des Merveilles, célébrée par une procession splendide. Le clergé et le peuple se rendaient à l'Ile-Barbe, et tous descendaient la Saône dans des barques, en chantant des litanies. Quand on était arrivé vers le Pont de Pierre, on laissait du haut de l'arche du pont, appelée arche des merveilles ou arc merveilleux, tomber un bœuf, qu'on pourchassait aussitôt et dont on s'emparait. On le tirait de l'eau au Port du Temple, et l'on allait l'abattre et l'écorcher dans un abattoir voisin. De là l'ancien nom de cette rue.

Rue de la Poudrière
De la montée de la Butte au cours des Chartreux.

Octobre 1699. — En creusant les fondements du magasin des poudres, au-dessous de la montagne des Chartreux, on découvre, à treize pieds de profondeur, plusieurs instruments de sacrifice en argent, une médaille d'Auguste en argent avec le revers : *ob cives servatos*, une en moyen bronze de Vespasien, représentant un autel carré avec la devise *Provi-*

dentia, une d'Antoine *Legio XI*, avec les signes militaires ; quelques consulaires ; une d'argent ayant la tête de Rome et au revers une figure avec la charrue et deux bœufs pour une *colonia* ; une de la famille Plœtoria avec Rome *turrita* et le nom de Cestianus, et au revers une *Sella curulis* ; une de la famille Œlia, avec le char de Diane, traîné par deux cerfs, etc... (Notes du P. Ménestrier.)

1703. — Transport du magasin à poudre de Saint-Michel en celui qui est au-dessous de la montagne des Pères Chartreux.

3 novembre 1827. — Ordonnance du Roi qui autorise la ville de Lyon à acquérir, dans le quartier des Chartreux, l'emplacement nécessaire pour y établir le dépôt des poudres.

C'est le maréchal de Vauban qui fit établir la première poudrière dans le voisinage du fort Saint-Jean. Il est manifeste qu'elle cessa de servir à cet usage puisqu'en 1827, l'Etat ou la ville est obligé d'acquérir des terrains pour la rétablir. Je ne sais si l'emplacement fut différent, mais s'il y en eut deux, ils doivent être fort voisins.

Rue de la Poulaillerie
De la rue Centrale à la rue de la République.

Il n'est pas inutile de savoir que le mot *poulaille* est un mot lyonnais, qu'on emploie comme synonyme de volaille. On dit très bien à Lyon : acheter une poulaille, manger de la poulaille. Du reste, si le mot poulaille n'est pas dans le dictionnaire de l'Académie, il a droit à quelques égards, il a donné naissance au mot poulailler.

Or, autrefois les marchands de volaille tenaient marché dans cette rue. — V. *Fromagerie*.

C'est dans cette rue, au n° 13, que fut l'Hôtel-de-Ville, de 1604 à 1652. Avant 1604, cette maison portait l'enseigne de la Couronne.

Rue Pouteau
De la rue Sève à la rue Burdeau.

Par délibération du Conseil municipal en date du 18 juin 1829, le nom de Pouteau fut donné à cette rue. Une section de cette rue s'appelait

Casati ; par décision de la Commission municipale en date du 17 février 1855, les rues Pouteau et Casati furent unies sous le seul nom de Pouteau.

Claude Pouteau, lyonnais, fut un savant chirurgien. Il naquit en 1724 et mourut en 1775. Chirurgien en chef de l'Hôtel-Dieu, il acquit dans son art une très grande célébrité ; il était peu écrivain, mais il était d'une pratique heureuse et hardie. L'opération de la taille, la réduction des luxations lui doivent des améliorations.

Place du Prado
De la rue Bouchardy à la rue Bancel.

Prado est un mot espagnol qui signifie pré, prairie. Il n'y a pas longtemps que la Guillotière est habitée comme nous la voyons aujourd'hui. Il ne faut pas remonter bien loin dans nos souvenirs pour retrouver le lac, les prés de la vogue, les prairies du Prado. Est-ce donc à ces anciens prés que le Prado doit cette appellation ? Non.

Le Prado est à Madrid une promenade très fréquentée ; le Prado évoque une vague idée de plaisir. Des entrepreneurs d'un certain genre se sont presque toujours abrités sous un nom espagnol, le Casino, l'Eldorado, voici le Prado.

Le Prado était une salle de danse ; ce bal était très mal fréquenté, mais par là même faisait plus de tapage ; le nom fut vite très connu, il fut en vogue, il resta.

Là où le diable eut si beau jeu, s'élève aujourd'hui la chapelle du Prado, dédiée à Notre-Dame des Sept-Douleurs. Le vénéré abbé Chevrier, que tout Lyon a connu, s'y occupa à catéchiser les enfants pauvres, abandonnés ou délaissés, de la Guillotière. Son œuvre continue, et à Lyon, on connaît les enfants du Prado. Une rue qui porterait dans ce quartier le nom du P. Chevrier serait sûrement bien accueillie par tous.

Rue des Prés
De la rue des Tuileries à la rue Saint-Pierre-de-Vaise.

Ces prés, sur lesquels on a ouvert des rues, dépendaient autrefois de l'ancienne auberge du Chapeau-Rouge. — V. *Dumas de Loire* et *Tuileries*.

Rue du Président-Carnot
De la place des Cordeliers à la place de la République.

Le 24 juin 1894, la ville de Lyon était en fête, elle avait reçu le Président Carnot et lui témoignait vivement ses sympathies. Au sortir d'un

Fig. 55. — Monument Carnot. — Phot. Victoire, Lyon.

banquet qui lui avait été offert au Palais du Commerce, il se rendait à la représentation de gala au Grand-Théâtre pour clôturer la journée ; la foule l'entourait et le saluait de ses *vival*, et le Président, pour répondre de plus près à ces ovations, avait fait ralentir sa voiture, quand un individu se précipita sur lui et lui porta un violent coup de poignard. L'attentat fut si brusque, le coup si rapide que personne ne comprit tout d'abord ce qui venait de se passer. C'est en voyant le Président s'affaisser et ses vêtements se couvrir de sang que l'affreuse vérité se fit jour.

Quel pouvait être l'assassin ? M. Carnot n'avait pas d'ennemis ; d'autre part, le régime républicain ne comporte pas une hérédité à craindre. Deux minutes de plus, dans l'affolement général, l'assassin s'esquivait. Il fut pris cependant ; c'était un anarchiste italien, du nom de Caserio ; ce fut un soulagement pour tout le pays d'apprendre que cet épouvantable forfait avait été commis par un étranger.

On a donné le nom du Président Carnot à la principale rue qu'on vient d'ouvrir dans le quartier Grolée renouvelé ; elle aboutit à un monument qu'on a inauguré en 1900, et qui redira cette douloureuse page de l'histoire.

Ce monument ne sera pas très éloigné du lieu de l'assassinat, et les circonstances ont imposé cet emplacement, mais de fait, il est situé sur la place de la République et je répète ce que j'ai déjà dit : il y a une anomalie manifeste à trouver sur la place Carnot la statue de la République, et sur la place de la République, la statue de Carnot.

Rue des Prêtres

De l'avenue de l'Archevêché à la place Saint-Georges.

Cette rue s'est appelée antérieurement rue Taverney. On lui donna le nom de rue des Prêtres parce que, autrefois, les Prêtres habitués de l'église Saint-Jean, plus nombreux alors qu'aujourd'hui, y avaient leur domicile.

Rue de Provence

Du quai Saint-Clair à la place des Pénitents-de-la-Croix.

Cette rue, qui avoisine les rues Dauphine, Royale et de Berri (aujourd'hui Marceau), fut créée avec le quartier, sur la fin du règne de Louis XV. Elle reçut ce nom en l'honneur du comte de Provence, qui devint Louis XVIII.

Rue Prunelle

De la rue Rivet à la place Rouville.

Ce nom est celui d'un des hommes les plus distingués que notre ville ait possédés. Il n'était pas Lyonnais, il naquit dans les environs de La Tour-du-Pin, en 1776, mais il passa toute sa vie à Lyon, qu'il regardait comme sa patrie. Voici en quelques mots ce que fut le docteur Prunelle :

Ancien professeur à la Faculté de médecine de Montpellier, membre de la Société de médecine de Lyon, inspecteur honoraire des eaux de Vichy, ancien député de La Tour-du-Pin, maire de Lyon, de 1830 à 1835, il mourut à Vichy, le 20 août 1853, à la suite d'une attaque d'apoplexie foudroyante, à l'âge de 77 ans.

Intelligence de premier ordre, aptitude universelle, érudition immense, caractère fortement trempé, il ne fut pas seulement un médecin éminent, mais il fit preuve encore d'une haute capacité comme administrateur de notre ville. L'école de dessin du Palais Saint-Pierre et les diverses collections scientifiques lui doivent une partie de leurs améliorations et de leurs richesses ; par ses soins, la bibliothèque de l'Académie devint un établissement de premier ordre ; c'est à lui qu'on doit le système de distribution des eaux du Rhône. Son coup-d'œil savait tout embrasser et son esprit tout comprendre et tout saisir.

M. Francisque Bouiller, d'un seul mot, nous a tracé son portrait : il avait une tête à la Mirabeau, a-t-il écrit.

Rue Puits-Gaillot

De la place Tolozan à la place des Terreaux.

Gaillot est un mot lyonnais qui signifie flaque d'eau bourbeuse. Les parties creuses des chemins, qui, après la pluie, conservent l'eau plus longtemps, sont des gaillots. On dit couramment à Lyon : J'ai mis le pied dans un gaillot. Or, la rue dont il s'agit desservait un sol humide, voisin du canal de dérivation du Rhône, dont nous avons parlé. — V. *Lanterne*. — Elle fut, à cause de cette circonstance, appelée rue du Gaillot. Plus tard, on l'appela Puits-Gaillot, à cause de l'ouverture d'un puits qu'on pratiqua dans le mur de clôture du jardin de l'Hôtel-de-Ville, aujourd'hui place de la Comédie.

Voilà l'explication donnée par tous les auteurs qui ont écrit sur cette rue, et certes je n'y contredis pas. Ce que j'ajoute ici est simplement personnel.

Il n'est pas douteux qu'au commencement du XVIᵉ siècle, on creusa, à la hauteur de la Croix-Pâquet, un fossé défensif, qu'on appela le Grand Gaillot. Mais pourquoi le Grand Gaillot, sinon qu'il existait en même temps un Petit Gaillot ? Est-il invraisemblable de croire que le Petit Gaillot, la rue qui nous occupe, soit devenue par corruption de langage le Puits Gaillot, à plus forte raison, si un puits a réellement été ouvert, comme il est dit ci-dessus. Donc, à notre humble avis, cette appellation n'aurait été que la conséquence d'une autre dénomination ; l'une et l'autre auraient eu cette signification : grand fossé et petit fossé.

Place Puvis-de-Chavannes

Devant l'église de la Rédemption.

Cette place, connue un instant sous le nom de place des Graviers, s'est appelée place de l'Hôpital, puis place des Hospices, quand tous les hospices de Lyon furent réunis sous la même administration. On a bien fait de changer ces noms, qui n'indiquaient que la propriété, mais qui auraient été une cause d'erreur pour ceux qui se seraient imaginé qu'il y avait là une raison de voisinage.

Raison de propriété, en effet, car tous les terrains avoisinant appartenaient jadis aux Hospices, qui en possèdent encore aujourd'hui une très grande partie. Le terrain nécessaire à la création de cette place ayant été cédé par eux, ce nom lui avait été donné pour en consacrer le souvenir.

Depuis 1899, elle a reçu le nom de Puvis de Chavannes, peintre remarquable, qui naquit à Lyon, en 1824, dans la rue des Deux-Angles, qui devint la rue Victor-Arnaud, à laquelle a succédé l'actuelle rue d'Alsace. Il fit ses études au Lycée de Lyon, sa rhétorique et sa philosophie exceptées, qu'il fit à Paris, au collège Henri IV. Rien dans sa jeunesse ne fit présager le grand artiste qu'il devait devenir. Ce n'est qu'à partir de 1848, dans un second voyage en Italie, que sa vocation commença à se décider. Rentré à Paris, il ne fit que passer par les ateliers d'Eugène Delacroix et de Couture, il n'y trouva pas les leçons qu'il était venu chercher, il prit la résolution de se former lui-même. Longue et pénible formation, car de 1852 à 1859, tout ce qu'il envoya au Salon fut impitoyablement refusé. Il est vrai qu'il n'y avait rien alors en lui du Puvis de Chavannes que nous connaissons.

En 1861, son frère ayant fait construire une maison de campagne, il fut tenté de faire la décoration de la salle à manger ; c'est là le vrai commencement de notre artiste, ce n'est pas encore la peinture murale, telle qu'il la formulera plus tard, mais c'est le premier pas dans cette voie. Dès lors Puvis de Chavannes ne fera que grandir.

Son œuvre est considérable et dispersée dans de nombreux musées. Citons à travers les plus célèbres : au musée de Lyon, *Le Rêve, Le Bois sacré cher aux Arts et aux Muses, L'automne, Vision antique, Inspiration chrétienne, Le Rhône et la Saône* ; à Amiens, *Ave, Picardia nutrix* ; à Marseille, *Massilia, colonie grecque*, et *Marseille, porte de l'Orient* ; à Poitiers, *Charles Martel, vainqueur des Sarrasins* ; au Panthéon, *Sainte Geneviève enfant*, et *Saint Germain, prédisant les hautes destinées de sainte Geneviève* ; à l'Hôtel-de-Ville de Paris, *Hommage à Victor Hugo*.

Pierre-Cécile Puvis de Chavannes est mort en 1898, à Paris. Il était commandeur de la Légion d'honneur. Depuis quelques années, il présidait la Société nationale des Beaux-Arts.

Place et Rue de la Pyramide

La place : dans la rue de la Pyramide.
La rue : du quai Jayr au pont d'Ecully.

Deux grandes et belles routes conduisent de Lyon à Paris ; l'une passe par la Bourgogne, l'autre par le Bourbonnais. Les deux points de jonction de cette immense ellipse, points de départ et d'arrivée, étaient à Vaise et à Fontainebleau ; ils étaient marqués ici et là par une pyramide qu'on avait élevée en l'honneur de Louis XVI, lors de l'achèvement de ces deux routes. Celle de Lyon avait quarante pieds de hauteur et était due à M. de Flesselles (1783). Elle fut détruite par la Révolution, mais le nom est resté.

La rue de la Pyramide a absorbé une partie de l'ancienne route du Bourbonnais.

Rue de la Quarantaine
De la rue Saint-Georges au chemin de Choulans.

Jacques Cailles et Huguette Balarin, sa femme, achetèrent, en 1474, des prieurs de Saint-Irénée, la chapelle de Saint-Laurent des Vignes et quelques maisons contiguës, pour en faire un hôpital et y placer les pestiférés, auxquels on faisait faire quarantaine.

Le P. Colonia n'accepte pas cette explication, voici ce qu'il en dit : En 1504, le Consulat présenta une requête au cardinal d'Amboise, légat du Saint-Siège, pour lui demander deux dispenses : la première était une permission générale de ne commencer que le jour des Cendres l'abstinence et le jeûne du Carême, qu'on avait toujours commencés dès le lundi précédent; la seconde, celle de pouvoir manger du lait et du fromage durant tout le temps du Carême. Les deux conditions qu'on offrit au Légat furent que les personnes qui voudraient user de la première feraient certaines aumônes au Grand-Hôpital du pont du Rhône, et que, pour avoir la liberté de faire usage de la seconde, on contribuerait aux réparations de l'hôpital de Saint-Laurent des Vignes. Le nom de Quarantaine qui a été donné depuis ce temps-là à cet hôpital serait donc relatif à cette dispense quadragésimale. A Rouen, n'y a-t-il pas la Tour du Beurre, qui a la même origine ?

Ce qui précède, on le voit, ne touche que l'hôpital de Saint-Laurent; on l'a malheureusement confondu avec la Quarantaine. Celle-ci était en réalité beaucoup plus bas, au territoire de la Ferratière, dans la maison de la Fleur de Lys, à l'entrée et à l'ouest du chemin des Etroits. C'était un ensemble de bâtiments, où, pendant quarante jours, devaient loger les personnes, ou être entreposées les marchandises, venant de pays suspects ou contaminés.

Rue des Quatre-Chapeaux
De la rue Tupin à la rue Thomassin.

Une enseigne d'hôtellerie, représentant quatre chapeaux, a donné à cette rue le nom qu'elle porte. Elle comprend aujourd'hui les rues qui, avant 1855, s'appelaient rue de la Plume, de Vaudran, de l'Aumône, et la place Grenouille.

Elle s'est appelée aussi rue Maudite, à cause de Pierre Valdo qui y demeura et qui fut le chef de la secte des Vaudois; rue Raisin, rue Ferrandière, rue des Estableries, rue des Chapeliers ; cette corporation y avait, en effet, un certain nombre de boutiques.

Rue des Quatre-Colonnes
Du chemin de la Demi-Lune au chemin des Grandes-Terres.

Le café des Quatre-Colonnes, ainsi appelé des quatre colonnes qui lui servent de façade, a eu une assez grande notoriété. Une rue, établie dans ce voisinage, il y a un quart de siècle, ne reçut d'abord qu'un commencement d'exécution, ce tronçon reçut alors le nom de rue projetée des Quatre-Colonnes ; mais dans la suite, elle fut achevée et le mot *projeté* disparut.

Rue des Quatre-Vents
De la rue du Juge-de-paix au chemin de Loyasse.

Derrière Fourvière, il y a une grande pelouse, bien connue des soldats du fort Blandan, et aussi des élèves des pensionnats ou écoles de Lyon. Sur cette hauteur, elle n'est garantie par rien, elle est exposée à tous les vents, aux quatre vents du ciel ; de là son nom.

Rue Quivogne

Du cours Suchet à la rue Casimir-Périer.

M. Quivogne, adjoint au maire de Lyon, mourut à l'âge de soixante ans, le 18 janvier 1892. Il était archéologue et président de la Société des vétérinaires de Lyon. Je dois dire que cette rue n'est pas sur le plan de Lyon, par conséquent elle doit être toute nouvelle.

Rue Rabelais

Du quai des Brotteaux à la rue Garibaldi.

Ce nom rappelle un des génies les plus singuliers, un des esprits les plus originaux qui aient jamais existé. La vie de François Rabelais fut un vrai roman. Né près de Chinon en 1483, il se fit d'abord cordelier à Fontenay-le-Comte, puis bénédictin à Maillezais. Il quitta plus tard le couvent sans autorisation et pratiqua la médecine. Il fut pendant deux ans médecin de notre grand Hôtel-Dieu, à Lyon. Il publia plusieurs ouvrages, et entr'autres *Les faits et dicts du géant Gargantua et de son fils Pantagruel*. Devenu vieux, il aspira au repos. Le cardinal du Bellay, son condisciple et son ami, lui obtint une bulle de translation pour l'abbaye de Saint-Maur-des-Fossés, et, en 1545, lui confia la cure de Meudon, qu'il desservit en bon prêtre. Enfin, il se retira à Paris, où il mourut en 1553, dans les sentiments d'une piété sincère.

Rabelais, dans ses écrits, est très souvent plus qu'inconvenant, néanmoins il mérite d'être étudié comme philosophe et comme l'un des pères de notre langue. La Bruyère a sur lui ce jugement : « Où Rabelais est mauvais, il passe bien loin au-delà du pire ; où il est bon, il va jusqu'à l'exquis et à l'excellent ; il peut être un mets des plus délicats. »

Au point de vue lyonnais, on reconnaît dans les ouvrages de Rabelais, et surtout dans son *Pantagruel*, une foule de traces et d'indices de sa *demourance* à Lyon, et des souvenirs qu'elle laissa dans son esprit.

Parmi les aventures bouffonnes qu'on s'est plu à mettre sur le compte de Rabelais, il en est une dont la tradition place la scène à Lyon ; c'est celle qui a donné lieu au proverbe *le quart-d'heure de Rabelais*. Bien que Voltaire la traite de fausseté, je la rapporte ici :

Rabelais avait été emmené à Rome par le cardinal du Bellay ; six mois après, il fut rappelé en France *clarâ principis patriæque voce*, dit-il. Peut-être allait-il porter au roi quelque communication importante de l'ambassadeur. En arrivant à Lyon, il fut forcé de s'arrêter dans une hôtellerie, faute d'argent pour continuer sa route, et, comme il ne voulait pas se faire connaître, de peur de compromettre le secret de sa mission, il imagina un singulier stratagème pour sortir de cet embarras. Il s'était déguisé de manière à n'être reconnu de personne, et il fit avertir les principaux de la ville, qu'un docteur de distinction, au retour de longs voyages, souhaitait leur faire part de ses observations. La curiosité lui amena un nombreux auditoire, devant lequel il se présenta vêtu singulièrement, et parla longtemps en contrefaisant sa voix, sur les questions les plus ardues de la médecine. On l'écouta avec stupéfaction. Tout à coup, il se recueille, prend un air mystérieux, ferme lui-même toutes les portes, et annonce aux assistants qu'il va leur révéler son secret. L'attention redouble. « Voici, leur dit-il, un poison très subtil que je suis allé chercher en Italie pour vous délivrer du roi et de ses enfants ». A ces mots, on se regarde en silence, on se lève, on se retire, Rabelais est abandonné de tous. Peu d'instants après, les magistrats de la ville font cerner l'hôtellerie, on se saisit du prétendu médecin-empoisonneur, on l'enferme dans une litière, et, sous bonne escorte, on l'emmène à Paris. Pendant le trajet, il est hébergé aux frais de la ville, on le traite même magnifiquement comme un prisonnier de distinction ; il arrive enfin à destination frais et dispos. François Ier est prévenu de l'arrestation d'un grand criminel, il veut le voir. On conduit devant lui Rabelais, qui a repris son visage et sa voix ordinaires. Le roi sourit en l'apercevant, il congédie les Lyonnais qui avaient suivi leur capture, retient à souper Rabelais qui but largement à la santé du Roi et à la bonne ville de Lyon. Tel est le quart-d'heure de Rabelais ; au moment désagréable où il faut payer ses dettes, se tirer d'affaire sans bourse délier.

Avant 1855, cette rue s'appelait rue de la Paix ; comme il en existait déjà une de ce nom, on l'a changé.

Rue Rachais

De la Grande-Rue de la Guillotière à la place du Château.

M. de Rachais, qui est appelé homme de bien, dans la notice de M. Crépet, fut propriétaire du château de la Buire. C'était une famille chevaleresque. Le dernier Rachais, seigneur de la Buire, mourut en 1814.

Quai Rambaud

De la place Gensoul au pont de la Mulatière.

Pierre-Thomas Rambaud naquit à Lyon, le 14 mars 1754, d'une famille noble, dont l'origine lyonnaise remonte à plusieurs siècles. Il fit ses études chez les Oratoriens de Lyon et son droit à Paris. A vingt-un ans, il était avocat du roi à la Sénéchaussée de Lyon. En 1791, il s'honora par un acte de courage, dont il faut conserver le souvenir. Sept vénérables prêtres, détenus au château de Pierre-Scize, furent condamnés au tribunal correctionnel. Ils interjetèrent appel au tribunal du District, où M. Rambaud exerçait les fonctions du ministère public. Les prévenus avaient pour défenseur M. Ravez — V. *Remparts d'Ainay* — qui était alors simple avocat, et qui depuis présida avec tant d'éclat nos assemblées délibérantes. M. Rambaud prit la parole, et se fit, non pas l'accusateur, mais le défenseur des prévenus ; il alla même jusqu'à attaquer Chalier lui-même. Les sept prévenus furent acquittés et Chalier fut suspendu de ses fonctions municipales.

Après le siège de Lyon, auquel il prit part, il s'échappa et passa en Suisse. Il revint après le 9 thermidor, et fut élu membre du Conseil des Cinq-Cents. Sous l'Empire, il devint baron, procureur-général, membre du Conseil général du département, président du Conseil d'administration des Hôpitaux.

En 1818, il fut nommé maire de Lyon, il exerça ses fonctions pendant huit années. C'est lui qui a commencé les embellissements de notre ville : la place des Célestins fut débarrassée de ses masures, la place Bellecour ornée de sa statue, les défilés de Saint-Côme convertis en place publique ; la rue de la Pêcherie transformée en un quai magnifique. Mais l'acte le plus considérable de son administration, et ce qui est la raison du nom donné à ce quai, c'est qu'il obtint de la liste civile la cession de la presqu'île Perrache, et dès lors, on put créer et presque achever complètement ce quai de la rive gauche de la Saône qui a reçu son nom. Il mourut en février 1845, âgé de 91 ans.

Le baron Rambaud fut surtout lyonnais. Pendant les soixante-dix années de sa vie publique, toutes ses actions furent rapportées à sa ville natale.

Place Raspail
Du quai de la Guillotière au quai Claude-Bernard.

Qu'on veuille bien se reporter à ce que nous avons dit du débouché du pont de la Guillotière. — V. *Place du Pont* et *Cours Gambetta*.

On abattit les pavillons qui étaient à l'extrémité du pont ; on fit des terrassements énormes, qui s'épanouirent en jardins, entre le pont et les premières maisons du cours ; ce fut alors la place des Squares.

En 1884, cette place prit le nom de Raspail, quand on eut placé dans l'un des squares le buste de cet homme politique.

Car si François-Vincent Raspail fut un célèbre chimiste, il fut surtout un républicain, et c'est à ce titre qu'il est honoré ici.

Il naquit à Carpentras (Vaucluse), en 1794. Elevé par un savant ecclésiastique, l'abbé Eysséric, il termina ses études au séminaire d'Avignon. A dix-sept ans, il était chargé d'un cours de philosophie ; à dix-huit, d'un cours de théologie. Mais ne se sentant pas la vocation ecclésiastique, il se contenta d'un modeste emploi au collége de sa ville natale.

Il partit ensuite pour Paris, où il ne trouva d'abord que la misère. Renvoyé plusieurs fois, à cause de ses opinions républicaines, des maisons où il était répétiteur, il se fit préparateur pour le baccalauréat. En même temps, mêlé aux sociétés secrètes de la Restauration, il faisait de la politique, puis il quitta l'enseignement pour faire son droit, et entra chez un avoué ; cette carrière ne lui convint pas non plus, il la quitta pour se donner tout entier à l'étude des sciences physiques. Il avait enfin trouvé sa voie.

Alors commencèrent ses travaux sur la botanique, la zoologie, la paléontologie, la chimie, l'anatomie microscopique. On peut, sans être trop audacieux, faire remonter jusqu'à lui l'origine de la chimie organique.

Fig. 56. — Buste de Raspail. — Phot. Victoire, Lyon.

A partir de 1830, commença sa vie politique. On voulut lui donner les plus hauts emplois, mais ne pouvant se mettre d'accord avec Cuvier, il y renonça. Président des *Amis du peuple*, il composa de nombreux écrits révolutionnaires, qui lui valurent une trentaine de condamnations, une centaine de mille francs d'amende, quelques années de prison, et une immense popularité, popularité qui fut encore accrue par un système de médication nouvelle, basé sur le camphre et l'aloès.

On sait avec quel éclat il parut dans le procès de Mme Lafargue, en 1840, et avec quelle assurance il contrôla l'expertise de M. Orfila.

Mais ce furent surtout les événements de 1848 qui jetèrent son nom aux quatre coins de la France. Le jour même du 24 février, il prit le premier possession de l'Hôtel-de-Ville et proclama la République. Elu député du Rhône, en 1849, il refusa les fonctions publiques qui alors lui furent offertes, et fonda un journal, l'*Ami du peuple*, avec cette devise bonne à recueillir et à méditer : « Dieu et patrie, liberté pleine et entière de la pensée, tolérance religieuse illimitée, suffrage universel ». — Dans son journal il ne tarda pas à accuser le gouvernement de mollesse et de réaction. Les journées du 17 mars, du 16 avril et du 15 mai ne se passèrent pas sans lui. — V. *Louis Blanc*. — Arrêté, il fut détenu au fort de Vincennes pendant dix mois, comparut devant la Haute-Cour séant à Bourges, fut condamné à cinq années d'emprisonnement qu'il subit à Doullens, et à l'expiration de sa peine, il se retira volontairement en Belgique, où il reprit le cours de ses travaux.

Dans les dernières années de l'Empire, il rentra en France, et s'établit à Auteuil, où il mourut en 1878, à 85 ans. On l'appelait le patriarche d'Auteuil.

Un de ses fils, M. Benjamin Raspail, né en 1823, fut élu représentant du Rhône pour l'Assemblée législative, par 34.748 voix. Il a constamment voté avec la fraction socialiste de la gauche.

Rue Rast-Maupas

De la rue de Crimée au portail des Sœurs de Saint-François-d'Assise.

Cette rue était, avant 1858, le centre du Clos-Flandrin, dont elle portait le nom. C'est aujourd'hui une impasse, le long du funiculaire de la Croix-Rousse.

Jean-Louis Rast-Maupas naquit à La Voulte, dans le Vivarais, vers 1731. Il fut négociant et agronome distingué. Il a droit à la reconnaissance des Lyonnais, car il est considéré comme le principal fondateur de la Condition publique des soies. Il mourut en 1821. — Son frère, docteur en médecine renommé, avait la passion et la connaissance des livres.

Rue Raulin

De la rue Chevreul au boulevard du Sud.

Après avoir été pendant dix ans attaché comme préparateur au cabinet de l'illustre Pasteur, M. Raulin vint à la Faculté des sciences de Lyon, dont il fut le doyen. Il avait pris, sous la direction de Pasteur, des habitudes de précision et une élévation de pensée qui en firent un savant des plus distingués. C'est à lui qu'il faut faire remonter l'établissement du cours de chimie industrielle, et même l'idée de l'Institut qui n'a été réalisée qu'après lui dans le magnifique établissement de la rue de Béarn. Il n'est donc pas étonnant qu'on ait donné son nom à une rue de ce voisinage.

Dans sa séance du 18 mai 1897, l'Académie de Lyon vota une somme de cent francs pour l'érection du buste de M. Raulin. M. Raulin en effet, appartenait à l'Académie de Lyon. Tous ses travaux appelèrent l'attention sur lui. Le 7 janvier 1900, M. Leygues, ministre de l'Instruction publique, accompagné de M. de Lanessan, ministre de la marine, présidèrent à l'inauguration du buste de M. Raulin et de l'Institut de chimie.

Rue Ravat

Du quai Perrache à la rue Seguin.

Louis Ravat, seigneur des Mazes, conseiller à la Cour des Monnaies, Prévôt des marchands de 1708 à 1715, se distingua par sa justice et sa fermeté. C'est lui qui, pendant l'émeute de 1714, répondit à ceux qui l'engageaient à révoquer l'ordonnance qui avait été la cause de cette émeute : « Je me ferais plutôt piler dans un mortier que de faire la moindre concession aux séditieux ». Ne devons-nous pas être fiers d'avoir, dans notre magistrature locale, des copies si fidèles des Mathieu Molé et des de Harlay, calmes et fermes au milieu des tempêtes populaires ?

Rue Rave

De la rue du Repos à la rue du Beguin.

Il n'y a ici rien de commun avec le légume de ce nom. Une famille Rave a été jadis très renommée à la Guillotière, elle tenait une des plus importantes auberges du faubourg. De là ce nom.

Rue Raymond

Du boulevard de la Croix-Rousse à la rue de l'Alma.

Jean-Michel Raymond naquit à Saint-Vallier, en 1766. Ses nombreux travaux chimiques appliqués à la teinture de la soie rendirent d'immenses services au commerce de notre ville.

Appartenant à une famille religieuse, il pensa se faire prêtre et vint à Lyon, au Grand-Séminaire de Saint-Irénée. Mais il abandonna cette carrière pour suivre la médecine. Plus tard, entraîné par son goût pour la chimie, il partit pour Paris et se fit l'aide de Fourcroy et de Bertholet. Après avoir été un des premiers élèves de l'Ecole Normale, il entra à l'Ecole Polytechnique comme préparateur et répétiteur de chimie. En 1802, il fut professeur à l'Ecole Centrale de l'Ardèche, et l'année suivante, la ville de Lyon ayant fondé une chaire de chimie, Raymond fut appelé à l'occuper. Il y enseigna pendant dix-huit ans.

En 1810, Napoléon consacra un prix de cinquante mille francs à la découverte d'un procédé pour teindre en bleu la soie et la laine sans indigo et sans pastel. Après trois années d'expériences, Raymond parvint, avec le prussiate de fer, à donner à la soie la couleur qu'il cherchait. On appelle ce bleu le *bleu Raymond*. En 1819, à l'exposition des produits de l'industrie française, Raymond reçut une médaille d'or et la croix de la Légion d'honneur. Il mourut à Saint-Vallier, en 1837.

Cette rue a été prise sur l'ancien clos Flandrin, dont elle a porté le nom comme la rue Rast-Maupas, celle-ci était au centre, celle-là à l'occident.

Rue des Remparts-d'Ainay

De la place d'Ainay au quai de la Charité.

Cette rue a absorbé la rue Laurencin et la rue Ravez, depuis 1855 et 1878. Le nom de Laurencin a été donné à l'ancienne rue Perrache, nous en avons déjà parlé. Disons un mot de Ravez, dont le nom a été prononcé dans la notice sur le quai Rambaud.

Simon Ravez n'est pas lyonnais, il naquit, non pas à Rive-de-Gier, comme le disent les Dictionnaires, mais à Cellieu (Loire), en 1770, et fut avocat à Lyon en 1791. Il ne resta dans notre ville que deux ans, mais il eut l'occasion, dans la défense des sept prêtres prisonniers au château de Pierre-Scize, de montrer sa vaillance dans la défense de la justice et du droit. En 1793, il alla s'établir à Bordeaux. Partisan de la Restauration, il fut élu député en 1816 ; il présida la Chambre avec autorité de 1819 à 1827, puis fut nommé premier-président de la cour royale de Bordeaux et pair de France. Il refusa le serment à la royauté de 1830, mais reparut à l'Assemblée Législative de 1849. Il mourut cette année-là.

La rue des Remparts-d'Ainay doit son nom aux anciens remparts qui défendaient la ville de ce côté-là. Ces ouvrages avaient été entrepris par Jean d'Albon, seigneur de Saint-André (1544), à l'occasion de l'irruption de Charles-Quint en Champagne, et achevés sous Louis XIII. Sous Henri IV, les Remparts furent complantés d'arbres, dont le premier fut, dit-on, planté par Sully ; les Remparts devinrent dès lors une magnifique promenade.

Sur les Remparts existait la maison royale du Jeu de l'Arc ; là se réunissait une ancienne confrérie, érigée en compagnie royale par Charles VII, en 1431. Cette institution quasi-militaire dégénéra en simple divertissement et subsista jusqu'à la Révolution.

Il y avait aussi l'emplacement du *Cheval fol*, parce que c'était là que se passait la dernière scène d'une fête populaire connue sous ce nom. Une sédition s'étant élevée, en 1403, contre les notables de la ville, à cause de la cherté des grains, les seuls habitants de Bourgchanin restèrent dans le devoir, par les soins et la vigilance d'Humbert de Varey, abbé d'Ainay. Fiers de leur fidélité, ils voulurent en perpétuer le souvenir par une cérémonie extravagante, qu'ils nommèrent le *cheval fol*, et qu'ils célébraient chaque année à la Pentecôte. A cette occasion, un homme se déguisait en cheval de la ceinture au bas du corps, et en roi de la ceinture jusqu'à la tête. Ce fantôme couronné, ayant un sceptre à la main, accompagné de joueurs d'instruments et suivi de la population, partait de ce quartier, près du pont de la Guillotière, et parcourait toute la ville en sautant follement pour tourner les mutins en dérision. La fête venait se terminer au confluent, dans les eaux duquel on précipitait, après y avoir mis le feu, un mannequin en paille, monté sur un cheval de bois. Le ridicule suffisait alors pour faire justice d'une sédition.

Lorsque les Remparts disparurent, la première maison construite sur le sol des Anciens Remparts d'Ainay le fut, en 1775, par l'Œuvre des Messieurs, aujourd'hui, 16, rue Bourgelat.

Ces souvenirs sont évoqués par le nom des Remparts d'Ainay, mais, pour être tout à fait exact, il faut dire que cette rue ne se rattache ni par la distance, ni par l'alignement à l'ancienne rue des Remparts-d'Ainay, à laquelle on a voulu la donner comme prolongement.

Chemin et rue du Repos

Le chemin : du fort Lamothe à la route de Vienne.
La rue : de la rue Saint-Lazare au chemin du Repos.

Cette rue et ce chemin, qui aboutissent à l'ancien cimetière de la Guillotière, au champ du Repos, ont sans doute tiré leur nom de ce voisinage.

Rue de la République

De la place de la Comédie à la place Bellecour.

Cette rue doit son nom à notre régime politique actuel. Elle s'appela rue Impériale, parce qu'elle fut créée en 1855 et qu'alors on rapportait tout au chef de l'Etat. Mais, après 1870, ce nom devait disparaître, on chercha par quelle appellation assez majestueuse on pourrait la remplacer. On l'appela très intelligemment rue de Lyon. Depuis 1878, on en a eu quelque vergogne, et elle devint rue de la République, nom qu'il faudra — c'est le tort de ces noms politiques, — changer encore, à moins que la République ne soit immortelle.

Ce quartier était autrefois sillonné de rues tortueuses, sombres, étroites, infectes. Aujourd'hui, l'air et le soleil s'y jouent à plaisir, et cette rue ne serait pas une des moins belles de la capitale. C'est en 1855, le 25 avril, qu'on en posa la première pierre ; une médaille commémorative portait : *renovabitur ut aquilœ juventus tua*, ta jeunesse sera renouvelée comme celle de l'aigle. C'était bien, en effet, une rénovation.

Je suis heureux de trouver ce nom de Lyon sur mon chemin, il va me donner l'occasion d'écrire quelques lignes qui seront bien à leur place et qui auront bien leur importance dans ce travail.

L'étymologie du mot Lyon est une question des plus débattues. Grâce aux controverses de deux savants, elle vient récemment de se réduire, comme nous l'allons voir. Il n'est pas douteux que *Lugdunum* ou *Lugudunum*, dont on a fait Lyon par la suite, vient de deux mots celtiques *lug* et *dun*. Mais que signifient ces deux mots? Les uns disent *lug*, eaux, et *dun*, jonction, jonction des eaux. Malheureusement cette explication est d'un celtique douteux, car il est sûr que *dun* veut dire colline, montagne. On a donc trouvé autre chose. Le P. Ménestrier donne à *lug* le sens de lumière, d'où Lyon voudrait dire colline tournée au Levant ; ici, c'est le mot *lug* qui n'est pas exact. *Lug* ou *Lugu*, voudrait dire corbeau, montagne des corbeaux ; il paraîtrait que la colline lyonnaise était couverte de ces oiseaux, lorsqu'on vint l'occuper. C'est cette explication qui a jusqu'ici le plus de faveur, et si vous objectez que bien des villes se sont appelées Lugdunum, Laon, Lons-le-Saunier, Loudun, on vous répond que ces autres Lugdunum se sont ainsi appelées par imitation. Récemment M. le chanoine Devaux, doyen de la Faculté catholique des Lettres, a soutenu que le *Lugu* était une divinité gauloise, et que Lyon était la colline où était adorée cette divinité. On le voit, la question n'est pas facile à résoudre, et il serait téméraire à des incompétents de prendre parti ; il nous suffit de connaître les diverses opinions. Ajoutons que ce n'est guère qu'au IXe siècle que le mot Lugdunum a fait place au mot Lyon.

Lyon fut fondé par Numatius Plancus, orateur distingué sous Auguste et disciple de Cicéron, environ cent ans avant Jésus-Christ. Ce serait le lieu d'esquisser l'histoire rapide de notre ville, mais, même en abrégeant, il faudrait des volumes. Il faudrait montrer Lyon sous la domination romaine, ville pleine de magnificence et de splendeur, voyant un jour à ses portes deux compétiteurs, Albin et Septime Sévère, se disputer l'empire du monde ; on verrait ensuite notre ville sous la domination des Rois Burgondes, puis sous celle des Archevêques, régime consenti d'abord, puis discuté, puis enfin renversé ; on aurait là l'occasion d'étudier de près, dans ces mouvements populaires, qui généralement n'avaient rien de politique, mais ne venaient que des privilèges locaux, le progrès des libertés et des franchises municipales. Puis on verrait Lyon accueillir cordialement les émigrés d'Italie, qui ne tardent pas à faire de notre ville la place la plus importante du commerce français. Puis la scène changerait, nous verrions la politique se faire une large place dans la conduite des peuples, et Lyon être une des villes les plus disputées par les partis ; ce seraient les Protestants, la Ligue, la Révolution, et déjà nous toucherions à l'histoire contemporaine.

La ville de Lyon a un lion dans ses armes. On fait remonter ce sym-

Fig. 57. — Ancienne place de la République. — Phot. Neurdein, frères, Paris.

bolisme jusqu'à Marc-Antoine lui-même, qui séjourna longtemps dans les Gaules et à Lyon. Il est cependant permis d'en douter. Ces armes sont de gueules au lion d'argent, au chef cousu d'azur chargé de trois fleurs de lis d'or. Sous le régime impérial, trois abeilles ont remplacé les fleurs de lis, et trois étoiles sous la République. En 1819, des lettres patentes de Louis XVIII modifièrent ces armoiries en autorisant la ville de Lyon à ajouter une épée haute d'argent dans la patte dextre du lion, en mémoire du siège fameux où les Lyonnais se distinguèrent par leur bravoure et leur fidélité. Comme j'écris ces lignes en 1902, je donne les armes de la ville telles qu'elles sont à cette date, mais je crois devoir faire les observations suivantes :

Le chef cousu de France est d'azur et chargé de trois fleurs de lis d'or ; il est le signe historique de l'annexion du Lyonnais à la France, pendant les premières années du XIVᵉ siècle, 1312-1320. Ces fleurs de lis ne sont nullement la propriété particulière de la royale famille des Bourbons, bien qu'elles en constituent les armes. Antérieures dans le blason à l'avènement de cette dynastie à la couronne, elles appartiennent au pays, c'est un emblème français. Ainsi les armoiries de la ville de Lyon ont une signification historique parfaitement claire ; un lion grimpant y représente la cité ; un chef de trois fleurs de lis annonce que Lyon est devenue une ville française, et fournit au blason une date certaine ; on comprend dès lors que les deux parties constituantes des armoiries de la ville de Lyon ne puissent être modifiées selon les variations de la politique.

Fig. 58. — Armes de Lyon.

L'épée haute dans la patte dextre du lion date de 1818, en souvenir de la défense de Lyon contre les troupes de la Convention. — On a voulu faire entendre que c'était une récompense accordée à la ville combattant en faveur de la royauté. Cette pensée est fausse, car les Lyonnais, pendant le siège de leur ville, ne songèrent pas un instant à défendre la royauté, ils défendirent leur liberté.

Les fleurs de lis disparurent sous la grande Révolution ; elles furent, en 1811 (édit de Schœnbrunn), remplacées par trois abeilles. — Sous le Gouvernement de Juillet, il n'y a ni fleurs ni abeilles ; le second Empire reprit les abeilles, qui depuis 1870, ont été remplacées par trois étoiles d'or.

Quai de Retz

De la place Tolozan à la place des Cordeliers.

Une délibération consulaire du 1ᵉʳ septembre 1740 nomma ainsi ce quai en l'honneur de Louis-François-Anne de Neuville, duc de Villeroi, dit le duc de Retz, gouverneur de Lyon de 1734 à 1765, sous les auspices duquel ce quai avait été entrepris et construit. Il était né à Versailles, en 1695, et mourut à Villeroi, en 1765. Ce quai commençait alors au pont de la Guillotière.

En 1793, il fut appelé quai des Victoires. — Avant la construction du quai, il y avait là la rue de la Fusterie.

Montée Rey
De la rue de Belfort au cours d'Herbouville.

Bien qu'il y ait eu des Rey qui ont eu de la notoriété comme peintres et médecins, cette montée porte tout simplement le nom d'un propriétaire, sur le terrain duquel elle fut ouverte. C'est lui qui fit aussi percer les rues Célu et Sainte-Rose. — V. *Célu*.

Rue Richan
De la rue Mazagran à la petite rue des Gloriettes.

M. Richan fut maire de la Croix-Rousse en 1830. Il fut aussi propriétaire dans ce quartier.

Rue Rivet
De la place Rouville à la rue Flesselles.

On trouve ici deux opinions aussi vraisemblables l'une que l'autre. M. Charles Rivet était directeur du cabinet au ministère de l'intérieur, en 1835, quand il fut nommé préfet du Rhône, en remplacement de M. de Gasparin. Il fut nommé plus tard député du Rhône à l'Assemblée nationale en 1848.

Non, répond-on, cette rue ne pouvant dater que de 1830 à 1835, elle ne rappelle pas le nom du préfet, mais celui d'un habile dessinateur lyonnais, mort le 28 janvier 1803. Les broderies de l'habit offert, en 1801, au premier Consul de la Chambre de commerce de Lyon, avaient été exécutées sur les dessins de Rivet.

Je fais remarquer que la nomenclature de M. Bréghot, imprimée en 1839, ne mentionne pas cette rue ; dès lors, elle n'existait probablement pas, et tout porte à croire qu'il s'agit ici du Préfet ; le voisinage de la rue Prunelle me semble aussi une indication.

Rue de la Rize

De la rue Paul-Bert à la rue Champ-Fleuri.

La Rize était un cours d'eau qui descendait de Villeurbanne et arrosait ces lieux qui n'étaient autrefois que des prairies ; le nom de Champfleuri en garde le souvenir. La rue de la Rize est sinueuse comme le cours d'eau qu'elle a remplacé. Le mot Rize est une corruption du mot ruisseau.

Les Rivières

Cette appellation a disparu ; si je la rappelle, c'est qu'elle subsiste encore dans le nom populaire donné à la récente église de la Mouche. Tandis que l'administration ecclésiastique l'appelle Sainte-Marie des Anges, le peuple dit Notre-Dame des Rivières. En effet, au midi de la Guillotière, il se trouvait autrefois, il n'y a pas longtemps, un sol semblable à de vagues brotteaux ; c'étaient des broussailles, des prairies, des îlots, des sables, des graviers. Les délaissés du Rhône en partageaient le sol comme autant de petites rivières.

Place de Roanne

Sur le quai de l'Archevêché.

Le palais de Roanne occupait la moitié septentrionale du Palais de Justice actuel. Son nom lui venait d'un chanoine de Lyon, de la famille des seigneurs de Roanne, qui l'avait possédé (Cochard, Bréghot du

Lut, Guigue). Les biens des comtes de Forez, après la trahison du connétable Charles de Bourbon, passèrent à la Couronne et, en 1538, François Ier permit au Consulat de convertir le jardin de sa maison de Roanne, à Lyon, en une place publique.

La justice royale avait été installée dans l'hôtel de Roanne, les prisons étaient les prisons de Roanne, cette locution a même persisté dans le peuple jusqu'à nos jours, et l'on entend encore aujourd'hui, quand on veut se plaindre de quelqu'un, ce dicton populaire : Il est complaisant comme la porte de Roanne. La prison était remarquable par une porte qui ne s'ouvrait que pour laisser sortir les condamnés à mort. Abaissée au fond d'une conque profonde, elle avait un aspect sinistre ; de là le dicton populaire. Ces locutions sont incompréhensibles, si l'on ne connaît pas ces détails du passé.

Rue Robert
De la rue Vendôme au boulevard des Brotteaux.

Joseph Robert fut maire de la Guillotière de 1817 à 1821. Je doute qu'il s'agisse de celui-là. En tout cas, c'est la mairie de la Guillotière qui a imposé ce nom-là.

Rue de la Roche
De la rue de Béarn à la rue de Marseille.

Il est difficile de dire la raison de cette appellation ; rien dans ce quartier n'indique la présence d'une roche ; ce doit être un nom d'homme, sans doute d'un propriétaire.

Chemin de Roche-Cardon
De la voûte du chemin de fer (rue de Saint-Cyr) à Saint-Cyr.

Bien que ce chemin soit en dehors de l'octroi, Roche-Cardon est si connue, et celui qui lui a donné son nom a eu une telle place dans les annales de la charité lyonnaise, qu'il faut en dire un mot.

Horace Cardon était un gentilhomme lucquois, mais il est impossible de le considérer comme étranger. Il poussa si loin son commerce de librairie et s'y acquit une si grande réputation, qu'il devint très riche. Il sut faire un charitable usage de sa fortune ; les greniers de l'Hôpital de la Charité furent construits à ses frais ; le collége de la Trinité, les églises et les maisons des Cordeliers et des Jésuites de Saint-Joseph furent comblés de ses bienfaits. Il fut élevé à la dignité d'échevin, en 1610. Il possédait alors la terre de la Roche, dont il était le seigneur, et qui depuis ne fut connue que sous le nom de Roche-Cardon. La maison qu'il habitait à Lyon était celle qui fait le coin de la rue Mercière et de la rue de la Monnaie.

Cardon vécut dans le célibat, mais ses frères se marièrent, et cette honorable famille existe encore dans les descendants du baron de Sandrans.

Rue Romarin

De la place Croix-Paquet à la rue Puits-Gaillot.

Une branche de romarin servant d'enseigne a donné ce nom à cette rue. Autrefois le romarin était la parure des jeunes mariées, il a été remplacé depuis par la fleur d'oranger.

A la suite de la rue Romarin se trouvait la montée de la Glacière, ainsi appelée d'une glacière établie dans la cour de la maison portant actuellement le n° 13. Ce nom a disparu depuis 1855.

Rue Roquette

De la rue de Bourgogne au quai Jayr.

Cette rue devrait plutôt s'appeler de la Roquette. M. de la Roquette, sur la fin du siècle dernier, et au commencement de celui-ci, ou plus exactement sur la fin du xviii° siècle et au commencement du xix°, était propriétaire de la Petite et de la Grande Claire, et de tous les terrains compris entre la route du Bourbonnais et celle du coteau de Balmont, où une villa porte encore le nom de La Roquette. Il fut, dit-on, ruiné par le jeu, et ses biens furent vendus par autorité de justice.

Cette rue fut ouverte sur les susdits terrains.

Rue Roussy
Du boulevard de la Croix-Rousse à la place Claude-Joseph Bonnet.

Je trouve un M. Roussy, mécanicien, décoré de la Légion d'honneur, le 13 novembre 1849, à l'occasion de l'exposition des produits de l'industrie nationale. C'est très probablement de lui qu'il s'agit ici.

Place Rouville
Du cours des Chartreux à la rue Flesselles.

Sébastien Gryphe, imprimeur et libraire, a été pour la ville de Lyon une grande illustration ; on le met à côté des Estienne et des Jean de Tournes. Mais il fut égalé et même surpassé par son gendre, Guillaume Rouillé, ou Roville, né à Tours (?) en 1518. La transformation de ce nom est facile à saisir, quand on se rappelle que l'U et le V s'employaient autrefois l'un pour l'autre. Du reste, les éditions latines qui portent son nom disent *Rovillius*.

Il vint s'établir à Lyon et commença à se faire connaître vers 1548. Il acquit bientôt une grande fortune et fut honoré de l'échevinage jusqu'à trois fois en dix ans, ce qui lui donna le droit de naturalité à Lyon, ainsi que la noblesse. Il joignait à ses talents de typographe des connaissances littéraires sérieuses. Il fut conseiller de ville et bienfaiteur de la cité et des hôpitaux. Il mourut en 1589.

Par son testament, il légua aux Recteurs de l'Hôtel-Dieu l'administration d'une maison appelée *de l'Ange*, qu'il possédait dans la rue Mercière. Il les chargea d'en distribuer tous les cinq ans les loyers à celui de ses parents qui serait reconnu le plus nécessiteux. Chargé de conduire les travaux de la Boucherie de l'Hôpital, il fit, en 1570, construire à ses frais, à l'entrée de l'établissement, un puits, sur lequel on éleva plus tard une pompe publique qui a disparu.

Rue Royale

De la place Tolozan à la place des Pénitents-de-la-Croix.

Lors de la création de ce quartier — V. *Tolozan* — cette rue fut appelée Royale, parce qu'elle fut la principale et la plus belle de ce nouveau quartier. Elle fut ouverte avant la grande Révolution. Après le martyre de Louis XVI, on l'appela rue de la Convention. Il est présentement question de changer cette appellation.

Rue Rozier

De la rue Vieille-Monnaie à la place Forez.

François Rozier naquit à Lyon, en 1734. Il se destina à l'état ecclésiastique, il devint même chevalier de l'Eglise de Lyon, en 1771, mais ses fonctions ecclésiastiques ne l'empêchèrent pas de se vouer à l'étude de l'économie rurale et de devenir un agronome célèbre et un œnologiste distingué. Il fut l'ami de La Tourette, Lyonnais comme lui, dont il partagea les travaux de botanique. Il fut quelque temps directeur de l'Ecole Vétérinaire de Lyon, quand Bourgelat alla fonder celle d'Alfort; puis en 1787, il devint directeur de la Pépinière de la Généralité de Lyon. En 1786, il acheta dans la rue Masson, aujourd'hui rue du Bon-Pasteur, 38, une petite maison qui doit aujourd'hui appartenir à la cure ou à la fabrique du Bon-Pasteur. Au début de la Révolution, il devint curé constitutionnel de la paroisse des Feuillants, aujourd'hui de Saint-Polycarpe. Il habitait la maison de l'Oratoire, rue Vieille-Monnaie ; il y fut tué par un éclat de bombe, en 1793, pendant le siège de Lyon. On voyait autrefois le buste de l'abbé Rozier, à l'entrée de l'ancien jardin des plantes, avec cette inscription : *Au Columelle français, Lyon sa patrie.*

Place et rue Saint-Alexandre

**La place : du chemin de Choulans à la rue des Chevaucheurs.
La rue : de la rue de Trion à la rue des Chevaucheurs.**

Parmi les confesseurs de la foi chrétienne, pendant la persécution de Marc-Aurèle, se trouvèrent deux martyrs du nom d'Alexandre, l'un qui était médecin, et l'autre dont il est ici question. Alexandre et Epipoy étaient deux jeunes gens distingués et deux amis dévoués. Ils se cachèrent quelque temps, au-dessous du rocher de Pierre-Scize, chez une veuve chrétienne, nommée Lucie. Ils furent découverts et eurent la tête tranchée. Bien que quelques auteurs aient écrit que leurs restes furent brûlés à Ainay, la grande majorité des historiens sont d'accord pour nous apprendre que les deux jeunes amis, lorsque la paix fut rendue à l'Eglise, furent inhumés dans la crypte de Saint-Jean-sous-Terre, devenue plus tard la crypte de Saint-Irénée, laquelle possède encore deux chapelles sous leur vocable. — Les actes de ces martyrs ont été écrits par un anonyme du iv° ou du v° siècle. On nous permettra de signaler, parmi les panégyriques, celui de saint Eucher. — V. *St-Irénée* et *St-Barthélemy*.

Rue Saint-Amour

De la rue Neuve-Villardière à la rue Villeroy.

Dans le voisinage du gazomètre de la Guillotière, il y a eu un tènement de Saint-Amour, et un château de Saint-Amour, dont M. de Rachais devint propriétaire ; par suite, tout ce quartier devint le quartier de Saint-Amour. Cette simple constatation suffit pour expliquer cette appellation.

Néanmoins, je me demande d'où ce nom peut venir. Serait-il téméraire de penser que cette appellation provient des Annonciades de Saint-Amour, en Franche-Comté, lesquelles fuyant, au xvii° siècle, les discordes de la guerre qui désolèrent ce malheureux pays, vinrent, en 1656, s'établir à Lyon, dans la rue Neyret ? Elles y furent remplacées par les Dames du Bon-Pasteur. Je suis tout disposé à croire que les religieuses de Saint-Amour eurent à la Guillotière une ferme ou un bien foncier quelconque, qui a été appelé de ce nom parvenu jusqu'à nous.

Rue Saint-André
De la rue Amédée-Lambert à la rue des Trois-Pierres.

Jusqu'en 1843, la rive gauche du Rhône ne possédait qu'une église paroissiale, Saint-Louis ; à cette date, on inaugura Saint-Pothin. C'était peu cependant ; en 1846, on vit s'élever une troisième église, sous le patronage de saint André, apôtre. Longtemps cette église fut plutôt une grange que le temple de Dieu et la maison de la prière. Vers 1860, on en commença une nouvelle ; ce qu'on en fit sortir de terre annonçait une belle église, mais elle demeura longtemps dans des proportions restreintes ; aujourd'hui, sous l'impulsion de M. l'abbé Laurent, le curé actuel, cette église est presque achevée. Je ne lui reproche qu'une chose, c'est de ne pas s'appeler Notre-Dame de Bèchevelin. Un autel de ce nom est cependant dans l'église.

Rue Sainte-Anne
De la montée Mazagran à la rue de Dijon.

Nom imposé par le propriétaire des terrains. Dans cet ordre d'idées, nous ne pouvons pas pousser nos investigations bien loin. Un propriétaire met une rue sous le nom de sa fille ou de sa femme ; il ne lui donne pas son nom, mais celui de la patronne de celle-ci ; c'est assez difficile à constater. Nous avons vu déjà ce fait se produire, — V. *Dumenge* — nous le verrons encore.

Quai Saint-Antoine
De la place d'Albon au quai des Célestins.

La Congrégation des Chanoines réguliers de Saint-Antoine fut fondée, en 1070, par un gentilhomme Dauphinois, nommé Gaston, à la suite d'un pèlerinage à Saint-Didier, près de Vienne, où les reliques de saint Antoine avaient été transportées de Constantinople. Ces religieux avaient été institués pour soigner les malades atteints de l'affection qu'on appelait alors *le feu de Saint-Antoine*.

En 1279, les Antonins s'établirent à Lyon, dans une maison qui avait son entrée sur ce quai, et qui était, avant leur arrivée, l'hôpital de la *Contracterie*, destiné aux estropiés. Aimar de Roussillon, archevêque de Lyon, le remit alors aux Hospitaliers de Saint-Antoine. Ce couvent fut rebâti à neuf au milieu du xviiie siècle ; l'ancienne chapelle est devenue un théâtre. La cour de la maison, qui porte le n° 30, indique assez l'importance de cet ancien couvent. — V. *Les Anciens Couvents*.

Rue Saint-Augustin
De la rue Villeneuve à la rue Denfert-Rochereau.

Longtemps la seule église paroissiale de la Croix-Rousse fut Saint-Denis ; longtemps elle put suffire aux besoins de ce vaste territoire qui était alors peu habité. A mesure que la population s'augmenta, on créa de nouvelles paroisses, Saint-Eucher, en 1841, et Saint-Augustin, dix ans après. L'église de Saint-Augustin n'est que provisoire, mais elle est provisoire depuis un demi-siècle et rien n'indique que ce provisoire doive cesser bientôt. Une rue qui aboutit à cette église a pris le nom de Saint-Augustin.

Montée Saint-Barthélemy
De la montée des Carmes-Déchaussés à la place de l'Antiquaille.

Cette montée Saint-Barthélemy est peuplée de souvenirs historiques. La maison Puylata ou Pilata, au bas, bâtie avec magnificence, occupée aujourd'hui par les Maristes, les Ursulines du troisième couvent du nom de Sainte-Marguerite, les degrés d'Izeron, les Lazaristes, les Récollets, les Nouvelles-Converties, les maisons appelées d'Henri IV, de Gondi, de Mandelot, de Villars, etc., et au sommet, le monastère de la Visitation.

D'où vient ce nom de Saint-Barthélemy ? D'une recluserie, à laquelle était jointe une chapelle placée sous le patronage de ce saint.

Comme c'est la première fois que nous parlons des recluseries, comme d'autre part nous aurions souvent l'occasion d'en parler et de nous répéter, on nous permettra de grouper ici toutes les recluseries, et de dire un mot de chacune d'elles.

On attribue à saint Eucher, évêque de Lyon, au vᵉ siècle, l'établissement des recluseries. C'étaient de petits ermitages, composés d'une chapelle et d'une cellule attenante, de dix pieds de large sur autant de longueur, où des personnes de l'un ou de l'autre sexe se consacraient à la pénitence la plus austère. La cérémonie de la réclusion ne se faisait qu'après une épreuve de quatre ans. L'évêque, accompagné de son clergé, conduisait le reclus dans sa cellule, et il en faisait aussitôt murer la porte, sur laquelle il apposait son sceau. Trois petites fenêtres, dont l'une avait vue sur la chapelle, éclairaient ce réduit étroit et permettaient d'y introduire des aumônes.

Toutes les portes, dit M. Vermorel, donnant accès dans la ville, sous la domination des archevêques, sont accompagnées d'une recluserie ; toutes les recluseries, datant de cette époque, sont voisines des portes de la ville. Il en conclut que les reclus étaient les gardiens des portes. Rien ne le prouve, dis-je à mon tour, et tout m'en fait douter. Il y avait des recluseries de femmes, et certainement elles n'étaient pas gardiennes des portes de la ville. Et en supposant qu'il n'y ait eu aux portes que des recluseries d'hommes, il est impossible de s'imaginer comme gardien un être qui n'aurait pu sortir de sa cellule, ouvrir et fermer, exercer un contrôle nécessaire ; une porte ainsi gardée n'aurait pas été gardée ; la garde d'une porte de ville n'a jamais été confiée à un seul homme, et surtout à un seul homme ne pouvant sortir de sa demeure. M. Vermorel admet que les reclus pouvaient se promener dans un petit jardin attenant et même le cultiver, ce qui va tout à fait à l'encontre de la nature même de la recluserie.

D'autres auteurs n'ont voulu voir dans nos anciennes recluseries que de modestes petites chapelles, élevées par la piété de quelques particuliers pour leur usage personnel, et où un prêtre ou un religieux du voisinage célébrait les saints mystères. Les recluseries devinrent, en effet, pour la plupart des chapelles de ce caractère, mais on ne peut pas dire que leur origine ait été celle-là.

Quoiqu'il en soit, les recluseries furent nombreuses dans notre ville. En voici le plus grand nombre :

Saint-Alban, recluserie située à côté de l'ancien palais de Roanne, démolie lors de la construction du Palais de justice.

Saint-Barthélemy, recluserie située montée des Récollets, aujourd'hui montée Saint-Barthélemy, et non loin de l'Antiquaille.

Thunes, recluserie démolie par les Carmes-Déchaussés, qui ont construit leur maison sur son emplacement.

La Madeleine, recluserie de femmes, occupée plus tard par les Religieuses du Verbe-Incarné, montée du Gourguillon.

Sainte-Marguerite, recluserie de femmes, sur la colline de Fourvière, près de celle de Saint-Barthélemy.

Sainte-Hélène, recluserie de femmes, qui devint ensuite le logement du jardinier de la Visitation de Bellecour, où mourut saint François de Sales.

Saint-Côme et Saint-Damien, recluserie située rue Saint-Côme. Des auteurs croient que ce fut plutôt un prieuré ; il fut démoli en 1562.

Saint-Marcel, au bas de la Grande-Côte, près de l'ancienne porte de ce nom.

Saint-Clair, située près des anciennes fortifications, ainsi que nous l'expliquerons en son lieu, car nous retrouverons la plupart de ces noms.

Saint-Epipoy, recluserie près de Pierre-Scize, celle dont le souvenir s'est le mieux conservé, au bas du rocher de Pierre-Scize, l'ancienne demeure de la veuve Lucie, vers le n° 20 actuel du quai Pierre-Scize.

Saint-Eloi, auprès de la Saône, vers le bureau de l'Ancienne-Douane, paroisse de Saint-Paul.

Notre-Dame de la Saônerie, dans l'emplacement du port Dauphin.

Saint-Sébastien, proche de la porte de la Croix-Rousse.

Des auteurs ajoutent à cette liste Saint-Vincent et Saint-Martin de la Chana.

Rue Saint-Benoît

Du quai Saint-Vincent à la rue de la Vieille.

Voici ce que nous lisons dans l'almanach de 1745 : « La prieure du monastère de Blie ayant résigné, en 1654, son prieuré à la dame Dugué, religieuse professe à l'abbaye de Saint-Pierre, celle-ci avec sa sœur, aussi religieuse de cette abbaye, se retira, avec la permission des supérieurs, au couvent de Blie. La résignation n'ayant pas eu lieu, ces deux sœurs, après avoir demeuré quelque temps au monastère des Ursules de Saint-Barthélemy, achetèrent, en 1658, de leur patrimoine, plusieurs fonds et bâtiments sur le quai de Saint-Vincent, où, avec d'autres Religieuses de l'ordre de Saint-Benoît qu'elles appelèrent auprès d'elles, elles établirent, du consentement de l'archevêque, un monastère, et y fondèrent un prieuré de l'Ordre et sous la règle de Saint-Benoît, « résignable, et toutefois étant vacant, à la collation des Seigneurs archevêques de Lyon. » Cette communauté s'étant dans la suite fort augmentée, elle fit construire, en 1684, un beau bâtiment plus spacieux.

Je m'en tiens à cette brève indication ; ceux qui seraient désireux de plus de détails, les trouveraient dans les *Anciens Couvents*. Je dois cependant faire observer que je ne dirais pas aujourd'hui ce que j'ai dit alors, à savoir qu'il ne reste à peu près rien de l'ancien couvent de Saint-Benoît, car à certains détails, on croit pouvoir désigner sûrement les maisons qui furent l'ancien monastère. Entrez au n° 1 de cette rue, pénétrez jusque dans la cour, vous serez frappés de l'ensemble des bâtiments ; la salle de théâtre de l'ancienne Société des Jeunes amis, 34, quai Saint-Vincent, était la chapelle.

Rue Saint-Bonaventure

De la rue Grôlée au quai de l'Hôpital.

Cette rue a été modifiée par les travaux récents du quartier Grôlée, mais le nom est ancien.

Le couvent des Cordeliers a eu cette gloire de posséder saint Bonaventure, et d'avoir été le lieu de sa mort. Or, on le sait, le cardinal Bonaventure a été un des plus grands docteurs de l'Eglise. Après sa mort, le couvent s'appela de Saint-Bonaventure, et l'église, primitivement dédiée à saint François-d'Assise, fut aussi placée sous le patronage de ce saint, après sa canonisation, survenue en 1484.

Cette église date de 1327 ; je ne parle pas d'une petite église (1220), qui l'avait précédée. Pendant la Révolution, elle devint successivement une école d'équitation, une ménagerie de passage, un grenier à foin, une remise de voitures, une halle aux blés.

En 1803, elle devint paroissiale et succursale de Saint-Nizier ; ce ne fut cependant qu'en 1807 qu'elle fut rendue au culte, après bien des difficultés avec l'administration de la Légion d'honneur, à qui cet immeuble avait été affecté.

Le nom de Saint-Bonaventure donné à cette rue s'explique donc par ce voisinage immédiat.

Avant 1855, la rue du Confalon faisait suite à la rue St-Bonaventure. A cette date, le nom de Saint-Bonaventure fut commun aux deux rues. Une place du Confalon fut du moins conservée, qui a disparu aussi. Il faut en dire quelque chose.

Ce nom de Confalon, altération du mot *gonfanon*, bannière, rappelait la mémoire des Pénitents du Gonfalon. Leur chapelle, bâtie en 1632, occupait une partie de l'ancienne halle aux grains.

Fig. 59. — Saint-Bonaventure.— Phot. de Neurdein, frères, Paris.

La confrérie avait été fondée par saint Bonaventure, en 1274. — Trois siècles plus tard, l'occupation de la ville par les protestants força les Pénitents à suspendre pour un temps leurs réunions accoutumées. Ce ne fut qu'en 1631 que les Pénitents reprirent leurs pieux exercices.

La chapelle fut bâtie l'année suivante : le gouverneur de Lyon, Charles de Neuville de Villeroy, se chargea de la construction du portail, et Horace Cardon, dont nous avons parlé, — V. *Rochecardon* — fit élever le chœur. Elle ne fut achevée qu'en 1722. Elle était d'une grande richesse, et l'on y voyait une *Visitation*, le chef-d'œuvre de Lafosse, et une *Madeleine au pied de la Croix*, de Rubens. — La Révolution la saccagea sans pitié. Elle fut ensuite démolie en partie pour être remplacée par une belle halle aux blés, où s'installa plus tard le Mont-de-Piété, démoli à son tour.

Rue Saint-Bruno
De la rue des Chartreux à la rue Tourette.

Saint Bruno fut, on le sait, le fondateur des Chartreux — V. ce nom. — Or, les Chartreux vinrent, en 1584, s'établir à Lyon, dans l'endroit appelé jadis La Giroflée, à l'extrémité occidentale du plateau de la Croix-Rousse, alors très solitaire. L'église de cette Chartreuse fut sous le titre de Notre-Dame-des-Anges.

Après la Révolution, à la réorganisation du culte, cette église devint paroissiale sous le titre de Saint-Bruno.

Non loin de l'église, se trouve la rue qui porte ce nom.

Rue Sainte-Catherine
De la rue Terme à la rue Romarin.

Il y avait autrefois un hôpital de Sainte-Catherine. Il occupait l'emplacement où s'élève aujourd'hui la magnifique maison qu'on appelle encore maintenant la maison Duparc, qui est limitée par les rues Terme et Sainte-Marie, d'Algérie et Sainte-Catherine, et qui porte à l'un de ses angles la statue de cette vierge martyre. Cet établissement recevait les filles adoptives de la Charité, dont il dépendait. Il fut tout naturellement placé sous la protection de la patronne des jeunes filles. C'est là que fut créé, pour les occuper, le premier moulinage de soie qui ait été établi en France.

Place et quai Saint-Clair

La place : en aval du pont Saint-Clair, rive droite.
Le quai : de la place Saint-Clair à la place Tolozan.

Le territoire de Saint-Clair occupait tout le versant oriental de la montagne de la côte Saint-Sébastien jusqu'au Rhône. Sur le rivage,

Fig. 60. — Quai Saint-Clair. — Phot. de Neurdein, frères, Paris.

étaient la léproserie ou maladrerie de Saint-Clair, la recluserie de Saint-Clair, *aliàs* Saint-Irigny, le bastion et le boulevard de Saint-Clair, la porte de Saint-Clair. Une délibération consulaire fait venir des ingénieurs de l'étranger pour aviser aux moyens de défendre le quartier de Saint-Clair.

Autrefois, le cours du Rhône, de l'emplacement de la place Saint-Clair jusqu'au point situé en face de la rue Puits-Gaillot, formait un demi-cercle, un petit golfe, une rade. Les eaux coulaient le long du promenoir des Feuillants et du clos du Séminaire, c'est-à-dire ce qui est aujourd'hui la rue Royale. Tous ces terrains furent conquis sur le Rhône ; les travaux furent achevés en 1761. — V. *Tolozan.*

Tout ce quartier et tous ces ouvrages ont dû leur nom à la chapelle de Saint-Clair. — V. *Saint-Barthélemy.* — Elle était située à l'angle de la place Saint-Clair et de la montée des Fantasques. Quand elle cessa d'être la chapelle de la recluserie, elle ne fut ouverte au public qu'à certains jours de l'année.

Le 29 septembre 1772, le roi autorisa la ville de Lyon à faire démolir un bastion voisin des portes de Saint-Clair, et auquel venaient aboutir les anciennes fortifications. Ces fortifications s'avançaient jusque dans le lit du Rhône, et cet avancement était connu sous le nom *d'éperon* de Saint-Clair.

Avant 1855, le quai Saint-Clair s'appelait quai d'Albret.

Rue et place Sainte-Claire

La rue : de la rue Vaubecour à la rue Bourgelat.
La place : du quai Tilsitt au quai d'Occident.

Sainte Claire fut la fille spirituelle de saint François d'Assise, et la fondatrice des religieuses Clarisses. Les Clarisses vinrent s'établir à Lyon, en 1588. Après avoir été successivement rue Buisson et montée du Gourguillon, elles s'établirent, en 1617, sur un terrain qu'on appelait La Bastie-Palmier, près de la Saône. En 1548, l'abbé d'Ainay avait vendu au Consulat une grange et un verger, appelés La Bastie, pour y établir un jeu de paume. En 1574, la ville vendit ce jeu de paume à noble Pierre Palmier, les Clarisses en devinrent propriétaires en 1616. Un jeu de paume — V. *François Dauphin* — existait là ; la salle du jeu de paume devint l'église des Clarisses.

Ce couvent, à la Révolution, après la destruction de l'arsenal, devint un dépôt d'artillerie.

Les religieuses Clarisses revinrent à Lyon, en 1806 ; elles s'établirent rue Sala, où elles sont encore.

Comme on le voit, la rue Sainte-Claire rappelle l'emplacement de l'ancien monastère, et non pas le nouveau.

Rue Saint-Claude
De la place du Griffon à la rue Terraille.

Dans la nomenclature des églises de Lyon, au XVII° siècle, dressée par Isaac Lefebvre, on lit : « Au Griffon, il y avait la chapelle de Saint-Claude ; c'était une confrérie, et elle dépendait de Saint-Pierre ». C'est une chapelle, depuis longtemps détruite, qui a donné son nom à cette rue.

Rue Sainte-Clotilde
Du boulevard de la Croix-Rousse à la montée du Mont-Sauvage.

Avant 1855, cette rue s'appelait rue du Clos-Riondel, et occupait le centre de cette propriété. Il est difficile de découvrir la raison de cette appellation : Sainte Clotilde. L'épouse de Clovis n'y est sûrement pour rien. Mais il est probable qu'une personne du nom de Clotilde appartenait à la famille du propriétaire du terrain.

Rue Sainte-Colombe
Du quai Tilsitt à la rue Sainte-Claire.

Cette rue est très ancienne ; déjà en 1680, elle s'appelle rue Colombe ; en 1723, elle s'appelle rue Sainte-Colombe ; en 1732, rue Saint-Michel ; en 1784, rue des Chaînes, et plus tard et jusqu'à présent, rue Sainte-Colombe. Mais si l'on peut suivre l'histoire de ces variations, ces variations ne nous disent pas pourquoi cette rue fut ainsi appelée.

Rue Saint-Côme
De la rue Paul-Chenavard à la place d'Albon.

Avant 1855, cette rue portait le nom de rue de l'Herberie. A cette date, on a ressuscité le souvenir de l'ancienne recluserie de ce nom. — V. *Saint-Barthélemy*. — Sur l'emplacement du n° 3 actuel, existait jadis le petit prieuré de Saint-Côme, qui avait remplacé la recluserie, et qui fut démoli par les Protestants en 1562.

Rue Sainte-Croix
De la rue des Estrées à la rue Saint-Jean.

Les églises de Sainte-Croix et de Saint-Etienne, ainsi que la Primatiale de Saint-Jean, étaient sous le même toit. La Primatiale était le baptistère ; St-Etienne l'église canoniale, et Sainte-Croix, l'église paroissiale.

Sainte-Croix, aujourd'hui disparue, fut bâtie vers le commencement du viie siècle. Elle s'écroula et fut rebâtie vers 1454 ; elle ne disparut qu'à la fin de la Révolution. Il y avait là une insigne relique de la vraie Croix, et c'est très probablement pour l'abriter avec plus d'honneur que saint Arige, évêque de Lyon, fit construire cette église. Pendant la domination des rois de Bourgogne, dont le palais était voisin, Sainte-Croix leur servit de chapelle.

La rue Sainte-Croix passe sur l'emplacement de cette église disparue, dont il ne reste rien, sinon un des piliers dans l'arrière-cour de la maison portant le n° 6, dans la rue St-Etienne.

On a eu à cœur de faire revivre ce vocable de Sainte-Croix. Lorsqu'on eut résolu la création d'une nouvelle paroisse, prise sur celle d'Ainay, on la plaça sous ce titre vénérable qui, pendant onze siècles, avait été aussi celui de la première paroisse de notre ville.

Fig. 61. — Rue Sainte-Croix. — Dessin de Girrane

Rue de Saint-Cyr
Du quai Jayr au chemin de la Maladière.

Un village voisin de Lyon, au pied du mont Cindre, porte le nom de Saint-Cyr, très fréquenté par les Lyonnais. Le chemin qui y conduit, en dehors de Lyon, s'appelle chemin de Saint-Cyr, et la rue qui dans la ville conduit à ce chemin, s'appelle rue de Saint-Cyr.

Place et rue Saint-Didier
La place : de la rue Saint-Pierre-de-Vaise à la rue des Trois-Maisons.
La rue : de la rue Saint-Pierre-de-Vaise à la rue Cottin.

Avant 1855, cette rue et cette place s'appelaient Donnée, dont la signification est facile à saisir. Nous l'avons du reste déjà rencontrée ; ce nom de Donnée fut supprimé à Vaise, précisément parce qu'il existait déjà dans la ville.

D'où peut provenir ce nom de Saint-Didier qui lui a succédé ? Seule la proximité très relative du village de Saint-Didier pourrait l'expliquer, mais, vu la situation de cette rue et de cette place, c'est bien invraisemblable. Il peut bien se faire aussi qu'un propriétaire ou donateur se soit appelé Didier ou Saint-Didier.

Rue Saint-Dominique
De la place des Jacobins à la place Bellecour.

Cette rue fut ouverte en 1562, lors de l'occupation de la ville par le baron des Adrets, sur une partie du clos des Jacobins, pour faciliter l'accès de Bellecour, où était son parc d'artillerie. — V. *Jacobins*. — Cette rue, voisine du couvent des Dominicains, prit naturellement le nom de saint Dominique. — En 1793, elle s'appela rue Châlier.

C'était dans la rue Saint-Dominique que se trouvait la maison de la Grande Fabrique d'étoffes d'or, d'argent et de soie de la ville de Lyon.

La Grande Fabrique — V. *Anciens Couvents* — était une corporation ; cette corporation avait, dans l'église des Jacobins, une chapelle, sous le titre de l'Assomption de la sainte Vierge, pour l'accomplissement de leurs cérémonies religieuses (1641). En 1725, la Grande Fabrique acheta des Dominicains une bande de terrain, sur la rue Saint-Dominique, pour y bâtir une maison destinée à l'administration de la corporation. Cette maison dura jusqu'en 1779.

Rue Saint-Eloi

De la rue de l'Arbalète au quai de Bondy.

Pour l'ancienne recluserie de Saint-Eloi. — V. *Saint-Barthélemy*.

Un des premiers hôpitaux créés en France, sinon le premier, fut celui de Lyon. Il fut fondé en 542, par le roi Childebert et la reine Ultrogothe. Ce fut très probablement celui qui fut connu plus tard sous le nom de Notre-Dame de la Saônerie, et plus tard encore sous le nom de Saint-Eloi. Ce changement de nom eut lieu vers le xve siècle. Son église, primitivement sous le titre de Notre-Dame, passait alors pour excessivement ancienne, et son architecture déposait en faveur de son antiquité. Elle avait plusieurs chapelles, celles de la sainte Vierge, de saint Eloi, de saint André et de saint Bernard. A la fin du xve siècle, le nom de saint Eloi, qui avait passé de l'ancienne recluserie à une chapelle de l'église, se substitua complètement à celui de Notre-Dame de la Saônerie (ou Saunerie). Cette église longeait la place disparue de l'ancienne Douane, parallèlement à notre quai de Bondy. Elle disparut en 1503 ; M. Steyert dit en 1562.

L'hôpital était alors desservi par un homme et une femme mariés, qui y faisaient leur résidence. Antérieurement, le service avait été confié à des clercs et à des sœurs converses. L'hôpital était alors si peu connu, en dehors d'un certain rayon, que le Consulat crut devoir prendre la délibération suivante, le 19 janvier 1499 : « *Pour l'hospital de Saint-Eloi, l'on y fera ung escripteau pour remonstrer qu'il y a hospital pour les pauvres.* »

L'éloignement relativement assez grand qui existe entre la rue Saint-

Eloi et l'emplacement de l'ancien hôpital, induit à penser que l'ancienne recluserie et l'hôpital ne furent pas voisins, bien que le nom ait dû passer de l'un à l'autre.

Saint Eloi fut autrefois un saint très populaire. Non seulement, il fut un grand artiste dans un siècle barbare, mais il fut un grand évêque et

Fig. 62. — Ancienne chapelle Saint-Eloi. — Dessin de Girrane.

un saint. Il a passé par notre ville, dans un voyage qu'il fit en Provence. Ampuis en a gardé le souvenir. Né en 588, mort en 659, il fut trésorier des rois Clotaire II et Dagobert.

Rue Saint-Etienne

De la rue des Estrées à la place Saint-Jean.

L'église Saint-Etienne, avons-nous dit, — V. *Sainte-Croix* — était, sous le même toit, unie à Sainte-Croix et à la Primatiale. Elle remontait à une haute antiquité, et se faisait remarquer par son magnifique jubé.

Leydrade y transporta, de Saint-Nizier, sa chaire épiscopale. C'est là qu'au IXe siècle, le roi Gontran-Boson déposa son sceptre et sa couronne.

Fig. 63. — Rue Saint-Etienne. — Dessin de Girrane.

La princesse Berthe y offrit aussi une nappe d'autel brodée de ses mains, pour servir à saint Rémy, un de nos évêques de Lyon, et dont Lamure nous a laissé la description. Saint-Etienne était l'église canoniale, c'est pourquoi les chanoines se sont longtemps appelés *les frères de Saint-Etienne*. J'ai dit autre part, et je n'y reviens pas, — V. *Anciens Chanoines-Comtes* — qu'il a pu exister deux chapitres de chanoines, un pour chaque église, à Saint-Etienne et à Saint-Jean.

La rue Saint-Etienne passe sur l'emplacement de cette église démolie.

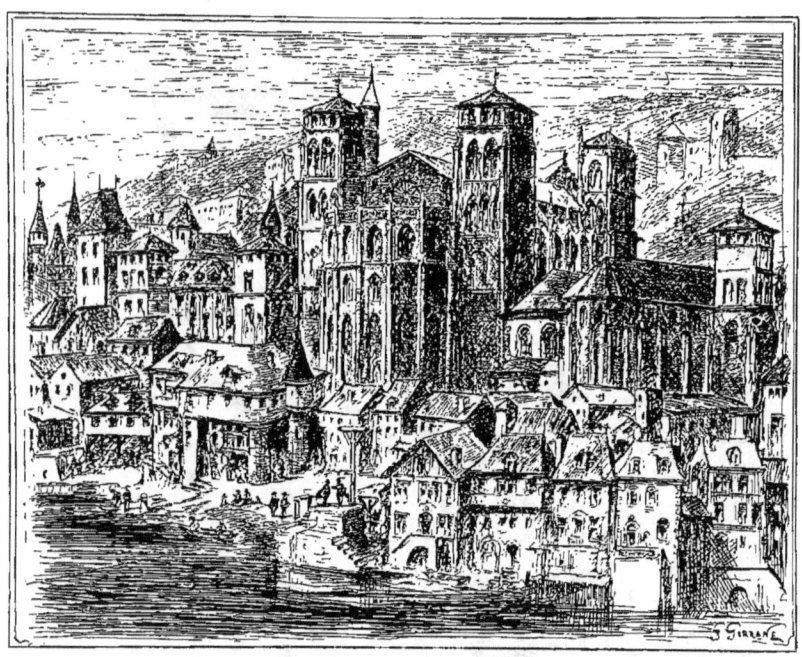

Fig. 64. — Les trois églises de Saint-Jean, Saint-Etienne et Sainte-Croix réunies. — Dessin de Girrane.

Elle en occupe presque toute la surface. Il n'en reste que quelques colonnes en marbre qui sont aujourd'hui dans la nef latérale gauche de Saint-Jean.

Saint Etienne, le protomartyr, a été honoré dans l'Eglise dès l'antiquité la plus reculée.

Rue Saint-Eucher

De la rue de Dijon à la montée de la Boucle.

Ce quartier, longtemps désert, se peupla peu à peu. Une agglomération assez considérable s'y étant formée, il fallut songer à ne pas rendre trop difficile aux habitants l'accomplissement de leurs devoirs religieux. Ils devaient aller ou à la Croix-Rousse ou à Saint-Polycarpe, par des montées et des descentes difficiles. La création d'une nouvelle paroisse fut décidée, et en 1841, elle fut créée. Elle fut placée sous le patronage de saint Eucher, un de nos plus grands évêques lyonnais.

C'est saint Eucher qui fit bâtir l'église des Saints-Apôtres, aujourd'hui Saint-Nizier, sur la crypte de Saint-Pothin, et métropole jusqu'à Leydrade, au vııı^e siècle.

L'église Saint-Eucher a donné son nom au quartier, et le quartier son nom à cette rue, qui n'est pas dans le voisinage de l'église. — V. *Actionnaires*.

Rue Saint-François-d'Assise

Du boulevard de la Croix-Rousse à la rue de l'Alma.

Cette rue, dès son origine, avait porté le nom de rue de la Tour, à cause de la Tour Pitrat, qui était à son extrémité méridionale ; elle s'est aussi appelée rue du Clos-Riondel (levant). En 1858, elle prit le nom de Saint-François d'Assise, en raison d'une communauté de religieuses tiercaires franciscaines, qui fut fondée par un prêtre de la maison des Chartreux, le P. Crevat, et vint s'installer dans ce qui restait de la Tour Pitrat.

Rue Saint-François-de-Sales

De la rue Sala à la rue Sainte-Hélène.

Cette rue a été ouverte en 1815. Elle est au centre d'un vaste tènement appelé dans les anciens titres le Plat d'Ainay, *Plateum Athanacense*.

Elle rappelle le souvenir de saint François de Sales, non seulement parce qu'il fut le fondateur de la Visitation, et qu'ici nous sommes sur le terrain de l'ancienne Visitation, mais encore et surtout parce qu'il mourut en cet endroit.

Lyon posséda trois monastères de la Visitation : Sainte-Marie de Bellecour, l'Antiquaille et Sainte-Marie des Chaînes. Sainte-Marie de Bellecour fut la seconde maison de l'Ordre. Les premières religieuses arrivèrent à Lyon en 1615, et, en 1617, elles habitaient leur premier couvent, sur l'emplacement de la caserne actuelle de la gendarmerie à cheval. Saint François de Sales y vint souvent.

Il y vint une dernière fois, en 1622 ; il habitait une ancienne recluserie, qui était devenue l'habitation du jardinier du couvent, en dehors de la clôture, à l'angle de la rue Sainte-Hélène et de la rue Saint-François-de-Sales. C'est là qu'il mourut, le 28 décembre ; son cœur fut conservé à Sainte-Marie de Bellecour jusqu'à la grande Révolution.

En 1858, on plaça à l'angle de la caserne une plaque en marbre où, en lettres d'or, est rappelé ce précieux souvenir.

Outre cette rue Saint-François-de-Sales, il y a une place Saint-François, bornée par la rue Saint-Joseph et la rue Sala ; elle doit son nom à l'église qui forme un de ses côtés. Cette église Saint-François est l'ancienne chapelle des Recluses, refaite et agrandie. Elle est devenue paroissiale à la réorganisation du culte, et a été placée sous le patronage du grand docteur qui est venu mourir non loin d'elle.

Place et rue Saint-Georges

La place : de la rue Saint-Georges à la rue des Prêtres.
La rue : de la place de la Trinité au pont d'Ainay.

Cette appellation provient du voisinage de l'église Saint-Georges.

Cette église Saint-Georges est très ancienne. Elle date de 802, mais elle fut précédée d'une autre église dédiée à sainte Eulalie. En 547, saint Sacerdos, évêque de Lyon, reçut du roi Childebert, qui les rapportait d'Espagne, des reliques de sainte Eulalie. Trois ans après, il fit construire sur la rive droite de la Saône et au pied du coteau de Saint-Just, un monastère de religieuses et une petite église qu'il dédia à sainte Eulalie, et dans laquelle il déposa les reliques de l'illustre martyre. En 732, le monastère et l'église furent ruinés par les Sarrasins. Leydrade releva l'église et la mit, en 802, sous le patronage de saint Georges. Humbert de Beauvoir la fit refaire presque complètement, en 1492. L'église actuelle est une œuvre récente, dont l'architecte fut M. Bossan.

C'est ici que plus tard, ainsi que nous l'avons vu, — V. *Commanderie* — vinrent s'établir les Chevaliers de Saint-Jean de Jérusalem.

Rue Sainte-Hélène

De la place Saint-Michel à la place Grôlier.

Il y a eu, à l'angle de la rue Saint-François-de-Sales et de la rue Sainte-Hélène, à l'angle de la caserne de gendarmerie, une ancienne recluserie de femmes, sous le patronage de sainte Hélène, qui a donné son nom à cette rue. — V. *Saint-Barthélemy* et *Saint-François de Sales*.

Place et rue Saint-Irénée

La place : de la rue des Macchabées à la montée des Génovéfains.
La rue : de la rue des Macchabées à la rue des Chevaucheurs.

La crypte de Saint-Irénée a une origine des plus antiques et des plus vénérables. La crypte de Saint-Nizier est considérée comme le berceau de la foi à Lyon. Mais quand ce primitif oratoire de Saint-Pothin fut devenu trop petit pour le nombre toujours croissant des fidèles, on chercha un autre lieu de réunion. On chercha, et l'on trouva, dans le cimetière gallo-romain situé sur la colline et dominant le confluent, une grotte, qui, par suite d'agrandissements successifs, devint une véritable catacombe. Cette catacombe était dédiée à saint Jean l'Evangéliste, notre aïeul spirituel.

Après la seconde persécution, le prêtre Zacharie enterra le corps de saint Irénée dans la crypte de Saint-Jean, entre ceux de saint Epipoy et de saint Alexandre — V. ce dernier nom — qui y étaient déjà. Il est facile de comprendre qu'avec le temps, cette crypte dut prendre et prit en effet le nom de saint Irénée.

Une première église y fut élevée par saint Patient, elle dura jusqu'à l'invasion sarrazine. Saint Rémy la releva, cette seconde église dura jusqu'au sac et pillage des Calvinistes, en 1562. En 1584, elle fut relevée tant mal que bien, plutôt mal que bien. Elle ne fut pas endommagée par la tourmente révolutionnaire ; elle fut rendue au culte en 1802, agrandie en 1824, restaurée en 1863, notablement embellie en 1901.

Une des rues qui conduisent à cette église et la place qui s'ouvre devant elle, ont pris naturellement, à cause de ce voisinage, le nom de saint Irénée.

Place et rue Saint-Jacques

La place : de la rue Célu à la montée Rey.
La rue : de la rue Moncey à la rue Villeroy.

Comme on le voit, cette place et cette rue ne sont pas voisines. La première est à la Croix-Rousse, la seconde à la Guillotière. J'ignore pourquoi la place a été baptisée de ce nom ; si M. Rey, qui a fait ouvrir ces rues, s'appelait Jacques, il ne faudrait pas chercher plus loin. Quant à la rue, je transcris ici ce qui m'a été certifié quand j'étais jeune. Cette rue en équerre appartenait autrefois à M. Jacques Chatanay, dont la fabrique de bougies était bien connue à la Guillotière. On donna à la rue le nom de son patron.

Je soupçonne plusieurs rues de Lyon d'un pareil baptême. On conviendra que les recherches dans cet ordre de faits ne sont pas faciles.

Place et rue Saint-Jean

La place : devant la Cathédrale.
La rue : de la place du Change à la place Saint-Jean.

Les églises de Saint-Jean, de Saint-Etienne et de Sainte-Croix, avons-nous dit, étaient sous un même toit. Saint-Jean n'était qu'un simple baptistère. L'église fut reconstruite à la fin du xiiie siècle et au commencement du xive; elle devint la cathédrale, la métropole, la Primatiale. Elle était sous le patronage de saint Jean-Baptiste, parce que ce saint fut

Fig. 65. — La Primatiale et la place Saint-Jean. — Phot. de Neurdein, frères, Paris.

un de ceux dont le culte fut le plus tôt et le plus généralement répandu.
— V. *Doyenné*.

Le centre de la place était orné d'une fontaine ombragée par un grand orme, qui a disparu.

Sur la place, le n° 8, dont la porte est très belle, était la Prévôté; le n° 7, la maison du Précenteur ; la maison à l'angle de la rue de la Bombarde et de la rue Saint-Jean, la Chamarerie.

Le n° 3 de la place, occupé, depuis 1844, par le Petit-Séminaire, était l'habitation de Thomas Becket, archevêque de Cantorbéry, réfugié à

Fig. 66. — Façade ouest de l'ancienne place Saint-Jean. — Dessin de Leymarie.

Lyon, et devint l'hôtel de Mitte de Chevrières, marquis de Saint-Chamond. Au siècle dernier, la poste aux lettres y était installée, et le tribunal civil y a siégé de 1806 à 1842.

La fontaine actuelle est l'œuvre de Dardel. Le groupe représentant le baptême de Notre-Seigneur par saint Jean est de Bonassieux.

Rue Sainte-Jeanne

De la Grande-Rue de la Guillotière à la rue des Trois-Pierres.

Nom imposé par le propriétaire, en l'honneur de la patronne de sa femme, Mme Jeanne Félissent.

Rue Saint-Jérôme

De l'avenue de Saxe à la rue de la Lône.

Nom imposé par le propriétaire. Je soupçonne ce propriétaire d'être Jérôme Grillet. — V. ce nom.

Rue Saint-Joseph

De la place Bellecour à la place Carnot.

Les Jésuites, en 1605, vinrent s'établir à l'angle de la rue Sainte-Hélène et de la rue d'Auvergne, dans un vaste tènement de près d'un hectare. Sur cet emplacement, il y avait la maison professe des Pères, la maison de la Congrégation, qui était le long de la rue d'Auvergne, la maison des Retraites, qui est l'ancienne caserne de la gendarmerie à pied, et enfin l'église de Saint-Joseph, contiguë à la maison des Retraites.

L'église de Saint-Joseph est la seconde qui en France fut placée sous ce patronage. Elle occupait l'emplacement actuel du prolongement de la rue Saint-Joseph, qui alors n'était ouverte que jusqu'à la rue Sainte-Hélène. La rue qui y accédait prit le nom de saint Joseph.

A la Révolution, ce qui avait été les biens des Jésuites, bannis depuis plus de trente ans, fut vendu comme bien national; l'église de Saint-Joseph, incendiée d'abord par accident, en 1780, fut démolie et la rue Saint-Joseph prolongée, en 1803. Cette rue, depuis 1855, a absorbé les rues de Puzy et de Sarron.

Avant de s'appeler rue Saint-Joseph, elle s'appela rue Saint-Jacques et ne s'étendait que jusqu'à la rue Sainte-Hélène. Elle prit son nom actuel en 1619, lors de la construction de l'église, par le Père François de Canillac, S. J., fondateur de la maison voisine du noviciat des Jésuites, qui, avant d'être transférée à Perrache, était une prison. Voilà pourquoi la locution « être à Saint-Joseph » équivaut à Lyon à « être en prison ».

Donc, de fait, l'église était dans la rue Sainte-Hélène, mais l'entrée faisait face à la rue Saint-Joseph. — Elle avait été consacrée, en 1621, par Mgr de Marquemont.

Ce nom de saint Joseph va disparaître pour faire place à celui d'Auguste Comte.

Auguste Comte naquit à Montpellier en 1798. D'une précocité d'esprit extraordinaire et d'une étonnante application au travail, il fut admis à seize ans à l'Ecole polytechnique. Un instant secrétaire de Casimir Périer, il le quitta bientôt pour s'attacher à Saint-Simon, dont il subit pendant quelque temps l'impétueuse influence, et avec lequel il se brouilla parce qu'il le trouvait trop « couleur théologique ».

Il fut l'inventeur du Positivisme, système philosophique dont il n'a donné l'exposition que d'une manière embarrassée et obscure. Il a publié en cet ordre d'idées : *Système de politique positive* ; *Cours de philosophie positive* ; *Traité de sociologie, instituant la Religion de l'humanité* ; *Catéchisme positiviste*.

Le trait distinctif de son caractère fut un prodigieux orgueil. Cet orgueil en fit un autoritaire. « Indiscipliné, dit M. Faguet, de l'Académie Française, il prétendit imposer aux autres une discipline très rigoureuse ; absolu dans ses idées et n'autorisant que lui à l'être, il exigea des autres la foi en lui ; il voulut être le pontife suprême d'une religion nouvelle, il l'a été. » Auguste Comte a été le pape laïque de l'erreur contemporaine, dont Taine et Littré n'ont été que les lieutenants.

Répétiteur d'analyse et de mécanique à l'Ecole polytechnique, il fut destitué en 1844 et vécut avec une pension que lui faisaient ses élèves.

C'est incontestable, Auguste Comte a eu de son vivant une réelle influence sur la jeunesse des écoles. Néanmoins, l'oubli commençait à se faire autour de son nom, quand un regain d'actualité le fit revivre en certains esprits. Le 18 mai 1902, en effet, on inaugura à Paris, sur la place de la Sorbonne, un monument consacré à la glorification du père du Positivisme. C'est alors qu'un conseiller municipal de Lyon demanda qu'une rue portât le nom d'Auguste Comte, « la plus puissante intelligence philosophique que la France ait enfantée depuis Descartes ».

Son mérite, suivant ce même conseiller, fut d'avoir montré le vide des insolubles discussions théologiques et métaphysiques, d'avoir, rénovateur de la pensée moderne, établi les fondements de la philosophie et de la politique contemporaine sur la science démontrable, d'avoir substitué aux chimériques et déprimantes espérances d'un au-delà fictif l'action énergique pour le bonheur collectif, réalisable par la justice sociale et la fraternité humaine, enfin d'avoir créé la sociologie.

On voit, dès lors, quel esprit a présidé à ce changement de nom. Il ne s'aperçoit qu'il retarde.

Bien que ce présent travail ne soit pas un traité de philosophie, il nous est impossible de ne pas signaler l'erreur fondamentale du Positivisme. Cette erreur consiste à croire que d'un fait d'expérience on ne saurait remonter à une idée absolue, absolument vraie, tandis que c'est le propre de la raison d'aller de l'effet à la cause, de la contingence à l'absolu.

D'après le Positivisme, les idées rationnelles ont pour objet l'*inconnaissable*, et elles sont incertaines. — Alors, c'est le scepticisme, si la raison ne peut donner la certitude. Le Positivisme confond toujours l'inconnaissable et l'incompréhensible, les idées incertaines et les idées incomplètes.

Ce qui a fait la fortune du Positivisme à sa naissance, c'est qu'il s'est donné comme scientifique et comme seule doctrine scientifique. Aujourd'hui, il est jugé anti-scientifique, il est en voie de décomposition. En proscrivant la recherche des causes, le Positivisme a, en effet, détruit les conditions de la science, il tombe dans le « phénoménisme » et ne peut affirmer aucune loi ; de plus, il ne s'aperçoit pas qu'en raisonnant, en expérimentant, en tirant des inductions, il contredit à tout instant ses propres affirmations. Auguste Comte n'est pas allé aussi loin que Kant, mais il y conduit.

Montée Saint-Laurent
De la montée de Choulans au chemin de Fontanières.

Nous retrouvons ici le souvenir de l'hôpital de Saint-Laurent-des-Vignes, qui, destiné aux pestiférés, fut fondé au XVIe siècle par Thomas de Gadagne — V. ce nom — à la Quarantaine. Il devint, par la suite, l'une des premières propriétés importantes du Grand-Hôpital.

C'est ainsi que bien souvent on s'exprime, quand on parle de l'hôpital de Saint-Laurent, mais ce n'est pas tout à fait exact. Il avait été fondé, en 1474, par Jacques Caille et Huguette Balarin, son épouse, pour y recueillir les pestiférés. En 1509 et en 1524, les confrères de la Trinité, en conséquence de l'édit de François I*er*, — V. *Petit-Collège* — et Thomas de Gadagne firent élever deux autres corps de bâtiments. D'après un arrêt du conseil du Roi, du 9 septembre 1783, les mendiants des deux sexes furent renfermés dans cet hôpital, qu'on nomma, dès lors, dépôt pour les mendiants, ou Bicêtre. La chapelle de cet hôpital fut détruite à la Révolution, le portail fut transporté sur le chemin pour servir d'entrée, mais l'exhaussement de la montée l'a rendu inutile. On ne voit plus aujourd'hui que le sommet de l'arcade. — V. *Antiquaille*. — Ce dépôt fut transféré aux Chazeaux, en 1804, et enfin définitivement à Albigny, en 1861.

Rue Saint-Lazare

De la rue des Trois-Pierres à la rue Chevreul.

Une léproserie, sous le vocable de saint Lazare, fut bâtie en 1203, par l'archevêque de Lyon, Renaud II de Forez. Cette léproserie avait une chapelle, bâtie également à cette même date.

Nous avons déjà eu l'occasion de parler de Saint-Lazare et de certaines mesures administratives prises à l'égard de ses hôtes. — V. *Balmont*.

Cette rue s'est appelée rue Lazare, rue du Lazare, rue Saint-Lazare. La rue actuelle qui porte ce nom a été transportée, de sorte que ce nom rappelle ce souvenir, mais non pas le lieu de cet hôpital.

Rue Saint-Louis

De la rue d'Amboise à la rue de Savoie.

En parlant des Célestins, — V. ce nom — nous avons constaté quelle part la maison de Savoie avait eue dans la fondation du monastère de ces religieux. Cette rue est destinée à rappeler le souvenir du duc Louis de Savoie, fils d'Amédée I*er*, mort en 1465, dont le cœur fut déposé dans la chapelle des Célestins. Au lieu du nom de Louis tout court, on avait adopté celui de son patron, saint Louis.

Cette rue a été ouverte en 1791, dans le tènement du couvent des Célestins, supprimé en 1778.

Place Saint-Louis
De la rue de la Madeleine à la rue de l'Hospice-des-Vieillards.

L'église paroissiale de la Guillotière, sous le vocable de Notre-Dame de Grâces, n'était pas l'église que nous connaissons ; elle était située sur la place de la Croix. En 1680, elle tomba de vétusté ; le service divin et paroissial fut provisoirement transféré dans une très petite chapelle de confrérie, celle des Pénitents, qui était voisine, et qui bientôt elle-même tomba en ruines, puis, en 1739, dans une salle du couvent des Religieux du Tiers-Ordre de St-François, dits Picpus, où il était encore en 1790.

La chapelle de ce couvent était dédiée à saint Louis ; elle devint, après la Révolution, l'église paroissiale. Elle a été considérablement agrandie en 1844. Notre-Dame de Grâces est devenue Notre-Dame Saint-Louis, et comme la paroisse de Saint-Vincent a porté quelque temps ce même titre, l'église de la Guillotière est devenue simplement l'église Saint-Louis. La place, dont il est ici question, tient son nom de ce voisinage.

Rue Sainte-Marie
De la rue Chaumais à la rue Mascrany.

Nom imposé par le propriétaire ; c'était sans doute celui d'un membre de sa famille.

Rue Sainte-Marie-des-Terreaux
De la place des Terreaux à la place des Capucins.

Cette rue fut ouverte en 1643. Une statue de la sainte Vierge, qui ornait l'angle ou la façade d'une maison, lui a donné son nom. On a ajouté *des Terreaux*, pour ne pas la confondre avec plusieurs autres rues Sainte-

Marie, entr'autres avec la rue Sala, qui s'est appelée aussi rue Sainte-Marie, à cause du monastère de la Visitation de Sainte-Marie de Bellecour.

Place Saint-Michel
De la rue du Plat à la rue Vaubecour.

Il y a eu là un couvent et une église de Saint-Michel, bâtie sur la fin du ve siècle par la reine Caretène, femme de Gonderic et grand'mère de sainte Clotilde. Elle se fit religieuse dans ce monastère et fut enterrée dans cette église, élevée par elle en l'honneur des saints Anges et de saint Michel, leur prince.

Le monastère a existé longtemps ; il était habité par des Dominicaines, au temps de Paradin. Malgré les témoignages de nombreux auteurs, M. Steyert se refuse à croire qu'il y ait eu jamais un monastère à Saint-Michel et que ce monastère ait été un lieu de refuge pour sainte Clotilde.

« Saint-Michel, dit-il, fut toujours uniquement une paroisse. La reine Carétène, morte en 560, y fut enterrée. Au xviie siècle, on y lisait encore son épitaphe, laquelle cependant ne datait pas de son temps, mais avait été, ainsi qu'un grand nombre d'autres, refaite au ixe siècle. » Quant à l'église, après avoir été ruinée et rebâtie plusieurs fois, elle fut consacrée par saint Avit, de Vienne, en 1109. Elle devint paroissiale, lorsque le monastère fut supprimé par suite du quatrième concile de Latran.

Pendant quelque temps, cette cure fut confiée par Mgr Camille de Neuville à quelques prêtres zélés qui s'occupaient de prédication et qu'on appelait la communauté de Saint-Michel. En 1669, ces prêtres s'unirent aux Lazaristes, qui dirigèrent la paroisse jusqu'en 1685. A cette date, eut lieu la sécularisation de l'abbaye d'Ainay. Les abbés d'Ainay voulant augmenter leurs revenus, supprimèrent Saint-Michel et transférèrent à Saint-Martin-d'Ainay l'office curial et paroissial. L'église fut démolie, elle s'élevait à peu près sur l'emplacement de la place qui retient son nom.

Cette place fut commencée en 1728, lorsqu'on démolit le grand portail de l'abbaye d'Ainay pour ouvrir la rue Vaubecour, et achevée en 1837 avec sa forme et ses dimensions actuelles.

Rue Saint-Michel

De la rue de la Vierge à la rue de la Madeleine.

La rue Saint-Michel de la Guillotière, dit M. Steyert, a reçu ce nom par suite d'une erreur relative au vocable de l'ancienne église de cette paroisse.

Tenons-nous-en là. Néanmoins ne pourrait-on pas soupçonner quelque relation entre le saint Michel d'Ainay et le saint Michel de la Guillotière? La juridiction d'Ainay s'étendait jusqu'en ces parages, le titre de Saint-Michel avait été conservé à Ainay, la chapelle de la Madeleine était une annexe de Saint-Michel. Mais, évidemment, ce n'est là qu'une induction lointaine. En tout cas, cette rue est peu connue à la Guillotière, le nom en est rarement prononcé ; mais on connaît la voûte, et même la rue de la Voûte. — Peut-être la vérité n'est-elle ni ici ni là ; on peut raisonnablement soupçonner que ce nom est dû à M. Michel Creuzet. — V. ce nom.

Rue Saint-Nicolas

Du quai de Bondy à la place Gerson.

Si l'on se rappelle que saint Nicolas est le patron des hommes de rivière, on ne sera pas surpris que, dans une ruelle du voisinage de la Saône, il y ait eu une échoppe quelconque, cabaret ou auberge, qui ait porté cette enseigne. On ne peut pas donner d'autres raisons.

Place et rue Saint-Nizier

La place : devant l'église.
La rue : de la rue Centrale à la rue de l'Hôtel-de-Ville.

Cette église passe pour être la plus ancienne de Lyon, au moins comme lieu de prières. D'après la tradition, c'est sur cet emplacement que saint Pothin, le premier évêque de Lyon, a réuni les premiers néophytes. Il y eut primitivement un oratoire dédié à la sainte Vierge. On éleva, dans la suite, sur cet oratoire, une église qui fut appelée des Saints-Apôtres ; elle reçut le nom de Saint-Nizier, après que ce saint Pontife y eut été enseveli vers l'an 573. Elle fut métropolitaine pendant plusieurs siècles ; on croit que c'est Leydrade qui transporta à Saint-Jean le siège épiscopal. Plus tard, en 1305, Louis de Villars, archevêque de Lyon, érigea l'église St-Nizier en collégiale.

L'église actuelle date du XIVe siècle, et le portail, construit sur les dessins de Philibert Delorme, du XVIe. Enfin, vers 1745, on fit de considérables réparations et de grands embellissements à l'intérieur. La seconde flèche a été élevée en 1858.

La place Saint-Nizier a été formée par la démolition de l'atrium de l'ancienne église élevée par saint Patient. — V. *Macchabées*.

Fig. 67. — Ancienne façade de Saint-Nizier. — Dessin de Leymarie.

La Collégiale ou Chapitre de Saint-Nizier a tenu une grande et belle place dans l'histoire ecclésiastique de Lyon. En son sein plusieurs fois les Archevêques de Lyon ont pris ces aides de leur administration, qu'on appelait alors évêques suffragants. Ce Chapitre, en rang de préséance, arrivait après ceux de Saint-Jean, Saint-Just, Fourvière et Saint-Paul.

C'était sur la place Saint-Nizier que se trouvait la chapelle Saint-Jacquême, la chapelle des échevins, et qui est restée célèbre dans l'histoire du Consulat lyonnais. Chaque année, le 15 décembre, les Consuls assistaient à une messe solennelle du Saint-Esprit, avant l'élection des magistrats de la nouvelle année.

Les assemblées municipales se tinrent d'abord dans l'église St-Nizier.

Fig. 68. — Eglise de Saint-Nizier. — Phot. de Neurdein, frères, Paris.

La chapelle de Saint-Jacque me était celle d'une confrérie de gens ayant fait le pèlerinage de Saint-Jacques de Compostelle. Elle fut reconstruite au xve siècle. M. de Valous en a donné une description précise.

Cette chapelle de Saint-Jacques le Majeur avait été fondée en 1222, sous l'autorité et avec le consentement de Renaud de Forez, archevêque de Lyon, par Gaspard de Chaponay et Clémence de Beauvoir, sa femme, sous l'obligation d'y faire célébrer à perpétuité quatre-vingts messes chaque année pour le salut de leurs âmes et de celles de leurs parents, et particulièrement pour remercier Dieu, la sainte Vierge et saint Jacques d'avoir accordé à Gaspard de Chaponay la guérison de blessures mortelles qu'il avait reçues en Angleterre, devant la ville de Winchester, assiégée par Louis, fils de Philippe-Auguste.

Cochard croit que cette chapelle a été fondée par les curés de Saint-Nizier, et que le Corps de Ville y a tenu ses assemblées depuis l'organisation du gouvernement municipal.

Place et rue Saint-Paul

La place : de la rue Lainerie à la rue Octavio-Mey.
La rue : du quai Pierre-Scize à la place Saint-Paul.

La place Saint-Paul s'appelle de ce nom depuis 1846 ; antérieurement, elle s'est appelée place de la Boucherie, de la Triperie, de l'Ecorcherie, à cause de l'ancienne boucherie Saint-Paul, qui exista jusqu'en 1826.

Fig. 69. — Ancienne église Saint-Paul, dessin de Leymarie.

La rue Saint-Paul, avant 1855, comprenait deux autres rues, la rue Misère et la rue de l'Epine.

L'église Saint-Paul fut bâtie dans le milieu du vi° siècle par saint Sacerdos, évêque de Lyon. Au xiii° siècle, c'était une ancienne tradition qu'elle avait été miraculeusement consacrée par les anges. Réparée par Leydrade, après l'invasion sarrazine, sur la fin du viii° siècle, enrichie par l'archevêque Hugues au xii°, elle fut, au xvii°, restaurée de fond en comble. En ce moment (1900), on y fait des restaurations et réparations très importantes.

Saint-Paul eut un Chapitre qui tint une belle place dans l'histoire de l'Eglise de Lyon ; ce fut la seconde collégiale. Ce Chapitre se composait de dix-huit chanoines, dont trois dignitaires, le chamarrier, le sacris-

Fig. 70. — Eglise actuelle de Saint-Paul. — Phot. de Neurdein, frères, Paris.

tain, le sacristain-curé. La maison de la place qui porte le n° 11 contenait la salle capitulaire.

On sait que saint Paul est toujours représenté avec un glaive, c'est pourquoi — autrefois surtout — il n'était pas rare d'entendre les habitants de ce quartier se qualifier eux-mêmes *enfants du sabre*.

Rue Saint-Pierre-de-Vaise

Du quai de Vaise au chemin des Grenouilles.

Vaise appartenait autrefois aux abbés d'Ainay, qui y avaient un petit manoir. La petite tour, voisine de l'église, faisait, dit-on, partie de cet ancien château.

Vaise eut une église paroissiale dès 1293 ; elle fut rebâtie en 1625, refaite en 1845. On y peut voir de bonnes peintures de Barriot.

Avant 1861, il n'y avait à Vaise qu'une seule paroisse, Saint-Pierre, qui, pour n'être pas confondue avec les paroisses Saint-Pierre et Saint-Pierre-le-Vieux, fut désignée par l'adjonction du nom du faubourg, Saint-Pierre-de-Vaise.

Ce nom de Vaise a sollicité l'attention. Sur la foi de Cochard, on a cru jusqu'ici qu'il y avait une parenté entre Vaise et vase, terrain vaseux. Mais Vaise doit très probablement venir de *Vesiacus*, Villa Vesia, villa, domaine des Vesius.

La rue actuelle de Saint-Pierre-de-Vaise a absorbé l'ancienne rue Neuve-du-Chapeau-Rouge, le port Mouton et la place Saint-Pierre.

Rue Saint-Pierre-le-Vieux

De l'avenue du Doyenné à la rue Tramassac.

Au temps de la domination temporelle des archevêques, il y avait, non loin de leur palais, les prisons de l'archevêque ou de l'archevêché. Derrière ces prisons, il y avait la petite église paroissiale de Saint-Romain. Au XVIIe siècle, le service paroissial fut transféré dans une église voisine, qui s'appelait Saint-Pierre-le-Vieux. Elle avait été fondée au Ve siècle ; on avait ajouté au nom de l'apôtre l'épithète de *Vieux*, parce que c'était la plus ancienne église qui lui fut consacrée dans notre ville. Barthélemy Bellièvre, notaire royal, qui commença l'illustration de cette famille, y fut inhumé.

Désaffectée et vendue pendant la Révolution, elle devint une habitation particulière ; elle fut démolie en 1866, quand on fit disparaître cette sorte de casse-cou qu'était le tournant de l'archevêché, et qu'on fit l'avenue. Elle occupait à peu près l'emplacement du n° 3 de la rue du Doyenné

Rue Saint-Polycarpe

De la place Forez à la rue Romarin.

Une des parties du terrain acheté, et plus tard divisé et vendu par Claude Besson, — V. *Vieille-Monnaie* — fut achetée par les Capponi, qui y firent construire une maison, appelée la *Maison Verte*.

En 1616, le cardinal de Marquemont appela dans notre ville les Pères de l'Oratoire, qui venaient d'être institués par le cardinal de Bérulle.

Ces Pères logèrent tout d'abord à la Manécanterie, mais l'année suivante, ils firent l'acquisition de la Maison Verte, et y élevèrent une chapelle consacrée aux *Grandeurs de Jésus*.

En 1642, ils agrandirent leur acquisition première par l'achat de la maison des Espinassi, qui joignait leur enclos.

En 1665, ils remplacèrent leur chapelle par une vaste église, qu'ils élevèrent rapidement, remettant à plus tard la construction de la façade ; celle-ci, en effet, ne date que de 1760. C'est cette église qui, en 1792, alors que l'église des Capucins du Petit-Forez sera supprimée et que celle des Feuillants, premier siège de la paroisse, aura été trouvée insuffisante, deviendra l'église paroissiale de Saint-Polycarpe. Ce saint fut choisi parce qu'il est notre aïeul spirituel, parce que c'est lui qui nous envoya de Smyrne nos pères dans la foi, saint Pothin et saint Irénée.

Place et passage Saint-Pothin

La place : autour de l'église Saint-Pothin.
Le passage : de la place Saint-Pothin à la rue Duguesclin.

On a eu longtemps le droit de s'étonner en constatant que Lyon ne possédait aucune église sous le patronage de son premier apôtre saint Pothin. Au moment de l'établissement du clergé constitutionnel, il y eut un essai de paroisse Saint-Pothin avec l'ancienne église des Dominicains, Notre-Dame-de-Confort. Cet essai dura fort peu. L'idée fut reprise en 1803 ; l'éloignement des églises en ce point important de la ville semblait devoir faire aboutir à un succès, il n'en fut rien.

Cette pensée renaîtra cependant. La rive gauche du Rhône se peuplant davantage, l'unique paroisse Saint-Louis ne pouvait plus suffire ; il en fallut créer une nouvelle. En 1826, la paroisse de Saint-Pothin fut érigée. La place qui l'entoure fut baptisée de ce nom, et le passage emprunta son nom à la place. Mais en 1902, comme nous l'avons vu, la place reçut le nom d'Edgard Quinet ; le passage retient encore le nom de Saint-Pothin.

Rue et petite rue Saint-Pothin

La rue : du boulevard de la Croix-Rousse au cimetière.
La petite rue : De la rue de l'Enfance à la rue Saint-Pothin.

Une maison de retraite pour les vétérans du sacerdoce fut établie en 1738, sous l'épiscopat de Mgr de Châteauneuf de Rochebonne, sur le plateau de la Croix-Rousse. On donna à cette maison le nom de Séminaire de Saint-Pothin ; il était sur l'emplacement occupé aujourd'hui par les religieuses cloîtrées de Sainte-Elisabeth. Il n'y resta que sept ans ; en 1745, le cardinal de Tencin le transféra à l'Ile-Barbe ; mais ce temps a suffi pour laisser un durable souvenir ; de là le nom de saint Pothin donné à cette rue, où se trouvait cette maison de retraite.

En deux mots ajoutons que ce lieu d'asile pour les vieux prêtres fut supprimé en 1782. On le rétablit en 1806, à Fourvière, rue Cléberg, 7 ; en 1846, il fut transféré à Vernaison. Il n'est plus placé sous le patronage de saint Pothin, mais sous celui de saint François de Sales.

Montée Saint-Sébastien

Du boulevard de la Croix-Rousse à la place Croix-Pâquet.

Au sommet de cette montée, il y avait autrefois la chapelle de Saint-Sébastien, ancienne recluserie — V. *Saint-Barthélemy* — devenue bénéfice de l'abbaye d'Ainay, confiée successivement à des prêtres qui desservaient cette chapelle. La montée tient son nom de cette chapelle disparue. Ce quartier commença à se former en 1826.

Place, impasse et quai Saint-Vincent

Le quai : de la rue d'Algérie à la montée Hoche.
La place sur le quai ; l'impasse sur la place.

Quand la ville de Lyon était sur la rive droite de la Saône, le quartier Saint-Vincent était le bourg. Quand il eut besoin d'une paroisse, on y éleva une église qui prit le nom de Saint-Vincent *in burgo*. Cette église

Fig. 71. — Passerelle et quai Saint-Vincent, le coteau des Chartreux dans le fond, dôme des Chartreux, maison des missionnaires.

paroissiale était fort ancienne, elle remontait beaucoup au-delà du XIIe siècle. Détruite par les Calvinistes en 1562, elle fut relevée par le chapitre de Saint-Paul, dont elle dépendait, en 1586.

Le quai, connu aujourd'hui sous un seul nom, formait trois quais autrefois, le quai d'Halincourt, le quai Sainte-Marie-des-Chaînes et le quai des Augustins.

Les d'Halincourt de Neuville de Villeroy ont donné à Lyon des gouverneurs de Lyon et des archevêques. — Les Augustins — V. ce nom —

ont laissé leur souvenir dans une rue qui porte leur nom. — Sainte-Marie-des-Chaînes était, avant la Révolution, le troisième monastère de la Visitation dans notre ville ; il s'élevait là où se trouvent maintenant la manutention militaire et les magasins d'habillement. Il avait ce nom, à cause du voisinage des chaînes qui pendant la nuit étaient tendues sur la Saône pour empêcher l'entrée furtive dans la ville des bateaux et des marchandises.

Rue Sala

Du quai Tilsitt au quai de la Charité.

Cette rue a été ouverte par la famille Sala de Montjustin, en 1504, sur une partie du tènement du Plat qui lui appartenait. En 1617, elle prit le nom de Sainte-Marie, à cause des religieuses de la Visitation de Sainte-Marie de Bellecour, qui y vinrent fonder leur monastère. Le Consulat lui rendit son premier nom en 1743. Tant que l'arsenal exista sur le quai Tilsitt actuel, la rue Sala s'arrêta à la rue de l'Arsenal.

Cette famille Sala paraît dans le Consulat dès le xive siècle.

Pierre Sala (il signait Salla) fit bâtir la maison de l'Antiquaille pour s'y retirer.

Montée et place de la Sarra

La montée : du quai Pierre-Scize au chemin de Loyasse.
La place : du chemin de Loyasse à la place des Quatre-Vents.

Nous sommes obligés de redire ici ce que nous avons dit déjà et ce que nous répéterons encore à propos des rue Montbernard, de la Bannière, Montauban, etc. Une propriété considérable de cette colline portait le nom de Sarra. La propriété de la Sarra donna naturellement son nom à la montée voisine. Mais d'où vient ce nom de Sarra ?

Cette propriété est occupée aujourd'hui par les dames du Calvaire.

Place Sathonay

De la rue du Sergent-Blandan à la montée de l'Amphithéâtre.

En 1296, Blanche de Chalon, dame douairière de Belleville, acheta de Jean Mallenc le tènement de la Déserte, situé non loin de Saint-Vincent. En 1304, elle y fonda un monastère de religieuses, qui furent connues plus tard sous le nom de Bénédictines de La Déserte. Le cloître du monastère répondait à peu près à la place actuelle de Sathonay.

Après la Révolution, les bâtiments et dépendances du monastère devinrent successivement propriété de la ville.

Les jardins de la partie inférieure lui ont été gratuitement cédés par arrêtés du représentant du peuple Poulain-Grandpré (14 novembre 1795), pour en faire un jardin botanique.

La partie supérieure fut affectée à la pépinière départementale par arrêté du 11 vendémiaire an XII, et la ville en est devenue propriétaire en vertu d'un traité d'échange avec le département du 19 janvier 1818.

Les bâtiments conventuels furent cédés à la ville pour l'indemniser des dépenses de logement du général commandant la division, qu'elle avait pris à sa charge.

Les bâtiments formant le grand cloître de la Déserte furent démolis en 1817, pour former, sur leur emplacement, une place publique à laquelle le Conseil municipal donna le nom de Sathonay, en considération de ce que M. Fay de Sathonay était maire de Lyon en 1812, et qu'il était l'oncle de M. le comte de Fargues, alors maire de Lyon.

Rue du Sauveur

De la rue de la Madeleine à la rue du Repos.

Ce nom, autant que je peux m'en rendre compte, a été donné à cette rue dans une pensée de foi chrétienne. Cette rue longe l'ancien cimetière de la Madeleine ; ce voisinage porte l'âme plus facilement aux idées religieuses.

Rue et impasse Savoie
Du quai des Célestins à la rue Saint-Louis.

Si l'on veut bien se reporter à ce que nous avons dit des Célestins, on comprendra la raison de cette appellation.

Lorsque les Templiers furent supprimés, en 1312, par Clément V et Philippe-le-Bel, une partie des biens de leur maison de Lyon alla aux Chevaliers de Saint-Jean de Jérusalem. Une autre partie fut échangée avec Aymé Ier, comte de Savoie, contre des rentes et des droits à la Verpillière et dans le mandement de Falavier, en Dauphiné. De 1315 à 1407, les comtes de Savoie eurent une demeure sur l'emplacement du Temple.

Cette rue consacre ainsi l'origine des Célestins et le souvenir de leurs bienfaiteurs.

Rue Savy
De la rue Poivre à la place des Carmélites.

Fleury-Zacharie-Simon Palerne de Savy fut le premier maire de Lyon. Né à Lyon, en 1733, il devint avocat-général, et en mars 1790, à la pluralité des suffrages, il fut élu à la première magistrature de la cité.

Il mourut à Bourg-Argental, en 1825. (M. Steyert dit 1835, à l'âge de 102 ans.)

L'installation de la première municipalité eut lieu dans la grande salle de l'Hôtel-de-Ville. Ensuite, au-devant de l'Hôtel-de-Ville et en présence du peuple, Palerne de Savy et tous les officiers municipaux et tous les notables prêtèrent le serment civique. Le cortège se rendit ensuite à la cathédrale, où le Chapitre le reçut avec les plus grands honneurs.

On retrouve ce nom de Palerne de Savy dans plusieurs procès-verbaux de visites faites, au début de la Révolution, dans les couvents de la ville (1790), pour s'assurer de la liberté des religieux ou religieuses.

Avenue de Saxe

Du cours Morand à l'avenue des Ponts.

Ce nom rappelle le souvenir du maréchal de Saxe, le vainqueur de Fontenoy, celui que le grand Frédéric appelait « le professeur de tous les généraux ». Il naquit à Dresde, en 1696, et mourut en 1750. Il fut certainement le capitaine le plus fameux de son époque. Il reçut en don, après Fontenoy, le domaine et le château de Chambord, et 40.000 livres de revenus. Il fut inhumé à Saint-Thomas de Strasbourg, où Louis XV lui fit élever un magnifique monument, œuvre du sculpteur Pigalle.

Je répète que tous les noms royalistes de ce quartier datent de la même époque, c'est-à-dire de la Restauration.

Rue Sébastien-Gryphe

Du cours Gambetta à l'avenue des Ponts.

Cette rue jusqu'en 1879 a porté le nom de Chabrol. Né à Riom (Puy-de-Dôme), en 1770, Chabrol de Crouzol avait été préfet du Rhône, en 1814. Remplacé pendant les Cent-Jours, il avait été réinstallé au retour des Bourbons. Il continua ses fonctions jusqu'en 1817.

Son nom a été remplacé par celui de Sébastien Gryphe. Né à Reutlingen, en Souabe, en 1493, il vint s'établir à Lyon en 1528 et fut un imprimeur distingué. Ses éditions étaient très recherchées de son temps pour la netteté des caractères et la correction des textes.

Il avait épousé en secondes noces Françoise Mermet, qui lui fit élever, dans l'église de Saint-Nizier, un tombeau sur lequel on lisait l'inscription suivante :

Sebastiano Gryphio nulli typographorum suæ ætatis comparabili secundo Francisca Mermetia marito viva ponendum curavit. Obiit septimo die septembris anno 1556.

Ce tombeau fut détruit lorsqu'on répara, peu de temps avant la Révolution de 1789, le pavé de la nef principale de cette église.

Charles Fontaines, parisien, qui vivait alors à Lyon, fit pour Sébastien

Gryphe une épitaphe que l'on trouve dans un petit volume de poésies qu'il publia en 1557 :

> La grand'griffe qui tout griffe
> Ha griffé le corps de Gryphe,
> Le corps de ce Gryphe, mais
> Non le lod ; non, non, jamais.

Rue Seguin
Du cours Suchet au cours Bayart.

Marc Seguin, habile ingénieur, fut l'auteur et l'entrepreneur du premier chemin de fer construit en France, celui de Lyon à Saint-Etienne par la vallée du Gier. Il fut commencé en 1826 et terminé en 1832. Il était juste que son nom fût conservé dans le voisinage de ce chemin de fer qu'il créa.

Il perfectionna aussi les ponts suspendus ; un des ponts de Lyon, celui de Saint-Clair, a porté assez longtemps le nom de pont Seguin.

Il inventa aussi, en 1828, la machine tubulaire et c'est à l'inventeur de la machine tubulaire et des rails en fer que l'on doit de voir Lyon et le Rhône devenus un centre métallurgique important. Dans le département du Rhône, il y a quatre cents maisons métallurgiques, occupant 14.000 ouvriers et faisant quatre-vingts millions d'affaires.

Rue du Sentier
De la rue de la Tour-du-Pin à la petite rue des Gloriettes.

Ce nom indique assez qu'autrefois cette rue n'était qu'un sentier, ou se terminait par un simple sentier, alors que ce versant de la colline ressemblait plus à une campagne ouverte qu'à une rue de ville.

Rue du Sergent-Blandan
De la rue Pareille à la rue des Capucins.

Cette rue porte ce nom depuis 1887. Avant cette date, elle s'appelait rue Saint-Marcel ; l'extrémité même de cette rue Saint-Marcel, vers la rue Pareille, s'appelait autrefois rue Musique-des-Anges.

Je ne connais pas la raison de cette dernière appellation ; quant à celle de Saint-Marcel, je l'ai vue disparaître avec peine, non seulement parce qu'elle rappelait une ancienne recluserie — V. *Saint-Barthélemy* — mais aussi parce qu'elle rappelait une ancienne porte de la ville. La porte Saint-Marcel s'élevait au bas de la Grande-Côte.

C'est dans cette rue Saint-Marcel que se trouvait la chapelle des Pénitents du Saint-Crucifix, connus sous le nom de Pénitents de Saint-Marcel, dont l'institution par le cardinal Cajétan remontait à 1590, et dont la chapelle fut rebâtie en 1643. Les Pénitents, sans parler de leurs œuvres de piété, plaçaient des enfants en apprentissage. Le prieuré de Saint-Marcel, qui était à la nomination de la Compagnie, était toujours donné à un confrère.

Depuis 1887, la rue Saint-Marcel a reçu le nom du sergent Blandan. Blandan n'avait que vingt-trois ans et il était sergent au 26° régiment de ligne, quand, le 11 avril 1842, chargé de porter la correspondance, il quitta le camp d'Erlon avec seize camarades de son régiment, trois chasseurs d'Afrique et le sous-aide-major Ducros, pour entrer dans la gorge de Beni-Mered, où il ne tarda pas à être cerné par des centaines de cavaliers arabes des Ben-Salem.

Fig. 72. — Le sergent Blandan, place Sathonay. — Phot. Victoire, Lyon.

La lutte de cette poignée de braves fut héroïque. Bugeaud en rendit compte dans un ordre du jour enthousiaste. Le jeune sergent soutint sans faiblir l'ardeur de la résistance jusqu'au moment où, couvert de blessures et déjà à moitié mort, il put voir les secours arriver et les Arabes fuir en pleine déroute.

Le sergent Blandan fut porté à l'ordre du jour de l'armée, et le 26ᵉ régiment de ligne chaque année célèbre avec entrain et avec un légitime orgueil la fête du héros de Beni-Mered.

Ce jeune brave était né à Lyon dans la rue Saint-Marcel, qui porte aujourd'hui son nom.

En 1900, au mois de mars, la statue de Jacquard, qui ornait ou enlaidissait la place Sathonay, fut déboulonnée et remplacée par celle du jeune sergent, exécutée par le sculpteur Lamotte. Il est représenté au moment où il répond aux Arabes qui lui crient : « Rendez-vous », sa ferme et simple réponse : « Jamais ! » — On pourrait désirer une autre attitude que celle donnée au jeune soldat.

Chemin et quai de Serin

Le chemin : du quai de Serin au boulevard de la Croix-Rousse.
Le quai : de la montée Hoche au chemin du Bois-de-la-Caille.

Ce nom de Serin n'a-t-il pas fait travailler votre pensée ? Il n'est pas en effet ce qu'un vain peuple pense. Il ne s'agit en aucune façon du chanteur ailé des Canaries. Cochard prétend que ce nom indique la belle et salubre exposition de ce quartier ; je ne crois pas que ce soit la vraie raison. Dans les anciens titres, on trouve ce mot sous d'autres formes ; le cartulaire de Cluny écrit *Serenus* ; au moyen-âge, dans l'obituaire de l'église de Lyon, il est écrit *Sereins* et *Serens* ; on en conclut que ces lieux furent la propriété d'un Serenus, nom dont nous voyons les transformations successives.

Le chemin de Serin est l'ancien chemin des Esses, le nom populaire des lacets qui font communiquer le quai avec le plateau. Autrefois pour arriver à la Croix-Rousse, il y avait trois montées, la côte des Carmélites, la Grande-Côte, la montée Saint-Sébastien, et encore cette dernière est-elle relativement récente. Aucun de ces chemins n'était praticable aux voitures. C'est sous l'administration de M. Revol, maire de la Croix-Rousse, que ce chemin, vrai bienfait public, a été livré à la circulation. Commencé en 1840, il fut achevé en 1843. Le terrain dépendait en grande partie du n° 8, appartenant à un Espagnol, qui y reçut le général Cabrera.

Cet Espagnol fit bâtir à ses frais la chapelle de Saint-Charles de Serin, démolie depuis la construction du groupe scolaire, et remplacée par une belle église, due à la générosité de M. Gillet, le grand industriel de Serin.

Il y a de plus un pont de Serin, construit en 1815, une montée de Serin, une place de Serin, une caserne de Serin. La caserne de Serin occupe l'ancien bâtiment de l'Abondance construit en 1728. Les anciens greniers d'Abondance avaient été établis pour remédier aux insuffisances des récoltes de blé, ou autres difficultés de communications et de transports. Devenu inutile, il fut vendu en 1764 et acquis par une dame Roger. En 1780, il devint une caserne et n'a pas cessé depuis lors d'être affecté à cette destination.

Rue Servient

Du quai de la Guillotière à la rue Garibaldi.

Le 11 octobre 1711, une formidable bagarre se produisit sur le pont de la Guillotière. C'était un dimanche, et une foule de Lyonnais étaient allés à la campagne ; en rentrant en ville, le soir, cette foule trouva fermée la barrière du pont, elle augmenta et s'entassa d'instants en instants.

En ce moment le carrosse de Mme de Servient, dame de la Part-Dieu, en rencontra deux autres venant de la Guillotière ; le désordre ne fit que s'accroître et il aboutit à une véritable catastrophe. Deux cent dix-sept personnes furent étouffées sur place, et vingt et une autres, transportées à l'Hôtel-Dieu ou à leur domicile, ne tardèrent pas à mourir des suites de leurs blessures.

Mme de Servient fit donation, en 1725, de son vaste domaine de la Part-Dieu au Grand-Hôtel-Dieu de Lyon. Mais rien n'indique, contrairement aux insinuations de quelques auteurs, que cette donation ait été faite en expiation de ce malheur dont la dame de la Part-Dieu fut la cause bien involontaire. Le mot même de donation n'est pas une expression exacte, car elle ne fut pas absolument gratuite, elle était même grevée de charges qui seraient devenues onéreuses, si Mme de Servient ne fût morte en 1733.

Son immense domaine a fait la fortune des Hospices de Lyon, qui vivent sur leur propre budget sans rien demander à la ville.

Rue Sève

De la rue Pouteau à la place Colbert.

La famille de Sève a été une des plus honorables de l'ancien Lyon ; elle a donné cinq prévôts des marchands, des premiers présidents au Parlement de Dombes, des premiers présidents à la Cour des Monnaies, des lieutenants-généraux à la sénéchaussée de Lyon, des poètes. L'un de ces derniers, Maurice de Sève, fut l'ami de Clément Marot. Ce Maurice de Sève était de chétive et laide apparence, mais d'une intelligence remarquable. Il a écrit plusieurs ouvrages, entr'autres *Délie*. Ajoutons enfin que cette famille de Sève a rendu de grands services à l'Aumône Générale.

Rue de Sèze

De la place Morand au boulevard des Brotteaux.

On avait donné le nom de Louis XVI à la place Morand actuelle ; on l'avait entourée, comme Louis XVI devant la Convention le fut de ses défenseurs, des rues Tronchet, Malesherbes et de Sèze.

Raymond de Sèze naquit à Bordeaux en 1748, et mourut en 1828. Avocat d'abord dans sa ville natale, il vint à Paris en 1784, où il acquit vite une grande notoriété. Les Parlements ayant été supprimés, il renonça à sa profession. Il ne la reprit un instant que pour accepter la tâche dangereuse de défenseur de Louis XVI.

Après la condamnation du Roi, de Sèze quitta Paris, mais il fut arrêté et incarcéré ; le 9 thermidor le rendit à la liberté. Il reprit alors sa profession, mais comme avocat consultant. A la Restauration, il fut premier président de la Cour de cassation, comte et pair de France.

Rue Simon-Maupin

De la rue Gasparin à la rue de la République.

Il y a eu autrefois à Perrache une rue Maupin. Ce nom a été transféré dans le quartier de Bellecour et donné à une rue qui s'amorce à la rue Gasparin. C'est celui de l'architecte auquel est due la construction de l'Hôtel-de-Ville, bâti sur ses dessins, au XVII° siècle. Ce nom devrait remplacer celui de la rue Puits-Gaillot ; ce serait sa place normale.

Simon Maupin naquit à Longeau, près de Langres, sur la fin du XVI° siècle ou au commencement du XVII°. On a de lui un plan gravé de la ville de Lyon en 1625, avec tous ses bâtiments en perspective. Il fut agent-voyer en 1637.

Le 8 mars 1646, le Consulat envoya à Paris Simon Maupin, architecte et voyer de la ville, pour prendre l'avis de ses confrères et dresser les plans du nouvel hôtel-de-ville. Ici se place la question Désargues. — V. ce nom. — On a voulu attribuer à Désargues l'honneur des dessins et plans de l'Hôtel-de-Ville, dont Maupin n'aurait été que l'exécuteur ; on croit pouvoir apporter en preuve l'existence d'une correspondance de Désargues, conservée aux archives ; mais d'autres revendiquent pour Maupin l'honneur complet de ses travaux. La lumière n'est point faite sur ce qui revient à l'un et à l'autre, et jusqu'à preuves contraires, nous considérerons Simon Maupin comme l'auteur de l'Hôtel-de-Ville. Mais il n'échappa pas à la critique de ses contemporains ; on lui reprocha, en particulier, l'étroitesse du portail principal, et le pauvre architecte y fut si sensible, qu'il mourut à l'hôpital (1668) de chagrin et de misère. Il fut inhumé aux Jacobins.

Rue Smith

De la rue Dugas-Montbel au quai du Dauphin.

La raison de cette appellation est difficile à établir. Serait-il ici question d'Adam Smith, le célèbre économiste écossais, qu'on peut appeler le maître de notre Jean-Baptiste Say ? S'agirait-il de Joseph Smith, ingénieur mécanicien, qui se distingua pendant le siège de Lyon, dirigea la fonderie de canons et périt victime de la Terreur en 1793 ? C'est l'avis de Breghot du Lut ; je le partage sans enthousiasme.

Depuis 1885, cette rue Smith a absorbé une autre rue dont j'ai vu disparaître le nom avec peine, la rue des Echevins. Ce nom me donne l'occasion de dire un mot de la municipalité d'autrefois. Nous en avons déjà parlé. — V. *Consulat.*

La fondation de la commune lyonnaise date du xiii° siècle. Lyon, réuni d'abord au comté de Forez, séparé plus tard de ce petit Etat par un échange consenti entre le comte de Forez et l'archevêque de Lyon, était devenu le siège d'un comté, dont la seigneurie était exercée collectivement par l'Archevêché et le Chapitre. Il serait difficile de dire si cette domination aboutit à des abus réels, ou si les bourgeois de Lyon furent entraînés par l'exemple de tant de villes déjà en lutte contre leurs seigneurs, toujours est-il que les habitants de Lyon se soulevèrent une première fois, en 1193, et forcèrent l'archevêque à construire une citadelle pour sa demeure et une autre pour celle des chanoines. Pierre-Scize fut construit, ou du moins considérablement fortifié, comme demeure seigneuriale des archevêques. La cathédrale de Saint-Jean et le cloître environnant furent munis d'une enceinte fortifiée. Mais ce n'est qu'en 1228 que les bourgeois, bien décidés à secouer le joug féodal, s'érigèrent en commune. Le premier corps de ville, c'est-à-dire la réunion des magistrats populaires, fut nommé à cette date ; alors aussi s'organisèrent les pennonages, qui n'étaient autres que des milices volontaires de citoyens lyonnais, enrôlés pour la garde de la ville.

Naturellement la seigneurie ne pouvait céder la victoire sans combat, et alors commença cette longue lutte qui dura cent vingt-sept ans. Le roi Philippe-le-Long, en 1320, consacra toutes les franchises de la commune, et obligea l'archevêque Pierre de Savoie à les reconnaître et sanctionner lui-même. Les bourgeois eurent dès lors le droit incontesté de s'administrer et de s'imposer eux-mêmes, de ne porter les armes que pour la défense et la garde de leur ville, de ne payer ni taille (impôt foncier), ni lods (droit de mutation), de n'être traduits devant la justice royale que pour crime public, d'être exempts du retrait féodal, du péage sur les vins et autres droits accessoires. Le Roi, pour donner une compensation à l'archevêque, le chargeait de rendre en son nom la part de justice qu'il s'était réservée.

Le Corps de Ville s'appelait à Lyon le Consulat. Il se composait d'un prévôt des marchands, de quatre échevins ([1]), de douze conseillers de ville, d'un procureur, d'un secrétaire et d'un receveur. Le prévôt en était le chef ; les échevins, membres essentiels ; les conseillers, membres adjoints ; les autres officiers n'occupaient qu'un rang secondaire.

Ses attributions comprenaient deux parts bien distinctes : les fonctions municipales, et la direction et juridiction commerciales. Il était donc bien plus que l'administrateur municipal, il était aussi le chef militaire de la commune, le régisseur de ses établissements de bienfaisance, le directeur des ouvriers, le juge des procès commerciaux, l'intermédiaire entre le pouvoir royal et l'industrie.

Les fonctions du Consulat étaient électives, et à l'honneur tout naturel qui revenait à cette charge se joignait un avantage que nous avons déjà mentionné : nous avons vu, en effet, que Barthélemy Bellièvre avait obtenu le privilège de noblesse pour tous ceux qui auraient rempli les fonctions d'échevin.

Les élections avaient lieu le dimanche avant la fête de saint Thomas, c'est-à-dire avant le 21 décembre. Les électeurs étaient les maîtres-gardes des arts et métiers et les magistrats sortis de charges.

Le jour de l'élection, à huit heures du matin, le prévôt des marchands et les échevins sortant de charge, suivis de tous les officiers de la commune et des électeurs, quittaient processionnellement l'Hôtel-de-Ville pour aller entendre la messe du Saint-Esprit, dans la petite chapelle de Saint-Jacquême, sur la place Saint-Nizier, — V. ce nom — antique et premier lieu de réunion de la commune lyonnaise. On revenait ensuite à l'Hôtel-de-Ville pour procéder au vote. Les échevins étaient nommés pour deux ans, et chaque année il y en avait deux qui sortaient de charge. Le prévôt des marchands était également nommé pour deux ans.

Après l'élection, les noms des élus étaient proclamés, puis deux cortèges descendaient le perron de l'Hôtel-de-Ville ; le premier, composé des échevins restant en charge, allait annoncer au gouverneur le résultat de l'élection ; le second, formé de l'avocat et du receveur de la ville, portait aux élus l'acte officiel de leur nomination, lesquels aussitôt

---

[1] Jusqu'en 1594, le Consulat était composé de douze échevins.

se rendaient auprès de leurs collègues et supérieur, les échevins et le prévôt des marchands.

L'installation se faisait le jour de la saint Thomas ; ce jour était celui d'une grande fête populaire ; mais le Consulat n'entrait réellement en fonctions que le lendemain de la fête des Rois, jour qu'on appelait le premier du Consulat ; il nommait les officiers municipaux qui devaient constituer le corps administratif et judiciaire de la Commune.

En 1764, il y eut des modifications à ces anciens usages : l'élection fut confiée à un corps de notables formé de dix-sept principaux habitants de la ville, nommés eux-mêmes chaque année par les députés de la population lyonnaise, et choisis ainsi : un, dans chacun des corps suivants : le Chapitre, le clergé, la noblesse, les trésoriers de France, les élus, les avocats, les notaires et les procureurs ; cinq parmi les négociants, et quatre, dans les communautés d'arts et métiers.

Comme on le voit, la commune lyonnaise avait son autonomie bien caractérisée ; le Roi n'avait qu'une part légale et incontestée dans la commune, c'était la justice, exercée par le président ou la sénéchaussée.

Cette institution a disparu dans la grande tourmente révolutionnaire. Notre centralisation à outrance a supprimé toutes les physionomies particulières et les privilèges locaux. Est-ce mieux ?

Rue Soufflot
De la rue Saint-Jean à la rue de Gadagne.

Jacques-Germain Soufflot, architecte du Roi, né à Irancy, près d'Auxerre, en 1724, mort à Paris, en 1781, donna à notre ville les prémices de ses talents. C'est sur ses dessins que fut construite la Loge du Change, dont cette rue longe le bâtiment. Il n'a pas travaillé à l'église des Chartreux, comme l'affirme Pernetti. — V. *Change*.

Rue du Souvenir
De la rue de la Pyramide au chemin du Bourbonnais.

Jusqu'en 1855, cette rue, qui passait devant l'ancien cimetière de Vaise depuis lors supprimé, s'appelait naturellement rue du Cimetière. Mais celui-ci ayant disparu, le nom de la rue devait disparaître aussi. On proposa alors l'appellation de rue des Souvenirs ; on l'adopta, mais le singulier a prévalu.

Rue Spon
Du quai Rambaud à la rue d'Alger.

Jacques Spon, fils de Charles, qui n'était pas lui-même sans quelque notoriété, naquit à Lyon en 1643 et mourut à Vevey, dans le canton de Berne (Suisse), en 1685. Il fut un antiquaire distingué, et c'est grâce à lui qu'une foule d'inscriptions lapidaires ont été sauvées de l'oubli. C'était un helléniste remarquable et un véritable savant. Il a fait un petit livre sur les *Curiosités de la ville de Lyon*.

Rue Stella
De la rue du Président-Carnot au quai de l'Hôpital.

Cette rue s'appelait autrefois rue Noire, et en effet elle manquait de lumière. Après le percement de la rue autrefois nommée Impériale, on lui donna, en 1858, le nom de Stella, pour rappeler le souvenir d'un bon peintre lyonnais.

Jacques Stella, né à Lyon, en 1596, mort à Paris, en 1647, était le fils d'un artiste venu de Malines. Orphelin à neuf ans, il partit à vingt ans pour l'Italie, se rendit à Florence, où il resta sept ans, auprès de Cosme de Médicis. Il alla ensuite à Rome, où il fut l'ami du Poussin. Il refusa de belles propositions pour rentrer en France, où il fut nommé peintre de Louis XIII. — Ses tableaux sont estimés, bien que le coloris en soit un peu cru et poussé au rouge. Deux tableaux de lui sont au Louvre : *Minerve au milieu des Muses*, et *Jésus recevant la Vierge dans le ciel*.

Pendant son séjour à Rome, Stella fut, sur de faux rapports, mis en prison ; il s'amusa à dessiner sur le mur, avec du charbon, une Vierge tenant l'Enfant-Jésus, qui était un vrai chef-d'œuvre.

Cette rue fut ouverte sur la fin du xive siècle, elle s'est appelée rue Noire, que certains auteurs, sans apporter de preuves, ont dit être un nom de famille ; elle s'est appelée aussi, par un singulier contraste, rue de la Blancherie, à cause d'un hôtel qui portait ce nom.

C'est dans la rue Noire, et dans la maison qui a précédé celle qui porte actuellement le n° 2, que naquit, en 1771, le sculpteur François-Frédéric Lemot, l'auteur d'*Henri IV* sur le Pont-Neuf, à Paris, et de *Louis XIV*, à Bellecour, à Lyon.

C'est aussi dans la rue Noire que, pour la première fois, fut ouvert ce spectacle enfantin et lyonnais d'origine, la Crèche. Il y a eu plus tard de ces Crèches dans les rues Ferrandière, Mercière, Bourgchanin et Sainte-Marie-des-Terreaux. Ce dernier, connu sous le nom de théâtre Joly, est le seul qui ait survécu.

Jacques Stella est mort en 1647, selon la Biographie Universelle, et en 1657, selon le Dictionnaire de Moréri. Il n'y a pas à faire fonds sur Pernetti qui, dans sa notice sur Jacques Stella, se contredit lui-même. Il dit en effet que Jacques avait neuf ans à la mort de son père, survenue en 1605. Plus loin, il ajoute que Jacques mourut en 1647, à l'âge de 61 ans. Nous tenons pour 1647, mais en avertissant qu'on trouvera aussi 1657.

Cours et rue Suchet

Le cours : du quai Rambaud au quai Perrache.
La rue : du cours Vitton à la rue Bugeaud.

C'est, à notre avis, une véritable faute de logique que d'avoir dans la même ville un cours et une rue du même nom, aux deux extrémités de cette ville.

On trouve assez généralement dans les biographies que Louis-Gabriel Suchet naquit à Lyon, en 1772. C'est une date à réformer, car d'après les registres de la paroisse de Saint-Pierre et Saint-Saturnin, il est né le 2 mars 1770. Il était fils d'un fabricant de soieries. En 1791, il s'enrôla comme volontaire, il se distingua rapidement. Il devint maréchal de France et duc d'Albuféra. En 1814, il protégea Lyon contre les Autrichiens. Il mourut en 1826.

On a prétendu que Suchet commanda l'armée faisant le siège de Lyon.

C'est une erreur. Quand il vit que tout espoir de traiter était perdu, il saisit ou fit naître la première occasion de s'éloigner en se portant sur les Alpes contre l'armée Piémontaise, qui cherchait, disait-on, à pénétrer en France. Il n'a donc pas bombardé Lyon, où il avait beaucoup

Fig. 73. — Statue de Suchet. — Phot. de Neurdein, frères, Paris.

de parents et d'amis. C'est une calomnie qui ne doit pas être rééditée. Les Suchet habitaient la villa La Mignonne, à Saint-Rambert. — En 1858, on éleva sa statue sur la place Tolozan ; le maréchal regarde, dit-on, la maison où il est né.

Boulevard du Sud

Du quai Claude-Bernard à l'avenue de Saxe.

Ce boulevard, qui n'a guère d'un boulevard que le nom, est ainsi appelé en raison de sa situation topographique par rapport au centre de la ville.

Rue Sully

Du quai de l'Est au boulevard du Nord.

Cette rue rappelle le nom du grand ministre d'Henri IV. Il naquit en 1560 et mourut en 1641. Il s'appelait Maximilien de Béthune, baron de Rosny. Il porta ce nom de Rosny jusqu'à ce que son roi et son ami l'eût, en 1606, créé duc de Sully. C'est grâce à sa sage administration que la France put se remettre assez promptement de tous les malheurs et de tous les gaspillages de ces temps troublés. Il avait coutume de dire : « Labourage et pastourage sont les deux mamelles de la France. » Après l'assassinat d'Henri IV, il resta quelque temps à la cour, mais sa rigueur puritaine ne put longtemps s'accommoder des intrigues de Concini ; il s'éloigna en 1611 et passa les trente dernières années de sa vie dans la retraite.

Place et rue Tabareau

La place : du boulevard de la Croix-Rousse à la rue d'Isly.
La rue : du boulevard de la Croix-Rousse à la place Tabareau.

Ancien élève de l'Ecole Polytechnique, Tabareau devint officier du génie sous Napoléon Ier. Licencié en 1815 avec l'armée de la Loire, et revenu ainsi malgré lui à la vie civile, il vint à Lyon, où il fonda une maison de produits chimiques.

En 1830, furent établies les Facultés à Lyon ; d'emblée M. Tabareau fut nommé professeur de physique et doyen de la Faculté des sciences.

Mais ce qui recommande le plus M. Tabareau à la reconnaissance de la postérité, c'est qu'il fut le véritable organisateur de l'école de la Martinière, dont il fut le directeur ; il organisa tout et créa des méthodes ingénieuses d'enseignement, auxquelles son nom est resté attaché. On peut dire qu'après le major Martin, M. Tabareau a été le créateur de la Martinière.

Il avait un riche cabinet de physique qu'il légua à l'Ecole ou à la Ville. — V. *Vuillerme*. — Il mourut en 1866, au moment où l'on inaugurait le boulevard de la Croix-Rousse, et où tout ce quartier prenait un nouvel aspect.

Rue des Tables-Claudiennes

De la montée des Carmélites à la montée Saint-Sébastien.

Au-dessus de Saint-Polycarpe, sur le terrain aujourd'hui traversé par la rue Burdeau, existait, au XVIe siècle, une vigne appartenant à Roland Gribaud. C'est dans cette vigne qu'en 1526 — et non en 1528 ou 1529, comme le disent quelques auteurs, — on découvrit une table de bronze, cassée en deux morceaux, qui contenait une partie de la harangue prononcée par l'empereur Claude devant le Sénat de Rome pour faire accorder à la ville de Lyon, où il était né, le titre de Colonie. Cette cité obtint en effet le nom de *Colonia Copia Claudia Augusta*, qu'on trouve sur plusieurs inscriptions anciennes. La reconnaissance des Lyonnais les détermina à faire graver sur l'airain un monument qui leur était aussi glorieux. On a écrit que cette table d'airain fût probablement suspendue dans le cirque, près duquel on la trouva, mais vraiment on ne peut pas dire que cet endroit ait été voisin de l'amphithéâtre qu'on a trouvé au Jardin des Plantes ; aujourd'hui on est à peu près sûr qu'elle était gardée dans un temple, et ce temple serait celui d'Auguste, ce qui induit à penser que l'emplacement de l'autel d'Auguste, encore ignoré, ne doit pas être éloigné de ce lieu.

Après cette découverte, les deux fragments de la Table Claudienne furent d'abord placés dans l'Hôtel-de-Ville de la rue Longue, puis en 1611, transférés dans l'Hôtel-de-Ville de la rue de la Poulaillerie. En 1657, ils émigrèrent dans l'Hôtel-de-Ville actuel, où l'un d'eux fut atteint par un boulet de canon au temps de nos discordes ; présentement, ils sont au Palais des Arts, dans le vestibule de la salle des Antiques.

Pour bien comprendre et apprécier l'importance de la prérogative demandée et obtenue pour les Lyonnais par l'empereur Claude, il faut se rappeler quelle différence existait, sous les Romains, entre le Municipe et la Colonie. Les habitants des Municipes étaient considérés comme des étrangers ; les habitants des Colonies comme des enfants légitimes sortis du sein de Rome même ; ils n'avaient point d'autres lois, d'autres coutumes, d'autres usages que ceux de Rome. Ils avaient droit de suffrage dans les élections des magistrats de la capitale, ils pouvaient être nommés sénateurs. Ce sont ces privilèges que Claude voulut conférer aux habitants de Lyon, sa patrie. Ces tables, dit quelque part M. Michelet, sont le premier monument authentique de notre histoire nationale.

On appelle cette rue : rue des Tables-Claudiennes ; ce pluriel tout d'abord surprend, car on n'a trouvé, je le répète, qu'une seule table en deux fragments. Mais ces fragments ne légitiment-ils pas le pluriel ?

Cette rue fut ouverte vers 1829 ou 1830. A dater de 1855, elle a absorbé, à une de ses extrémités, la rue et la place des Petits-Pères.

Rue des Tanneurs

De la Grande-Rue de Vaise à la rue du Bourbonnais.

A Vaise, il y eut autrefois en cette rue une tannerie, qui, je crois, a disparu. Ce voisinage avait imposé ce nom.

Avenue et place des Tapis

L'avenue : de la place Tabareau à la rue Jacquard.
La place : du boulevard de la Croix-Rousse à la Grande-Rue de Cuire.

Ce nom est célèbre à Lyon et surtout à la Croix-Rousse. Avant la destruction des remparts et la création du boulevard de l'Empereur, aujourd'hui de la Croix-Rousse, il y avait le long des murs de fortifications une rue de la Citadelle, — V. ce nom — et en élévation sur la rue de la Citadelle, une promenade plane et agréable, bordée par les tapis gazonnés des anciens bastions. On l'appelait le cours des Tapis. Cette dénomination dut venir tout naturellement à l'esprit des ouvriers en soie, dont ce quartier était rempli. C'est là qu'ils venaient le soir, c'est là qu'ils se promenaient le dimanche, c'est là qu'autrefois on trouvait le vrai Lyonnais, à la lente démarche et au pittoresque langage. Les Tapis ont perdu leur vieille physionomie d'antan.

Rue Tavernier

Du quai Saint-Vincent à la rue Bouteille.

Ce nom vient sans doute de celui d'un propriétaire du terrain qui céda l'emplacement de cette rue.

Elle s'appela aussi rue Delorme ; Philibert Delorme paraît y avoir eu un atelier.

Montée du Télégraphe

De la rue des Farges à la rue du Juge-de-Paix.

On sait que la télégraphie aérienne, inventée par Claude Chappe, précéda la télégraphie électrique. Au lieu de fils transmetteurs qui vont sans interruption d'un point à un autre, il y avait des postes ou stations sur les hauteurs. Ces postes étaient munis d'appareils particuliers composés de bras qui se mouvaient et s'articulaient de manière à former des figures. Ces figures avaient une signification, elles se transmettaient d'une hauteur à une hauteur voisine et les nouvelles parcouraient ainsi la France avec assez de rapidité.

Or, le télégraphe aérien de Lyon était placé (1799) sur la hauteur de Saint-Just, et la montée qui y conduisait s'appela et s'appelle encore, bien que le télégraphe à bras ait vécu, montée du Télégraphe. C'était autrefois le chemin de ronde des anciennes fortifications.

Rue des Templiers

Du quai des Célestins à la rue d'Amboise.

Les Templiers formèrent un ordre religieux et militaire, fondé en Palestine, en 1118, pour la défense de la Terre-Sainte. Le roi Baudoin II leur accorda pour demeure une maison voisine des ruines du Temple de Salomon, d'où ils furent appelés Templiers.

Cet ordre ne resta pas longtemps confiné en Palestine, il ne tarda pas à avoir des établissements dans divers Etats ; il en eut un à Lyon, et ce qui fut plus tard le couvent des Célestins, appartenait aux Chevaliers du Temple.

Ils acquirent bientôt des richesses immenses. On peut dire d'eux qu'ils furent les banquiers de l'Europe, et les rois étaient leurs clients et souvent leurs débiteurs. Cette prospérité fut-elle nuisible à leur vertu ? on a voulu le dire. Leur grand tort ne fut-il pas d'être riches et des créanciers trop puissants ? C'est très probable. L'ardente convoitise de Philippe-le-Bel, pour améliorer l'état de ses finances, voulut les supprimer. Rien de plus inique que le procès qui leur fut intenté. Néanmoins l'ordre fut aboli, en 1312, par le Concile général de Vienne. Le pape Clément V et Philippe-le-Bel adjugèrent les biens des Templiers aux Chevaliers de Malte. — V. *Célestins*.

Nous avons vu les changements que la suite des âges apporta sur cet ancien domaine du Temple : aux Templiers succèdent les Chevaliers de Malte, auxquels succèdent les ducs de Savoie, qui le cèdent enfin aux Célestins.

Rue Terme

De la rue d'Algérie à la rue du Jardin-des-Plantes.

Cette rue, formée de l'ancienne place Neuve des Carmes et de l'ancienne petite rue Sainte-Catherine (1855-1862), est aujourd'hui une des plus animées de Lyon, à cause du chemin de fer à traction, vulgairement appelé « la ficelle », qui relie la ville proprement dite à la Croix-Rousse. Elle rappelle le nom d'un homme de bien et d'un intelligent administrateur qui fut pendant dix-sept ans (1830-1847) l'homme de la cité.

Jean-François Terme, né à Lyon, le 11 juillet 1791, d'une famille de négociants, fut élevé chez les Pères de la Foi, à Belley. Il embrassa la carrière médicale.

Il fut élu maire de Lyon, en octobre 1840. Un mois après, survenait la terrible inondation de la Saône. En ces circonstances difficiles, le magistrat fut à la hauteur de ses devoirs par sa prévoyance et sa bonté. Il s'occupa de la grave question des eaux qu'il mena à bonne fin, créa des salles d'asile et des écoles, enrichit nos musées. Sous son administration, la rue Centrale fut achevée, de la rue Grenette jusqu'à la place de la Préfecture, aujourd'hui des Jacobins, les quais Saint-Antoine et Fulchiron furent construits, la rue Bourbon fut ouverte, le quartier de la Boucherie des Terreaux fut régénéré.

L'arrondissement de Villefranche, auquel il appartenait par ses propriétés de Saint-Just-d'Avray, le nomma député du Rhône. Il mourut en décembre 1847.

Quinze ans après sa mort, le docteur Potton s'exprimait ainsi, en parlant de M. Terme : « Il s'est signalé par des améliorations sans nombre, introduites dans toutes les branches administratives. Ses rapports, ses écrits, ses soins, sa vie entière, prouvent l'attention portée par lui aux intérêts confiés à sa garde ; succombant à la peine, il est mort dans l'exercice de ses fonctions. »

Rue Terraille

De la rue Romarin à la rue du Griffon.

Ce nom très ancien semble annoncer, dit M. Bréghot du Lut, qu'il y a eu autrefois sur cet emplacement des fabriques de poterie. Un « terrail » est un fossé et en particulier un fossé où les potiers prennent la terre nécessaire à leurs ouvrages. De là l'opinion de M. Bréghot du Lut. Mais ce n'est qu'une induction. Ces fabriques de poterie me laissent sceptique. S'il n'est pas question ici d'un nom de famille, il doit y avoir une parenté entre le territoire de Terraille et celui des Terreaux.

Cette rue Terraille fut ouverte en 1551.

On trouve aussi cette ordonnance du Consulat, du 13 avril 1581 :

« Le Consulat ordonne la visite et estimation du local où Claudine Grangier, veuve de Claude Revenu, à présent femme de Claude Asport, chandelier, avait une maison et un jardin au territoire de Terrailles, qui en l'an 1569 furent démolis et ruinés pour y faire un passage et chemin publics. »

Rue de la Terrasse

Du boulevard de la Croix-Rousse à la place des Tapis.

Avant la transformation de la Croix-Rousse par la démolition des remparts et la création du boulevard actuel, il y avait, au commencement de cette rue, un café, auquel était adjointe une terrasse, qui était très fréquenté.

Rue Terrasson

De la rue Ampère à la rue des Jardins.

Cette rue peu connue est à l'extrémité de la presqu'île Perrache. Son nom rappelle la mémoire d'une famille lyonnaise qui a produit un grand nombre d'hommes distingués, une de ces familles où le mérite est en quelque sorte inné. Il existe un *Mémoire sur les savants de la famille Terrasson*, par M. l'abbé de Cursay, Trévoux, 1781.

Mathieu Terrasson, avocat au Parlement de Paris, naquit à Lyon, en 1669, et mourut à Paris, en 1734. La beauté de son génie, sa facilité admirable, et la perfection de son style lui méritèrent le surnom de *Plume dorée*.

Antoine Terrasson, son fils, avocat au Parlement de Paris, a donné une *Histoire du Droit romain*, remplie de l'érudition la plus étendue et la mieux choisie.

Pierre Terrasson, frère aîné de Mathieu, fut vicaire général de Lyon et custode de Sainte-Croix. Sa vie fut une vie de charité envers les pauvres, les prisonniers, les criminels. Il mourut en 1728.

Jean, André et Gaspard Terrasson entrèrent dans la congrégation de l'Oratoire, et devinrent, le dernier surtout, de remarquables prédicateurs.

Jean Terrasson, cousin de Jean qui précède et frère des deux autres, fut de l'Académie des sciences et de l'Académie française. Né à Lyon, en 1670, il mourut à Paris, en 1750. On a de lui une dissertation critique sur l'Iliade d'Homère et une traduction de Diodore de Sicile.

Place des Terreaux

De la rue de l'Hôtel-de-Ville à la rue d'Algérie.

Dans une autre ville que Lyon, la place des Terreaux serait une belle place. Trois de ses côtés ont un caractère de grandeur et de majesté incontestable. Il fut longtemps question d'élever sur le côté septentrional de cette place un palais pour les Facultés. Ce projet n'a pas abouti.

Fig. 74. — Fontaine Bartholdi, sur la place des Terreaux. — Phot. Neurdein, frères, Paris

Nous avons déjà donné la photographie de cette place. — V. *Hôtel-de-Ville*. — Nous donnons ici l'image de la magnifique fontaine Bartholdi, qui en orne un des côtés, et qui est peut-être bien étonnée de se trouver là. Elle a remplacé une autre fontaine qui était au milieu de ce grand espace et qui a été transportée à la Guillotière, sur la place Guichard. Nous y joignons la façade du palais Saint-Pierre, qui, à lui seul, forme un côté de la place des Terreaux.

Des auteurs ont prétendu qu'il y eut jadis un canal du Rhône à la Saône, faisant communiquer l'un à l'autre. Ce canal n'a pas existé, dit M. Vermorel. Il y a eu un canal de dérivation, s'amorçant au Rhône au-dessus de Lyon, et servant à remplir d'eau à volonté les fossés de la ville. Quoiqu'il en soit, il y avait ici des fossés. Quelques-uns ont prétendu qu'en langage vulgaire *terreau* signifie fossé, et que de là serait venu le nom de cette place. D'autres répondent que ce n'est pas exact, que le mot terreau a plutôt la signification de remblais, et qu'il est plus présumable que ce nom fut donné à cette place du jour où les fossés furent comblés. Cette place, en effet, ne date que de 1659. Avant la construc-

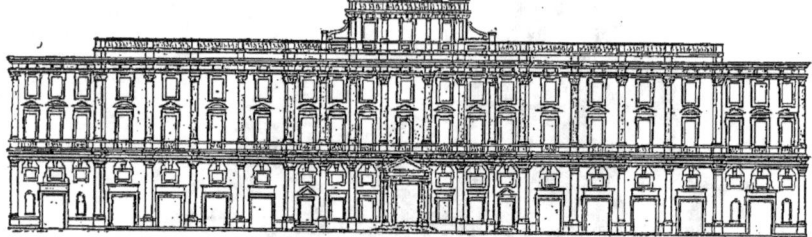

Fig. 75. — Palais Saint-Pierre ou des Beaux-Arts.

tion de l'Hôtel-de-Ville, il y avait sur cet emplacement un hôpital des mendiants, lequel avait été construit sur l'emplacement du temple des Réformés, détruit en 1567, époque où les religieuses de Saint-Pierre cédèrent au Consulat leur directe sur ces fossés, moyennant une indemnité de 24.000 livres. Ils furent alors comblés et sur leur emplacement se sont élevés l'Hôtel-de-Ville, le Théâtre et plusieurs maisons particulières.

Cette place est comme le cœur de la cité, aussi a-t-elle été en tous les temps le théâtre de graves événements. C'est sur cette place que furent exécutés Cinq-Mars et de Thou, comme nous le verrons plus loin; en 1792, eut lieu sur cette place une des actions les plus sanglantes des guerres civiles de Lyon; là aussi fut guillotiné le trop fameux Châlier, disciple et imitateur de Marat; là encore, après le siège, le sang des Lyonnais coula à grands flots; là enfin, lors de toute commotion politique, le peuple s'assemble et s'agite. Cette place est le centre de dix grandes routes et de la navigation sur le Rhône et sur la Saône.

Rue et quai de la Tête-d'Or

Rue : du boulevard du Nord au boulevard des Casernes.
Quai : du pont du Chemin de fer de Genève à l'avenue du Parc.

Le domaine de la Tête-d'Or fut légué au xviie siècle par Catherine Lam-

Fig. 76. — Monument des Mobiles du Rhône. — Phot. Neurdein, frères, Paris.

bert à l'Hôtel-Dieu de Lyon. Là où aujourd'hui l'on voit de fringants équipages et des promeneurs enchantés, on voyait autrefois un vaste domaine, où s'élevait une grande ferme qui occupait un personnel nombreux. Quand il devint propriété de l'Hôtel-Dieu, les sœurs tenaient la ferme, rien n'était si propre ni si coquet. A la Révolution, des particuliers la tinrent à bail. En 1857, M. Vaïsse, préfet du Rhône, profitant du chômage des ouvriers et voulant leur donner du travail, en fit le parc magnifique que nous voyons aujourd'hui. — V. *Parc*. — On se demande vraiment comment le nom de cette Catherine Lambert, insigne bienfaitrice, n'a pas été sauvé de l'oubli.

D'où vient ce nom de Tête d'or? M. Josse n'y veut voir qu'une enseigne de cabaret, mais il y a, à ce sujet, une tradition populaire déjà ancienne; elle prétend qu'un trésor était caché sur un point quelconque de ce territoire, et quand il fut découvert, on trouva, faisant partie de ce trésor, une tête de Christ en or.

A l'entrée du Parc, on a élevé un monument commémoratif aux Mobiles du Rhône, morts pendant la guerre de 1870. L'effet en est heureux. L'œuvre est du sculpteur Pagny, mort récemment.

Rue du Théâtre

De la rue Puits-Gaillot à la rue Lafont.

Cette rue se trouve derrière le Grand-Théâtre; ce voisinage lui a imposé son nom.

Rue de la Thibaudière

De la rue Sébastien-Gryphe à la rue de la Madeleine.

Rue ouverte à travers un domaine de ce nom, ayant vraisemblablement appartenu à une famille Thibaud ou Thibaudier.

Rue Thimonnier

Du quai Saint-Vincent à la place de la Martinière.

A voir les murs couverts des pittoresques affiches proclamant les noms d'Elias Howe et de Singer et les bienfaits de la machine à coudre, on s'imaginerait facilement que celle-ci est d'invention américaine. Il n'en est rien cependant, et nous avons le tort de n'être pas assez fiers de nos gloires : le véritable inventeur de la machine à coudre est Barthèlemy Thimonnier, dont le nom vient d'être donné à une rue nouvelle de notre ville. Paris, L'Arbresle, Amplepuis, Saint-Etienne avaient déjà donné à ce nom cette popularité de bon aloi ; Lyon a eu raison d'en faire autant.

Barthèlemy Thimonnier, fils d'un teinturier de Lyon, naquit à L'Arbresle, en 1793. Il fit dans sa jeunesse quelques études au Petit-Séminaire de Saint-Jean, puis il apprit l'état de tailleur, qu'il exerça à Amplepuis, où sa famille résidait depuis 1795.

En confectionnant des vêtements, Thimonnier avait le temps de réfléchir. Le point de départ de ses réflexions fut le mode employé, dans les montagnes du Lyonnais, pour la broderie dite de Tarare. Il y trouva l'idée de la couture mécanique et combina un appareil destiné à remplacer la main de la brodeuse et applicable à sa profession, la couture des vêtements.

En 1825, il habite Saint-Etienne, rue des Forges. Absorbé par son idée, et ignorant les premiers éléments de la mécanique, il passe quatre années à mener à bien le projet qu'il a conçu. Il travaille peu, dans son atelier, à sa profession qui doit donner le pain à sa famille, mais beaucoup plus, dans un pavillon isolé, où il entre seul, à une occupation que tous ignorent. Il néglige ses affaires, il se ruine, il perd son crédit, il est traité de fou, peu lui importe. En 1829, il est maître de son idée ; en 1830, il prend un brevet d'invention « pour un appareil à coudre mécaniquement au point de chaînette ».

A ce moment, il intéresse à son invention M. Beaunier, inspecteur des mines de la Loire, qui, soupçonnant l'importance de la découverte, emmena Thimonnier à Paris. Là, celui-ci devint directeur des ateliers Germain Petit et Cie, rue de Sèvres, où il établit quatre-vingts machines à coudre pour la confection des vêtements militaires.

Mais comme Jacquard, il connut les hostilités des ouvriers et ouvrières, auxquels il pensait faire du bien. Les récriminations furent vives ; c'étaient, disait-on, la très modeste situation des femmes compromise, la diminution fatale d'un salaire déjà insuffisant, le chômage forcé, etc... On en vint à l'émeute, on alla jusqu'à briser les machines.

Thimonnier fut obligé de fuir et de rentrer à Amplepuis. Un second voyage à Paris fut encore moins heureux. Cette fois, il revint à pied, sa machine sur le dos, et, pour gagner quelque argent, il montrait en route aux curieux son appareil qu'il faisait fonctionner sous leurs yeux.

Malgré cette suite d'infortunes, il ne se laissait pas décourager, et il s'appliquait sans cesse à perfectionner son invention. Sa première machine était déjà un grand progrès, car, avant lui, tous les essais de couture mécanique avaient été jugés impraticables. Néanmoins la machine primitive de Thimonnier laissait à désirer ; elle était construite en bois et mise en mouvement par une corde à transmission directe ; chaque oscillation ne produisait qu'un point, au lieu des deux cents, des trois cents à la minute, qu'il obtint dans la suite, au lieu des huit cents et mille qu'on obtient avec la machine actuelle.

En 1845, en 1848, il prend de nouveaux brevets ; ces brevets donnent un nom à sa machine, c'est le *Couso-brodeur*, qui assure un perfectionnement considérable. Neuf ans encore il travaille à parfaire son œuvre. Mais en 1857, après trente ans de luttes, et, disons-le aussi, de misère, il mourut à Amplepuis, à l'âge de 64 ans.

Thimonnier est donc authentiquement, indiscutablement, l'inventeur de la machine à coudre ; sa machine a manifestement servi de type à toutes celles qui ont suivi.

Et quand on pense que la machine à coudre, aujourd'hui répandue partout, a été non seulement une révolution dans la confection des vêtements, mais aussi un élément de bien-être pour les ouvrières et les familles, on trouve juste que le nom de ce bienfaiteur soit sauvé de l'oubli.

M. Etienne Thimonnier, le fils de l'inventeur, demeurait sur la place Sathonay, 4 ; c'est dans ce voisinage qu'on a cru devoir honorer de ce nom une rue nouvelle qui vient d'être ouverte, à propos de la transformation du quartier de la Martinière.

Rue Thomassin

De la rue Mercière au quai de l'Hôpital.

Cette rue, depuis 1855, a absorbé sous son nom les rues du Plat-d'Argent et de la Gaudinière.

La famille des Thomassin ne fut pas sans gloire au xve siècle : elle s'éteignit dans la personne de René Thomassin qui fut le premier élevé à la dignité de prévôt des marchands, lorsqu'elle fut créée, en 1596 ; la maison paternelle des Thomassin était là où fut ensuite élevé le couvent des Capucins du Petit-Forez. En 1499, un Bonaventure Thomassin, conservateur des privilèges des foires de Lyon, disent les uns, président de la Chambre des comptes, suivant les autres, fit ouvrir, sur le terrain qui lui appartenait, dans le voisinage de Notre-Dame-de-Confort, la rue qui porte son nom.

Rue de Thou

De la place Croix-Pâquet à la petite rue des Feuillants.

Cette rue ne prit son nom actuel que vers 1810 ; jusqu'à cette époque on l'appelait passage des Feuillants. Cette appellation rappelle la sympathique et infortunée victime de la politique ombrageuse et vindicative du cardinal de Richelieu, qui, le 12 septembre, le fit décapiter, ainsi que son ami Cinq-Mars, à Lyon, sur la place des Terreaux. Voici le rapide exposé des faits :

Le jeune Cinq-Mars, fils du marquis d'Effiat, avait été placé par Richelieu lui-même auprès de Louis XIII. Parvenu à la dignité de grand-écuyer, Cinq-Mars, rêvant peut-être la brillante fortune du connétable de Luynes, conspira contre le ministre dans l'espoir de le supplanter. Il excita le duc d'Orléans à la révolte, entama de secrètes négociations avec l'Espagne, et conclut au nom de Gaston, avec le comte d'Olivarès, un traité par lequel le ministre espagnol promettait une armée aux mécontents. Au moment où Cinq-Mars, enorgueilli de son crédit toujours croissant, criait haut qu'il fallait se débarrasser du cardinal, le traité tomba entre les mains de Richelieu. Cinq-Mars fut arrêté, ainsi que son ami de Thou, qui avait été son confident, et qui n'était coupable que de n'avoir pas révélé le complot dont il avait eu connaissance.

On mit dans cette affaire une grande précipitation : le recollement des accusés, les interrogatoires, les conclusions du rapporteur, l'arrêt, l'exécution, tout fut fait en neuf heures. Il ne faut pas oublier que le rapporteur était M. de Laubardemont, l'auteur de la fameuse parole : « Donnez-moi deux lignes d'un homme, et je me charge de le faire pendre. »

Les deux condamnés furent exécutés sur la place des Terreaux. Le corps de Cinq-Mars fut enterré dans l'église des Feuillants qui était voisine ; celui de Thou fut inhumé dans la chapelle des Carmélites, mais son cœur fut transporté à Paris et déposé dans le caveau de son père, en l'église Saint-André-des-Arts.

Si Cinq-Mars fut un conspirateur, de Thou fut le martyr de l'amitié ; il avait trente-cinq ans (1607-1642).

Quai Tilsitt

Du quai des Célestins au pont d'Ainay.

C'est le pont Tilsitt, autrefois appelé pont de l'Archevêché, qui a donné son nom au quai, appelé, avant 1855, quai de l'Arsenal.

Il y a un pont en cet endroit depuis 1634. Le premier était en bois et fut emporté par la crue de 1711. On le rebâtit, mais on le démolit en 1779, à cause de son état de délabrement. On se mit à la reconstruction vers 1788, mais on mit plus de vingt ans à l'achever ; il fut terminé en 1808, et livré à la circulation, au glorieux lendemain de Tilsitt. Dès ce moment, ce pont fut également désigné sous le nom de Tilsitt ou de l'Archevêché. Mais ce troisième pont n'était pas sans défaut, les voûtes étaient trop basses, on l'a démoli en 1864, pour le remplacer par celui que nous voyons aujourd'hui.

C'est sur le quai Tilsitt que se trouve la synagogue des Israélites. — C'est sur ce quai de l'Arsenal qu'était jadis le Grenier à sel.

L'ancien arsenal existait en cet endroit depuis François Ier. Il fut rebâti quelque temps avant la Révolution. L'arsenal était circonscrit par le quai de Saône, la rue du Peyrat, la rue du Plat et à peu près la rue Martin. Il comprenait quatre grands corps de bâtiments entourés d'une muraille. Le quai était fermé par deux grilles. Détruit par le feu, le 24 août 1793, pendant le siège de Lyon, il a été transféré, sous l'Empire, à Perrache, à cheval sur la rue d'Alger, à la hauteur de la rue Bichat.

Fig. 77. — Ancien grenier à sel. — Dessin de Leymarie.

Le Grenier à sel était un des quatre établissements de ce genre établis en France. Il relevait de l'administration de la Douane. Avant la Révolution, il y en avait dix-sept, qui furent supprimés en 1790.

Rue Tissot

De la rue de la Duchère à la rue du Souvenir.

Camille-Auguste Tissot fut maire de Vaise en 1850. Il a laissé à la ville un immeuble pour servir de logements gratuits à des vieillards des deux sexes. Chaque habitant de cet asile y peut cultiver aussi un morceau de jardin. M. Tissot a fait d'autres libéralités, et en particulier, je crois, en faveur des écoles municipales. Un groupe scolaire s'élève dans cette rue.

Place et passage Tolozan

La place : du quai de Retz au quai Saint-Clair.
Le passage : de la rue du Plâtre à la rue Longue.

Comme on le voit, la place et le passage Tolozan sont loin d'être voisins ; c'est une cause possible d'erreurs qu'il serait facile d'éviter ; mais ces voies ont la même origine.

Antoine Tolozan, né d'une famille obscure et pauvre dans les montagnes du Dauphiné, près de Briançon, vers 1687, vint à Lyon en sabots et avec une pièce de vingt-quatre sols dans sa poche ; il y acquit bientôt par le commerce une fortune considérable.

La place Tolozan, le quai Saint-Clair, et tout ce quartier, du fleuve jusqu'à la colline, ont été conquis sur le Rhône. Du pont Saint-Clair au pont Morand qui n'existaient pas, le Rhône formait une anse très vaste, où le courant était très rapide. Germain Soufflot, architecte, Melchior Munet, architecte, et Léonard Milanais, banquier, proposèrent au Consulat de faire les travaux nécessaires pour établir un port, un quai, des places, des rues. Ils acceptèrent les conditions du Consulat, mais ils furent indemnisés de leurs formidables dépenses, par la cession en toute propriété de toute la superficie du terrain conquis.

Comment cette place ne fut-elle pas appelée place Milanais, puisque, d'une part, ce négociant fut un des auteurs du projet et que, d'autre part, il fit construire sur cette place une vaste maison ? Je l'ignore ; mais en 1746, Antoine Tolozan fit, lui aussi, élever une grande et belle maison, connue encore aujourd'hui sous le nom de maison Tolozan, et cette maison donna son nom à la place.

Antoine Tolozan possédait aussi, vers le plateau des Chartreux, de vastes terrains, qu'il échangea contre le fief de Montfort, à Lissieux ; de là le nom de la rue Tolozan. Elle vient de changer de nom. — V. *Pierre-Blanc*. — C'est aussi dans une maison qui lui appartenait qu'existe le passage Tolozan. Antoine Tolozan de Montfort, écuyer et conseiller-secrétaire du Roi en la chancellerie près la cour des Monnaies de Lyon, mourut en 1754. Son quatrième fils, Louis Tolozan de Montfort, fut le dernier prévôt des marchands, en 1789. Il mourut à Oullins, en 1811, âgé de 75 ans.

Cette famille s'honora par des qualités, des talents et des vertus rares ; elle fut comblée jusqu'au plus haut degré des faveurs de la fortune, illustrée par les honneurs les plus distingués, et enfin accablée par des revers sans nombre.

Rue de la Tour-du-Pin

De la place du Commandant-Arnaud à la rue Chaumais.

Avant 1855, cette rue s'appelait rue Saint-Pierre, mais, malgré mes recherches, il m'a été impossible de trouver pourquoi elle porte le nom actuel de la Tour-du-Pin.

Rue des Tourelles

Du chemin de Choulans à la rue de Trion.

Il y a, dans cette rue, la maison des Tourelles. En 1529, Pierre Tourvéon, bourgeois de Lyon, fit bâtir la maison des Tourelles, près Choulans. — Cette explication me paraît la plus obvie.

M. Josse en donne une autre : Les murs, dit-il, qui soutiennent les terres au couchant sont la base de fortifications démantelées, en 1562, par le baron des Adrets ; on y voit encore quelques restes de tours.

Cette rue des Tourelles faisait autrefois partie de la montée de Choulans, qu'elle a absorbée, ainsi que la rue du Cornet, en 1855.

Rue de la Tourette

Du boulevard de la Croix-Rousse à la place Morel.

La Tourette était un petit fief, près des Chartreux. La maison existe encore ainsi que le jardin. On entrait de la cour dans cet enclos par un portail en pierre des plus curieux, dans le style du xviie siècle, orné de deux colonnes qui paraissaient antiques ; dans le tympan était un écusson admirablement travaillé ; ce portail est aujourd'hui celui de l'Ecole normale des filles ; les armes du tympan sont celles des Mazuyer.

Mlle Mazuyer, morte à Lyon, en 1868, fondatrice, avec Mme Garnier, de l'Œuvre du Calvaire, descendait de cette famille, mais d'une autre branche.

Il y a eu aussi à Lyon une famille de la Tourette, qui a eu sans doute des relations avec ce fief. — V. *Vauzelles*. — Jacques Annibal Claret de la Tourette (1692-1776) fut président de la cour des Monnaies, trois fois prévôt des marchands, secrétaire perpétuel de l'Académie de Lyon, etc.

Rue Tourret

De la rue du Sergent-Blandan à la rue Bouteille.

Cette rue est ancienne, mais ce nom est très flottant. En 1641, elle s'appelle rue Toret ; en 1662, rue Tourret ; en 1669, rue de la Tourrette ; en 1723, rue Tourruel ; en 1746, sur l'atlas des pennonnages, rue de la Tourette.

M. Breghot du Lut, qui appelle cette rue de la Tourrette, pendant qu'il nomme la précédente rue Tourret, dit que ce nom lui vient *sans doute* d'une petite tour qui décorait une de ses maisons.

Il est plus probable que ce nom est dû à une tour des fortifications de l'ancien bourg Saint-Vincent.

Rue Tourville

De la Grande-Rue de la Guillotière à la rue du Béguin.

Il y a un demi-siècle, c'était la rue de Tourville, aujourd'hui, la préposition supprimée, c'est la rue Tourville. Ce changement est peu de chose, cependant il donne carrière à des suppositions. Si c'est rue Tourville, c'est peut-être le nom d'une propriété de ce nom ; si c'est rue de Tourville, c'est peut-être le nom d'un homme. Faut-il penser qu'il s'agit ici de l'amiral de Tourville, le vaincu de la Hogue et le vainqueur du cap Saint-Vincent ? Faut-il croire, comme le pense M. Josse, que cette rue a été ouverte sur un clos de ce nom ?

Rue Tramassac

De la rue de la Bombarde à la place de la Trinité.

Ce nom, auquel assez souvent le peuple substitue celui de *Trois-Massacres*, est un de ceux dont l'étymologie est le plus difficile à trouver. Dans les anciens titres, elle porte le nom de *Retro Marsal*, *Tres Marsas*, *Trans Marsas*, *Tres Massal*. Le P. Ménestrier penche pour *Retro Massam*, « derrière la masse du temple », il suppose qu'il y eut un temple païen sur l'emplacement de l'église Saint-Jean. Cochard est du même sentiment ; mais il voit dans *Retro Marsal* un temple dédié à Mars, *retro Martis aram*.

Rue Transversale

De la rue du Pont-de-la-Gare-de-Vaise à la rue de la Claire, en cul-de-sac sur le chemin de fer.

Il a fallu sans doute de puissants efforts d'imagination pour trouver un nom aussi choisi. Pour se permettre de pareilles inepties, il faudrait que tous nos Lyonnais dignes de mémoire fussent inscrits à ce que j'appelle volontiers le Panthéon populaire. Mais Transversale ! ! ! Est-ce que toutes les rues ne sont pas transversales ?

Rue Treize-Cantons

De la place du Petit-Change à la rue Lainerie.

Autrefois les rues de l'Arbalète, de l'Angile et Treize-Cantons n'en faisaient qu'une, sous le nom de rue de la Chèvrerie. — V. *Arbalète*. — Le nom actuel lui vient d'une enseigne : *Aux Treize cantons suisses*. L'établissement de cette rue Treize-Cantons, dans le voisinage de l'Ancienne Douane, avait une raison d'être. Toutes les marchandises du Levant, d'Angleterre, d'Allemagne, etc., étaient tenues d'aborder à Lyon et d'y acquitter les droits. Seuls les négociants des treize cantons suisses en étaient exemptés pour leurs produits nationaux et ceux des villes impériales, en récompense des services que les régiments de la Confédération avaient rendus pendant les guerres de François Ier. Aujourd'hui les treize cantons suisses se sont augmentés de neuf; ils sont au nombre de vingt-deux. En voici la liste par rang d'admission dans la Confédération : Zurich, Berne, Lucerne, Uri, Schwitz, Unterwalden, Glaris, Zug, Fribourg, Soleure, Bâle, Schaffouse, Appenzell, Saint-Gall, Grisons, Argovie, Thurgovie, Tessin, Vaud, Valais, Neuchâtel, Genève.

Le canton d'Appenzel, le treizième canton de cette liste, fut admis dans la Confédération en 1513 ; l'enseigne ci-dessus est donc postérieure à cette date. La Confédération resta près de trois cents ans avec treize cantons, jusqu'en 1798.

Place de la Trinité

En bas du Gourguillon.

L'archevêque Camille de Neuville fit venir à Lyon, en 1658, les chanoines réguliers de Saint-Augustin, de l'ordre de la Trinité, pour la rédemption des captifs. Ils s'établirent sur cette place en 1664, dans une maison qui avait successivement appartenu aux Bellièvre, aux de Langes, aux de Sève. Leur maison prit le nom de la Trinité, et ce nom passa de la maison à la place. — V. les *Anciens Couvents*, pour ce qui concerne ces religieux.

Antérieurement, cette place s'appelait « le treyve du Gourguillon ». C'est sur cette place, et en bas du Gourguillon, que se trouvait la fontaine Trois-Cornets, célèbre dans les pièces de Guignol.

Place et rue de Trion

La place : de la rue de Trion au chemin de la Favorite.
La rue : de la porte de Saint-Just à la place de Trion.

L'étymologie de ce nom est fort discutée. De Rubis dit que ce lieu a emprunté son nom à trois sources qui y jaillissaient très fortes. Ce nom vient, suivant d'autres, de *Porta Triumviri*, la porte du Triumvir, parce que Marc-Antoine la fit construire. Une troisième opinion prétend que la ligne d'aqueducs qui amenaient du mont Pilat à Lyon les eaux du Gier, du Janon et du Langonan, se divisait près de Saint-Irénée en trois branches : *trifontius*. Mais M. Guigue a donné le mot de l'énigme. Une charte de 868 fait mention de trois chemins, *tres viæ*, qui entourent les vignes situées vers la porte de Saint-Just. Ces trois chemins donnent à cet endroit l'aspect d'un triangle, et en effet, une charte de 932 donne à ce même lieu le nom de *Triguncius*. Or, comme la chute du *g* est un fait constant dans notre langue, ainsi qu'on le voit dans *Sagona*, *Lugdunum*, *Liger*, *Lagona*, il est fort à présumer qu'une simple condition topographique a fait donner à ce faubourg le nom de *Triguncius*, transformé par contraction en celui de Trion.

Rue des Trois-Artichaux

Du chemin de Sainte-Foy à la montée Saint-Laurent.

On croit qu'une enseigne a donné son nom à cette rue, comme dans l'intérieur de la ville, pour la rue Pomme-de-Pin. Mais on se demande vraiment à quoi rimerait une enseigne dans une rue qui n'a point de magasin. Il s'agirait plutôt d'une propriété qui a reçu ce nom du caprice d'un propriétaire, lequel aurait passé ensuite à cette rue.

Rue des Trois-Enfants

De la montée de la Boucle à la rue de Dijon.

Il n'est pas douteux que ce nom fait allusion à une anecdote qui fut populaire dans le quartier, mais qui est aujourd'hui complètement ignorée. J'ai quelque raison de croire, par des récits qui m'ont été faits, qu'il est question ici d'une triple naissance simultanée.

Rue des Trois-Maisons

De la rue des Bains à la place Saint-Didier.

Bien que cette rue ait quatre numéros, elle n'a en réalité que trois maisons, l'une d'elles appartenant plutôt à la rue des Bains. Cette circonstance banale a suffi pour lui imposer ce nom, qu'on devrait bien changer.

Rue des Trois-Maries

De la place de la Baleine à la rue du Palais-de-Justice.

Cette rue a porté bien des noms. Elle s'est appelée au xv° siècle *Tres-Monnoye* en français, et en latin *Retrò Monetam*, c'est-à-dire *Derrière la Monnaie*, parce que l'atelier des Monnaies avait été établi dans le Palais de Roanne, qui était voisin ; ensuite rue *des Etuves (Stuphœ)*, à cause des bains chauds qui furent placés dans la maison d'Aynard de Villeneuve ; enfin rue *Ganivet*, lorsque Antoine Ganivet devint propriétaire de cette maison de Villeneuve. Au xvi° siècle, elle prit le nom de Trois-Maries, à cause d'une enseigne en bas-relief qui représentait ces trois saintes femmes. On ne peut pas admettre la version qui prétend que trois maisons de cette rue étaient ornées de la statue de la sainte Vierge.

Rue et cour des Trois-Passages

La rue : de la rue de Fleurieu à la cour des Trois-Passages.
La cour : aboutissant à la place Grôlier, au quai de la Charité,
à la rue Laurencin.

Cette conformation de rues est assez singulière : une rue aboutit à une sorte de place, cette place est une cour, et cette cour serait un cul-de-sac, s'il n'y avait, dans les maisons voisines, trois issues différentes : sur le quai de la Charité, la place Grôlier et la rue Laurencin.

Cette cour s'est appelée quelque temps, au moins dans le peuple, cour des Chantiers, parce que la ville s'était réservé ce terrain pour en faire un chantier public, c'est-à-dire un entrepôt pour bois et matériaux.

Rue des Trois-Pierres

Du quai Claude-Bernard à la rue de la Madeleine.

Je ne sais quelle créance il faut accorder à une certaine légende fort répandue à la Guillotière, légende qui prétend que jadis les trois premiers ou principaux propriétaires des maisons de cette rue s'appelaient Pierre.

Mais, d'autre part, il peut bien se faire que trois grosses pierres, trois bouteroues, qui étaient au-devant d'une auberge de cette rue, lui aient fait donner ce nom.

Rue des Trois-Rois

De la Grande-Rue de la Guillotière à la rue Béchevelin.

Autrefois la Guillotière était la patrie des auberges, parce qu'elle était le grand aboutissant du roulage dauphinois et méridional. Or, une des principales était celle des Trois-Rois-Mages ; cette enseigne d'autrefois a laissé son nom à cette rue.

Rue Tronchet

De la rue Malesherbes au boulevard du Nord.

Nous avons vu déjà quelle pensée avait présidé au baptême de certaines rues : autour de la place Louis XVI, existaient les rues Malesherbes, de Sèze, et aussi la rue Tronchet ; c'était l'infortuné roi encore entouré de ses défenseurs.

François-Denis Tronchet (1726-1806) fut un avocat médiocre, mais un jurisconsulte sagace et profond.

Il eut l'honneur d'être un des défenseurs de Louis XVI. Plus tard, il travailla beaucoup à la rédaction du code civil. Il mourut sénateur de l'Empire.

Rue Trouvée
De la rue des Chevaucheurs à la rue des Fossés-de-Trion.

Nous avons déjà fait connaissance avec la rue Donnée ; c'est la même pensée qui a fait ainsi appeler cette rue.

Rue des Tuileries
De la place Dumas-de-Loire au chemin des Grenouilles.

Ce nom ne rappelle en rien les magnificences disparues du palais où résidaient les monarques français. Mais si l'on veut bien se rappeler ce que nous avons dit, c'est ici que Joseph Dumas de Loire — V. ce nom — apporta l'industrie de la Tuilerie. C'est en 1822 qu'elle s'installa dans cette plaine ; en 1827, il y avait déjà dix tuileries.

Cette rue s'appelait rue du Plan-de-Vaise ; ce n'est que sous l'Empire qu'elle a reçu son nom actuel.

Rue de la Tunisie
De la rue Lanterne à la rue Paul-Chenavard.

Cette rue s'est appelée rue des Coquilles ; elle s'est appelée ensuite rue Luizerne, dont l'étymologie n'a jamais été donnée. Ce mot vient-il de *Lucerna*, lampe, falot? A-t-il quelque parenté avec la rue Lanterne, sa voisine? Est-ce la plante de ce nom, et pourquoi? Est-ce la famille de La Luizerne, et comment? Cette rue a eu pourtant à Lyon, quoiqu'elle ne soit ni grande ni belle, un certain renom, parce que la Permanence de police, aujourd'hui dans la rue Desaix, y a été longtemps. C'est aussi dans cette rue que naquit, en janvier 1735, le major-général Martin. — V. ce nom, V. aussi *Martinière*.

Depuis 1892, la rue Luizerne s'appelle rue de la Tunisie, et ce nom consacre la prise de possession de ce pays par la France en 1882. A Lyon plus qu'ailleurs, ce nom de Tunisie est populaire, car là-bas les Lyonnais et les capitaux lyonnais y sont nombreux, et s'y font remarquer entre tous. On peut m'en croire, Tunis est un faubourg de Lyon.

Rue du Tunnel

De la rue de la Pyramide au chemin de Champvert.

Sans être très rapprochée du tunnel de Saint-Paul à Gorge-de-Loup, cette rue en est cependant assez près pour qu'elle ait pu accepter ce patronage. On pourrait même l'appeler rue des Tunnels, car le grand tunnel de la Quarantaine à Vaise est un peu plus loin.

Rue Tupin

De la rue Mercière à la rue Grôlée.

Cette rue Tupin a absorbé les anciennes rues de la Lune et Tupin-Rompu.

Elle fut ainsi appelée, dit-on, du jeu des *Tupineis*, la cruche, auquel se livraient, sous Charles VIII et Louis XII, les écuyers et les valets des seigneurs, pendant que ceux-ci s'exerçaient au tournoi dans la rue Grenette.

Voici en quoi consistait le jeu du tupin : on suspendait à une corde de grandes cruches de terre pleines d'eau ; un large anneau était placé à l'extrémité et devenait le but de toutes les lances ; les joueurs étaient à cheval.

Celui qui enfilait l'anneau ne trouvait pas un véritable obstacle et pouvait ainsi s'avancer suffisamment pour que la cruche inclinée versât son eau derrière le joueur ; mais le maladroit qui donnait de la lance contre la cruche, ou la cassait et il était inondé, ou la renversait de manière à recevoir tout le contenu sur la tête, au grand amusement des spectateurs.

L'almanach de Lyon de 1745 donne une autre version. Cette rue, dit-il, s'appelle ainsi par corruption de Pépin, à cause d'une enseigne de ce roi qu'on y voit encore à présent, et même, ajoute-t-il, il n'y a pas longtemps qu'on disait indifféremment rue Pépin ou Tupin.

Rue Turenne

Du cours de la Liberté à la rue Moncey.

Il est entendu qu'à la Guillotière et aux Brotteaux nous retrouvons les noms de nos grands hommes. Voici Turenne, le plus habile tacticien du XVIIe siècle, et l'un des plus grands hommes de guerre de l'histoire. Il fut le rival du grand Condé et de Monteculli. La campagne d'Alsace fut son chef-d'œuvre. Il mourut tué par un boulet de canon sur le champ de bataille de Salzbach ; il était alors maréchal-général des camps et armées de France. Tout le monde sait que pour le remplacer il fallut faire de la *monnaie de Turenne*. Il fut enterré à Saint-Denis, mais, en 1800, transporté aux Invalides ; c'était un homme plein de modestie, de désintéressement et de bonté. Protestant d'origine, il fut converti au catholicisme par Bossuet. Son oraison funèbre fut prononcée par Fléchier et Mascaron ; elle est le chef-d'œuvre de ces deux orateurs.

Grande-Rue et quai de Vaise

La Grande-Rue : de la place de la Pyramide à la rue Saint-Pierre-de-Vaise.
Le quai : de la rue Saint-Pierre-de-Vaise au quai Pierre-Scize.

Vaise n'a pas toujours été le quartier populeux et industriel que nous connaissons. Ce fut autrefois une plaine vide, *vacua*, et une partie de cette plaine est encore appelée Vacques, la plaine des Vacques, comme il y avait aussi le chemin des Vacques. Cette plaine était souvent inondée, et l'on y voyait des étangs permanents. Dans le rapport de l'intendant d'Herbigny (1697), il est dit : « Le climat est fort froid, malsain et fort marécageux, et si sujet aux brouillards qu'il perd presque tout. » C'est en raison de cette insalubrité qu'on a voulu voir, et c'est Cochard qui a mis cette idée en avant, une parenté entre les mots Vaise et Vase, terrain vaseux. D'autre part, dans le patois lyonnais, *Vezia* signifie un tuyau par lequel s'écoulent les eaux. Or, à l'entrée de Vaise, il y avait jadis un petit canal qui avait cette fonction, et qui a pu donner son nom à ce faubourg. Mais M. l'abbé Devaux a trouvé la vraie étymologie : « *Vesia*, dit-il, forme la plus ancienne du nom, est précisément le nom d'une famille romaine de notre région. Il faut voir dans Vesia une ancienne villa Vesia, villa des Vesius ».

Charles VI entra à Lyon par le faubourg de Vaise; Charles VIII, en revenant d'Italie, logea à Vaise, avec sa femme Anne de Bretagne; Henri II et sa femme, venant à Lyon, arrivèrent par le faubourg de Vaise ; en 1793, Vaise souffrit considérablement du siège, et c'est par Vaise que le général de Précy et les débris de la garnison assiégée opérèrent leur sortie.

En 1589, on construisit au faubourg de Vaise une porte sur laquelle on mit cette inscription, qui paraît avoir été la devise des Ligueurs et la signature de toute une époque : *Un Dieu, un Roy, une foy, une loy, 1589*.

C'est à Vaise enfin que commençait jadis la Fête des Merveilles. Tout le clergé de Lyon s'y rendait, et sur des barques descendait la Saône. La première ligne se composait de cinq embarcations : au centre, celle du Chapitre ; à droite et à gauche, celles de Saint-Just et de Saint-Paul ; sur les ailes, les bateaux de Saint-Martin de l'Ile-Barbe et de Saint-Martin-d'Ainay ; derrière cette première ligne, toute une flottille de nacelles, chargées des personnages notables de la cité. Aussitôt que cette procession se mettait en marche, on entonnait l'office du jour, et la vallée de la Saône ressemblait à la nef d'un temple immense. On descendait ainsi jusqu'à Ainay. — Des abus s'étant glissés plus tard dans la célébration de cette fête, on la supprima.

Rue de la Valfenière

De la rue de la Tunisie à la place de la Platière.

C'est ici l'ancienne rue de l'Ane, dont le nom a été changé en 1855. On a eu le bon esprit de donner le nom de la Valfenière à une rue avoisinant le palais Saint-Pierre, et le tact de rétablir la bonne orthographe de ce nom qui pendant de trop longues années était écrit La Valfinière.

François de Royers de La Valfenière, gentilhomme d'Avignon et architecte du roi, a donné les plans pour la construction de l'abbaye royale des Bénédictines de Saint-Pierre, en 1659. Les travaux ne commencèrent que plus tard, vers 1667, et de La Valfenière, non seulement ne put voir l'achèvement du palais, mais encore il n'assista probablement pas aux travaux. Agé de quatre-vingt-quatre ans, lors de l'adoption du projet, il en délégua l'exécution à un membre de sa famille, qui, s'il n'est pas son fils, est certainement son neveu, noble Paul de Royers de la Valfenière, écuyer, qualifié architecte à Lyon. Paul lui-même ne tarda pas à rentrer à Avignon.

Ce qui, dans les noms de rues, nous eût permis de parler de l'abbaye de Saint-Pierre ayant été supprimé, il faut profiter de cette occasion pour en dire quelques mots. — Pour les détails, voir les *Anciens Couvents*.

On croit que la fondation de ce monastère remonte jusqu'au temps de Constantin, mais ce n'est qu'au VIIe siècle qu'il prend une réelle importance avec saint Ennemond qui en est considéré comme le second fondateur. Cette abbaye devint très riche, et les religieuses qui voulaient y être admises devaient faire preuve d'ancienne noblesse. Aussi cette communauté devint-elle à Lyon une formidable puissance.

Au VIIIe siècle, le monastère de Saint-Pierre fut saccagé par les Sarrasins ; Leydrade fit rebâtir la maison et l'église. On croit que c'est alors que les religieuses se mirent sous la règle de saint Benoît. En 1562, nouvelle dévastation par les Huguenots ; le couvent fut encore relevé et prit le titre d'abbaye royale. Il y avait deux églises, Saint-Pierre pour les religieuses, et Saint-Saturnin pour les offices paroissiaux.

La construction du Palais Saint-Pierre, sur les dessins de la Valfenière, furent terminés en 1680. Cent ans plus tard, la Révolution en faisait, successivement ou tout à la fois, une salle de Bourse, un musée, des galeries de statues, des cabinets de médailles, une bibliothèque des arts, une école de dessin, un cabinet d'histoire naturelle, sans parler des Facultés de Sciences et de Lettres qui longtemps y ont reçu l'hospitalité.

Rue Vauban

Du quai des Brotteaux au boulevard des Brotteaux.

Avant 1855, cette rue portait le nom du duc d'Enghien, — V. ce nom — mais cette dénomination existant déjà à Perrache, la rue des Brotteaux qui portait ce nom reçut celui de Vauban.

Sébastien Le Prestre, marquis de Vauban, naquit, en 1633, dans l'Yonne et mourut en 1707. A vingt-deux ans, c'était déjà un officier et un ingénieur distingué. Il travailla à la fortification de trois cents places anciennes et en construisit trente-trois nouvelles. Il fit une véritable révolution dans cet art de la défense des places de guerre. Au lieu des hautes fortifications qui existaient avant lui, il ne fit plus que des ouvrages au niveau de la campagne, pour les soustraire aux feux d'artillerie. — Vauban était très modeste et dévoré d'activité. Lorsqu'on lit la liste de ses travaux, on est étonné que cet homme ait pu laisser douze volumes in-folio de manuscrits qu'il avait intitulés : *Mes oisivetés*.

Nous avons déjà trouvé le maréchal Vauban sur notre chemin ; il a eu quelque rapport avec Lyon. — V. *Poudrière*.

Rue Vaubecour

De la place Saint-Michel à la place Gensoul.

Cette rue, prise sur les jardins de l'abbaye d'Ainay, fut ouverte, en 1728, par les soins de M. d'Haussonville de Vaubecour, évêque de Montauban, abbé d'Ainay ; elle s'appela d'abord rue Saint-Martin, du nom de l'église et de l'abbaye. L'ordre alphabétique que nous suivons fait venir ce fait de M. de Vaubecour après celui de M. de Jarente, — V. ce nom — en réalité, il l'a précédé de beaucoup. Ces percées de rues devenaient nécessaires pour faire communiquer plus facilement l'immense clôture d'Ainay avec le reste de la ville. Au n° 11 de cette rue était le portail du palais abbatial.

Rue Vaucanson

Du boulevard de la Croix-Rousse à la rue Sève.

Jacques de Vaucanson naquit à Grenoble, en 1709 et fut un mécanicien célèbre. Son nom est resté populaire surtout à cause de ses automates. Parmi ses petits chefs-d'œuvre, les plus connus sont le *Joueur de flûte*, le *Joueur de tambourin et de galoubet*, les *deux Canards*, qui se mouvaient, trituraient et dévoraient du grain. Mais ce qui nous intéresse surtout, nous Lyonnais, c'est qu'il perfectionna plusieurs machines employées dans l'industrie de la soie : il inventa un moulin à organsiner, un métier à tisser les étoffes façonnées, une chaîne, la chaîne Vaucanson, pour régulariser les transmissions. Il séjourna à Lyon en 1783. — Il n'était que justice que cet homme, après avoir travaillé à perfectionner le tissage de la soie, eût son nom conservé dans le quartier des ouvriers en soie.

Rue Vaudrey
De la rue Moncey à la rue de Créquy.

Nous revenons ici à l'histoire du jeune Bayart et à son premier tournoi. — V. *Bayart*. — Le sire de Vaudrey était un des plus rudes joûteurs de son temps. Pour le tournoi qu'on donna à Lyon, en 1495, en l'honneur de Charles VIII, il défia quiconque voudrait combattre avec lui, et il fit exposer son écu. Tout gentilhomme qui venait toucher à l'écu ainsi exposé, déclarait par là même accepter le défi. Parmi les combattants se trouvait un jeune homme de dix-huit ans, c'était Bayart.

Le tournoi s'ouvrit un lundi du mois de juillet 1495 ; le sire de Vaudrey parut le premier dans la lice et se mesura avec tous les favoris de Charles VIII. Puis parut Bayart, qui déploya plus d'adresse et de courage, soit à pied soit à cheval, qu'aucun des combattants.

On a prétendu que ce tournoi avait eu lieu dans la rue Grenette, cependant un acte consulaire de 1495 a établi le fait d'une manière positive : ce tournoi fut donné sur l'emplacement où passe aujourd'hui la rue Vaudrey.

Rue et montée de Vauzelles
La rue : du boulevard de la Croix-Rousse à la rue de l'Alma.
La montée : de la rue de Vauzelles à la rue du Bon-Pasteur.

Avant 1858, cette rue était une des quatre ou cinq rues désignées sous le nom de clos Riondel ; celle-ci était au couchant.

La famille de Vauzelles est une famille très ancienne et très recommandable de Lyon, qui existe encore. Ne parlons que du passé : Georges de Vauzelles fut chevalier de Saint-Jean de Jérusalem et commandeur de la Torette ; Jean de Vauzelles, chevalier de l'église de Lyon, prenait pour devise : *La crainte de Dieu vaut zèle* ; il fut le principal promoteur de l'institution charitable de l'Aumône Générale. Catherine de Vauzelles, au xvie siècle, se fit remarquer par les charmes de sa beauté et de son esprit ; Mathieu de Vauzelles fut un bienfaiteur de l'Hôpital et des pauvres.

Rue Vendôme
De l'avenue du Parc à la Grande-Rue de la Guillotière.

Depuis 1855, cette rue, qu'on appelait autrefois avenue, a absorbé l'avenue Grammont, qui s'étendait du cours Morand au chemin de Montbernard. C'est encore ici une appellation monarchique. Les ducs de Vendôme remontent à Henri IV ; ils avaient rang, dans l'étiquette de la cour, immédiatement après les princes du sang.

Rue et place de la Victoire
La rue : de la rue Chaponay à la rue Basse du Port-au-Bois.
La place : de la place Raspail à la rue Montebello.

Autrefois, et cet autrefois ne remonte pas très haut, il y avait à l'extrémité du pont de la Guillotière un double escalier par lequel on descendait sur la rive du fleuve. A gauche, se trouvait une grande place, qui avait été faite sous Napoléon Ier et qui, contemporaine des rues Mortier, Montebello, etc., prit le nom de place de la Victoire. Quand on restaura ce quartier, on exhaussa tous ces contre-bas, et la place garda son nom.

Rue Victor-Hugo
De la place Bellecour à la place Carnot.

La rue Victor-Hugo est l'ancienne rue Bourbon. Autrefois le débouché de cette rue sur la place Bellecour était occupé par le prieuré de

Blie, habité par des religieuses bénédictines jusqu'au milieu du xviiie siècle. Toute la portion de cette rue, de la rue Sala à la place Bellecour, resta fermée jusqu'en 1828. Du reste, cette rue Bourbon fut percée en plusieurs fois : en 1817, de la place Henri IV à la rue de Jarente ; en 1832, de la rue de Jarente à la rue Sainte-Hélène ; en 1844 — et non peut-être 1828 — de la rue François-Dauphin à la place Bellecour. Jusqu'à ces derniers temps, j'étais convaincu que ce nom de Bourbon était un hommage rendu à la famille qui régnait alors. Il n'en est rien, ce nom fut celui de Jacques Bourbon, échevin, qui avait donné gratuitement, en 1749, le terrain pour l'établissement de cette rue.

Depuis 1886, la rue Bourbon, que l'on a cru certainement être un nom royaliste, a été débaptisée pour recevoir le nom du grand poète national.

Marie-Victor Hugo naquit en 1802, « ce siècle avait deux ans » à Besançon, d'une famille anoblie en 1531. Son père, lorrain de naissance, volontaire sous la République, devint général sous l'Empire. Sa mère était une Vendéenne qui fut, dans le Bocage, traquée avec Mmes de Bonchamp et de la Rochejacquelin. Cette filiation est bonne à connaître, elle explique peut-être un peu les variations politiques et religieuses de Victor Hugo, royaliste d'abord, libéral ensuite, révolutionnaire enfin.

En tant que poète, il fut considéré, vers 1830, comme un hérésiarque en littérature. La première représentation d'*Hernani* doit être considérée comme une date littéraire : c'est la mort de l'ancienne école, c'est l'avénement du romantisme, qui aura par la suite, surtout chez ses disciples, des excès inévitables.

Il possède la richesse du coloris et des images, la magnificence de la rime, mais aussi l'abus de l'antithèse, le mélange voulu du laid et du beau, du vulgaire et du sublime. Ce qui me touche le plus, c'est qu'il a su admirablement parler des enfants.

Victor Hugo fut aussi un homme politique. Royaliste jusqu'en 1830, il devint libéral avec la Monarchie de Juillet et pair de France en 1845. — A l'Assemblée Constituante de 1848, il se montra hésitant en votant tantôt avec la gauche, tantôt avec la droite. Mais à l'Assemblée Législative, il fut tout autre, il fut du parti démocratique et social. Il eut un duel oratoire avec M. de Montalembert qui dura trois jours ; il sembla alors n'avoir qu'un but, rabaisser, toutes les fois qu'il en trouva l'occasion, le Prince Président.

Après le Deux-Décembre, il fut expulsé du territoire français et obligé de se réfugier à Jersey. Dédaigneux de l'amnistie qui lui fut offerte et dont il ne voulut pas profiter, il ne rentra en France qu'après la chute de l'Empire.

Dès lors, il fut entouré d'une cour d'adulateurs qui se mirent à ses pieds et prirent toutes ses paroles pour des oracles. L'orgueil immense de Victor Hugo devint sans bornes ; il devint un demi-dieu. On lui fit des funérailles qui furent une apothéose (1885), et chaque ville se crut obligée d'avoir une rue Victor-Hugo.

Rue Vide-Bourse
De la rue des Macchabées à la rue Saint-Irénée.

Le nom de cette rue est sinistre, et c'est bien, je crois, la rue qui l'a inspiré. Elle est toujours solitaire ; elle a, entre deux murs qui vont d'un bout à l'autre, mauvaise apparence : elle est en arc de cercle, de sorte que, bien qu'elle ne soit pas longue, on ne voit pas d'une extrémité ce qui peut se passer à l'autre ; elle semble faite pour les voleurs ou les vide-bourse.

Peut-être un attentat de vol, commis autrefois, a-t-il fait donner ce nom à cette rue.

Rue de la Vieille
De la rue Saint-Benoît à la rue Tavernier.

L'atelier monétaire fut établi dans cette rue au XVe siècle ; elle prit alors le nom de rue de la Monnaie, puis celui de rue Vieille-Monnaie, lorsque l'atelier fut transféré ailleurs, enfin celui de rue de la Vieille par abréviation.

Rue Vieille-Monnaie
De la montée de la Grande-Côte à la place Croix-Pâquet.

Alexandre VI ayant fait paraître un décret obligeant les Cordeliers à se dessaisir de tous leurs biens temporels, ces religieux cédèrent à l'Hôtel-Dieu une vigne qu'ils possédaient près de la porte du Griffon. En 1518, Claude Besson, maître de la Monnaie de la marquise de Montferrat, en devint propriétaire ; il la divisa en vingt-six parties pour la revendre avec plus d'avantages et perça au travers une rue qui fut appelée d'abord rue Neuve-Besson, puis rue de la Monnaie, quand il y eut établi un atelier monétaire, enfin rue Vieille-Monnaie, après que cet atelier eut été fermé. En 1521, le Consulat décida que la nouvelle rue aurait au moins vingt pieds de largeur ; c'était une belle rue pour le temps.

Une petite ruette, disparue de ce quartier, fut l'objet d'un arrêté consulaire, que nous reproduisons ici à cause des noms qui s'y trouvent :

« Novembre 1590. — Les sieurs échevins, ayant reconnu que la petite ruette Traversière, tendant du bas de la grande rue de la Coste, où souloit estre l'ancienne porte de la ville (porte Saint-Marcel) au grand chemin tendant de la place des Terreaux à la porte de Saint-Sébastien, joignant du côté de vent, de long en long, aux jardins, clos et maison du sieur de Montmartin, appelée le Petit-Forets, et du côté de bise, les maisons de plusieurs propriétaires ayant tous leurs entrées par la rue Neuve-Besson, autrement appelée la Vieille-Monnaye, ne sert qu'à recevoir les immondices (qui sont appelées escuvilles) des circonvoisins, qui les devraient porter, selon les ordonnances, en un grand fossé appelé le Grand-Gaillot, qui est au bout de ladite ruette, du côté du Rhône, pour le remplir ; que cette ruette sert encore de retraite et refuge aux filles de joye, d'où il arrive plusieurs accidents et sinistres événements à la ruine et débordement de la jeunesse ; joint encore que cet endroit retiré pourrait nuire à la sûreté de la ville,

« Arrêtent par mûre délibération que ladite ruette sera fermée aux deux bouts par deux bonnes murailles par les propriétaires des maisons qui font les coings de cette rue, etc... »

C'est dans cette rue, là où est actuellement le n° 33, côté sud, que vinrent, en 1622, s'établir les Ursulines, après avoir occupé le côté nord de la rue. La chapelle était bâtie parallèlement à la rue, et le pensionnat en retour d'équerre. Ce couvent, après la Révolution, devint pendant quelque temps une caserne, et ensuite dépecé et vendu.

Rue du Viel-Renversé

De la rue des Prêtres à la rue Saint-Georges.

Autrefois on lisait Vieil Renversé, c'est-à-dire vieil homme, vieillard renversé. Il suffisait jadis qu'une aventure quelconque ait fait rire ou pleurer pour qu'on en conservât le souvenir. Sûrement ce nom de Vieil Renversé faisait allusion à une aventure connue du quartier, mais qui n'est pas parvenue jusqu'à nous. La preuve que c'était bien là le sens attaché à ce nom, c'est qu'on trouve au xviiie siècle cette rue sous le nom du Vieux Renversé.

Mais Cochard, qui cependant n'est guère heureux généralement dans ses explications étymologiques, a eu une autre idée, et il a eu le crédit de la faire prévaloir. Il n'a pas lu rue du Vieil-Renversé, mais rue du Viel-Renversé ; il a attribué à une enseigne de la rue un viel ou violon renversé, et de là le nom de la rue.

Route de Vienne

De l'avenue des Ponts du Midi jusqu'au-delà des portes, chemin de Surville.

Cette route tend du côté du Midi, par conséquent du côté de Vienne. Elle pourrait tout aussi bien s'appeler route de Saint-Fonds ou de Valence.

Rue de la Vierge

De la Grande-Rue de la Guillotière à la rue Béchevelin.

Les mariniers du Rhône avaient autrefois en grande vénération Notre-Dame de Béchevelin. Cette madone eut-elle une chapelle sur ce territoire ? Quelques-uns l'ont affirmé, en ajoutant qu'elle avait été renversée par les protestants, en 1562. — Plus tard, le culte de cette madone fut rétabli, mais ce n'était plus qu'un petit oratoire, industrieusement agencé. Quand il était fermé, il avait l'air d'une armoire ordinaire ; quand il était ouvert, c'était un autel, avec une madone et des fleurs, les deux portes servant d'accompagnement à l'autel. Ce modeste oratoire était dans cette rue, qui de ce fait a retenu le nom de la Vierge. Il a été détruit en 1834. — V. *Béchevelin.*

Rue de la Vierge-Blanche
Du cours Gambetta à la Grande-Rue de la Guillotière.

L'église, qui était sur la place de la Croix, était entourée d'un cimetière, qui s'étendait jusqu'à la rue de la Vierge-Blanche, ainsi nommée à cause d'une grande statue blanche de la sainte Vierge, qui dominait le cimetière des petits enfants. Jusqu'en 1820, on y enterra les morts qui y avaient des tombeaux de famille.

Rue de la Vigilance
De la rue Paul-Bert au cours Gambetta.

M. Rachais, nous l'avons déjà dit, propriétaire du château de la Buire et des terrains environnants, avait percé des rues sur son domaine. Il leur donna les noms des trois vertus qu'il considérait comme les fondements de la vie sociale : l'Humilité, la Vigilance, la Bonne foi. — V. ces noms.

Rue de la Villardière
De la rue Neuve-Villardière à la rue Paul-Bert.

Rue ouverte sur un domaine appelé La Villardière, c'est-à-dire propriété d'une famille Villard.

Rue Villeneuve

Du boulevard de la Croix-Rousse à la rue Saint-Augustin.

Cette rue s'est appelée rue Sully ; comme ce nom existait déjà aux Brotteaux, il fallut en supprimer un ; on donna à celle de la Croix-Rousse le nom actuel. Mais l'arrêté préfectoral du 17 février 1855, qui substitue celui-ci à celui-là, ne donne pas la raison de cette appellation nouvelle, qui n'est pas facile à trouver.

Rue Villeroy

Du cours de la Liberté à la rue du Pensionnat.

La famille de Villeroy a fourni pendant longtemps des gouverneurs de Lyon. Le premier qui eut cette charge était gendre du célèbre Mandelot. — V. ce nom. — Mais c'est le petit-fils de ce premier Villeroy qui est le plus connu et le plus célèbre de la famille, soit par sa fortune, soit par ses infortunes. Pernetti en fait un éloge trop flatteur.

François de Neuville, duc et maréchal de Villeroy, naquit à Lyon, en 1643 et mourut, en 1730, à Paris. Elevé avec Louis XIV, il conserva toute sa vie les faveurs de ce roi. Il était le modèle de la cour, et à vingt ans il était maréchal. Quand la France perdit le maréchal de Luxembourg, le Favori de la Victoire, Villeroy le remplaça à la tête des armées. Ce ne fut dès lors qu'une suite de fautes et de défaites, il fallut lui ôter son commandement. Mais Louis XIV ne lui retira pas sa faveur ; à son lit de mort, il le nomma gouverneur de Louis XV. Quand le jeune roi fut près de sa majorité, le Régent exila le vieux maréchal dans son gouvernement de Lyon.

Comme homme de guerre, il fit des fautes ; comme gouverneur de Lyon, il fit du bien à la cité, et les Lyonnais s'en montrèrent reconnaissants. Ils donnèrent son nom à cette partie du quai de la Saône comprise entre la place d'Albon et la rue Dubois. Ce nom a disparu de cet endroit, mais on l'a conservé à la Guillotière, pour rappeler que sept membres de cette famille ont été gouverneurs de Lyon.

C'est une Jacqueline de Harlay, épouse d'un Charles de Neuville de

Villeroy, gouverneur de Lyon en 1608, qui fonda à Lyon le monastère des religieuses Carmélites. Plusieurs membres de cette famille furent archevêques de Lyon ; le plus remarquable fut Mgr Camille de Neuville de Villeroy. — V. dans les *Anciens Couvents* l'article *Carmélites*.

Rue et quai de la Vitriolerie

La rue : du quai Claude-Bernard à la rue Béchevelin.
Le quai : après le pont du chemin de fer, rive gauche du Rhône.

Il y a une trentaine d'années, par l'escalier de droite qui se trouvait à l'extrémité du pont de la Guillotière, on descendait sur une digue qui reliait le pont de la Guillotière à la Vitriolerie. Cette digue avait été construite en 1838 ; elle devint le quai du Prince Impérial, puis de la Vitriolerie. Par décision du 18 juin 1878, la majeure partie de ce quai prit le nom de Claude-Bernard ; celui de quai de la Vitriolerie a été conservé à la portion qui est au-delà du pont du chemin de fer.

Avant la Révolution [1], il existait dans ce coin du quartier de la Mouche, une manufacture où l'on faisait le vitriol et de plus les eaux fortes, la couperose, l'alun, le sel ammoniaque, le sel de Saturne, le blanc de plomb et de céruse, la fleur de soufre, et aussi toutes les compositions pharmaceutiques ; on y fondait également le plomb en table, on y préparait les couleurs en pâte, etc. Cette usine occupait un grand nombre d'ouvriers. Un fonds de 800.000 francs avait été consacré à cet établissement, et les bénéfices réalisés étaient appelés à lui donner les plus grands développements. Le siège de Lyon et les réquisitions forcées en amenèrent la ruine.

Cours Vitton

De la rue Garibaldi au cours Vitton prolongé.

Après le premier Empire, la Guillotière, sous l'administration d'un habile magistrat, va entrevoir ses grandes et futures destinées. M. Vitton,

---

[1] Selon M. Vingtrinier, cette Vitriolerie ne fut établie qu'en 1803.

maire, d'une main ferme et hardie, sans tenir compte des mille difficultés dont se trouvent souvent hérissés les projets administratifs, trace le beau cours Bourbon, aujourd'hui cours de la Liberté, le cours qui porte son nom à la suite du cours Morand, et un nombre considérable de rues alignées, construites, remblayées, pavées. La Guillotière, dont le commerce, en 1784, consistait en fabrique de gaze, bois, mouchoirs de soie, chapellerie, reçus à cette époque comme marchandises étrangères, voit s'élever de nombreuses usines et s'ouvrir de somptueux magasins.

C'est M. Vitton qui disait cette parole que j'aime à répéter : « Aujourd'hui on met sur les lettres : à la Guillotière, près Lyon ; je veux qu'un jour on puisse formuler ainsi une adresse : à Lyon, près la Guillotière. » Son rêve est en voie de devenir une réalité. Il y a un siècle, la Guillotière ne comptait guère que 6.000 âmes ; en 1850, on en comptait 35.000 ; aujourd'hui, il a fallu scinder la rive gauche en deux arrondissements qui comptent plus de 150.000 âmes.

Rue et place Voltaire

La rue : de la rue Bonnel à la place Voltaire.
La place : dans la rue Paul-Bert.

La rue, jusqu'en 1897, s'arrêtait à la rue Moncey ; à cette date, on l'a fait déboucher sur la rue Bonnel. La place, sous l'Empire, s'appelait place Reischtadt, du nom du duc de Reischtadt, fils de Napoléon Ier. Ce nom persista même jusqu'en 1879.

François-Marie Arouet de Voltaire naquit à Paris, en 1694, et y mourut en 1778, presqu'à la veille de cette Révolution qu'il prépara de loin. Elève des Jésuites, il ne tarda pas à tourner contre ses maîtres et contre l'Eglise ses talents et son audace. Poète, écrivain, romancier, tragique, historien, il aborda tous les genres sans s'élever bien haut dans aucun. Il avait beaucoup d'esprit, beaucoup de bon sens, beaucoup de talent. Son orgueil était plus grand encore. Il traînait tout son siècle après lui, on l'appelait le roi Voltaire. Il affirmait ou niait en mentant avec une audace peu commune. Il souilla notre Jeanne d'Arc, la plus pure de nos gloires françaises, dans son ignoble *Pucelle* ; il déshonora sa mère par ses imputations cyniques, il se fit le plat valet de Frédéric de Prusse et de Catherine de Russie. Le mépris qu'il avait pour l'Eglise n'était égalé que par le mépris qu'il avait pour la France et les Français. « La France, disait-il, c'est un pays de singes ; les Français sont des Welches, dignes tout au plus de manger du foin ». Je ne dis même rien de ses mœurs, rien de son âpre amour de l'argent. C'est à cet homme qu'on a élevé une statue à Paris, c'est cet homme que cette rue rappelle à Lyon.

Rue de la Voûte
De la Grande-Rue de Cuire à la rue de l'Enfance.

L'extrémité de cette rue est couverte par une voûte ; cette circonstance lui a valu son nom.

Rue Vuillerme
De la rue de la Gare à la rue Desjardins.

Ce nom rappelle celui d'un curé de Saint-Nizier, François-Marie Vuillerme, né à Lyon, vers 1775, mort curé de Saint-Nizier, où pendant dix ans (1824-1834), il fut l'image vivante du bon Pasteur. Il a été remarquable par sa bienfaisance et par sa sainteté. Son cœur est conservé dans un monument en marbre, adossé au mur de l'une des chapelles dont il fut le pasteur.

V. sa notice, dans les *Vies de saints du diocèse de Lyon*, par Collombet.

Mais est-ce bien le souvenir de l'ancien curé de Saint-Nizier qu'on a voulu conserver ici ? Ce n'est guère probable, parce que ce nom est récent, et à l'époque actuelle, le vent ne souffle guère de ce côté. Je suis porté à croire qu'il s'agit ici d'un propriétaire.

Cette rue portait le nom de rue Eynard, et les rares personnes qui la connaissent l'appellent encore de ce nom. On a le droit d'en regretter la disparition.

Ennemond Eynard ne fut peut-être pas un homme brillant, mais il fut sûrement un homme utile. Né à Lyon, le 10 août 1749, mort le

5 mai 1837, il fut d'abord un savant médecin et un professeur distingué. Il abandonna ensuite la médecine pour se livrer plus spécialement à l'étude de la mécanique et de la chimie. Il s'appliqua surtout à faire ressortir le côté pratique et industriel de ces sciences : on lui doit un certain nombre de perfectionnements introduits dans les machines pour la préparation ou le travail des soies. Il contribua, avec MM. Mollet et Gensoul, à une grande découverte : l'émission du calorique et de la lumière par la compression de l'air. Il avait réuni au Palais Saint-Pierre les métiers de tous les âges, indiquant les progrès et les perfectionnements de la fabrique lyonnaise. Quand on fonda l'Ecole de la Martinière, M. Eynard, nommé membre du Conseil d'administration, chercha à réaliser de son mieux la pensée du major Martin. A cette école, il légua son cabinet de physique qui était considérable, et auquel il avait réuni celui de M. Tabareau, estimé 40.000 francs. Presque toutes ses dispositions testamentaires furent en faveur de l'Ecole de la Martinière.

Il habita la rue Saint-Marcel et la place Saint-Clair, et si le nom du docteur Eynard s'est trouvé à Perrache, c'est que ce quartier était en formation à l'époque où mourut cet homme de bien. Je me demande encore pourquoi on lui en a substitué un autre.

ANCIENS NOMS DE MAISONS ET DE RUES

cités dans cet ouvrage.

Albergeries, 82.
Albret, 202, 410.
Amédée, 198.
Ane, 482.
Angélique, 26.
Angelle, 27.
Angoulême, 123.
Archidiacre, 232.
Arsenal, 365, 469.
Asnerie, 286.
Attache-aux-Bœufs, 1, 134.
Augustins (quai des), 438.
Aumône, 381.
Autel-d'Auguste, 3, 22.

Basseville, 39.
Bastie-Palmier, 410.
Bayart, 304.
Bellefond, 82.
Bellescize, 123.
Béranger, 323.
Berry, 303.
Bessard, 14.
Blancherie, 243.
Boissette, 223.
Bonaparte, 69, 254.
Bon-Rencontre, 258.
Boucherie, 1, 134, 433.
Bouchers, 1, 253.
Bourbon, 251, 290, 496.
Bourdille, 87.
Bourgchanin, 67.
Bourgneuf, 82, 365.

Breneuse, 87.
Brosses, 72, 223.
Buérie, 32.
Bureau-de-Puzy, 166, 424.

Cage, 153.
Caille (maison), 26.
Camille-Jordan, 308.
Caquerelle, 334.
Cardinal Fesch, 362.
Carmes, 14.
Casati, 183, 374.
Castellane, 93, 245.
Chabrol, 442.
Chaînes, 411.
Chalamont, 187.
Chalan, 330.
Châlier, 413.
Champagneux, 233.
Champ-de-Mars, 252.
Champvert, 239.
Chanu, 343.
Chantiers (cour), 477.
Chapeau-Rouge, 64.
Chapelier, 381.
Chapellerie, 87.
Chapitre-d'Ainay, 88.
Charabarat, 252.
Charbon-blanc, 342.
Charles-X, 252, 285.
Charpennes, 318.
Charpine, 164.
Chartres, 348.

Château, 206.
Chenevière, 48.
Chevaline (île), 248.
Chèvrerie, 38, 474.
Cholet, 330.
Cimetière, 451.
Clos des Chartreux, 362.
Clos Flandrin, 14, 164, 274.
Clos Riondel, 14, 387, 389, 411, 418.
Colonies, 359.
Commerce, 95, 272.
Condat, 22.
Confalon, 407.
Constantin, 328.
Consulat, 249.
Contracterie, 403.
Convention, 400.
Coquilles, 479.
Cornet, 472.
Couderc, 40.
Crèche, 48.
Croisette, 342.
Croix (la), 245.
Croix-de-Colle, 315.
Croix-du-Compère ⎫
— du-Griffon ⎬ 166.
— des-Rampeaux ⎭

Delorme, 458.
Déserte, 102, 271, 440.
Deux-Angles, 15.
Deux-Cousins, 274.
Dieudonné, 348.
Dodières, 201.
Donnée, 413.
Dorée, 87.
Douane, 24.
Draperie, 118.
Duc-de-Bordeaux, 352.

Echevins, 449.
Ecorche-Bœuf, 272.
Ecorcherie, 433.
Egalité, 290.
Emeraudes, 213.
Empereur, 167.

Enfant-qui-pisse, 287.
Enghien, 483.
Epicerie, 87.
Epine, 365, 433.
Esses, 445.
Estableries, 381.
Etienne, 343.
Etuves, 477.
Eynard, 495.

Farges, 342.
Faucon, 330.
Fédération, 69.
Ferratière, 380.
Flandres, 82.
Fleur-de-Lys, 380.
Foireuse, 87.
Fort-Vénus, 87.
Fossés, 49.
Franchisserie, 366.
Friperie, 356.
Fronde, 221.
Fusterie, 395.

Gandy, 217.
Ganivet, 477.
Gaudinière, 418.
Gaules, 252.
Giroflée, 408.
Glacière, 398.
Grammont, 486.
Grand-Comtal, 356.
Grande-Fabrique, 413.
Grand-Gaillot, 166, 378.
Gratte-Cul, 26.
Gravier, 378.
Grenier-à-sel, 23.
Grenouilles, 381.

Halincourt, 97, 438.
Harengères, 87.
Herberie, 411.
Hirondelles, 245.
Homme-de-la-Roche, 65, 142, 365.
Hôpital, 378.
Hospices, 378.

Hôtel-des-Monnaies, 25.
Humbert, 40.

Images (allée des), 221.
Impératrice, 259.
Impériale, 391.
Izeron, 118.

Jean-Jacques, 222.
Joinville, 245.
Juis, 208.

Lafayette, 184.
Léproseries, 53, 298, 299.
Liberté, 123.
Lort, 208.
Louis-le-Grand, 69, 251.
Louis-Philippe, 252.
Louis-XVI, 323.
Lune, 480.
Luizerne, 479.
Lyon, 391.

Madame, 361.
Maison-Ronde, 118.
Maison-Verte, 99, 436.
Marseille, 123.
Martyrs, 162.
Maudite, 381.
Maupin, 448.
Misère, 433.
Missionnaires, 131.
Moignat (île), 354.
Moines, 203.
Monsieur, 123, 316.
Montazet, 40.
Montribloud, 329.
Mouche (la), 396.
Mouricaud, 281.
Mouton (port), 435.
Musique-des-Anges, 443.

Napoléon, 69, 105, 123, 314.
Neuve (ruette), 344.
Neuve-des-Carmes, 459.
Neuve-du-Chapeau-Rouge, 435.
Noire, 452.

Nord, 150.
Notre-Dame-de-la-Saônerie, 23, 414.

Oches, 48.
Orangères, 87.
Orangerie, 87.
Orient, 123.
Orléans, 352.
Ossaris, 245, 254.

Paix, 279, 383.
Palais (grand et petit), 238.
Palme, 366.
Paphos, 285.
Pas-Etroit, 59.
Pattes, 320.
Pépin, 480.
Perrache, 105, 351.
Petits-Pères, 457.
Petit-Soulier, 281.
Petit-Versailles, 40.
Peuple, 352.
Peyrollerie, 82, 365.
Pichegru, 322.
Pilata, 403.
Pierrevive, 223.
Pionnière, 274.
Plan-de-Vaise, 479.
Plat-d'Argent, 468.
Plâtre, 52.
Plume, 381.
Porcherie, 279.
Port-du-Roi, 113.
Poulaillerie-de-Saint-Paul, 337.
Pré-d'Ainay, 61.
Précy, 294.
Préfecture, 268.
Prince-impérial, 139, 493.
Provence, 258.
Puits-du-sel, 365.
Puits-Pelu, 209, 342.

Raisin, 209, 381.
Ravez, 389.
Ravier, 344.
Reine, 219, 251.

Reischtadt, 494.
Renaissance, 321.
Repentirs, 371.
Rhône, 133.
Roger, 272.
Romagny, 221.
Rontalon, 366.

Sacré-Cœur, 348.
Sarron, 424.
Saint-André, 305.
Saint-Antoine, 358.
Saint-Denis, 250.
Saint-Eloi, 22.
Saint-Jacquême, 431.
Saint-Jacques, 134.
Saint-Jean-sous-Terre, 401, 420.
Saint-Joseph, 45.
Saint-Marcel, 443.
Saint-Pierre, 435, 472.
Saint-Vincent, 102.
Saint-Vincent-de-Paul, 64.
Sainte-Blandine, 183.
Sainte-Catherine, 289.
Sainte-Elisabeth, 226.
Sainte-Marie, 439.
Sainte-Marie-des-Chaînes, 438.
Sainte-Monique, 242.
Sainte-Rose, 113, 191.
Saônerie, 82.
Six-Grillets, 234.

Souffletiers, 187.
Sphère, 217.
Squares, 385.
Suchet, 231.
Sully, 492.

Talaru, 32.
Taverney, 376.
Tête-de-mort, 293.
Thiers, 274.
Thunes, 104, 405.
Tire-cul, 131.
Tolozan, 361.
Tour-Pitrat, 418.
Treyve-du-Gourguillon, 475.
Triperie, 433.
Trois-Cornets (fontaine), 475.
Trois-Espies, 201.
Tuileries, 55, 265.
Tupin-Rompu, 480.

Vacques, 191, 481.
Vaïsse, 344.
Valette (la), 359.
Vannerot, 100.
Vaudran, 381.
Veyssellerie, 352.
Victoires (quai des), 395.
Victor-Arnaud, 15.
Vieille-Monnaie, 488.
Visitation, 64, 335

VALENCE, IMPRIMERIE VALENTINOISE, PLACE SAINT-JEAN.

www.ingramcontent.com/pod-product-compliance
Lightning Source LLC
Chambersburg PA
CBHW051133230426
43670CB00007B/788